HERMES

在古希腊神话中，赫耳墨斯是宙斯和迈亚的儿子，奥林波斯神们的信使，道路与边界之神，睡眠与梦想之神，亡灵的引导者，演说者、商人、小偷、旅者和牧人的保护神……

西方传统 经典与解释 **HERMES**
Classici et Commentarii
古典学丛编
刘小枫 ● 主编

论王政
On Kingship

［古罗马］金嘴狄翁 Dio Chrysostom ｜ 著
刘小枫 ｜ 编
王伊林 ｜ 译　戴晓光 ｜ 校

华夏出版社

古典教育基金·"传德"资助项目

"古典学丛编"出版说明

近百年来，我国学界先后引进了西方现代文教的几乎所有各类学科——之所以说"几乎"，因为我们迄今尚未引进西方现代文教中的古典学。原因似乎不难理解：我们需要引进的是自己没有的东西——我国文教传统源远流长一以贯之，并无"古典学问"与"现代学问"之分，其历史延续性和完整性，西方文教传统实难比拟。然而，清末废除科举制施行新学之后，我国文教传统被迫面临"古典学问"与"现代学问"的切割，从而有了现代意义上的"古今之争"。既然西方的现代性已然成了我们自己的现代性，如何对待已然变成"古典"的传统文教经典同样成了我们的问题。在这一历史背景下，我们实有必要深入认识在西方现代文教制度中已有近三百年历史的古典学——这一与哲学、文学、史学并立的一级学科。

认识西方的古典学，为的是应对我们自己所面临的现代文教问题，即能否化解、如何化解西方现代文明的挑战。西方的古典学乃现代文教制度的产物，带有难以抹去的现代学问品质，如果我们要建设自己的古典学，就不可唯西方的古典学传统是从，而应该建设有中国特色的古典学：恢复古传文教经典在百年前尚一以贯之地具有的现实教化作用。深入了解西方古典学的来龙去脉及其内在问题，有助于获得前车之鉴：古典学为何自娱于"钻故纸堆"，与现代问题了不相干？认识西方古典学的成败得失，有助于我们体会到，要成为一个真正的学人，必经之途仍然是研习古传经典。中国的古典学理应是我们已然后现代化了的文教制度的基础——学习古传经典将带给我们的是通透的生活感觉、审慎的政治观念、高贵的伦理态度，永远具有当下意义。

　　本丛编旨在引介西方古典学的基本文献：凡学科建设、古典学史发微乃至具体的古典研究成果，一概统而编之。

古典文明研究工作坊
西方典籍编译部乙组
2011年元月

目 录

编者前言 ·· 1

狄翁生平简介 ·· 9

论王政之一 ··· 12

论王政之二 ··· 30

论王政之三 ··· 55

论王政之四 ··· 77

利比亚神话 ·· 104

第欧根尼,或论僭政 ·································· 109

欧波亚演说 ·· 123

论德性 ··· 158

地峡演说 ·· 168

论仆人 ··· 174

波律斯特涅斯,或在故国的演说 ··················· 185

阿伽门农或论王政 ·················· 210

论王政和僭政 ····················· 217

论法律 ····························· 221

论自由 ····························· 225

附录

莫勒斯　金嘴狄翁的王政演说 ·············· 233

莫勒斯　狄翁、希腊和罗马 ················ 348

编者前言

西方古典学笼统地提到西方古代文史时,古希腊与罗马往往连属。因为,不仅古希腊文史是罗马文史的母体,而且,罗马征服整个希腊之后,希腊化地区的作家大多仍然用希腊语写作,以至于罗马帝国时期的文史实际上是拉丁语-希腊语双语文史。[①]

对罗马帝国时期的希腊语作品,我们不太在意。其实,这一时期的希腊语作家不乏大家,作品中也不乏值得关注的大问题。比如,古希腊传统政制理想或传统政教与罗马帝国的关系,就是明显的例子。如今的我们很难想象,罗马帝国初期的希腊语作家竟会通过写作,劝导罗马皇帝模仿古希腊王政传统,后来甚至真有罗马皇帝试图恢复古希腊式的政教传统。假如这样的罗马皇帝在政治事功方面有更大成就,其历史影响究竟如何还真难说。

我们都听说过,古希腊雅典民主政制时期出现过一场著名的"智术师运动"。由于这场"文化运动"与雅典民主政制的发展有直接关系,古希腊的"智术师"也被视为西方最早的"启蒙哲人"或"民主思想家"。从相当程度上讲,柏拉图的作品就是与智术师派展开思想斗争的结果。但是,我们很少听说,古罗马帝国也出现过"智术师运动",历时长达三百多年——史称"第二代智术师"(The

---

[①] 罗马帝国时期的希腊语文史作品选,见 Herwig Görgemanns 编, *Die griechische Literatur in Text und Darstellung: Band 5. Kaiserzeit*,希-德对照, Stuttgart, 1988。

Second Sophistic)。奇妙的是,这场"文化运动"的基调却是反对雅典的民主政制传统,力图恢复更具希腊本色的王政传统。

"第二代智术师"中的重要人物既有希腊语作家,也有拉丁语作家,其中有些对我们来说至少名字听起来不陌生。比如普鲁塔克,比如金嘴狄翁,比如路吉阿诺斯,比如《变形记》的作者阿普莱乌斯,以及马可·奥勒留皇帝,他的《沉思录》甚至已经成为我们的政教读本。

不过,由于我们对"第二代智术师"的基本特征缺乏了解,即便早就有了路吉阿诺斯的不少译品(周作人译三卷本),有了《变形记》的中译本,奥勒留的《沉思录》甚至有多个中译本,我们也未必能读懂这些"智术师"的作品。

安德森的《第二代智术师:罗马帝国的文化现象》是西方学界研究"第二代智术师"的第一部专著。① 作者首先致力于钩沉这一历史的文化现象,在梳理文史材料方面用力最勤。作者也力图为这一文化现象提供较为全面的解释,但此书基本上仍然属于文史研究,没有上升到某种理论高度,只是结合具体作品,让我们体会罗马帝国时期的智术师的"味道"。

作了有助于我们具体认识古罗马帝国时期的文史,这本书也有助于我们了解一些涉及世界历史的政治哲学问题。比如说,作者在书中三次论及"第二代智术师"以亚历山大大王为主题的作品,这难免让我们想到,当时的希腊语作家心底里很可能抱有这样一种期望:罗马帝国应该继承亚历山大的帝国政制抱负——复兴古希腊式的"王政"。原因不难理解:

---

① 参见安德森,《第二代智术师:罗马帝国的文化现象》,罗卫平译,北京:华夏出版社,2011。

公元前4世纪一个讲希腊语的统治者曾征服了一个庞大的东方帝国,其土地之广袤,罗马在东方从未能与之匹敌。亚历山大死后,他的帝国四分五裂,但无损这片广袤的土地长期浸淫在希腊文化中,直到拜占庭时期,这里还保留了大量的希腊文化。这实际上意味着,在东方的绝大部分地区,各个地方城市的贵族们可能从一种非罗马的视角来看待自己的城市(这样做仍然可能对罗马极其有利)。(《第二代智术师》,页16)

对于罗马帝国初期的诸多希腊语作家来说,虽然世界已经易主,但他们仍然有可能劝谏罗马皇帝仿效亚历山大大王的光辉业绩。因此,毫不奇怪,打造亚历山大大王形象的"智术师"作品主要出现在罗马帝国初期。

最为重要的作家有三位:普鲁塔克、阿里安和金嘴狄翁。普鲁塔克和金嘴狄翁作品的政治哲学意味最为厚重,而且各有特色:普鲁塔克的《亚历山大大王的机运或德性》力图把亚历山大打造成一个怀有天下帝国梦想的"哲人王",金嘴狄翁的四篇"论王政"则力图打造从荷马笔下的英雄到亚历山大大王的古希腊王政传统。

金嘴狄翁(约公元40—120)比普鲁塔克年长五岁,出生于富裕之家,本名"普鲁萨的狄翁"(Dio of Prusa,其出生地Prusa是一个古老的小王国比提尼亚[Bithynia]的首府,今土耳其西北部的Bursa)。狄翁年轻的时候就到罗马求发展,取得了罗马绿卡(公民权),身份证上的名字是T. Flavius Cocceianus Dio。后来,狄翁因演说辞闻名得了"金嘴"绰号,比他的真名还响亮。

狄翁在罗马曾跟从廊下派大师儒福斯(C. Musonius Rufus)学习,据说还是厄琵克泰德(Epiktet,公元55—135)的师兄。狄翁在罗马混得不错,甚至进入了宫廷圈子。然而,42岁那年(公元82年),狄翁的一位身为罗马贵族的好友萨宾努斯(Falvius Sabinus)被皇帝多米提安(Domitianus,又译"图密善",公元81—96年在位)处决,狄翁受牵连被逐出罗马,不准返回故乡。从此,狄翁开始了相当于被放逐的生涯,去过很多地方,与各种下层人厮混。

多米提安遭谋杀后(公元96年),狄翁才回到罗马,那时他已经快六十岁了。新任皇帝图拉真(Trajan,公元98—117年在位)对狄翁礼遇有加,据说两人还成了朋友。晚年时,狄翁落叶归根回到家乡,在乡贤的声誉中幸福地离世。①

按照一种说法,狄翁年轻时讨厌哲学,曾撰文攻击廊下派哲人穆索尼乌斯(Stoic Musonius),后来又改弦更张,跟从廊下派大师学习哲学。其实,情形更有可能是:狄翁很早就看懂了柏拉图的《普罗塔戈拉》和《斐德若》,明白哲人的在世方式和言说方式应当怎样。换言之,他攻击哲学很可能是装样子,实际上是在保护哲学。他在演说辞《在雅典或论流放》中就说过,哲人要保有自己的内在自由,就必须采用一种特别的言说和写作方式。狄翁一生都没有写过正经的"哲学论文",现代的古典文史家也不会把他归入哲人一类。

演说辞属于口传文学或基于口传文学,换言之,写作演说辞与发表演说一样,首先必须注意受众是谁,清楚自己在对谁说话。作为一种文体类型,演说辞既可以是政论文,也可以是小说甚至短剧。金嘴狄翁有八十篇演说辞传世,后人编成《演说集》(拉丁文书名 *Orationes*),从内容上讲,好些其实都是谈伦理、政制和宗教问题的哲学文章。但从文体上看,这些演说辞无不是文学作品,以对话或记

---

① 狄翁的生平和写作参见 H. von Arnim, *Dion von Prusa*, Berlin, 1898; C. P. Jones, *The Roman World of Dio Chrysostom*, Cambridge University Press, 1978; S. Swain, *Hellenism and Empire: Language, Classicism and Power in the Greek World AD 50–250*, Oxford: Clardon Press, 1996, 页187–241。

叙文形式写成，如今应该算短篇剧作、短篇小说或散文。

狄翁的演说辞体现出强烈的希腊"爱国"情怀，一些演说辞明确以传扬古希腊传统神话为主题（比如《特洛亚人》和《奥林匹亚》）。金嘴狄翁热爱"祖国"希腊，却不热爱希腊的民主政制。从今天的政治哲学关切看来，在狄翁的传世演说辞中，四篇"论王政"最为重要，因为它们算得上有分量的政治思想史文献。

按照狄翁在其中的论述，政体依优劣程度可分三等：王政最好，其次是贵族制，随后是民主制——王政的反面是僭主制，贵族制的反面是寡头制，民主制的反面是暴民制（3.45，3.48-49）。我们知道，如此分类与亚里士多德在《政治学》中的分法非常相近。然而，与亚里士多德不同，金嘴狄翁的"论王政"更多意在展示，何以宙斯式的王政是最佳政制。

在狄翁看来，政制离不了王者，而王者必须是个优秀的好牧人。王者与被统治者的关系，不是罗马皇帝式的"主子"与臣仆的关系，王者应是民人的同仁、朋友或父亲，王者为王，为的是替民人谋福祉（1.22）。

用今天的政治理论语言来表达，狄翁的王政观相当于近代西方的所谓君主共和制。在《波律斯特涅斯，或在故国的演说》中，狄翁化用柏拉图《斐德若》中的比喻，把王者比作驾驭马车的御手：这位御手驾驭的马车不是灵魂，而是星辰和万有（36.42）。这意味着，王权等于统御万物的理性（36.54）。

"宙斯式王政"的政治哲学含义在于：人世中的最佳政体是人与诸神共在的共同体（36.22），人的生活与诸神和谐地维系在一起，或者说人的共同体分享神性共同体的秩序（36.31）。可以说，狄翁的王权论背后有一种廊下派式的宇宙论，尽管披上了宙斯-赫拉的神性婚姻神话的外衣。

由于这篇演说辞还谈到了公民身份问题，狄翁的"宙斯式王政"实际上是一种君主制共和论,在品质上与西塞罗的贵族制共和论相似,而且两者相隔时间不远。如今的"剑桥学派"竭力抹去共和政体的具体类型,非把民主共和政体视为唯一的共和制,把雅典式的直接民主视为西方古典政治思想中的唯一理想,想必会遭到金嘴狄翁的反驳。

在"论王政"中,狄翁还化用古希腊神话勾勒出古希腊王政传统的统绪:首先是荷马笔下的王权形象,接下来是泛希腊的王权形象(亚历山大大王),最后是犬儒派的赫拉克勒斯形象。在狄翁笔下,亚历山大从小就有赶超阿基琉斯的抱负,这意味着不是要成为最优秀者,而是要胜过过去的最优秀者(2.19)——这种说法与普鲁塔克在《亚历山大王的机运或德性》中的描述若合符节。

不同的是,狄翁让我们看到,亚历山大是争当优秀者这一希腊文明传统的最后一位代表,由于缺乏节制,他在实现自己的抱负时也毁掉了这一传统理想的地基。毕竟,荷马笔下的竞赛乃是基于诸多优秀者的竞争,亚历山大既然让所有荣誉都集中在自己个人身上,竞争优秀者也就失去了意义。

狄翁让犬儒派的赫拉克勒斯形象进入古希腊王政传统谱系,为的是彰显古希腊王政传统在亚历山大之后所面临的历史困境。在第一篇"论王政"中,狄翁通过改写著名的"赫拉克勒斯在十字路口"的古老传说来传达他的政治教诲:赫拉克勒斯面临的不是选择两种品德的女人,而是选择两座看似相同的山峰。这两座山峰分别是王政和僭政,远远看去简直没什么差别,山上都坐着一个女人,赫拉克勒斯必须选择其中一个(1.60以下)。狄翁似乎暗示,如果说赫拉克勒斯要当王,那么他心目中的王者理想已经变得含糊不清……

王政的正当性基于最优秀的好牧人当王,或者说,最优秀的人应该为王。但何谓最优秀的人?王者需要有竞争者,或者说,还有另一种人应该获得荣誉,这种人的荣誉足以与王者的荣誉形成竞争关系。这就引出了人的灵魂类型的品位问题。换言之,狄翁的王政观并非世袭式君主制,而是基于德性的君主制,从而是共和式的君主制。

在第三篇"论王政"中,狄翁笔下出现了哲人苏格拉底与波斯王的对比,让我们难免会想到色诺芬的短制《希耶罗或僭主》中的主题:谁的生活更幸福,谁才是真正的在世之王。在狄翁笔下,没有在世荣誉的苏格拉底更为幸福,这无异于说,苏格拉底是无冕之王。

在第四篇"论王政"中,狄翁对大第欧根尼泰然喝退亚历山大的著名传说作了政治哲学的解释:第欧根尼精神上非常富裕,活得自在自足,这种生活才是真正的幸福;亚历山大虽为王者,生活却得倚赖军队、金银,所以他嫉妒哲人的荣誉(4.7)。我们知道,这其实是亚里士多德明确说过的看法(《尼各马可伦理学》1177a28-34),反过来说,这证明狄翁是苏格拉底-柏拉图-色诺芬哲学的传人,尽管他的老师是廊下派哲人。

当狄翁笔下的亚历山大问,怎样的人才是最好的王者时,狄翁笔下的大第欧根尼回答说:宙斯就是楷模。大第欧根尼甚至暗示自己身上就有宙斯族血统,这无异于告诉亚历山大,真正的王者品质是追求成为"幸福且睿哲之人",尽管真正的哲人并不追求掌有王权。狄翁的意思不过是说,世间的王者应该模仿哲人苏格拉底,追求精神上的富裕,做"幸福且睿哲之人"。

狄翁演说辞一贯具有所谓"游戏"（παίγνια）或者说"搞笑"式的文风,即便"论王政"谈论何谓最佳政制这样的严肃论题,也同样如此。据说,这是一种"佯谬式的教化"（paradoxical paideia）方式。"第二代智术师"好些作家都喜欢用这种方式,最为一贯者莫过于狄翁。①

---

① 参见安德森,《第二代智术师:罗马帝国的文化现象》,前揭,页274-275。

可以理解，在皇帝是好人还是劣人甚至是坏人都完全凭运气的时代，这种教化方式实在有必要。据考订，狄翁的四篇"论王政"是献给皇帝图拉真的，甚至可能亲自给图拉真诵读过。可以设想，如果狄翁不采用这种方式施行教化，难免惹上不必要的麻烦。

当然，话说回来，如果狄翁早就领会苏格拉底－柏拉图教诲的精髓，那他未必不懂得，哲人在任何时代都需要"佯谬式的教化"方式——在民主时代的今天，需要对付的已经不是皇帝，而是有知识的劣人。

金嘴狄翁传世的八十篇演说辞绝大多数为真品，古典学家仅查明《哥林多演说》（*Corinthiaca*）和《论机遇》两篇系其学生Favorinus von Arelate所作。由于论题多涉及当时的政治现实，这些演说辞如今也被视为十分重要的史学文献。

Loeb古典丛书中的《金嘴狄翁集》共5卷（1932—1951）；德译本全集有W. Elliger的 *Dio Chrysostomus Sämtliche Reden*（Zürich, 1967）。笔者选编的这部狄翁文集以其王政论为主题，涉及这一论题的演说辞并不限于四篇"论王政"，还有其他短篇，皆可以对观。

译文据Loeb古典丛书中的英译本迻译，一些关键语词或文句，由戴晓光博士依据希腊文作了校订。崔嵬博士也做了部分校订工作，谨此一并致谢。

古典学家莫勒斯（John Moles）是研究狄翁演说辞的权威学者，本编选了他的两篇论文，为读者提供必要的背景知识。

刘小枫

2017年5月

古典文明研究工作坊

狄翁生平简介

科 宏(J. W. Cohoon)

金嘴狄翁(Dio Cocceianus Chrysostomus)是纪事家狄翁·卡西乌斯(Dio Cassius)的亲戚,公元40年出生于比提尼亚普鲁萨城内一户殷实的人家,卒于公元120年左右。其父帕西克拉底(Pasicrates)为所在的城市作出了巨大贡献,故而逝后享有美誉。狄翁和兄弟从父亲那儿继承了大量的田产,其中包括牧场、葡萄园、城中宅邸以及其他土地资产。然而,父亲在世之时就已是寅吃卯粮,且为城市花去了大笔钱财,以至于最后负债累累,狄翁后来花了多年的时间才还清由他分担的那部分债务。毋庸置疑,就那时教授的科目而言,狄翁受到了良好的教育,其中一科就是演说术。在这方面,狄翁展现出了卓越的才华,毫无疑问,狄翁曾向仰慕自己的乡亲发表了一些较为轻松的演说,例如《蚊子颂》(*Praise of a Gnat*)。狄翁偶尔也会为了朋友而涉足宫廷。后来,他开始旅行,并在维斯帕先(Vespasian)统治时期来到罗马。

在人生的这个阶段,狄翁是一名智术师(sophist),而且反对哲人。狄翁似乎还特别针对其中一位哲人——廊下派的穆索尼乌斯(Stoic Musonius),并与之论战,不过最后,这位哲人改变了狄翁的立场,使之成为罗马廊下派的一员。然而,在多米提安的统治下,狄翁人生的这个阶段戛然而止。狄翁批评皇帝时过于直率,并与一位因某项指控而被处决的罗马高官过从甚密。基于这些原因,大约在公元82年，狄翁被逐出罗马、意大利乃至自己的家乡比提尼亚。事到如今，狄翁再也不能依靠自己在普鲁萨的财产维持生计了。不管愿不愿意，他都不得不践行犬儒学派（Cynic）的教义，过简朴的生活。狄翁穿着一件破旧的宽大外衣，从一个地方游荡到另一地方，身无分文。他通常会避开大城市。为了获取食物，狄翁有时不得不干最下贱的体力活，那段时期经受的苦难损害了他的健康。在流亡过程中，狄翁抵达了波律斯特涅斯（Borysthenes），此城是米利都（Miletus）在黑海北部的一个富庶的殖民地，离现代的奥德萨（Odessa）不远。狄翁还深入到费米拉孔（Viminacium）——罗马在多瑙河（Danube）的一个永久性营地，和未开化的盖塔人（Getae）住在一起，为他们撰写史书。

公元96年，多米提安逝世，狄翁的流亡生涯也宣告结束。翌年夏天，狄翁向聚集在奥林匹亚的希腊人发表了一次演说。后来，他来到罗马，受到新皇涅尔瓦（Nerva）的亲切接见。狄翁打算利用这个机会为家乡谋点福利，不过疾病缠身，他未能彻底取得成功。狄翁带着皇恩返回普鲁萨，后来又带领市民派出的使团前去向皇帝谢恩。可是使团到达后却发现，涅尔瓦已经去世，接替他的是皇帝图拉真（Trajan）。狄翁给图拉真留下了很好的印象，两个男人之间建立了深厚的友谊。在皇帝开赴达契亚（Dacian）战场的前夕，狄翁和他待在一起；当图拉真102年凯旋归来，受到高规格接待时，狄翁也前去相迎。后来，狄翁游历了亚历山大里亚（Alexandria）及其他一些地方，并于那年年末或是次年年初返回家乡普鲁萨。在家乡，狄翁花了相当大一笔钱着手实施一些美化城市的计划，不料却卷入一桩拆迁案，为此，他不得不在公元111年至112年间到皇帝特使小普林尼（C. Plinius Secundus）面前为自己的案子辩护。这是我们最后一次听闻狄翁的消息。狄翁的妻子和一个儿子都比他早逝。

当狄翁流亡归来时,他已摆脱了那个时代的智术师观念。[①] 那时的智术师相信,雄辩术本身就是最崇高的事业;而作为一名醒世哲人,狄翁已触及自己绝不会背离的坚定的信念。狄翁并非一位原创性思想家,其哲学思想来自柏拉图、廊下派和犬儒学派。狄翁认为,自己毕生的事业就是向所有人——不管高贵还是低贱、不管是王孙公子还是农夫——颂扬这些教导,并通过回顾希腊往昔的辉煌,唤醒希腊人的民族情感。狄翁向小团体进行非正式的演说,或在大型集会上演说,谴责民众的错误,竭力向他们展示更好的道路,酷似现代的布道者。

狄翁的演说风格质朴、优雅而高贵。他把柏拉图、德摩斯梯尼(Demosthenes)、色诺芬(Xenophon)和安提斯忒涅(Antisthenes)当作楷模,然而,他并没有完全脱离通用希腊语。

[①] 在我们这个纪元的第一个世纪,修辞学开始取代哲学的地位受到推崇;至哈德良(Hadrian)时代,这场所谓的新的或第二代智术师的运动到达顶点。其信徒相信雄辩家而非哲人才代表了最高级的人类,而且,相对演说者所展现出来的辩论技巧,辩论的内容并不那么重要。

论王政之一

[英译按]第一篇演说辞和接下来的三篇演说辞皆以王政为主题。根据演说辞内在的证据,人们认为,图拉真当上皇帝后不久狄翁就在罗马向他发表了演说。不管怎样,狄翁向皇帝发表此次演说时,没有使用在第三篇演说辞中出现的亲密措辞。

关于真正的君主的观念,狄翁在很大程度上受到荷马和柏拉图的影响。真正的君主敬畏众神,照顾臣民,就如至上之神宙斯照顾整个人类一样。演说辞的结尾处描述了赫拉克勒斯(Heracles)的选择,赫拉克勒斯是犬儒主义学派的典范。

[1]据传,吹笛人提谟忒乌斯(Timotheus)[①]初次为亚历山大王演奏时,就使自己的演奏切合这位君王的性格,展示出了高超的音乐技巧,他所选篇章既不忧郁缓慢,也不会让人松懈或无精打采,我想,更确切地说,它是承载了雅典娜而非他人之名的悦耳曲调。[2]人们还说,亚历山大立刻跳起来,着了迷似地跑去拿武器。音乐的曲调和演奏的节拍在亚历山大身上产生的狂热就是如此。君主如此感动,与其说是缘于音乐的力量,不如说是缘于这位君主高昂、热情的脾性。[3]以萨达那帕勒斯(Sardanapallus)[②]为例,即使玛尔叙阿

---

① 提谟忒乌斯在亚历山大的婚礼上演奏,参阿忒奈乌斯《智者之宴》12.54.538。

② 亚述(Assyria)的一位君主,他的名字成为柔弱和奢华的代名词。

斯(Marsyas)①或奥林匹斯(Olympus)②亲自为他演奏,他也绝不可能离开卧室和娇妻美妾半步,更别说提谟忒乌斯或是其他后来的艺术家演奏了。不,我相信,即使雅典娜亲自为萨达那帕勒斯演奏一曲——假如可能的话——那位君主也绝不会去拿起武器,他极有可能突然站起来,跳一支舞,要不就溜之大吉;无限的权力与放纵让他堕落如斯。

[4]对我们来说适宜的是,正如一名高超的吹笛人在他的领域那样,我也要在自己从事的领域毫不逊色;我应该找到这样的言辞:这些言辞在激发勇气和高尚情操的方面一点也不亚于吹笛人的音符;而且,这样的言辞不应该采取单一的风格,[5]它应当既可激昂,又可轻缓,既勇武善战,又宁静和平,既遵循法律,又真正有王者气。因为在我看来,这些言语是说与这样的人听的:此人渴望成为英勇而守法的统治者,他不仅需要过人的胆量,还很需要宽厚公平。

[6]如果提谟忒乌斯不但拥有技巧可以弹奏尚武的旋律,他这技巧还与作曲的知识相配搭——所作的曲子能让灵魂变得公正、审慎、节制而仁慈,不仅能激励一个人拿起武器,还能让他追求和平与和谐,不仅能激励一个人敬奉神明,还能让他想着众生——那么,对亚历山大来说,让这人与他为伴并和他住在一起,将是莫大的恩赐。他不仅在亚历山大献祭时为他弹奏,还在其他场合弹奏。

[7]例如,当亚历山大不顾体统,陷入毫无理性的悲伤时;③当亚历山大超出习俗和公平的范围,严厉地惩罚他人时;④当亚历山大对

---

① 神话中的弗里吉亚(Phrygian)农民或是萨提儿(希腊神话中森林之神;Satyr),他的笛子吹得如此好以至于他胆敢挑战阿波罗,想与他进行音乐比赛。
② 希腊神话中与玛尔叙阿斯有来往的一位音乐家。
③ 亚历山大的朋友赫费斯提翁(Hephaestion)过世时,他把医师钉死在十字架上,并拆掉了周边城市的防卫墙。
④ 比照忒拜(Thebe)叛乱后遭遇的毁灭。

自己的朋友、伙伴①大发雷霆,或是鄙弃自己凡间的双亲时。②[8]不幸的是,音乐知识和技巧并不能彻底治愈或完全补足性格的缺陷。的确不能!正如一位诗人所说:

> 即使是阿斯克勒庇俄斯(Asclepius)的儿子们,神也不会给予这样的恩赐。③

只有明智和智慧之人——早期的人们大多如此——的言辞,才会是胜任的完美向导和帮手,这些言辞能够适宜地勉励、指导那些生性能听从劝告的高尚之人追求完整的德性。

[9]那么,什么样的主题才明显合适,才值得像你这样真诚的人聆听呢?在哪里我才能找到这种近乎完美的言辞呢?我只是一个流浪者,一个自力自为的哲人,在辛苦和劳作中尽可能发现欢愉。我运用口才,只是为了鼓励自己以及自己常常遇到的其他人。我的情况类似于这样的人:当他们搬动或挪移重物时,常常会轻声吟咏、哼唱曲子来抚慰辛劳——他们只是辛勤劳作的人,而非吟游诗人或歌曲诗人。

[10]然而,这里许多言辞依据的都是哲学,几乎都值得聆听,对任何不只是随意听听的人来说大有裨益;不过,由于发现听者近在咫尺,并且急于领悟我们的言语,因此,我们必须召唤劝导之神(Persuasion)、缪斯和阿波罗来帮忙,以最大的热忱前行。

[11]那么,且让我就理想君主的性情和特征陈述一番,并尽可

---

① 在一次醉酒的争吵中,亚历山大杀死了自己的朋友克雷塔斯(Cleitus)。
② 受到其母奥林匹亚丝(Olympias)支持且目前通行的说法是,他的父亲是阿蒙神(Ammon)而不是腓力(Philip)。为此,他蔑视腓力。
③ 麦加拉的忒奥格尼斯(Theognis of Megara),432(Bergk-Crusius)。阿斯克勒庇俄斯(Aesculapius)是医术之神。

能简洁地综述。这样的君王——

> 由克罗诺斯之子授予他王杖和特权
> 使他统治人民①

[12]这个说法在我看来,就如荷马的其他许多说法一样,也很有道理,因为这话讲的是,并非所有君主的权杖和王位都来自宙斯,唯有好的君主才如此。而且,好的君主接受王位的理由无他,无外乎是为了筹划、考虑臣民之福祉;[13]他不会让自己变得放荡不羁,挥霍无度,不会让灵魂充斥并塞满了愚蠢、肆心、傲慢或是种种无法无天的作为,也不会使灵魂为愤怒、痛苦、恐惧、快乐以及各种欲望所左右。

相反,君主会竭尽所能地关注自己与臣民,让自己确确实实地成为民众的向导和牧人,而并非像某些人②说的,成为设宴的主人或是赴宴的宾客。不,毋宁说君主应当是这样的人:他应认为自己整个夜晚根本就不应当入睡,因为他没有片刻时间怠惰安闲。③[14]因为,与其他智慧、坦诚之士一样,荷马也曾说,卑劣、放纵和贪得无厌的人绝不可能成为自己或他人能干的统治者或主人,这样的人也绝不可能成为君主,即使整个世界,不管是希腊人还是野蛮人、是男人还是女人都认可他,④即使不仅人类称赞他、服从他,连空中的飞鸟、山中的野兽也顺从他,对他唯命是从,情况也还是如此。

---

① 《伊利亚特》2.205–206。

② 柏拉图在《王制》(4.421b)中对比了城邦的真正守护者和城邦的盘剥者,他称后者是"宴席承办人"。在《王制》的其他章节(1.345c),他也作了如此对比。

③ 荷马笔下的回忆场景(《伊利亚特》2.24–25),在此回忆场景中,阿伽门农在梦中被告知:"一个为将士所信赖,事事关心的出谋人,不应当整夜睡眠。"

④ 关于这个思想,可以对比狄翁演说辞4.25。

[15]让我依照荷马的设想来谈谈这位真正的君主;我的演说将十分简洁,不含任何阿谀奉承或谩骂之词。我的演说本身将分辨出与好君主相似的君主,并按他与好君主的相似之处来赞美他,对于不像好君主的君主,就揭露和谴责他。这样的君主(好的君主)首先会尊敬天神,敬重神明,[16]因为既正义又好的人不可能更信从其他东西,而非信从最为正义、最好的诸神。邪恶之人总是想象着什么时候能讨好众神,然而,这个想法本身首先就不怎么虔诚,因为他已经假定了诸神要么愚蠢,要么卑劣。

　　[17]在诸神之后,好的君主关照的就是众人,他一方面尊敬并爱护好人,一方面关怀所有人。谁会比牧人更关心牛群呢? 谁会比牧羊人更有益于羊群、更善于照料羊群呢? 与那些统驭最多马匹并从中获取最大益处的人相比,谁还会是更爱马的人呢?

　　[18]同样,与那些对数量最多的人行使权威,并最受人们爱戴的人相比,谁对同胞的爱会比他更大呢? 与统治着血脉同胞的君主相比,倘若统治着野蛮而且血脉不同的兽类的人对其统治对象更有善意,这就太奇怪了。

　　[19]再者,牛群最爱戴自己的看护人,也最听看护人的话;马和马夫之间也是如此;猎人会受到猎犬的保护和爱戴,其他温顺的动物同样也热爱自己的主人。[20]那么,又怎么会有如下这般事情呢:那些既没头脑又无知的生物,[尚且]认得并且热爱照料自己的人,何况那些在众生之中最聪慧、最懂得如何以感激回报善意的生灵,又怎会不承认甚至去阴谋对付自己的照料者呢? 不,的确不会! 相反,情况必然是这样:有教养、爱民人的君王不仅会得到众人的亲爱,而且会受到他们爱戴。因为这位君主不但深谙这点,而且天性如此,他以慈爱温厚的灵魂对待所有人,因他把所有人都当作忠实之人,当作自己的朋友。

　　[21]一位好君主还相信,由于自己的职位,他应当获取更大的

份额——并非在财富或享乐上得到更大份额,而是要付出更多关怀与思虑;因此,好的君主喜欢辛劳,超过其他许多人喜好享乐或财富。因为他明白,快乐不仅会伤害持续沉溺其中的人,还会让人们很快失去感受快乐的能力,而辛劳呢,除了会带来益处,还会不断地提升人们承受辛劳的能力。

[22]因此,只有好的君主才能把自己的士兵称作"战友",把同僚称作"朋友",同时不会使友谊这个名称受嘲弄。好君主不仅会在言辞上被邦民和臣民称为"父亲",也会用行动来证明这个称呼。可是,"主人"的称呼却让好君主高兴不起来——不仅[不喜欢]被自由人这么称呼,甚至当奴隶这么称呼他时,他也同样如此。[23]因为,在他看来,自己担当君主与其说是为了自己,毋宁说是为了所有人。

因此,好的君主在施惠时发现的快乐比受恩之人获得的快乐更多,而且,他唯对这种快乐不知餍足。他把王权的其他职责视为被迫,唯独把行善看作自愿、幸福之事。[24]好的君主施惠最为慷慨,好像一切取之不尽、用之不竭似的,但是,若是涉及任何坏事,那他绝非导致坏事的原因,正如太阳不是导致黑暗的原因一样。见过他、与他结交过的人都不愿意离开他,对他有所耳闻的人则渴望见到他,这种渴望甚至超过孩子渴望找到素未谋面的父亲。[25]他的敌人却惧怕他,没有人敢承认自己是他的仇敌。他的朋友充满勇气,与他相近的人认为,在所有人当中,自己处在最安全的境地。来到他面前和见到他的人都不会觉得恐惧或害怕,相反,他们心底生出深深的崇敬——这崇敬比恐惧更强大、更有力,因为心怀畏惧的人不可避免会产生仇恨,想要逃走,心怀尊敬的人则会伴随他左右,仰慕不已。

[26]好的君主认为,纯朴而坦率正是合乎君主和谨慎之人的品质,为非作歹和奸诈的品质则属于蠢人和奴隶。他看到,就算在野兽之中,最奴性、最卑贱的动物也会在撒谎和欺骗方面超过其他

动物。

[27]尽管天性渴望荣誉,并知道人们在天性上尊敬的是好人,但与得到憎恨自己之人的友谊相比,好的君主并不那么期待从不情不愿的人那儿得到敬意。

好的君主好战,他的好战以此为限——是否开战取决于他自己;他也在如下意义上爱好和平——已经没有余下什么值得他为之战斗。因为,他其实清楚地懂得这点:只有为战争作好最充分准备的人才最有可能享受和平。

[28]同样,好的君主生性喜欢自己的同伴、同胞和战友。因为,哪个统治者若轻视他的士兵,若从未或几乎没有目睹过那些为了支持其统治而冒险、受苦的人,若只会不断取悦既无用处又无法拿起武器的民众,那么,他就像这样一位牧羊人:既不认识那些帮自己守卫的人,也不愿供养这些守卫,又不愿与他们一起警戒。这样一位牧羊人不仅在引诱野兽,而且在引诱自己的猎犬去捕食羊群。[29]相反,谁若放纵士兵,既不操练他们,也不激励他们刻苦训练,同时忽略其他民众,那么这样的人就像有的船长那样,让船员成天饱食、竟日酣睡,因而败坏了士气,无论对乘客[30]还是对正在毁坏的船,这个船长都毫不关心。

如果有谁在这些事情上都做得合乎中道,却没能使那些与自己亲近、被称为其朋友的人受到荣耀,也没能确保让所有人都觉得这些人既有福又值得羡慕,那么,他就已经在不觉中背叛了自己和自己的王国。他让朋友们感到心寒,别人也不再渴望得到他的友情,他也就剥夺了自己最美好、最有益的财富——友谊。[31]因为,在需要付出辛劳的时刻,谁还会比朋友更加不顾疲倦地苦干? 谁还[比朋友]更乐意为我们的幸运感到高兴? 谁的称赞还会比朋友的称赞更加甜蜜? 由谁说出真相才会不那么让人痛苦? 什么样的堡垒、什么样的防御工事,乃至什么样的武器,会比忠诚之心的保卫更好、更坚定？[32]因为，一个人拥有多少伙伴，就有多少双眼睛视其欲见，就有多少双耳朵闻其应闻，就有多少心意谋其福祉。实际上，这就无异于有位神为他的一个身体赐予了很多灵魂，而这些灵魂全都为他着想。

[33]但我将略过大部分细节，[直接]讲述真正的君王最明显的标志：无论在其生前还是身后，好人们赞美起他来都不会感到羞耻。但真正的君主并不渴望得到鄙俗之人和市井商贩的赞美，他只渴望自由而高尚之人赞美他——这些人宁死也不愿撒谎。[34]谁不会认为这样的人和这样的人生是幸福的呢？居住得多么偏僻的人才会放弃来看他，放弃从其高贵、正直的品格中受益呢？什么样的景象会比一位高尚、甘于辛劳的君主更庄严呢？温和、友善的统治者渴望为所有人服务，而且有能力这么做，有什么能比这更让人快乐呢？[35]有什么能比一位公平、公正的君主更让人受益呢？谁的生命会比那个受所有人保护的人的生命更安全？谁的生活会比那个不把任何人视为敌人的人更快乐？谁会比那个无从责备自己的人生活得更无忧虑？同样，谁会比那个德性广为人知的人更加幸福？

[36]我已用简单、平实的语言描述了好的君主。在好君主的这些特征中，如果有哪些也显得为您所拥有，① 那么，您自己会因为宽厚、优秀的天性而蒙福，而我们也会因为分享您的赐福而幸福。

[37]结束了当前这段[关于好君主的]描述后，我接下来还想讨论那位至高无上的王者和统治者。有死的凡人和他们的管理者们永远都应当努力模仿这位最伟大的王者，应当尽可能让自己的习性来模仿他、朝他看齐。[38]实际上，正因为如此，荷马才说真正的

---

① 指图拉真（Trajan）皇帝。

君主是由"宙斯养育的"①或者"聪明如宙斯"。②荷马还声称,享有最正义之名的弥诺斯(Minos)是伟大的宙斯的友伴。③实际上,可以说,在希腊人或蛮夷当中,那些已证明自己并非不配拥有君主称号的君主们,几乎都曾是这位神的信徒或效仿者。

[39]在众神之中,唯独宙斯拥有"父亲""君主""城邦保护者""朋友与伙伴的庇护者""人类的守护者""乞援人的保护者""庇护之神"和"异乡人之神"以及无数其他称号,这些称号都意味着善和善的根源。[40]宙斯之所以被称为"君主",是因为他的君权和力量;我还认为,宙斯之所以被称为"父亲",是因为他的关怀和宽厚;被称为"城邦保护者",是因为他维护法律和共同福祉;之所以被称为"人类的守护者",是因为他用亲属关系把诸神和人团结起来;被称为"朋友与伙伴之神",是因为他把所有人团结起来,并希望人类相亲相爱,彼此既不为私敌,也不为[城邦间的]公敌;[41]之所以被称为"乞援人的保护者",是因为当人祷告时,他愿意倾听,慈祥和蔼;至于被称为"庇护之神",是因为宙斯提供庇护使人脱离凶恶之事;被称为"异乡人之神",是因为不忽视异乡人、不把任何人当作外来人乃是友谊的开端;之所以被称为"财富与作物之神",是因为他是丰收之源,是财富和财产的赐予者,而非贫穷和匮乏的赐予者。所有这些能力本就是王者的权能和称号中所固有的。

[42]接下来,我想谈一谈宇宙的管理,讲述世界——幸福与智慧的化身——如何在好运和类似神灵力量的指引下,在一种非常公正、完美的先见之明和统治目的的指引下,永不停歇地在无限的时

---

① 例如《伊利亚特》2.196。

② 同上,如《伊利亚特》2.169和407,在此处,奥德修斯被称为"聪明如宙斯"(Διὶ μῆτιν ἀτάλαντον)。

③ 《奥德赛》19.179。

空中轮回前进;我还要讲述这世界如何使我们变得像它——因为出于它与我们之间共同的自然根源,我们由同一种法令和法律获得了秩序井然的安排,并且分享了同一种政体。

[43]尊敬、捍卫这个政体,并且不以任何方式反对它的人,就是遵纪守法、虔诚和守秩序之人;相反,竭力扰乱、破坏这个政体,并且不了解这个政体的人,就是无法纪、无秩序之人,不管他叫做平民也好,叫做统治者也好——尽管同所有人相比,由统治者所犯的错要坏得多、明显得多。

[44]在将军们和统领军队、城邦或行省的人之中,如果有谁模仿您模仿得最相似,并且显得尽可能与您习性相近,他就将成为您最亲密的伙伴和朋友;然而,如果谁对您有敌意或是要与您不同,就理应遭到责难和羞辱,应当立即解除职务,让更优秀、更有资格统治的人取代其统治。[45]在君主之中,情况亦是如此。我认为,君主的权力和职位皆来自宙斯,因此,密切关注宙斯,按照宙斯的法律、法令来公正公平地命令和统治民众的君主,将享受幸福的命运,得以善终。

然而,如果哪位君主背道而行,不尊敬对自己委以重任或给予这番馈赠的宙斯,那么,这样的君主从其权威和权力中将得不到奖赏,他得到的无非是[46]向同时代的人乃至后世表明自己既恶劣又放纵,并阐释了传说中的法厄同(Phaethon)的结局:法厄同无视自己的命运,登上一辆强有力的天国两轮战车,最终却证明自己不过是个无力的驾车人。[47]关于这点,荷马也曾谈到过,他说:

> 如果一个人秉性严厉,为人严酷,
> 他在世时人们便会盼望他遭不幸,
> 他死去后人们都会鄙夷地嘲笑他。
> 如果一个人秉性纯正,为人正直,

> 宾客们会向世人传播他的美名,
> 人们会称颂他秉性高洁。①

[48] 至于我,就如我说过的,我十分乐意及渴望论述以下议题——宙斯和万物的本质。然而,就我目前的情况而言,这个议题过于浩繁,需要进行精心的论证,因此,或许只有在将来的某一天,我才有闲暇来展示它。[49] 要是您想听一听神话,或者更想听一听用神话伪装起来的神圣而有教化意义的寓言,那么,厄利斯(Elis)或阿卡狄亚(Arcadia)的一位老妇人向我讲述的那个关于赫拉克勒斯的故事,不管您现在还是以后独自思考它,皆十分适宜。

[50] 从前,当我四处流亡、游荡时——十分感激众神,他们使我因而没有成为许多不义之举的目睹者②——我尽自己可能游览了很多地方,穿着乞丐的装束,有时混迹于希腊人之中,有时混迹于蛮夷之中,

> 祈求残肴剩饼,而不是刀剑或釜鼎。③

[51] 最后,我抵达了伯罗奔半岛(Peloponnesus),我尽量远离城市,在乡间消磨时间——那里颇有值得研究的东西,我还和那些诚实简朴的牧民及猎户来往。[52] 当我从赫里亚(Heraea)出发前往比萨(Pisa)时,④我先是沿着艾尔菲斯河(Alpheus)走,此后找到一

---

① 《奥德赛》19.329-334。荷马史诗译文采用王焕生译本,但视英文略有调整。以下皆同,不再一一标明。

② 暗示多米提安的僭主统治,他放逐了狄翁。

③ 《奥德赛》17.222;牧羊人墨兰提奥斯(Melanthius)奚落穿着乞丐服、正往家赶路的奥德修斯。宝剑和碗是赠与高尚的陌生人的礼物。

④ 赫里亚和比萨位于伯罗奔半岛的西部。著名的奥林匹克运动会的举办地就离后者不远。

段路,不过随后就走入了一片森林和崎岖的山区,那里有许多小径,可是沿着这些小径,我只遇到了各种各样的羊群和牛群,一个人都没碰到,因此根本无法问路。

我渐渐迷失了方向,到正午时分,我已彻底晕头转向了。不过,我注意到,在一个高高的山丘上有一丛橡树,它看上去像一个庄严的小树林,我向那儿走去,希望能找到道路或是房屋。[53]在那里,我看到一块块石头随意堆放在一起,石头上悬挂着祭牲的皮毛以及许多木棒——这显然是牧人的供奉。

我又看见一个妇人坐在不远处,尽管上了年纪,看上去依然强壮、高大,她一副农人打扮,灰白的辫子垂在肩上。[54]我向妇人仔细打听这个地方,她操着一口多利安(Dorian)方言,十分和蔼、温和地告诉我,这个地方是赫拉克勒斯的圣所,至于她,她有个儿子,是个牧羊人,不过,她也时常亲自照看羊群。她还说,众神之母①赐予了她占卜术,周围的牧人和农夫都向她咨询如何饲养、保存牛群和谷物。

[55]"你也一样,"她继续说道,"你来到此地,绝非没有神圣机运的偶然,我不会让你未受到祝福就离开。"接着,她立即开始预言,说我流浪、受苦的日子不会太久了,不仅我是这样,所有其他人也是如此。[56]她说预言的方式与据说受了神启的大多数男女很不一样,她不会喘得上气不接下气,不会摇头晃脑,也不会目光恐怖地瞪着别人,相反,她说话的时候完全能自制,头脑也很清醒明智。

"某一天,"她说道,"你会遇到一个强大的人,他统治了许多地方和民族。②请毫不犹豫地告诉他我讲述的这个故事,即使有些人嘲笑你是个爱唠叨的流浪汉,你也要这么做。[57]因为,与来自神的

---

① 也被称作"伟大的母亲"和"大母神"(Cybele)。她是小亚细亚伟大的女神。
② 即图拉真皇帝。

启示及言语相比,人类的言语和所有的诡计都毫无价值。实际上,人类现在关于神和宇宙所说的智慧、真实之言,无不是通过天国的意志和命运,并通过最初的先知和年老的侍奉神明者才进入灵魂的。

[58]"例如,他们说,在忒腊克(Thrace)曾住着一位俄耳甫斯(Orpheus)——缪斯的一个儿子;另外,在波俄提亚(Boeotia)的某座山上则住着另一个缪斯的儿子,他是牧羊的,曾经听到缪斯们歌唱。①那些既没有被神灵附体,也没有受到任何启示的人,却把自己想象出来的东西当作真实的故事四处传播,他们其实既放肆,又卑劣。

"请听下面这个故事,你要警醒、留神地听,直到可以铭记不忘,并把这故事讲给我所说的、你将遇到的那个人听。这个故事与我们面前的这位神有关。[59]所有人都说,赫拉克勒斯是宙斯和阿尔克墨涅(Alcmene)的儿子,他不仅是阿尔戈斯(Argos)的王,也是整个希腊的王(大多数人不知道,赫拉克勒斯之所以总是离开阿尔戈斯,是因为他要远征,保卫自己的王国。他们反倒声称欧律斯透斯[Eurystheus]才是那时的君主。然而,这些不过是他们的空谈而已)。

[60]"赫拉克勒斯不只是希腊的王,实际上,他的王国覆盖了太阳升起和落下的一切地方,覆盖了拥有赫拉克勒斯神坛的一切民族。[61]赫拉克勒斯也受过简单的教育,却没有那些卑劣的可怜人通过其狡诈、无所不为而学会的诡计多端和繁文缛节。

"关于赫拉克勒斯,人们还说过这些:除了一张狮皮和一根木棍外,赫拉克勒斯几乎一丝不挂,手无寸铁;[62]他们还说,他没有储

---

① 在皮奥夏的赫利孔山(Helicon)上受到崇拜的莱纳斯(Linus)。维吉尔(《牧歌集》[*Eclogue*]4.55–56)和阿波罗多罗斯(Apollodorus)也把俄耳甫斯和莱纳斯的名字联系在一起。

存大量黄金、白银或华衣美服,反而觉得这些东西除了赠予或散与他人之外,并没有什么价值。

"的确,赫拉克勒斯曾赠予很多人东西,不仅赠送难以计数的钱财、土地、马群和牛群,甚至还赠送过整个王国和城邦。因为赫拉克勒斯相信,万物皆只属于他自己,无物属于别人,他还相信,恩赐之物可以唤起受恩之人的善意。[63] 人们讲述的另一则故事则并不真实,说赫拉克勒斯只身漫游,未带一兵一卒。因为,如果没有武力,就不可能倾覆城邦、推翻僭主,向世界发号施令。只是因为赫拉克勒斯自立,灵魂热烈,身体强壮,劳作时胜过所有人,因而故事才说他独自旅行,单枪匹马就做到了所有自己想要做的事情。

[64] "不过,为了赫拉克勒斯,他的父亲可是煞费苦心,他向他灌输高尚的渴望,让他与好人为伍。而且,父亲还通过鸟兆、焚烧的祭品及其他预兆指导儿子的每项事业。[65] 当看到这个小伙子想成为一名统治者,并且不是出于欲求享乐和个人私利——多数人正是为此而热衷权力——而是为了能给最多的人带来尽可能多的好处时,父亲意识到,自己的儿子天生就是高尚之人。然而,他还是怀疑儿子身上到底有多少凡人的品性。另外,父亲还想到了人类诸多奢侈放荡的例子,他想到会有很多人引诱天性良好的青年远离自己的天性与原则。考虑到这些,他就指派了赫耳墨斯(Hermes),并向他吩咐了应做的事。

[66] "赫耳墨斯来到年轻的赫拉克勒斯长大的地方——忒拜(Thebes),他告诉赫拉克勒斯自己是谁、是谁派来的。在开始照管赫拉克勒斯之后,赫耳墨斯带着他穿过一条人迹未至的隐秘小道,最终来到一座引人注目的雄伟高山,高山陡峭至极,四周悬崖峭立,山下深溪环绕,水声隆隆。

"对于从山下向上仰望的人来说,上面的顶峰似乎是一个,可实际上那是两座山峰,矗立在一个地基之上,[67] 彼此相隔较远。其中一座峰名曰王峰(Peak Royal)，在宙斯王眼中看为圣洁，另外一座峰则是僭政峰(Peak Tyrannous)，以巨人堤丰(Typhon)命名。

"外面通向这两座山峰的路只有两条，一座山峰一条路。通往王峰的道路安全而宽阔，如果最伟大的神允许的话，一个人独自驾着马车就可以安全到达，不用冒险，也不会发生什么意外。另外一条道路狭窄而蜿蜒，难以通行，尝试翻越这条道路的人大多命丧悬崖或是崖底的激流，我想是因为那些人在走上这条路时违反了正义。

[68]"现在，正如我所说的，对大多数人来说，从远处看来，这两座山峰看起来就像一座山峰，不可分割。实际上，王峰远远高于另一座山峰，它高得径直冲入纯净清澈的云霄，另一座山峰则要低矮得多，它矗立在厚厚的云层中，被黑暗和云雾笼罩着。

[69]"赫耳墨斯带领赫拉克勒斯前往那里时，他向赫拉克勒斯解释了此地的本性。当热爱荣誉的年轻人急着想看看里面究竟有些什么时，赫耳墨斯说道：'那就跟着我吧，你会亲眼看到两座山峰在所有其他方面的不同，而这些是愚蠢之人看不到的。'

[70]"赫耳墨斯首先把他带到那个巍峨的山巅之上，指着一位端坐于华丽的御座之上的女子给他看。这个女子美丽庄严，一袭白衣，手持权杖，权杖并非金银打造，而是采用另一种材质，因而要纯净亮丽得多——对整个世界来说，这个形象宛若仙后赫拉。[71]女子的面容明艳照人，端庄高贵，善良的人见了不会心生胆怯，邪恶之人却没有哪个敢于直视她，就如眼睛脆弱的人不敢仰望太阳的火球一样。镇定沉着、坚定不移就是她的风采，她的眼神笃定。[72]这个地方弥漫着悄无喧嚣的安宁寂静，四处皆是累累硕果和种类繁多的兽类，金银铜铁堆积如山。然而，她丝毫不关注黄金，也不以拥有黄金为乐，相反，她更喜欢果实和生灵。

[73]"当赫拉克勒斯看到这个女子时，他有些害羞，脸色发红，他对这个女子感到尊重、崇敬，就像儿子对待高贵的母亲一样。赫

拉克勒斯问赫耳墨斯她是哪位神仙,赫耳墨斯回答说:'瞧,那位是有福的王政女神(Lady Royalty),宙斯的孩子。'赫拉克勒斯听后很开心,拥有了面对她的勇气。赫拉克勒斯又问与这位女子为伴的是谁。'她们是谁?'赫拉克勒斯说道,'多么端庄优雅,多么威严啊,像男人一样英朗!'

[74]"'瞧,'赫耳墨斯回答,'坐在她右边,眼神既威严又温和的那位是正义女神(Justice),她美丽超群,艳光四射。坐在正义女神旁边的是城邦秩序神(Civic Order),她长得酷似正义女神,[75]容貌与后者只有些许不同。坐在王政女神另一旁的也是一位女子,她极富青春美貌,一身盛装,笑容亲切,他们称她为和平女神(Peace)。靠近王政女神、立于权杖前方的是一个精壮男子,他头发灰白,神情高傲,名曰法律神(Law),不过他也被称作正确理性之神(Right Reason)、谋划者(Counsellor)或助手(Coadjutor),没有他的允许,这些女神皆不能采取乃至谋划任何行动。

[76]"这些见闻让赫拉克勒斯兴奋不已,他十分专注,决心永远不忘记这一幕。当他们从山顶下行,来到僭政峰(Tyranny)入口的时候,赫耳墨斯说道:'看看这边的另一个女子,许多男人为她神魂颠倒,为了赢得她的芳心,他们诸事做尽。这些卑鄙的人费尽辛苦,不惜夺人性命,儿子对父亲搞阴谋,父亲暗算儿子,兄弟相残,因为他们垂涎最大的恶——权力和愚蠢的结合体,并把它当作幸福。'① [77]接着,赫耳墨斯向赫拉克勒斯展示这个入口,并解释说,尽管此处似乎只能看到一条路,这条路就像前面描述的一样险峻且

---

① 狄翁把权力和愚蠢的结合体称为最大的恶,不过人们所贪求的只是权力。然而当权力错付于人时,愚蠢便是其结局。亚里士多德《残篇》89,页1492,一, 11(柏林版): Τίκτει ... ἀπαιδευσία μετ' ἐξουσίας ἄνοιαν [无知和权力的混合将产生愚蠢]。

立于绝壁之上,但这里还有许多隐秘难辨的通道。这个地方四周都是暗沟,掏了地下隧道,毫无疑问,这些地道皆通向御座。过道和小路上布满鲜血,尸体横陈。然而,赫耳墨斯并没有带赫拉克勒斯穿过其中任何一条过道,而是沿着外面一条不那么脏的小道前行,我想这可能是因为赫拉克勒斯只会是一个观察者。

[78]"进去后,他们看见僭政女神端坐高处,她有意模仿王政女神,让自己看上去与王政女神相仿。不过,僭政女神依照自己的想象,坐在更巍峨、更华丽的御座上,上面不仅布满数不清的雕刻,还镶嵌着样式各异的黄金、象牙、琥珀和乌木,五光十色。不过,由于地基不牢固,她的御座并不稳靠,反倒有些摇晃、塌陷。

[79]"总的来说,在这里,一切都杂乱无序,一切都显得浮夸、虚饰和奢华——权杖、皇冠和头饰比比皆是。僭政女神热衷于模仿另外那位女神的性情,然而,她的并不友善的笑容,只是展露出虚伪的谦卑,眼神不是庄重的,而是带着愠怒和猜忌冷冷地看人。[80]为了显出一副高傲的样子,她不正眼注视面前的人,而是眼高于顶,傲慢凌人。为此,所有人都十分厌恶她,而她呢,也漠视所有人。她没法安安静静坐着,总是左顾右盼个不停,时常又从御座上跃起。她可耻地把黄金紧紧护在胸前,随后又出于恐惧,把黄金一股脑儿扔掉。她会径直夺走过路人身上的无论什么东西。[81]她的衣服色彩斑斓,有紫色、鲜红,还有橙黄色,裙子上还有不少白色布块会显现出来,这是因为披风的许多地方都撕破了。她的面容也现出各种色彩,因为她或是感到恐惧、痛苦,或是疑惑、愤怒。[1]她一会儿因为悲痛而沮丧,一会儿又快乐得喜不自胜。她眼下正肆意地满脸堆笑,[82]过一会儿又要叹惋悲啼。

---

① 参柏拉图《吕西斯》(*Lysis*)222B: ὁ δὲ Ἱπποθάλης ὑπὸ τῆς ἡδονῆς παντοδαπὰ ἠφίει χρώματα[希珀塔勒(Hippothale)的面容因快乐而呈现出不同的色彩]。

"一群女子簇拥着她,不过她们一点也不像我之前描述的伴随着王政女神的那些女子。她们是残酷女神(Cruelty)、傲慢女神(Insolence)、不法女神(Lawless)和纷争女神(Faction),这些神一心想腐化她,让她走上极不光彩的毁灭之路。友谊之神(Friendship)不在其列,取而代之的是谄媚之神(Flattery),她卑躬屈膝,贪婪卑鄙,在图谋背叛方面毫不逊色于旁边几位,而且最热衷的就是造成毁灭。

[83]"当赫拉克勒斯看够了这些景致后,赫耳墨斯问他,两处的风景,哪个更合他的心意,他更喜欢哪个女子。'当然,是另外那个,'他说道,'我敬她,爱她,对我来说,她才是名副其实的女神,她让人羡慕,配得赐福。而后面这位女子,我觉得她极为可憎、丑恶,让我非常乐意把她从山上推下去,使之湮灭踪迹。'赫耳墨斯称赞赫拉克勒斯这番话,并把这话说给宙斯听,[84]接着,宙斯就把统治全人类的王权交给了赫拉克勒斯,因为宙斯认为赫拉克勒斯足以胜任。[1]因此,不管在哪里发现僭政(tyranny)和僭主(tyrant),赫拉克勒斯都会严惩他们,毁灭他们,在希腊人和蛮夷那里都是如此。然而,无论在哪里发现了王政和君王,他都会赋予其荣耀,并保护他们。"

老妇人继续说,赫拉克勒斯正是因此而成了大地和人类的拯救者,并不是因为他保护人类免受野兽的攻击,毕竟,一头狮子或野猪能带来多大的危害呢?赫拉克勒斯是在惩凶罚恶,粉碎和毁灭那些妄自尊大的僭主们的权力。时至今日,赫拉克勒斯仍继续着这项工作,而且,只要你有幸在施行王政,他就会为你的统治担当助手和护卫者。

---

[1] 另一个关于赫拉克勒斯的选择的故事,见色诺芬《回忆苏格拉底》(*Memorabilia*)2.1.21 和西塞罗《论义务》(*de Officiis*)1.32。据说这个故事是智术师普罗狄科(Prodicus)创作的。

论王政之二

[英译按]关于王政的第二篇演说辞,戏剧性地以马其顿的腓力(Philip of Macedon)和其子亚历山大之间的对话展开。在这篇演说辞中,儿子成了狄翁的代言人,这与第四篇演说辞的情况形成鲜明对比。因为在第四篇演说辞中,第欧根尼(Diogenes)——因而也就是狄翁——与亚历山大针锋相对。这篇演说辞将向我们展示真正的君主在现实生活中的做事方式,展示在很大程度上由荷马勾勒出来的廊下派理想。演说辞最后还对比了真正的君主与僭主。

这篇演说辞没有明确是在向什么人说话,但冯·阿尔尼姆(von Arnim)从它的尚武之气中猜出,狄翁是于公元104年第二次达契亚(Darcian)战争的前夕,在图拉真的面前发表了此次演说。

[1]据说,当亚历山大还只是个小伙子的时候,他有一次曾用充满男子气、庄严崇高的口吻和父亲腓力谈论起荷马。实际上,这次谈话也是一次关于王政的讨论。尽管腓力曾劝阻亚历山大,可那时亚历山大还是已经和父亲并肩作战了。

亚历山大无法控制自己,因为他就像那些品种优良的幼犬一样,不能忍受主人打猎时把自己留下来,它们会一路尾随,还常常为此弄断绳索。[2]有时候,因为年轻、热情,它们会乱叫,或过早冲向猎物,因而扰乱狩猎活动,不过有时候,它们倒也会因为跳跃前进而自己捕到猎物。实际上,这种事起初也发生在亚历山大身上。

据说,当父亲在危险面前迟疑畏缩之时,是亚历山大发起凯隆尼亚(Chaeronea)之战,①并获得了胜利。

随后他们离开战场,返回家乡。当到了皮埃里亚(Pieria)的狄恩(Dium)时,他们在这里向缪斯献祭,庆祝奥林匹克节,据说,这个节日在那里已经很古老。② 于是,[3]腓力在谈话中问亚历山大:"我的儿子,你为什么如此痴迷于荷马,乃至在所有诗人之中,你只专注于他的作品呢?其实你不该忽视其他诗人,因为这些人是明智的。"

而亚历山大答道:"父亲,在我看来,并不是所有的诗歌都适合于一位君王读,这就如同[4]并非所有的衣服都合身一样。至于其他人的诗,在我看来,其中一些适合于宴饮,另一些适宜于情爱之事,有些适合于赞颂获胜的运动员和赛马者,有的则适合作为悼唁亡者的哀歌,还有一些诗歌只是为了欢笑取乐,例如谐剧作家与那位帕罗斯岛(Parian)诗人③的作品。[5]其中的一些诗歌也称得上很受民众欢迎,因为它们给众人和平民提出了建议和忠告,例如,福基尼德(Phocylides)和忒奥格尼斯(Theognis)的作品就是如此。在这些诗歌里,到底有什么可以让你我这样的人从中受益呢?我们这样的人——

---

① 公元前338年,此次战役中雅典人和波俄提亚人遭到了镇压。

② 在皮埃里亚的狄恩,阿凯拉斯(Archelaus;马其顿君主,公元前413—前399年在位)确立了历时九天的新奥林匹克节庆活动,以纪念宙斯和缪斯。另一个记述则把该节日的确立归功于亚历山大大王的父亲腓力二世。参克劳斯(Krause)《奥林匹亚》(*Olympia*),页215;狄俄多儒斯(Diodorus),17.16。更确切地说,在皮埃里亚,缪斯崇拜才是一个古老的习俗。另参阿里安(Arrian),《远征记》(*Anabasis*),1.11。

③ 阿尔基洛科斯(Archilochus)。

很想统治全军,在人丛中称王。①

[6]"在我看来,事实上只有荷马的诗歌才真正算得上高尚、伟大且充满王者气,值得一个大丈夫关注,尤其如果此人渴望统治一切民族的话。如果不能统治所有人,他至少想统治其中的大多数人以及最杰出的人——严格说来,如果此人要成为荷马所指的'民众牧者'的话。② 换个说法,这难道不荒谬吗:就马来说,一个君主除了最好的那匹马外拒绝骑别的马,但是在涉及诗人时,他却遇到什么蹩脚的诗歌都读,仿佛无事可做似的?[7]您很清楚,父亲,我不仅不能忍受荷马之外的其他诗人,除了荷马六韵步的英雄诗体外,我也不听其他任何韵律。"

听到此处,腓力十分钦佩儿子的高尚情操,因为很显然,儿子的心中并没有卑劣可耻的想法,而是把英雄和半神之人当作榜样。[8]然而,腓力很想提点他,便说:"但是赫西俄德(Hesiod)呢?亚历山大,你真断定赫西俄德是个没有分量的诗人吗?"

"不,我没这么说,"亚历山大回答,"他在各方面都值得称赞,不过,赫西俄德的诗不是为君主或将军而作的,我想。"

"那么,是为谁作的呢?"

亚历山大笑着答道:"为牧羊人、木匠③和农夫,因为他说牧羊人受到缪斯的喜爱;而对木匠们呢,赫西俄德关于车轴该切割成多大的问题提供了内行的建议;对农夫们,赫西俄德则告诉他们何时[9]该铸桶了。"④

---

① 《伊利亚特》1.288,荷马的 ἐθέλει[想要](现在时直陈式第三人称单数)被改成了 ἐθέλων(现在时单数主格分词)。

② 如参《伊利亚特》4.296。

③ 《工作与时日》行368、424、609及以下。

④ 《工作与时日》行368、424。

"嗯,"腓力说道,"难道这些建议对人们没用吗?"

"对你我没什么用处,父亲,"亚历山大答道,"对当今的马其顿人也没用,尽管对古时的人有用,因为那时的人过着奴隶的生活,为伊利里亚人(Illyrian)和特里巴利亚人(Triballian)放牧、耕作。"①

"难道你不喜欢赫西俄德关于播种和收获的这些精彩诗句吗?"腓力说道,

> 当阿特拉斯(Atlas)的女儿们普勒阿得斯
> 　　(Pleiads)出现时,
> 你要开始收割,
> 她们即将消失时,你要开始耕作。②

[10]"我更喜欢荷马描述的农作生活",亚历山大说道。

"荷马在哪儿谈过耕作?"腓力问道,"或者,你指的是盾牌上描绘的耕田、收获谷子和葡萄的画面吗?"

"根本不是,"亚历山大说道,

> 犹如两队割禾人互相相向而进,
> 在一家富人的小麦地或大麦地里
> 奋力割禾,一束束禾秆毗连倒地,
> 特洛亚人和阿尔戈斯人当时也这样,
> 临面冲杀到一起,没有转念逃逸。③

——我指的是上面这些著名的诗句。"

[11]"尽管有这样的诗句,"腓力说,"但荷马还是被赫西俄德

---

① 马其顿西边和东边的邻居,被视为蛮夷。
② 《工作与时日》行383-384。
③ 《伊利亚特》11.67-71。

打败了。① 难道你没有听说过刻在赫利孔山（Mount Helicon）三足鼎上的铭文吗？

> 赫西俄德把这个礼物献给赫利孔山的缪斯，
> 在卡尔基斯（Chalcis），他用诗歌战胜了神圣的荷马。

[12]"荷马正该被打败，"亚历山大分辩道，"因为他没有在君主面前争胜，反而在农夫、平民面前，或者说，在重享乐之人及柔弱之人面前施展本领。正是用这种方式，荷马用他的诗惩罚了欧波亚人（Euboean，又译'尤卑亚人'）。"

"怎么说呢？"腓力吃惊地问。

"在所有希腊人中，荷马只把他们的发型剪得十分不得体，让他们的长头发梳到背后，② 就像现在的诗人描述那些女里女气的男孩子时一样。"

[13] 腓力大笑着说道："亚历山大哦，你要知道，千万不要冒犯优秀的诗人或是那些精明厉害的作家，因为他们有权威随便按自己的想法谈论我们。"

"可是，他们也并非有绝对的权威，"亚历山大说道，"当斯忒西科若斯（Stesichorus）在海伦的问题上撒谎时，③ 对他来说，不管怎么

---

① 关于这个神话般的比赛的记述，可以在哈德良时期创作的《荷马与赫西俄德的比赛》(Ὁμήρου καὶ Ἡσιόδου ἀγών)中找到。不过，关于此比赛还可以追溯至修辞学家阿尔西达马斯（Alcidamas）的更早的记载。它由赫西俄德的《工作与时日》行650及以下中的一个建议发展而来。据说这场比赛发生在哈尔基斯城（Chalcis）安菲达玛斯（Amphidamas）君主的葬礼中，在这场比赛中，两位诗人都呈上了或真实或虚构的诗歌。裁判判赫西俄德为赢家，而观众更支持荷马。

② 《伊利亚特》2.542。参狄翁演说辞7.4。

③ 很显然，这里指的是，他谴责海伦三次易嫁，抛弃夫君。他因此眼睛瞎了，不过他在承认错误后又重获光明。参柏拉图《斐德若》243a中的这个故事。

样,那天可都不好过。至于赫西俄德,父亲,我觉得他本人并非不知道自己的才智在多大程度上不如荷马。"

[14]"怎么讲?"

"因为荷马撰写英雄,赫西俄德写的却是《列女传》,①实际上,他的确吟咏女人的闺阁②之事,把赞颂男子汉的事让给荷马。"

腓力接着问他:"但是,你呢?亚历山大,你愿意成为阿伽门农、阿基琉斯,或是那个时代的任何一位英雄呢,还是愿意成为[15]荷马?"

"实际上,我不愿意,"亚历山大说,"我想远远超过阿基琉斯及其他人。在我看来,你不逊于佩琉斯(Peleus),马其顿并非不如弗提亚(Phthia)③强大,而且,我也不承认奥林匹斯山(Olympus)④就不如皮立翁山(Pelion)⑤闻名;此外,我在亚里士多德门下受的教育也不比阿基琉斯在亚明托(Amyntor)之子菲利克斯(Phoenix)——一个流亡且被父亲疏远的人——那儿受的教育逊色。此外,阿基琉斯不得不接受别人的命令,被派遣带着一小股军队出发,他并非独掌权威,而是要与另外一人一起远征。而我呢,就绝不会臣服于任何凡人,[16]让他成为我的王。"

听到此处,腓力几乎有些生气了,他说道:"可我就是王,而你就臣服于我啊,亚历山大。"

"不是的,"亚历山大说,"我听您的话,不是因为我把您当作王,而是因为我把您当作父亲。"

---

① 赫西俄德的这部重要著作如今仍存残篇。
② 在希腊的房子里,有一块地方会特意留给妇女。
③ 位于塞萨利东南部的乡村和城邦,由阿基琉斯之父佩琉斯统治。
④ 位于马其顿边境的塞萨利山。
⑤ 在此处,佩琉斯追求并赢得了阿基琉斯之母忒提斯(Thetis)的芳心,也是在此处,阿基琉斯的老师克戎(Chiron)为自己筑了一个洞穴。

"我猜,接下去你该不会说,自己像阿基琉斯一样,母亲也是位女神吧?"腓力说道,"或者,你该不会如此放肆,以至于把奥林匹亚丝(Olympias)①和忒提斯相提并论吧?"

听到这儿,亚历山大微微一笑,说道:"父亲,对我来说,我的母亲比[17]涅瑞伊得斯(Nereid)②中的任何神都要勇敢。"

听到这里,腓力笑了,他说:"不只是更勇敢,我的儿子,而且还更好战,至少,她从未停止过和我作战。"说着这些,他们在严肃的谈话中也伴随着玩笑。

腓力回过头来继续问他:"如果你如此倾慕荷马,那么,你为何不愿意学习荷马的作诗智慧呢?"③

"因为,"亚历山大答道,"在奥林匹亚赛会上,聆听宣令官用浑厚清晰的声音宣布得胜者的名单,会带给我很大的快乐,然而,我本人却不喜欢宣读别人的胜利,[18]而是更愿意听别人宣读我的胜利。"亚历山大试图用这番言语明确地表明,尽管他觉得荷马是个了不起、的确有神性的德性宣令官,但他把自己和荷马的英雄看作为了卓越的作为而奋斗的运动员。

"不过,父亲,"亚历山大继续说道,"如果我会成为一个优秀的诗人,那也一点儿不奇怪,因为自然就会支持我;你知道,一位君主会发现,甚至修辞学也会对自己有用。④ 例如,你常常被迫写下、说出对德摩斯梯尼——一位异常聪慧且可以影响听众的雄辩家——的反驳,更不用说雅典的其他[19]政治领袖了。"

---

① 马其顿君主腓力二世的妻子,亚历山大的母亲。
② 海神涅柔斯(Nereus)的众多女儿,,其中包括阿喀琉斯的母亲忒提斯。
③ 指14节及以下亚历山大的一个声明,即他不想成为荷马或荷马作品里的某一位英雄。
④ 意指他在亚里士多德门下学习修辞学。

"是的,"腓力玩笑着说,"我本愿意把安菲波利斯(Amphipolis)让给雅典人,换回最聪明的德摩斯梯尼。不过,你觉得荷马对修辞学持什么态度?"

"我相信荷马十分欣赏这门学问,父亲,"亚历山大说,"否则,荷马就不会引荐菲利克斯,让他做阿基琉斯的演说术老师了。无论如何,菲利克斯说了,自己是阿基琉斯的父亲派来的,

> 为此,他派我教你这些事,使你成为
> 会发议论的演说家,会做事情的行动者。①

[20] "至于其他的领袖,荷马在描绘其中最优秀、最有王者气的人时认为,他们在这种能力方面的热情上毫不逊色:我指的是狄奥墨得斯(Diomede)、奥德修斯,尤其是涅斯托尔,后者在洞察力和说服力方面超过其他所有人。的确,在其诗篇开头,荷马就说:

> 从他的舌头吐出的语言比蜜还甜。②

[21] "就是因为这个原因,阿伽门农祈祷让十个这样的长者,而不是像埃阿斯(Ajax)和阿基琉斯那样的青年做自己的出谋人,阿伽门农暗示,这样将加速占领特洛亚的步伐。事实上,还有一次,③荷马也展示了修辞技巧的[22]重要性。那时战争已持续甚久,围攻变得异常困难,瘟疫肆虐,首领阿伽门农和阿基琉斯又意见不合,希腊人就是否继续这场战争最终变得胆小怯懦,民众煽动家④也开始反对他们,使大会陷入混乱,军队在这个危机时刻冲向船队,匆忙

---

① 《伊利亚特》9.443。
② 《伊利亚特》1.249。
③ 《伊利亚特》2.115-332。
④ 特尔西特斯(Thersites)

上船,一心准备逃走。没有人能约束他们,连阿伽门农也束手无策,不知如何应对[23]这种局面。紧急情况下,唯一能把军队叫回来、让其回心转意的就只有奥德修斯了,最后,在涅斯托尔的帮助下,奥德修斯做了一番演说,说服他们留了下来。这个成就明显应归功于演说家,而且我们还可以指出其他许多相似的[24]例子。

"显然,不仅荷马,赫西俄德也持有这种观点,并暗示,真正意义上的修辞学,以及哲学,是适合君王的一项研究;关于司辩女神卡利俄珀(Calliope),①后者这样说:

> 伟大的宙斯的女儿们尊重宙斯抚育下成长的
> 　　任何一位君主,
> 看着他们出生,让他们吮吸甘露,赐予他们优
> 　　美的言辞。②

[25]"然而父亲,君主没必要撰写史诗或写作散文——就像您写的据说给您带来巨大声誉的书信那样,除非君主年纪尚轻,颇有闲暇,像您当年那样;听说您曾在忒拜苦习修辞。[26]同样,君主学习哲学也没必要极为精通,他只须生活率真,不矫揉造作,用自己的行动证明自己是一个充满人性的人,温和、正直、高贵、勇敢,最重要的是乐于施恩——这种品质和神性十分接近。的确,君主应该抓住所有机会欣然倾听哲学的教导,因为很显然,它们不仅不与他的性格相悖,而且还颇为相宜。

[27]"然而,我特别建议拥有高贵灵魂的统治者把诗歌变成自己的乐趣,聚精会神地阅读诗歌——不过,我并不是指所有的诗歌,我指的是最美丽恢弘的诗歌,例如我们熟悉的荷马的全部诗歌,以

---

① 主管演说术与史诗的缪斯。
② 《神谱》(*Theogony*),行80-82。

及赫西俄德诗中类似荷马的部分,或许还有其他诗人的各种于人有益的诗歌。"

[28]"音乐也是一样,"亚历山大继续说道,"我不愿意学习音乐里的所有东西,如果在唱圣歌纪念和崇拜众神时,或是歌颂勇士时能弹奏一曲,我就心满意足了。君主当然不适合唱萨福或阿那克里翁(Anacreon)以爱情为主题的颂歌,如果君主必须吟唱颂歌,就让他们唱斯忒西科若斯和品达(Pindar)的部分颂歌吧。[29]或许,仅荷马的诗歌就可以达到那个目的。"①

"什么?"腓力大喊道,"你认为荷马的任何诗句都可以与齐特拉琴和七弦竖琴相和吗?"

亚历山大像一头狮子一样严峻地盯着腓力,说:"对我来说,父亲,我相信荷马的许多诗句都能恰如其分地与小号相和——凭宙斯,这并不是指奏响撤退号角的时候,而是指奏响进攻号角时,而且,与之相和的不是高声合唱的妇女或少女,而是携带武器的方阵。他的诗句和斯巴达人所使用的提尔泰奥斯(Tyrtaeus)的诗歌② 十分匹配。"

[30]听闻儿子赏识这位诗人,腓力深表赞许。

"实际上,"亚历山大继续说道,"荷马已经很好地阐述了我们刚刚提及的观点。他已描绘过阿基琉斯,例如阿基琉斯在亚该亚人(Achaeans)的营地徘徊时,哼着并不粗俗也无关情爱的小调——

---

① 柏拉图也不让他的理想国里的邦民读那些亚历山大拒绝让君主们读的许多诗歌,然而,对于荷马的影响,他们之间却存在分歧。柏拉图对荷马颇多批评。

② 这些是告诫斯巴达人务要英勇的挽歌以及进行曲。基于这些曲子的激情与狂热,人们认为,斯巴达人在对抗墨塞尼亚人(Messenian)时能取得最后胜利,很大程度上要归功于它们。

尽管阿基琉斯说自己的确已爱上了布里塞伊斯(Briseis)。荷马还说阿基琉斯弹着齐特拉琴,凭宙斯,这把琴不是阿基琉斯自己买的,也不是他从父亲房里拿来的,而是他占领忒拜,① 杀死赫克托尔(Hector)的岳父埃埃提昂(Eetion)后从战利品中挑出的。荷马的话如下:[31]

> 他借以赏析寻乐,
> 歌唱英雄们的事迹。②

"这意味着,不管是喝酒时还是唱歌时,高贵、有王者气的人永远不应忘记有德性的和光荣的行为,而且,他会永不停歇地做一些伟大而令人敬佩的事,或者回忆诸如此类的事情。"

[32]亚历山大用这种方式和父亲交谈,展现自己内心深处的想法。实际上,尽管亚历山大喜欢荷马,但他还是会因荷马的诗文而羡慕甚至嫉妒阿基琉斯,正如英俊的男孩子有时会嫉妒其他的青年才俊一样,因为这些人拥有更加强大的爱人。至于其他诗人,[33]亚历山大压根儿就没有考虑过。然而,亚历山大曾经提过③ 斯忒西科若斯和品达:提到前者是因为他认为斯忒西科若斯模仿了荷马,还创作了一部值得赞誉的作品《特洛亚的陷落》(Capture of Troy);提到后者,则是因为品达光芒耀眼的天性,也是因为他曾大力称赞一位与亚历山大同名的祖先,即绰号为亚历山大的费赫勒奈(Philhellene)。④ 诗人在诗中暗指费赫勒奈是

---

① 译为底比斯或忒拜,是米西亚(Mysia)一个非常闻名的古老城市。
② 《伊利亚特》9.189。
③ 也就是在他和腓力的谈话里。
④ 也就是艾米达斯(Amyntas)一世之子亚历山大一世。他的统治时期为公元前498至前454年。

和达耳达诺斯(Dardanus)幸福的儿子们同名的人。①

正因为如此,亚历山大后来攻克忒拜之后,②唯独留下诗人品达的房屋,让它依然矗立在那里,③而且,他还命令人把这个告示贴在房子上:

不要放火焚烧诗歌创作者品达的房屋。④

毋庸置疑,由于亚历山大特别热爱荣誉,所以他十分感激那些以可敬的、并不卑微的方式赞颂自己的人。

[34]"我的儿子,"腓力说道,"实际上,我很喜欢听你用这种方式说话,告诉我,你是否认为君主不应该为自己建造镶满了黄金、琥珀和象牙等珍贵饰品的住宅,让自己快乐?"

"绝对不能,父亲,"亚历山大答道,"装饰品更应该由夺自敌人的战利品和甲胄组成。君主应该这样装饰庙宇,抚慰众神。当赫克托尔挑战最优秀的阿开奥斯人,宣称自己如果获胜会把对方的遗体还给联盟时,他的观点也是如此。'至于武器,'赫克托尔说道,

---

① Bergk,《希腊抒情诗》(*Poetae Lyrici Graeci*),品达,片段120。也可参洛布古典丛书(Loeb Classical Library),《品达》卷,页578。这里指亚历山大,或称帕里斯,他是普里阿摩斯之子,也是特洛亚第一位王达耳达诺斯的后代。

② 公元前335年。

③ 阿里安的《远征记》1.9讲述了相同的故事而没有提供铭文。根据他说的这个故事,亚历山大保护了诗人的房屋及其后代。

④ 参弥尔顿《十四行诗》第八首(*Sonnet 8*):

依马提亚(Emathian)的伟大征服者命令
保存诗人品达的房屋,
当无数的亭台庙宇被毁灭之时。

把它们挂在远射的神阿波罗的庙上。①

[35]"在神圣的地方,这样的装饰总体而言要比碧玉、玛瑙和缟玛瑙好,萨达那帕勒斯就曾用后面这些东西装饰尼尼微(Nineveh)。实际上,这般虚浮的装饰绝不适合一位君主,尽管它们可以取悦某些蠢笨的少女或奢靡的妇人。[36]因此,我既不羡慕雅典人装饰城邦和庙宇的奢华方式,也不羡慕他们祖辈的所作所为。因为用马多尼乌斯(Mardonius)②的剑和在皮洛斯(Pylos)③俘获的斯巴达人的盾牌,雅典人已经为神献上了更加宏大卓越的供奉,远远超过雅典人在卫城(Acropolis)山门(Propylaea)和奥林匹亚穆(Olympieum)④献上的、耗费了一万多塔兰特(talent)的供奉。"⑤

[37]腓力说,"那么,在这点上,你就没法儿赞同荷马了。因为荷马不仅为阿尔喀诺俄斯(Alcinous)⑥——一个希腊人和岛民——的宫殿配备了花园、果树林和喷泉,把宫殿变成了一个十分迷人的所在,还为之配备了黄金的雕像。另外,难道荷马没有描述墨涅拉奥斯(Menelaus)的宅邸吗?宅邸内的一切都是墨涅拉奥斯从战争中带回来的,仿佛就像波斯人或米底亚人(Median)的宅

---

① 《伊利亚特》7.83。

② 据说是公元前479年在普拉蒂亚(Plataea)战役中被杀的波斯将军马多尼乌斯的剑,它悬挂于雅典的帕台农神庙(Parthenon),泡赛尼阿斯(Pausanias)曾叙述他在此处见过它。参《泡赛尼阿斯》I.27。

③ 公元前425年,在伯罗奔半岛战争中,292名斯巴达精锐士兵被活捉带往雅典。参修昔底德(Thucydides)4.39-40。

④ 奥林匹亚宙斯神庙(Olympian Zeus),位于卫城东部,神庙的一些柱子仍旧矗立。据说,大约在公元前535年,庇西斯特拉托斯(Pisistratus)就开始建造它,由哈德良在公元125至130年左右完工。

⑤ 因为一塔兰特值一千多美元,所以整个花费超过一千万美元。

⑥ 《奥德赛》7.84-132。

邸,与塞米勒米斯(Sermiramis)①、大流士(Darius)②[38]或薛西斯(Xerxes)③的宫殿几乎不相上下。例如,荷马说道:

> 似有太阳和皓月发出的璀璨光辉,
> 闪烁于显赫的阿特柔斯之子高大的宫殿里。
> 到处是闪光的青铜、黄金、白银和象牙。④

[39]"根据你的观点,光芒不应该来自这样的东西,而应该来自特洛亚的战利品!"

听到这儿,亚历山大打断腓力的话,说道:"我根本没打算不为荷马辩护。荷马可能是为了合乎墨涅拉奥斯的品行才如此描述他的宫殿,因为墨涅拉奥斯是唯一被荷马描写成怯弱战士的[40]希腊人。⑤很显然,诗人荷马在别处从未做过毫无目的的陈述,相反,他屡次通过描写人们的服饰、住宅及生活方式来契合人物的性格。

"正因为如此,荷马要用丛林、四季不断的水果及流淌的泉水来美化费埃克斯人(Phaeacian)的[41]宫殿,此外,还要用更高超的技巧描绘卡吕普索(Calypso)的洞穴,因为她是在小岛上独居的美善女神。荷马说,⑥岛上燃烧着最甜蜜的香料,香料散发的香味让小岛显得格外芬芳。荷马又说,岛上绿树成荫,草木茂盛,洞穴四周,葡萄藤匍匐蜿蜒,藤上硕果累累,洞穴前是广阔的草地,香芹及其他植

---

① 著名的亚述(Assyrian)皇后,其首都是尼尼微(Nineveh)。
② 波斯君主,于公元前490年入侵希腊,在马拉松战役中战败。
③ 波斯君主,大流士与阿托撒(Atossa)之子,他曾于公元前480年侵略希腊,而在萨拉米斯(Salamis)之战中战败。
④ 《奥德赛》4.45–46,第73行以有点不符合语法的方式附于其后。
⑤ 《伊利亚特》17.588。
⑥ 《奥德赛》5.55–74。

物混杂其间。最后,在小岛的中央有四眼如水晶般清澈的泉水,泉水向四周流淌,可见地面和缓平坦。这些特点无不充分暗示了爱和快乐,据我看来,它们还揭示了女神的[42]性情。

"然而,荷马却把墨涅拉奥斯的庭院描写成拥有大量财富和黄金的所在,对我来说,墨涅拉奥斯仿佛是亚洲的某个君主。实际上,墨涅拉奥斯在血统上离坦塔洛斯(Tantalus)及珀罗普斯(Pelops)①并不远,我想,正是由于这个原因,当这位君主登场时,欧里庇得斯才要让自己的合唱队含蓄地影射墨涅拉奥斯的柔弱之处:

> 墨涅拉奥斯,
> 他的优雅显而易见,
> 源自坦塔(Tantalid)的血统。②

[43]"总的来说,奥德修斯的住宅又是另一副模样了;因为奥德修斯为人谨慎,所以荷马为他配了一个符合其性情的居所。荷马说道:

> 这里的房屋鳞次栉比,庭院建有
> 防护的卫墙和无数雉堞,双扇院门,
> 结实坚固,任何人都难以把它攻破。③

[44]"必须理解的是,在一些段落中,诗人荷马提出了忠告和警示,在另一些段落,诗人只是陈述,而在许多段落中,诗人的目的是谴责和嘲弄。

"当荷马描述就寝或日常生活时,他似乎是个能干的教员,传授

---

① 血缘世系为:坦塔洛斯、珀罗普斯、阿特柔斯(Atreus)和墨涅拉奥斯。
② 《奥瑞斯忒斯》(Orestes)行349-351。
③ 《奥德赛》17.266-268。

着足可视为适合英雄或君主的教育。例如,当吕库戈斯(Lycurgus)为斯巴达人立法时,他可能是从荷马那儿获得了[45]让斯巴达人实行公餐的主意。① 实际上,故事是这样的:吕库戈斯是荷马的仰慕者,他首先把荷马的诗歌从克里特岛或伊奥尼亚(Ionia)带到了希腊。

"诚然,诗人荷马描述狄奥墨得斯斜靠着硬床,床上只铺一层'野牛皮';狄奥墨得斯在自己四周放置长矛,长矛向上直立、矛柄朝下,这不是为了整齐好看,而是便于随时取用。② 此外,狄奥墨得斯用食物、牛肉盛情款待英雄,很明显,这是为了让英雄获得力量,而[46]不是为了享乐。③

"荷马时常谈到,众人之王、最富有的阿伽门农宰杀一头公牛,邀请众首领一起享用。埃阿斯获胜后,阿伽门农把牛脊肉递给埃阿斯,[47]以示赞赏。④ 然而,尽管英雄们就在海边扎营,但荷马绝不曾描绘他们会一起分享鱼肉。不过,荷马常常称赫勒斯滂海峡(Hellespont)盛产鱼类,事实也的确如此。柏拉图⑤曾经很正确地提醒人们注意这个惊人的事实。荷马甚至不会在宴席上用鱼招待那些求婚者,即使那些求婚者放纵、爱奢靡,[48]即使他们正身在伊塔卡岛(Ithaca),更重要的是,即使他们正在参加宴会。⑥

---

① 斯巴达与克里特岛(Crete)的统治阶级每天都在专设的公共餐厅吃一天的主餐。参加公餐(phiditia)是强制性的,这也是加强参与者国家意识和阶级意识的一个重要因素。
② 《伊利亚特》10.150–156。
③ 《伊利亚特》7.314。
④ 《伊利亚特》7.321。
⑤ 《王制》404b。
⑥ 《奥德赛》20.250f。小亚细亚河流的鱼以其口感欠佳而出名,时至今日仍是如此。这也许可以解释荷马为何会鄙视把鱼当作食物。参John A. Scott, *Classical Journal*, Vol.12, p. 328f及Vol.18, p. 242f。

"荷马并不是毫无目的地展示这些细节,关于哪种食物最好以及有什么好处,荷马都明确地表明了自己的观点。如果荷马想称赞某次盛宴,他会用'给予力量'(might-giving)这样的说法,也就是说,'能够补充力量'或体力。① 在讨论这些问题时,荷马关于好人该如何关注自己的餐桌也给予教导和建议,因为他恰好十分熟悉不同种类的食物和奢华的生活。这一点如此真实,以至如今在这个方面已经疯魔的人们——波斯人、叙利亚人、希腊人中迁至意大利亚的移民(Italiot),② 以及伊奥尼亚人——在挥霍、奢侈方面远不及我们在荷马作品中所看到的。"

[49]"荷马为什么不给他的英雄穿上尽可能华丽的衣裳呢?"腓力问道。

"凭宙斯,荷马的确是这么做的,"亚历山大答道,"不过他们的衣服既不女里女气,也没绣花;只有阿伽门农穿上了紫袍,③ 甚至连奥德修斯也只有一件从家里带来的紫色斗篷。④ 荷马认为,一位指挥官不应该样子鄙陋,他看起来也不应该和士兵们相差无几,他的装束和甲胄就应当让他卓然出众,彰显出他更重要、更威严,然而这些又不宜太过,不能显得他是一个纨绔子弟或是过于注重这类东西的人。[50]例如,荷马曾严厉地斥责那个在战争中戴着黄金饰品的卡利亚人(Carian)。荷马说:

> 他参加战斗,一身金饰品,宛若少女,

---

① μένος 常常用来表示"力量"(might),不过现在公认 μενοεικής 的词源是:"满足欲望";"丰富"(abundance)和"惬意"(agreeable)也是如此。狄翁给出了个不正确的词源与意义。

② 意大利南部(大希腊[Magna Graecia])的希腊人。

③ 《伊利亚特》8.221。

④ 《奥德赛》19.225。

> 真愚蠢,没有让他免遭悲惨的毁灭,
> 他在埃阿科斯(Aeacides)的孙子手下死在河里,
> 英勇的阿基琉斯,
> 抢走了诺弥昂(Nomion)的黄金。①

[51]"荷马嘲弄这个卡利亚人的虚荣和愚蠢,因为他实际上给敌人送去了因为杀死自己而获得的奖赏。荷马显然不赞成人们佩戴金饰,在投入战斗时尤其不行,不管佩戴的是手镯、项链,还是像波斯人据说的那样,为马配备黄金头盔和缰绳。因为,在战事上,波斯人没有荷马这样的监督官。

[52]"通过如下的努力,荷马让指挥官变得优秀,让士兵纪律严明。例如,荷马要求士兵前进时'要保持缄默,敬畏自己的长官';②然而,蛮夷前进时却像鹳鸟③一样,喧闹而混乱。由此可见,在战争中,让士兵敬畏指挥官,对于在危险中获得安全和胜利至关重要。士兵在多大程度上不畏惧自己的长官,[53]就会多么快地向敌人露怯。另外,荷马还说,即使取得了胜利,阿开奥斯人也会待在营地,保持安静。④然而,特洛亚人只要觉得自己获得了什么优势,其营地就整夜回响着

> 丝竹管弦之声和人群的喧闹声。⑤

"这暗示,我们也可以在此处得到关于德性或邪恶的极好象征,依据就是,人们是有节制地承受成功,[54]还是毫无顾忌地自我放

---

① 《伊利亚特》2.872–875。
② 《伊利亚特》4.431。
③ 《伊利亚特》3.1–9;4.431。
④ 《伊利亚特》24.1–3。
⑤ 《伊利亚特》10.13。

纵。因此对我来说,父亲,荷马似乎是最优秀的训戒人,重视荷马的人将成为十分成功和卓越的君主。很显然,荷马本人也认为勇敢和正义应当是君主的两项首要的卓越品质。请留意他说的话:'既是一位高贵的君主,又是位强大的枪手。'①似乎其他德性会接踵而至。

[55]"我认为,君主不应只是在勇气和威严方面显得卓越。当别人吹笛、弹竖琴或是歌唱轻浮撩人的曲子时,君主丝毫不应当留意他们。他不应容忍使用污言秽语的有害的狂热,那是为愚蠢之人取乐而流行起来的。[56]他应该驱逐诸如此类的一切东西,把它们驱逐到离灵魂最远的地方,此后还要将其驱逐到远离王城之地——至于这些事物,我指的是下流的玩笑和以韵文或散文形式创作它们的人,这些人善于污秽的嘲弄。此外,他还应取缔不堪入目的舞蹈,禁止妇女跳舞时搔首弄姿,禁止吹笛时使用奔放不羁的节拍,禁止用充满了不和谐回音的切分音符与嘈杂、叮当作响的乐器相组合。

[57]"他只会唱或只允许唱一首歌——那首适合战神的歌,它活力四射,清脆嘹亮,在听歌人心中激荡的不是快乐或倦怠的感觉,而是无法抵抗的敬畏和激动。简言之,就是战神阿瑞斯醒来后,'从高耸的城头,大声召唤,激励特洛亚人'②时唱的那首歌。或者像阿基琉斯那样,当[特洛亚人]还没见到阿基琉斯本人而只是听到他的声音时,他就使特洛亚人溃逃了,还致使十二位英雄死在他们自己的战车和[58]武器丛中。③它也许更像缪斯创作的凯旋之歌,像阿基琉斯把赫克托尔的尸体带到船上时命令阿开奥斯人唱的歌,这首歌由他亲自领唱:

喂,阿开奥斯的壮士们,现在让我们高唱凯歌,

---

① 《伊利亚特》3.179。
② 《伊利亚特》20.52。
③ 《伊利亚特》18.228–231。

> 返回空心船,带着这具躺着的尸体。
> 我们赢得了巨大的光荣,杀死了赫克托尔,
> 城里的特洛亚人把他夸耀得如同神明。①

"最后,它也可能是战斗时的激励之词,例如,在斯巴达行军曲中,我们就可以发现,曲中的感情和吕库戈斯的政体及斯巴达的制度相得益彰:

> 起来,斯巴达的儿郎们,
> 公民的保护者们;
> 用左手向前推你们的盾牌,
> 勇敢地挥舞你们的长矛;
> 不要害怕失去生命。
> 那不是斯巴达的传统。②

[60]"为了与这些歌曲保持一致,我们的君主应设定舞蹈的动作和旋律,这种动作和旋律不应让人觉得眩晕或猛烈,而要尽可能地浑厚、有节制,节奏也要沉静。舞蹈应是恩诺普利克(enoplic)③式的,跳这样的舞蹈不仅是向众神致敬,而且还是在做战备训练——据诗人荷马说,墨里奥涅斯(Meriones)就比较擅长这样的舞蹈,因为荷马让一位特洛亚人说过这样的话:

> 墨里奥涅斯,即使你是一名舞蹈好手,
> 如果我刚才投中你,你便已永远变安静。④

---

① 《伊利亚特》22.391–394。
② 此诗被认为是提尔泰奥斯的作品,不过或许创作于较晚的时期。
③ 一种全身穿着甲胄而跳的舞蹈。
④ 《伊利亚特》16.617–618。

［61］"或者，你是否觉得，荷马可能指的是摩洛斯（Molus）的儿子——最优秀的阿开奥斯人之一——所熟悉的其他某种舞蹈，而并非库雷特人（Kourete）所跳的克里特岛当地的一种舞蹈？①克里特岛当地的这种舞蹈迅捷轻快，专门用来训练士兵转向或躲避投射物。［62］从这些方面思考，我们可以得出以下结论：君主既不会像其他人一样说出这样的祷文，也不会用譬如伊奥尼亚诗人阿那克里翁（Anacreon）那样的祷文来召唤众神：

噢，与无法抵抗之爱玩耍的王，
拥有乌黑的双眸的仙女，
还有肤色白皙的阿芙洛狄忒，
噢，还有在山顶漫游的你，
我恳求你们，
请你们靠近我、仁慈地聆听
我用一颗善心发出的祈祷：
让克莱俄布卢（Cleobulus）得到良善的顾问，
并接受我的爱吧，
噢，狄俄尼索斯（Dionysus）②！

［63］"凭宙斯，君主绝不会说出类似我们在阿提卡（Attic）民谣和宴饮的饮酒歌中发现的祷文，因为这些祷文并不适合君主，只适合村夫和嬉戏喧闹的家族聚会。例如：

但愿我能化作一把可爱的竖琴，

---

① 摩洛斯之子墨里奥涅斯是克里特岛人。
② Bergk，《希腊抒情诗》第三部分页254和洛布古典丛书中《希腊抒情诗》（*Lyra Graeca*），卷2，页138。狄翁是我们能找到的关于此诗的唯一来源。

> 让可爱的孩童把我带到狄俄尼索斯的歌队!
> 但愿我能化作一只漂亮的金饰,
> 让美丽的女郎佩戴!①

[64]"君主最好如荷马笔下的希腊君主那样祈祷:

> 噢,最荣耀、最伟大的宙斯,裹在黑云中的神,
> 住在天上的主宰,请你让太阳不西沉,
> 黄昏不降临,直到我们把普里阿摩斯的屋顶
> 推烧成灰,把大门用火焰焚毁,
> 用铜枪在赫克托尔的胸前刺破衬袍,
> 他的伴侣绕着他倒下,用牙齿啃土地。②

[65]"荷马作品中还有其他许多教训与教导,它们或许也被引用过,它们塑造了君主的英勇和其他优良品质,不过,我们现在没有足够时间来吟诵。我要说,荷马不仅在每个事例中清晰地展示了自己的判断——即他相信君主是最优秀的人,而且,在阿伽门农的例子中尤其如此,在这些段落中,阿伽门农首次整饬军队,召集军队首领,清点船只。[66]在那种形势下,诗人没有留什么余地让其他英雄与阿伽门农抗衡。就像公牛在力量和体型上超过一般牛群一样,君主也要比其他人更优秀,就如荷马所说:

> 犹如畜群中的一头雄牛,远远超越
> 一切牲畜,在聚集的母牛中超群出众,
> 宙斯就这样在那天让阿特柔斯的儿子

---

① 也由阿特纳奥斯(Athenaeus)创作,695c。参 Bergk 之前引书(*op. cit.*)页 649。

② 《伊利亚特》2.412–418。

超群出众,成为英雄中的杰出英雄。①

[67]"这个比较并非无心为之,在我看来,它不仅仅是为了赞美英雄的力量,并试图展示这种力量。假如这样,荷马似乎当然本该以狮子为喻,这将是惟妙惟肖的刻画。

"不,荷马旨在暗示君主温和的性情以及君主对臣民的关爱。公牛不仅更加高贵,也不会为自己而使用武力,不像狮子、野猪还有鹰那样,为了填饱肚皮就追捕和控制其他动物。(因此,人们或许会说,这些动物已然成了僭政[68]而非王政的象征。)在我看来,诗人显然在用公牛来暗示君主的职责,描绘君主。公牛的食物近在咫尺,它只需吃草就可维生,因此从不需要诉诸武力或是巧取豪夺。公牛像富有的君主一样,拥有所有生活必需品,并且充裕有余。[69]公牛在牛群中履行君主的权威,充满善意和关心,带领牛群走向牧场。当野兽出现时,它不会逃跑,而是身先士卒,冲在牛群最前面,公牛帮助弱者,让依赖自己的动物们免受危险野兽的攻击。作为真正的君主,统治者的责任与此相似,他应当获得[70]人类的最高荣誉。

"有时,当另一个牛群出现时,公牛会攻击其领袖,努力获胜,让所有的牲畜承认自己及其牛群的优势。再想想公牛绝不向人类开战的事实吧,尽管公牛因为其天性而成为缺乏理性的动物中最优秀和最适合执掌权柄的那个,但它仍会接受更优异者的统治。而且,尽管公牛承认自己在力量、精神和体力上并不输给别的动物,可它还是愿意服从理性和智慧。

"为什么我们不把这看作给谨慎的君主上的一堂关于[71]王政的训练和教导课呢?这堂课教导君主,他必须统治自己的同类人,因为很显然,他比自己的同类优秀,天生就应该向他们履行统治

---

① 《伊利亚特》2.480–483。

权。君主还必须保护众多臣民,为臣民出谋划策,如果需要的话,君主还要为臣民而战,保护臣民,使之不被野蛮、无法无天的僭主伤害。如果存在其他的君主,那他就必须与这些君主在美德方面进行较量,如果可能就设法[72]为了人类的福祉而战胜他们。至于比君主优秀的神明,我确信,君主必定会像追随好牧人一样追随他们,充分尊重神明卓越、蒙福的本质,承认神明是自己的主人和统治者,同时表明,神——最伟大和最高贵的君主——所能拥有的最珍贵的财富首先是他自己,其次才是所指派给他的臣民。

[73]"现在我们知道明智的牧人是怎样对待公牛的了。当公牛变得野蛮、难以控制时,当公牛破坏自然法则、蛮横地统治时,当公牛轻视和伤害自己的牛群时,当外敌暗算牛群而公牛却选择撤退,并躲在无助的群众身后时,以及,如果它在危险尚未迫近时就专横跋扈、傲慢无礼,忽而大声恐吓喊叫,忽而用牛角刺伤其他没有招架之力的动物,以此向那些不会抗争的弱者展示力量,同时引起恐慌、不允许牛群安静吃草时——如果主人和牧人拥有这样一头公牛,那他们就应该把它杀了,因为[74]这头公牛不适合领导牛群,也不会为牛群带来什么好处。

"相反,如果那头公牛面对母牛时温柔可亲,面对野兽时英勇无畏,如果它庄严骄傲,有能力保护牛群并成为其领袖,如果它恭敬谦卑,服从牧羊人,那他们就会让它一直掌权,直至高龄,甚至[75]当它的肉身变得十分沉重时也是如此。

"诸神也以相同的方式行事,尤其是王中之王宙斯——他是凡人和众神的保护者。如果有的统治者狂暴不义,无法无天,把力气发泄到臣民和朋友身上,而不是敌人身上;如果他贪求享乐和财富,容易疑心他人,愤怒时难以自制,还热衷造谣中伤,毫无理性可言,阴险狡诈,徒有其表,腐化堕落,固执己见,提拔小人,嫉妒贤能,愚顽不可教,不能视他人为好友,也无好友相伴,[76]就好像恶魔附身似的——对这样的人,宙斯会否决他们,废黜他们,因为他们不配为王,不配拥有这样的荣誉和称号。宙斯会让他们忍受羞辱和嘲弄。我想,宙斯就是这样对待法拉里斯、①阿波罗多洛斯(Apollodorus)和[77]其他许多类似之人的。

"英勇、仁慈的君主宽仁待下,尊敬德性,努力不让自己落后于任何好人,迫使邪恶之人改过自新,又向弱者伸出援手——对于这样的君主,宙斯尊敬其德性,按规矩,宙斯还会让他得享高寿,例如居鲁士(Cyrus)、米底亚的迪奥克斯(Deioces)、②斯基泰(Scythian)的伊丹图苏斯(Idanthyrsus)、③莱奥孔(Leucon)、④斯巴达的许多君主及埃及早期的一些君主[78]就是如此。如果在他变老之前,难以逃避的命运判决把他夺走,那么宙斯也会赐予他不朽的声名,让他万古流芳。"

亚历山大总结道:"宙斯授予我们祖先荣誉,其德性让人们觉得他就是宙斯的儿子——我指的是赫拉克勒斯。"

[79]听了这番话,腓力十分高兴,他说道:"亚历山大,看来我们如此尊崇亚里士多德,允许他在奥林索斯(Olynthus)重建家乡斯塔基拉(Stagira),⑤都并非毫无价值啊。如果亚里士多德无论在荷马的诠释还是在其他方面教导了你这些关于统治和君主责任的内容,那么,他实在配得上诸多优厚的奖赏。"

---

① 残暴骇人听闻的一位暴君。
② 米底亚王国的缔造者,根据希罗多德的观点,他统治了五十三年。
③ 斯基泰的两位君主,至于他们活了多久,没人知道。
④ 博斯普鲁斯(Bosporus)一位强大的君主,其统治时期为公元前393至前353年。
⑤ 腓力指挥攻打希腊城镇卡尔基底克(Chalcidice)期间,斯塔基拉被毁灭。公元前342年,亚里士多德被钦点为亚历山大的家庭教师,应他所求,他的故乡得到重建,他还在那儿建立了一个运动场供他和他的学生们使用。

论王政之三

[英译按]在这篇演说辞中,狄翁坚定表明自己并不是在阿谀奉承,这似乎明显暗示了狄翁正在向图拉真发表演说,否则他这样说就毫无意义。演说辞中的许多内容表明,演说家和这位君主关系亲密。由此我们可以推测出,第三篇演说辞的发表时间晚于第一篇。冯·阿尼姆暗示,公元104年9月18日,即在图拉真生日那天,狄翁在他面前发表了此次演说。

这篇讲辞陈述了廊下派和犬儒学派关于真正的君主天性的教义,而将其追溯到太阳则起源于廊下派。真正君主的典型图拉真与波斯君主形成了鲜明的对比。

[1]您知道,很久以前,晚年的苏格拉底生活在雅典,穷困潦倒,有人问他波斯王①是否快乐,苏格拉底回答说,"也许是吧"。然而,苏格拉底又说,实际上自己并不知道,因为他与波斯王素未谋面,对他的品格也一无所知。这无疑暗示了,一个人是否快乐既不是由金盘、城邦和土地,也不是由别人决定的,而是由个人及个人品质决定的。②

[2]苏格拉底认为自己不了解波斯王的灵魂,因此无法知晓波

---

① 大流士·罗瑟斯(Darius Nothus):统治时期为公元前424至前405年。
② 据说,在柏拉图的《高尔吉亚》470e中,苏格拉底回答了这个问题。

斯王快乐与否。而我,我最崇高的王,^①我和您长久相伴,和别人一样了解您的性情,[3]知道您热爱真理和坦率,讨厌阿谀奉承和阴险狡诈。首先,您怀疑缺乏理性的快乐,就如您怀疑阿谀奉承之人一样。您能够忍受艰难困苦,因为您相信艰难困苦会考验德性。我的君王啊,当我看见您潜心苦读古人的作品,努力理解其中的明智与精微的理性时,我敢断言,您明显是受到赐福的人,因为您使用了一种仅次于诸神的力量,而且,您还最为高贵地使用它。

[4]一个本可以尝尽人间一切甜蜜,避免沾染一丝苦涩的人,一个本可以极其安逸地度过一生的人,简言之,一个在追随自己的美好意愿时不会受阻碍,而且会获得所有人同意的人[5]——我要说,当这样的人成为比陪审团成员更洞悉法律的法官、比我们的城邦治安官更公正的君主、比战士更英勇的将军时,当他成为比被迫劳作者还要勤勉,比难享奢华者还要淡漠奢侈的人时,当他对臣民的爱超过一位父亲的舐犊之情时,当他成为比不可战胜、不可抵抗的众神更让敌人恐惧的人时——我们如何能否认,这样的人拥有好运不仅对自己是一种恩惠,而且对其他人也是一种恩惠?

[6]就人类的普遍性而言,不管是平民还是有一官半职之人,个人的好运往往无足轻重,且仅与个人相关。然而,设若数不清的城邦匍匐在一个人脚下,让无数国家受一人统治,让难以计数、相互仇视的人只依赖于这一人的谨慎,这个人就成了人类的救主和保护者——就是说,倘若他是这种人的话。

[7]当一个人统治、支配全人类时,他的深谋远虑甚至可以帮助鲁莽之人,因为他为所有人着想。他的克己自制甚至有助于约束放纵之人,因为他关注所有人。他的公正甚至可以用在不公正的人的身上。他的勇气不仅能保全不那么英勇的人,还能让他们燃起[8]

---

① 图拉真皇帝。

勇敢的火焰。当人们追随一位必会取胜的指挥官时,没有人会懦弱得无法鼓起勇气。也没有人会如此冷漠,乃至看见神唯一授予了发号施令之权的人屈膝接受他人的指令之时,还能坐视不管。同样,他们也不会如此不知羞耻,乃至看见一个人毫无必要地为另一人辛勤劳作时,还不[9]施以援手。在我看来,荷马似乎也持这样的观点,当荷马谈论了理想的君主后,他作了如下总结:

> 他底下的民众道德①高尚。②

这样的君主认为,德性对别人来说是一笔财富,可对他来说,却是[10]必需品。实际上,谁还比关切最大重任的人更需要有智慧?谁还比凌驾于法律之上的人更应有正义感?谁还比轻易就可得到一切的人更应有自制力?谁还比捍卫万物之安全的人[11]更该有勇气?而且,谁还比所有人都在旁观、见证其灵魂的人更能在德性的作品中感到愉悦?他所做的一切都没法隐藏,正如太阳不会在黑暗中行进。因为,在照亮其他东西时,太阳首先就要展露自己。

[12]说起这些问题,我并非无知,所以,我要用更长篇幅来讲述。而且,不必担心我会显得在说奉承话,[13]因为我的真诚绝不缺乏充足和长久的证据。如果,在过去的岁月,当恐惧让人们必须说谎时,③我尚能独自冒着生命危险,大胆说出真相,那么今天,当所有人说出真相都不必冒险时,我却还要说谎,我可就真的是不知道何时该坦率、何时该说恭维话了。

[14]处心积虑做事的人,要么是为了金钱、名誉或某些令人愉悦的东西,要么,我猜,就是为了德性,[15]因为他们尊敬"好"本

---

① 道德的含义是指拥有刚刚提及的好品质。
② 《奥德赛》19.114。
③ 多米提安皇帝统治时期。

身。然而,即使有很多人想给我钱财,我也绝不会接受一分一厘。尽管我身无长物,可你会发现,我不仅愿意和别人分享,还多次把钱财散给众人。[16]如果公开阿谀的小人都承认阿谀逢迎最让人厌恶,那么,我这么做有什么乐趣?如果因为不义地赞美别人而理应受责备,这么做又有何乐趣可言?

[17]即便为了显赫扬名或是其他某种正当的目的,阿谀奉承还是显得并不光彩,不受尊敬。我可以说,在一切罪恶之中,阿谀奉承最为卑鄙。[18]首先,它贬低最高尚、最公正的东西,甚至贬低赞美,从而让这些东西不再显得可信和真实。最可恶的是,它把属于德性的奖赏颁给罪恶。因此,阿谀者的危害比制造伪币者更大,因为后者让我们怀疑钱币的真伪,但前者却摧毁我们对德性的信念。

[19]我又看到,人们总是称坏人为傻瓜,实际上他们也的确如此:阿谀者的所作所为愚蠢之极,因为在掩盖真相的人中,唯有阿谀者敢在那完全知道他在撒谎的人面前说谎。因为,有谁会不知道自己在做什么呢?或者,谁会如此愚蠢,乃至不知是工作还是懒散能带来快乐?谁会如此愚蠢,乃至不知道是诓骗他人还是行为正直可以让自己快乐?谁会如此愚蠢,以至不知道自己是享乐的奴隶还是热爱高尚的人?

[20]对我来说,正是在他最自信的方面,亦即取悦其所称赞之人这方面,阿谀之徒实际上一败涂地。除非他取悦的对象是十足的傻瓜,否则对这些人来说,他就令人厌憎,而不是讨人喜欢。[21]例如,当阿谀奉承之徒祝贺穷人拥有很多财富时,他不仅自己在欺骗,而且还在嘲笑受贺之人的窘迫。再者,当一个人称赞十分丑陋之人貌美时,他难道不是在当面揭示其丑陋吗?或者,当一个人把跛子称作壮汉时,他怎么可能通过提醒跛子的不幸来让他高兴呢?

一个赞美傻子聪慧的人或许最好地证明了听者的愚蠢,为此他带来了更大的危害,因为他引诱这个人接受他的谗言,而不去相信那些才智之士。[22]但称懦夫是英雄的人最公正地利用了受恭维之人的愚蠢,因为,如果这个懦夫信了他的话并试图干些英勇的事情,只会很快遇到[23]不测。

然而一般来说,当阿谀之徒被人揭发时,他不仅会受到谴责,还会被人们憎恶,因为人们会认为他的言辞中带着嘲弄;即使人们相信他说的是真相,他也不会收获多少谢意。因为,在人们看来,只是讲了真话又能算是什么善行呢?[24]与作伪证的人相比,阿谀之徒要更败坏得多,因为前者并未贿赂法官,然而,阿谀之徒在赞美法官的同时,也在腐蚀法官。

[25]为了让我不受到他人的诽谤,指控我是谄媚之人,也不要让您受到想让别人赞美的指责,我将谈谈理想的君主应该是什么样子,谈谈理想的君主和那些自称君主却远远算不上君主和君王的人有什么不同。[26]如果有人说我总是老调重弹,那么我受到的指控和苏格拉底是一样的。据传,伊利斯的希琵阿斯(Hippias of Elis)①有段时间曾聆听苏格拉底讲解正义和德性,听苏格拉底按照旧习惯比较向导、医师、鞋匠和陶工,最后,希琵阿斯[27]发出了智术师自然会有的感叹:"苏格拉底,你又老调重弹啦!"

为此,苏格拉底报以一笑:"是的,老调重弹。以您的智慧,您可能永远不会就同样的事说同样的话,不过对我来说,这看起来正是最好的事。我们知道,说谎之人讨论众多事物,并且不重样,但坚持真理的人除了真实之外,没法儿[28]说些别的什么。"

我也是如此,如果我知道有什么比这个话题还要严肃、还要适合您听,那么我就会试着去讨论。我要说,正如健康、疾病的话题才适合医师聆听或讨论(实际上,医师之名——hygieinoi和iatrikoi

---

① 一位曾在希腊特别是在雅典任教的贤人。色诺芬的《回忆苏格拉底》4.4.5-6也记载了这次对话。

就是指"忙于健康及治疗的人"),也正如季节、风、星辰的话题才适合航海家(航海家的术语是kybernetikoi,意思是"关心航船驾驶的人"),同样,我认为,适合统治者和君主的话题就是政体和对人的统治。

[29]所以,当讨论这个议题时,我将尝试陈述苏格拉底的观点。① 当苏格拉底回答了与幸福②相关的问题后,质询者又向苏格拉底抛出[30]以下问题:"苏格拉底,"希琵阿斯说道,"你十分清楚,在太阳下的所有人之中,那人是最强大的。论力量,他毫不逊于那些把看似不可能之事变为可能的神明,如果他愿意,他可以让人们在海上行走、在高山上航行,让人们饮尽[31]河水。难道你没听说过,波斯王薛西斯就曾断开巍峨的高山、分隔亚陀斯圣山(Athos)③和陆地,把干燥的陆地变为海洋,然后如荷马笔下的波塞冬(Poseidon)一样,驾着二轮战车,领导自己的步兵穿过大海吗?④ 说不定波斯王驾驶时,一路上就有海豚和深处的海怪在船筏下游来游去呢!"

[32]"我也无法给你讲这个,"苏格拉底回答道,"我的意思是,能做到这些事的人是否就真如你所言,具有最强大的力量,还是力量最微弱,或者根本就没有什么力量。如果他温和、勇敢、正义,如果他行动前经过深思熟虑,那么,我认为,他就是有力量的人,实际上,他乃是拥有[33]最强大力量的人。如果他怯懦、愚昧、放荡、无

---

① 狄翁模仿了色诺芬在《回忆苏格拉底》中的叙述方法。
② 参第1节。
③ 一座位于爱卡特(Acte)半岛末端的高山,此岛一直延伸至爱琴海。公元前480年,薛西斯入侵希腊之时,害怕环绕希腊的航行,因此凿了一条长达1.5英里穿过海峡的隧道。
④ 通过一条由船只搭成的桥,他穿过了如今被称为达达尼尔海峡(Dardanelles)的赫勒斯滂海峡。

法无天,做事肆无忌惮,那么我认为,他就比真正的乞丐还要虚弱,他连可以养活自己的小块田地都没有,更没法像你说的那样,有凿山辟土的功业了。

[34]"那些为了琐碎小事就免不了冲冠一怒的人,那些抵挡不住卑劣欲望的人,那些无法把往往是想象出来的痛苦抛到一边的人,那些不能忍受劳作之苦却一味寻欢作乐的人,那些惊慌时无法把毫无益处却让人悲痛的恐惧从心中赶走的人,难道不是缺乏勇气吗?难道他们不是比妇人还脆弱吗?难道他们不是比阉人还虚弱吗?[35]你会说那些比最柔弱之物还要柔弱的人很强壮吗?睡眠用一把无形的锁链束缚着他,使他无法帮助自己,更不用说帮助别人了,他也没有力量召唤那些愿为自己战斗的人来帮助自己。"

[36]听到这儿,希琵阿斯大声说道:"我猜你知道,苏格拉底,在世界上有人类居住的地方,波斯王统治的领域是其中最大的,也是最好的。因为,除了希腊、意大利和其他少数散落于欧洲各地的民族之外,波斯王让所有人臣服于自己。[37]在我们称为亚洲的那个地方,波斯王的统治直达印度,据说亚洲的许多民族都受他统治。在利比亚的更多地区,情况也是如此。在欧洲,波斯王统治了忒腊克和马其顿。波斯王统治了这些国家,故此唯独他才享有'伟大的君主'的称号。"

[38]"关于这点,我甚至也不是完全有把握,"苏格拉底答道,"即波斯王是不是任何城邦或村庄的王。"

"是不是只有你,"希琵阿斯突然打断苏格拉底的话,"从未听说过天下人都知道的事呢?"

"不,"苏格拉底答道,"我听很多人说过和你一样的话——很多人,有希腊人,还有蛮夷。关于这点,[39]我之所以没办法给出确切的意见是因为,我的好人哦,我不知道波斯王向所有民众实施的权威是否正当、是否合法,以及他是不是我多次提到的那种人。如果波斯王头脑、心肠都好,尊重法律,体察民情,关心臣民的安全与福祉,如果他如我描述的一样幸福和智慧,愿意和他人分享自己的幸福,不把自己的利益与臣民的利益割裂开来,并且当臣民繁荣兴旺时他就高兴,觉得自己非常成功,那么,他就十分强大,[40]是名副其实的君主。

"相反,如果波斯王喜欢寻欢作乐,喜欢财富,而且盛气凌人,目无法纪;如果直到最后他都一心想着独自发达,想得到最多财富、享受最多快乐,过最舒适闲散的生活,而把臣民一律视作满足自己奢华生活的奴隶和仆人;如果他甚至缺乏做个好牧人的品质,从不顾念自己的羊群[41]是否有地方住、有草吃,也从不保护它们远离野兽和盗贼;还有,如果他是第一个掠夺、毁灭羊群的人,而且还授予其他人同样的特权,仿佛它们是敌人的战利品似的——如果这样,那么,我绝不会把这样的统治者称作皇帝或者是王。我更愿意把他称作暴君或者是压迫者,正如阿波罗曾这样称呼西锡安(Sicyon)①的暴君一样——是的,即使他拥有许多头冠、权杖和遵守他旨意的人。"

[42]当这位圣贤不断导人走向德性,竭力让统治者和臣民变得更好时,其惯常的训示就是如此。

苏格拉底的继承者用相似的方式谈论政体和王政,并竭力遵循他的[43]学说。他们最初使用的术语就清晰地陈述了差别。"政体"(government)被定义为合法地管理并依据法律监督众人。"君主政体"(monarchy)被定义成无需向公共监察官负责的政体,[44]

---

① 西锡安的僭主克里斯提尼(Cleisthenes)求问德尔斐(Delphi)的神谕,想知道他是否应该废止阿德拉斯托斯(Adrastus)崇拜,他得到的答复是:阿德拉斯托斯是西锡安的王,不过他也是个压迫者。参希罗多德《原史》5,67.1以下。

在这种政体里,君主的意志就是法律。① "僭主"(tyrant)或者说 "僭政"则被定义为某个拥有不可抗拒之力量的人肆意、非法地盘剥民众。

[45]政体——以法律和正义为基础并获得上天和命运青睐的政体——最显著的三种形式得到了明确的命名。其中一个政体最早形成也最切实可行,②它是目前演说的主题:在这种政体里,我们拥有一座城,诸多民众,或是整个世界,一位有谋略有德性的好人把它们管理得很好。

第二种政体被称为[46]"贵族制",其中,处于统治地位的并非某一个人或许多人,而是少数人,他们是最卓越的人。这种政体非常不切合实际,也非常不方便。在我看来,荷马似乎也这么认为,他曾说:

> 多头制不是好制度,应当让一个人称君主,
> 当国王,是狡诈的天神克洛诺斯之子,
> 授予他王杖和特权,使他统治人民。③

[47]第三种政体可能是这些政体中最不切实际的。这个政体希望,有朝一日,自制和充满德性的大众能找到一部以法律为依据的公正宪法。人们称它为"民主"(democracy)——一个华而不实且温和的名字,如果它可以实行的话。

[48]正如我所说,这三种政体形式与三种不以法律为基础的堕落政体形成鲜明对比。第一种政体是"僭政",其中,一个人专横跋扈地使用武力,致使其他人毁灭。接下来的是寡头政体,此政体严

---

① 这是亚里士多德的学说。参《政治学》7.2.7。
② 参亚里士多德的《修辞学》(*Rhetoric*)1406a23。
③ 《伊利亚特》2.204–205。

厉而不公正,起源于某些少数富有的卑劣之人的贪婪,他们牺牲的则是处在匮乏中的多数人。[49]最后一种政体起源于一群杂七杂八、容易冲动的乌合之众,他们一无所知,总是被一群寡廉鲜耻的煽动家蛊惑得糊里糊涂,怒气冲冲,就像波涛汹涌的大海在狂风的推动下来回翻腾。

我只是顺便提到这些堕落的政体,虽然我能够指出它们过去遭受的诸多不幸和灾难,但我真正的任务仍是更加仔细、深入地讨论[50]目前正在实施的那个神赐的美妙政体。在自然中,我们可以找到许多肖似这个政体的十分明显的类比,比如,牛群和蜂群就明确暗示,强者统治和保护弱者皆出于天性。然而,没有什么能比由原初的、最优秀的神统治的宇宙政体更突出、更完美地说明这点。

[51]这样的统治者首先会为诸神所喜爱。他拥有众神最高的敬重和信任,他将把宗教放在首要位置,他不仅同意而且从心底相信世上有神,为的是在自己治下也可以有[52]众多称职的官吏。他还相信,自己的监督对别人有益,就如众神的统治对自己有益一样。他下定决心,绝不接受卑鄙之人的恩惠,他也相信,众神不喜欢恶人的供奉或祭品,而只愿意接受好人的祭品。因此,他也充满热情、毫不吝惜地崇拜众神。

实际上,他绝不会停止做高尚、公正之事,以此表达自己对众神的敬意。他会努力获得每位神明的[53]好感。他把德性看得十分神圣,认为恶行不虔诚,他坚信,不仅那些打劫庙宇的人和渎神者是罪人,应该受到诅咒,而且,怯懦之人、不义之人、放纵之人、蠢笨之人及那些忤逆众神之力量和意志的人也更应如此。[54]他不仅相信众神,还相信善灵和半神,因为善灵和半神是好人抛弃其凡人本性后留下的灵魂。由于牢固地树立了这个信念,他不会为自己谋一点私利。

[55]当思虑让他疲惫之时,他不会把关心臣民看作偶尔为之

的事或是苦差事,相反,他视之为自己的工作和职分。当他为别的事情忙碌时,他不觉得所做之事有什么价值,也不觉得是在料理自己的事务。只有帮助别人时,他才觉得是在履行自己的职责,因为这份工作是最伟大的神派他做的。不服从这位神,或者在神面前感到烦恼委屈都是不对的,他相信,这些任务就是[56]自己的职责所在。因为没有人会如此女人气和沉迷于享乐,以至于不喜欢自己的工作,即使这份工作恰好让人辛劳。例如,船长从不会觉得海上的辛劳让自己心烦,农夫耕种土地时也不会觉得心烦,猎人也不会因为追捕猎物而厌倦,[57]而耕作土地和打猎都是最辛苦的事。君主不反对为了别人而辛苦劳作,也不会因为必须面对世上最多、最棘手的工作而感叹自己命运不济。因为他看到,太阳尽管不逊于任何一个神,却不会苦恼,因为,为了保护人们、保卫生命,太阳必须永远不停地完成所有那些工作。

[58]他认为,即便对那些漠视正义、想成为僭主的人来说,如果他们不想快速走向灭亡,勇气、自制和审慎也是必不可少的。他看到,僭主比其他人更需要这些品质,[59]因为这样的人越是被痛恨或被打算暗算他的人围绕,又没有人可以依靠和获取同情,那么,如果他想有片刻安然无恙,他就越是必须警觉,使用自己的智慧,提防被敌人打败,做到对阴谋者了如指掌。而且,他也就越发必须远离享乐,拒绝屈服于奢侈、懒惰和淫乐带来的诱惑。实际上,与那些广受爱戴、无人暗算的人相比,他需要做的更多。

[60]因此,既然不公正的君主必须和其他君主付出一样甚至更多的忧虑和辛劳,既然他同样必须抵制享乐、面对危难,那么,当他做这些的时候,他展示正义和德性会比他展示邪恶和不义好多少,得到人类和[61]众神的喜爱会比受到他们的憎恶好多少啊!一个人的当下短暂而不稳定,他人生的大部分时光都是在回忆过去和期盼将来,在这两者之间,我们觉得,谁会从中发现回忆的快

乐,而谁又会发现悔恨呢?我们觉得,两者之间,谁会因期盼而受到鼓舞,谁又会因此而感到沮丧呢?因此,贤明的君主也一定过得更加快乐。

[62]您知道,神派遣优秀的人到各地照顾和统治资质更差的人,例如有技艺的人照顾和统治没技艺的人,强者照顾和统治弱者,至于蠢笨之人,神会派智者去照顾他们,为他们思虑周全,守护他们,为他们出谋划策。因为肩负太多责任,统治绝不是件轻松的事情,实际上,此事十分辛苦,让人难得清闲,[63]而是需要殚精竭虑,辛勤劳作。因此,当乘客登船时,他们或许对大海不屑一顾,不会认真瞧大海一眼,甚至如俗话说的,不知道"自己到底身在何方"。在天气好时,许多人就这样横渡了大洋,有的赌博,有的高歌,有的整日吃吃喝喝。而当暴风雨来临时,乘客就把自己藏起来,等待事情发生,极少数人则选择睡一路,[64]船不抵达港口就绝不起床。

然而,船长却必须眺望大海,审视天空,及时发现陆地。大海深处的一切也不可忽略,否则船就会出意外,撞上岩石和暗礁。在夜里,船长是唯一比值夜者睡得还少的人。[65]即使白天恰好有机会打个盹儿,他也充满思虑,因为他会不时地大声呼喊"收起风帆!""抓紧舵杆!",或是发出其他航海指令。所以,甚至当他打盹时,他还是要比船上那些没睡的人更关心航船的事。

[66]再举一个例子,在战场上,士兵只负责照料自己的武器和食物,他们不会亲手配备这些东西,会有人将它们备好供他们取用。士兵考虑的只是自己的健康和安危。然而,将军却有责任[67]确保所有人装备精良,有地方遮风避雨,并确保人和马匹供给充足,倘若并非所有人都补给齐全,他就会比自己生了病还要焦虑。将军认为,属下的安危和自己的安危一样重要。实际上,如果士兵没有得到保全,就不可能取得胜利,而且,为了取得胜利,许多好人甚至要选择慷慨赴死。

[68]我们的肉体缺乏理智,无法帮助自己,肉体的性质也使之无力为自己谋划,一旦灵魂离开肉体,肉体便无法持久,会立刻衰败、消亡。然而,灵魂却会为自己担忧,当灵魂受到伤害时,它会感到困扰,极度沮丧。只有灵魂在时,肉体[69]才能感知痛苦,而早在痛苦到来之前,灵魂就已开始忧虑,在痛苦还未到达时,灵魂就已经预感到了。至于死亡,肉体永远感觉不到,然而灵魂却十分了解死亡,并因此而痛苦不已。灵魂把肉体从疾病和战争中、从风暴和大海中拯救出来。因此,虽然不管从什么角度看,灵魂都比肉体更容易受制于艰难困苦,然而,灵魂却是更加神圣且有王者气的部分。

[70]接下来,让我们比较一下男人和女人的命运。如今,所有人都会承认,男人比女人强大,而且更适合领导。因此,家务大部分就落到了女人肩上,一般来说,女人不怎么了解暴风雨和战争,[71]也不怎么了解危险。而男人的分内之事则是在军队服役,在海上航行,在野外从事繁重的劳作。然而,没有人会因此觉得[72]女人就比男人过得快乐。而像萨达那帕勒斯那样,因为自身的弱点或缺乏男子气概而模仿女人生活方式的男人,如今还被贴上耻辱的标签。

[73]以下是个最好的例子:您知道,作为神,太阳拥有的幸福大大超过人类,然而,它却年复一年地帮助我们,不惜一切为我们谋福祉,从不知疲倦。[74]人们要问了:除了满足人类的迫切需要之外,太阳一年到头还做了些什么呢?它不是让四季分明,让万物生长并为它们提供养分吗?太阳不是慷慨地赠予我们明媚的景色吗?甚至还有阳光,若是没有阳光,我们将无法享受天上或人间的美丽事物,乃至无法享受生活本身。太阳毫不疲倦地慷慨赠予我们这些福祉。

[75]实际上,太阳承受着十分繁重的苦役,假使它一时不小心,偏离了指定的轨道,那就没有什么可以阻止天空、大地和海洋陷入

毁灭,没有什么可以阻止这个优美的秩序走向终结,[76]陷入最邪恶和最恐怖的混乱。如今,太阳就像一个弹奏七弦竖琴的艺术家,① 绝不会偏离近乎完美的和谐旋律,[77]而只会沿着惯常的轨道前进。大地需要太阳为其作物带来温暖,让它们生长至成熟,因为动物们要靠植物保全身体和自然的快乐。人类也如此无助,以至于比其他动物更需要大地的作物,而随着太阳离我们越来越近,夏天就渐渐来临,此时太阳让万物生长,滋养万物,让万物臻于成熟,为人类带来美味佳肴。

[78]但是,当我们和其他事物需要相反的温度时——因为寒冷能让我们打起精神,让植物变坚强,让雨水滋润大地——太阳又会离开我们,与我们保持[79]合适的距离。经过这个细微而堪称完美的调整,太阳观察到了对我们有利的范围,那就是:如果太阳再靠近一点,万物就会因太热而燃烧起来,如果离得稍远一点,万物又会因严寒[80]而冻结。② 由于突然的变化可能会让脆弱的人类难以承受,它会慢慢过渡。在春季,太阳让我们不知不觉地习惯忍受夏季的酷热,在晚秋,太阳提前训练我们抵御冬天的严寒——太阳一方面一点点带走冬季的寒冷,另一方面又慢慢减少夏季的酷热,让我们不至于一下到达某一个极端而感到不适。

[81]此外,由于看到太阳散发光芒是一种极大的快乐,而且,没有太阳我们将一事无成,又由于待到夜晚入睡之后,我们就不用再做任何事,也不需要阳光了,所以,太阳就把白天调为合适人们醒着的时间,到了必须入睡的时间,则调到夜晚。太阳绕地球来一个大翻转,一会儿把这些人送入安眠而叫醒那些人,一会儿又把那些

---

① 就如阿波罗(太阳神)的竖琴有七根弦一样,太阳指挥天上七大星球的运转。参马克罗比乌斯(Macrobius),《农神节》(*Saturnalia*)1.19.15。

② 色诺芬的《回忆苏格拉底》4.3.8中也有相似看法。

人送入安眠而叫醒这些人。太阳离开那些不再需要阳光的人,转向需要阳光的人。日复一日,年复一年,太阳带来这些东西,从不知疲倦。

[82]神是最公正、最引人注目的,绝不会忽略对人类的永恒关注,但是,作为神所关心的有理智的对象,面对相似的义务,人怎能感到不堪重负呢?人难道不应模仿神的力量和[83]善意吗?毕竟,人身上也存在着力量和善意。如此推论,贤明的君主会承受这些,并且毫无怨言。贤明的君主还意识到,劳作会给自己带来健康,让自己得到保全,并获得好名声,相反,骄奢淫逸则只会带来截然相反的东西。而且,人所忍受的辛劳会不断变少,变得更易承受。如果人们在劳作后再享乐,快乐就会增强,且不那么有害。然而,安逸的生活却让劳作显得愈发辛苦,因为它[84]让快乐减少并变得麻木。生活奢侈、从不劳作的人到最后将会无法忍受劳作,无法从劳动中感受到丝毫[85]快乐,无论这快乐有多么强烈。结果是,热爱劳动、行为自制的人不仅比相反之人更有资格为王,还可以活得更快乐。

[86]此外,贤明的君主把友谊当作最美丽、最神圣的财富。他相信,对一位君主来说,缺少钱财不如缺少友谊那么令人羞耻或者危险,而且,他保持幸福靠的与其说是税收、军队或其他财富,不如说是[87]朋友的忠诚。没有人能独自满足自身的所有需求,君主的责任越多、越大,就越需要更多同僚,因为君主必须把最重大、最攸关的事务托付他人处理,否则君主[88]就只能放弃它们。

此外,法律负责保护个人,让人不会轻易被生意伙伴、钱财委托人或地产代理人欺骗,法律通过惩罚犯法之人达到[89]这个目的。然而,君主却无法指望靠法律免受信任之人的背叛,他只能倚赖他人的忠诚。那些在君主身边,帮助君主统治国家的人自然而然就成了最强大的人,只有得到他们的爱,君主才会得到保护。因此,对君主来说,毫无戒备地与最先碰到的人分享权力并非明智之举,不过,君主的朋友越强大,[90]君主自己也会变得更强大。

[91]此外,必要且有用的财富并非总能给拥有者带来快乐,同样,能让人快乐的东西也不一定有利。相反,许多让人快乐之物到头来被证明[92]毫无益处。例如,防御工事、武器、军械和部队对统治者来说必不可少,统治者没有它们就会失去权威,然而,除了其实用性外,我看不到它们能给人们带来[93]什么喜悦。另一方面,美丽的庭园、豪华的宅邸、雕塑、有古风的绘画、金铸的碗、嵌花的桌子、紫袍、象牙、琥珀、香露,一切让人赏心悦目的东西,还有令人愉悦的声乐及器乐,俊美的少男少女,这一切显然无益于任何有用的目标,只能用来消遣娱乐。

[94]唯独友谊,才是万物中最有益且最令人愉快的东西。我认为,对我们来说最重要的必需品、武器、城墙、军队和城邦如果缺乏朋友的监管,就会变得既没用处也无利益,甚至会变得极其危险;然而,朋友即使没有这些东西,也还是有所裨益。这些东西[95]只在战争中有用,对想平静度日的人而言——如果可能的话——只是无用的负担而已。然而,倘若没有了友谊,即便在和平的生活中也没有安全可言。

[96]不仅如此,快乐在与朋友分享时会加倍,孤独地享受快乐是世上最乏味的事,没有谁能忍受。然而,如果不得不与不喜欢自己的人分享快乐,[97]那就更让人生厌。如果最重要的东西不在身边,有什么宴席能让人高兴呢?如果缺乏客人的善意,有什么酒宴能让您开心呢?宴席没有人来参加,祭献怎么能合[98]众神的心意呢?诚然,难道不是那些以爱人的爱慕为基础的情爱才最快乐、最不肆意任性吗?只有心怀善意的人,才能在与男孩和妇人的交往中体验到这种情爱。[99]友谊有许多名称,正如它做出了许多功绩一样。哪里有青年和美人,哪里的友谊就会被称作爱情,且最受众

神青睐。

[100]药物对生病之人有益,对健康之人却毫无用处。然而,人不管健康与否,一直都非常需要友谊,友谊有利于保护财富,解脱贫困,友谊为好名声增添光彩,[101]让恶名褪色。仅凭友谊,就可以让不悦之事显得不再那么糟糕,并放大每件美好的事物。若没有友谊,还有什么不幸不是无法忍受的?没有友谊,还有什么好命运不会黯然失色?尽管孤独让人郁郁寡欢,在所有事情中最糟糕不过,然而,我们却不应该认为没人陪伴就是孤独,而应认为,孤独是指[102]无挚友相伴。因为,比起与心怀恶意的人为伴,彻底的孤独倒显得更好些。对我来说,如果没有挚友一起庆祝,我甚至不会把幸运当作幸运;有了朋友,人们承受起哪怕严重残酷打击来,也比孤单一人来领受哪怕最大的好运更容易承受。

[103]我可以公正地判断,十分可怜之人是这样的:当他身处不幸时会遇到相当多幸灾乐祸的人,而当他有好运时,则没有人与之同乐。当一个人拥有一大群出色的朋友而敌人——如果他有敌人的话——极少时,当一个人拥有许多爱他也更敬他的人,同时没有谁能指摘他时,他难道不是最为幸福吗?有一大群人和他一起分享快乐,遭遇不幸时也没有人幸灾乐祸,因此,他是幸运的,因为他拥有无数的朋友,却没有一个敌人。

[104]如果说人的眼睛、耳朵、舌头和双手对他的生存——更不用说享受——的价值意味着一切,那么,与这些器官相比,朋友的作用绝不会少,而只会更多。[105]靠着双眼,他也许连脚下有什么都看不清楚,然而通过朋友,他可以看见远在天涯海角的事物。凭着双耳,他还是除了近在咫尺的声音外什么也听不见,然而,有那些愿他一切安好的人,他不必[106]听那些无足轻重的消息。拥有舌头,他只能与眼前之人交谈,有了双手,他也不够强壮,难以胜任两人以上的工作,然而,通过朋友,他可以与整个世界交谈,可以完成

任何任务,因为那些关心他的人会为他讲述他感兴趣的事,为他做他喜欢的事。[107]最让人惊奇的是,拥有很多朋友的人虽然孑然一身,却可以同时做许多工作、思考许多事情,同时看到许多东西,同时听到许多东西,同时置身许多场合——这甚至对神明来说都有些困难——结果则是,他的关切牵怀无远弗届。

[108]此外,朋友的愉快经历给好人带来的快乐必不亚于他自身经历的某些快乐。快乐时,有许多人一起分享,幸运时,有许多人一起庆祝,[109]这样的人难道不是最幸福的人吗?如果荣誉是野心勃勃之人的远大目标,那么,朋友的赞美也许能让他多次达成这个心愿。如果财富能让其主人高兴,那么,和朋友分享自己的一切,可以多次让他变得富有。

[110]当一个人拥有足够的财富时,向好人施恩就是件快乐的事,同样,如果礼物乃是正当所得,是因为德行和功绩所配得,那么,接受礼物也是件快乐的事。因此,当一个人向朋友施恩时,施者和受者同时都感到快乐。一则古谚说:"朋友的财富是共同的。"① 因此,当好人拥有好东西时,这些好东西当然会为他和朋友所共有。

[111]在其他事情上,比如闲暇、舒适和消遣,贤明的君主不想总是超过平民,实际上,少许安逸就可以满足他。不过对于友谊,贤明的君主希望自己能占据[112]更大的一份。毫无疑问,他觉得这并非特别,也没什么可奇怪的。实际上,贤明的君主有些欢欣鼓舞,因为年轻人爱他胜过爱自己的父母,老人爱他胜过爱孩子,同僚爱他胜过爱同伴,那些对他有所耳闻的人爱他[113]胜过爱自己的

---

① 这种形式的谚语可以在米南德(Mcnander)的 Ἀδελφοί [《两兄弟》]中找到(Kock fr. 9)。参泰伦提乌斯(Terence)之《两兄弟》(Adelphi)803:"因为古语有之,朋友之间一切共有"(Nam vetus verbum hoc quidem est, communia esse amicorum inter se omnia)。

邻居。

尽管贤明的君主十分热爱自己的亲属和同族,可是某种程度上,他认为友谊的好处超过亲属关系。即使没有血缘关系,朋友还是能施以援手,然而若彼此之间没有友谊,最近的亲戚也不会帮忙。

贤明的君主把友谊置于如此的高度,以至于他认为从未有谁被朋友所加害,而且这种事属于不可能发生的范畴。[114]从发现某人在伤害[朋友]的那刻起,此人自己就已表明,他不再是朋友了。实际上,所有人遭受的不义暴行都出自敌人之手——[115]这些人只是名义上的朋友,他们不知道这些人其实是敌人。这样的受害者必定自责有眼无珠,而非转而斥责友谊。

父亲并非不可能对儿子不义,儿子也并非不可能违背父母,兄弟也许会以某种方式伤害兄弟,然而,我们的君主把友谊视为一件完全神圣的事,他甚至想让诸神成为自己的朋友。①

[116]综上所述,我们或许可以推断,僭主也许要忍受所有的恶事,这些恶事与我们列举过的幸福完全不同。就我们目前的讨论而言,这尤其正确。僭主是世上最缺乏朋友的人,[117]他们甚至没法儿交朋友。和自己相似的人,他怀疑,因为他们很邪恶;而与自己不同的人,即好人,他却又被他们所恨。这个受到仇恨的人既是正义者的也是不义者的敌人,正义者理应憎恨他,[118]不义之人则因为垂涎于相同的东西而要谋害他。波斯王身边曾经就有一个身份特殊的人,他被称作"君主的眼睛"②——他并没有身居高位,就是个普通人而已。波斯王不知道,贤明君主的众多朋友都是他的眼睛。

---

① 显然,他指的是友谊如此神圣,以至于如果神和人之间建立这样的关系,也是合宜的。而且,贤明的君主或许会因此冒险与众神建立这样的关系,同时尽量避免不得体的行为。

② 他用各种方式保卫君主。参希罗多德《原史》110,112。

[119]对一个贤明的君主来说,血缘和亲属关系难道不是尤其珍贵吗?他把亲友当作自己灵魂的一部分,想办法让他们分享君主的幸福,[120]更要让他们被视为值得分享君主权威的好搭档。贤明君主尤其渴望人们看见他愿意授予他的亲属荣誉,不是因为血缘关系,而是因为他们有资格得到这些荣誉。

对那些高尚的亲人,贤明君主爱他们超过其他人,对那些不怎么高尚的人,他不会把他们当作朋友,[121]只会把他们当作亲族。至于其他朋友,如果他在他们身上发现让人讨厌的东西,就会抛弃他们。然而,如果这些人是他的亲族,他就无法解除这种血缘关系,不管他们品性如何,他都不得不继续使用[122]这个称呼。至于妻子,贤明的君主不仅把她当作婚床及情感上的伴侣,还把她当作决策、行动和生活中的助手。

[123]唯有贤明的君主认为,幸福不在于安逸舒适的生活,而是由优秀的品格构成,德性不在必然性,而在自由意志。忍耐,贤明的君主认为,并不意味着苦难,而意味着安全。劳作增加了他的快乐,让他获得更多的愉悦,而习惯则让劳作变得[124]轻松。

对贤明的君主而言,"有用"和"快乐"这两个术语可以互换,因为他看到,如果平民百姓想要健康活到老的话,他们就决不会给懒散、怠惰的肉体提供营养,相反,他们中的一部分人首先会从事各种职业,其中一些职业,比如打铁、[125]造船和建房子,还十分辛劳。拥有田地的人在田里辛苦耕作,生活在城里的人[126]也有自己的职业。

贤明的君主还看到,闲散阶层聚集在运动场和摔跤场,有些在跑道上奔跑,有些在摔跤,其他一些不是运动员的人则在做一些并非为了比赛的训练。总而言之,有点常识的人都会干点什么,[127]好让他摄入的肉食和饮品于他有益。

与这些人不同,统治者的劳作不会徒劳无功,他不只是在锻炼体魄,还把成功完成某件事当作目标和目的。他专心处理需要他监督的事情,当事情紧急时,他会行动迅速,完成难以完成之事,他检阅军队,征服行省,建造城邦,在河上筑桥或在乡间铺路。

[128]贤明的君主不会因为拥有最好的马匹、武器和衣服,就认为自己很幸运,而只会因为拥有最好的朋友而觉得幸运。他认为,如果自己拥有的平民朋友比任何平民拥有的还少,[129]那么这将更加令人羞耻。如果一个人可以从所有人中挑选最可靠的朋友——当然,罕有人会不乐于接受他的主动示好——却仍然无法找到最好的朋友,那是非常荒谬的。

大多数统治者只会关注亲近之人和奉承自己的人,而与其他人尤其是最优秀的人[130]保持距离。然而,真正的君主会依据所有人的意见作出抉择。他认为,如果人们尚且要从尼萨(Nisaean)平原①引进比塞萨利(Thessalian)品种更优良的马匹,至于猎犬,则要从印度引进,②只在涉及人的时候反而唯独听从亲随之人,这是非常荒唐的。

他拥有一切交友[131]之道。例如,有雄心之人的友谊会通过赞美而获得;有领导才能者会因为可以参与政务而被友谊俘虏;对于好战者,可以通过军事才能获得其友谊;与有执行才能的人建立友谊,可以通过管理事务的能力;毫无疑问,心中有爱的人则会因为亲近[132]而获得其友谊。

谁更有能力任命官员呢?谁需要更多的执行者呢?谁有权力指派人参与更伟大的事业呢?谁更便于任命一个人负责军事行动?谁能赐予他人更显赫的荣耀?谁的餐桌更能让人感到自己的

---

① 位于里海(Caspian sea)南部的一个平原,以马匹著称;斯特拉波(Strabo)《地理志》11.9。参希罗多德《原史》1.106,7.40,7.196。

② 参希罗多德《原史》,1.192,7.187。

特别? 如果友谊能够购买,谁会有更大的手段领先每一个对手?

[133]自然造他为人,让他一生尊贵显赫,因此他也需要一些消遣娱乐来慰藉自己沉重的责任。然而,许多人已经证明,消遣娱乐是可耻的、毁灭灵魂的罪恶的源头——这些罪恶也会摧毁崇高伟大的[134]王权。

有一位君主痴迷于歌唱,把时间都用于在剧场练习颤音和哀歌上,他把王室的尊严抛诸脑后,乃至于他只满足在舞台上扮演古时的君主。① 还有一个君主则爱上了[135]吹笛。②

然而,贤明的君主绝不会去听诸如此类的声音。贤明的君主认为,狩猎就是最好的娱乐,他在狩猎中可以收获最大的快乐。狩猎让他的身体更强健,内心更勇敢,还为他提供了各种军事训练的[136]场所。他必须骑马、奔跑,在许多情况下,他要经受激烈的狩猎活动,忍受严寒酷暑,时常承受饥渴的折磨,追捕的激情让他习惯忍受一切[137]艰难困苦。

不过,他并不赞成波斯式的追捕。那些波斯人把猎物圈在苑内,因而不管什么时候列出清单进行屠杀,猎物似乎都在围栏里。这表明他们既不需要辛苦寻找,也不需要冒什么危险,因为猎物羸弱不堪,精神涣散。同样,他们似乎也剥夺了自己发现猎物的愉快、追逐猎物时的激动,以及逼近猎物后的奋战。[138]这就好比他们声称自己喜欢战争,却又让会战敌人的机会溜走,最后只有抓住国内的囚犯并将其处死。

---

① 尼禄(Nero)。
② 托勒密·奥雷特斯(Ptolemy Auletes)。

论王政之四

[英译按]第四篇演说辞描述了亚历山大大王和第欧根尼的谈话,第欧根尼告诉前者,甚至连荷马都说真正的君主是宙斯的儿子。接着,第欧根尼继续谈论犬儒派学说,说神儿子的身份应当用性情和品质来证明,而不是用军事力量和广袤的疆土来证明。最后,第欧根尼作了一个总结,生动地描绘了主导着普罗大众生活的贪婪、热爱享乐以及充满野心的性格。

演说辞在结尾处谈论了那些生来就具有某种命相或天赋的人的幸福命运,这引出了一个合理的猜测,那就是此演说辞发表时正值图拉真生日,即公元103年9月18日。

[1]人们告诉我们,从前,当亚历山大大王不那么繁忙时,他抽空去见了颇有闲暇的第欧根尼。① 一个是马其顿和其他许多国家的君主,另一个则是来自西诺坡(Sinope)②的流亡者,许多谈及或记载此次会面的人钦佩和赞赏亚历山大,不亚于钦佩和赞赏第欧根尼。[2]因为,尽管亚历山大统治着许多民众,比同时代人拥有更多权势,他却没有不屑于与那位充满智慧和忍耐力的穷人交谈。看到智慧受到至上权力的青睐,世人无一例外会感到高兴,因此他们不仅会叙述当时发生的一切,还会加以润色。另外,他们还会剥夺智

---

① 非常著名的犬儒学派哲人。
② 尤克森(Euxine),即黑海南岸的一个重要的小镇。

者的一切,例如财富、荣誉和体力,以此让人觉得,智者只是因其[3]智慧而受到敬仰。在这样的场合,我想尽可能地还原那次谈话的本来面目,因为没有什么其他事情需要我的注意。

[4]需要解释的是,据传闻,亚历山大是最雄心勃勃之人,也最热爱荣誉。他渴望在希腊人和蛮夷中留下美名,渴望得到所有人的尊敬,如果可能的话,甚至得到空中[5]飞鸟及山间走兽的尊敬。亚历山大睥睨众生,认为没有谁是自己危险的竞争对手——波斯王不是,斯基泰人不是,印度人不是,希腊的任何[6]人或城邦也不是。亚历山大察觉到,奢华和懒惰已经腐蚀了这些人的灵魂,使他们沦为财富和享乐的奴隶。

当听闻第欧根尼的言行及第欧根尼忍受的流亡生活时,亚历山大有时会因其穷困潦倒而心生鄙视,这最自然不过了,因为亚历山大从小就生活在锦衣玉食的王宫。[7]然而,亚历山大也常常由衷地钦佩和羡慕第欧根尼的勇气和忍耐力,尤其是他的声望,因为几乎所有希腊人都了解和钦佩第欧根尼的为人,认为世上[8]没有人可以与之比肩。

如果亚历山大想去什么地方、想得什么东西,那么他需要马其顿方阵、他的塞萨利的骑兵、忒腊克人(Thracians)、帕厄俄尼亚人(Paeonians)及其他许多人的协助。然而,第欧根尼只要想去什么地方,直接动身即可,不需要别人的照顾,而且绝对安全,白天夜晚皆是如此。

亚历山大为了实施自己的计划,需要大量黄金白银,[9]如果希望马其顿人和其他希腊人臣服自己,那么他就必须一次又一次地用甜言蜜语和礼物讨好平民及其统治者。[10]然而,第欧根尼无须奉承任何人,他只须告诉每个人以真相,即使身无分文,第欧根尼依然可以做自己喜欢做的事,且不会遭遇失败。他是唯一自认为过着最好、最幸福生活的人,他不会用自己的贫困来交换亚历山大的王冠或是米底亚人(Medes)和波斯人的财富。

[11]因此,一想到有个活得如此安逸舒适的人竟要超越自己,甚至其名声也不亚于自己,亚历山大就有些恼怒。不过他想到,或许与此人见上一面会对自己有所裨益,因此,长久以来,亚历山大一直就很渴望与第欧根尼见面,[12]与之恳谈。当来到哥林多(Corinth),接见了希腊使节,并把同盟事宜安排妥当后,亚历山大就告诉侍从,自己想出去散散心,接着他就动身了。

我不会说亚历山大去了第欧根尼的庭院(court),①因为第欧根尼根本没有庭院,无论大小。第欧根尼也没有[13]有钱人才有的房屋和家,他以各城邦为家,常常住在各城邦的公共建筑或是为众神而设的神殿内。第欧根尼以广阔的世界为家,毕竟它是人类[14]共同的家园和哺育者。那天,第欧根尼恰好只身一人待在克拉尼恩(Craneion),②与智术师、吹笛人及合唱队演奏家不同,第欧根尼没有学生或人群围绕在侧。

看见第欧根尼坐在那儿,这位君主就朝他走去,向他问好。第欧根尼抬起头,像一头狮子似的,狠狠地瞪着亚历山大,命令亚历山大朝旁边挪一挪,因为他正在[15]晒太阳呢。见此人如此勇敢、从容地面对自己,亚历山大十分高兴。英雄惜英雄、好汉惜好汉是再自然不过的了,不过怯懦的人却很害怕他们,像憎恨敌人一样憎恨他们,他们反而喜欢卑劣者和与自己相似的人。对于一种人来说,世上最让人愉快的就是真理和坦率;对于另一种人来说,世上最让

---

① 字面意义是"门(door)或者大门(gate)"。根据东方在宫廷大门前(gate)接受请愿的习俗,大门(gate)的涵义是"王庭"(the royal court),参Sublime Porte[崇高之门]的说法,其涵义是"土耳其的宫廷"(Ottoman court)或是土耳其帝国的政府(Government of Turkish empire)。

② 哥林多郊区的一个柏树林和运动场。此处显然是指运动场。

人愉快的却是奉承和欺骗。在交往中,后者愿意倾听那些努力取悦他们的人,前者则愿意倾听那些重视真理的人。

[16]经过短暂的沉默之后,第欧根尼问这位君主姓甚名谁,来这儿干什么。"你来这里是不是为了,"第欧根尼说道,"拿走我的一些财产啊?"

"啊,你还有什么财产吗?"对方答道,"你还有什么可以和别人分享的东西吗?"

"实际上有很多,"第欧根尼答道,"而且价值不菲,对于这个,我不能确定你是否可以分一杯羹。它不是剑戟、大釜、面缸或是据一些作家说的波斯的大流士(Darius)①曾用过的长榻和方桌,[17]不过我本人恰好拥有它。"

"什么?"另一位反驳道,"你难道不知道亚历山大大王吗?"

"对他我早有耳闻,"第欧根尼说道,"许多多嘴多舌的人说起过他,不过我并不了解这个人,因为我不了解他的内心。"

"不过现在,"对方答道,"你会了解他的内心,因为我来此的目的,就是让你彻底地了解我,并让我了解你。"

[18]"你想了解我很困难,"第欧根尼再次说道,"正如眼神儿不好的人很难看到光明一样。不过请告诉我,你就是他们称之为杂种的亚历山大吗?"

听到这儿,君主涨红了脸,显得有些愤怒,不过他还是竭力克制自己,他有些后悔,自己居然屈尊跟一个既粗鲁又名不副实的家伙谈话。

[19]第欧根尼注意到亚历山大的尴尬,因此他很乐意像玩骰子的人一样再丢一次骰子。因此当君主说"是什么让你叫我杂

---

① 大流士·科多曼努斯(Darius Codomannus)是波斯的最后一位君主,不久后他就被亚历山大击败。

种"时,第欧根尼答道:"是什么?我听说你的母亲就是这样说的啊。奥林匹亚丝难道没说你的父亲不是腓力,而是一条龙、亚扣(Ammon)、某个神、某个半神或野兽吗?如此说来,你当然是个杂种啦。"

[20]亚历山大随即笑了,他从来没有这么开心过,他当时就想,这个第欧根尼不但不粗鲁,反而最是机灵,而且他是唯一真正深谙恭维之道的人。"那么,"亚历山大说道,"你觉得这个故事是真的,还是人们编造的呢?"

[21]"不太确定,"第欧根尼回答说,"如果你自制,了解宙斯的为王之道,那么就没有什么能阻止你成为宙斯[22]之子。他们声称荷马就是这样说的:宙斯是父,不仅是神的父,也是人类的父,不过他不是奴隶、懦弱和卑鄙之人的父。如果你胆怯、好奢华,有奴仆的天性,那么你绝不会[23]与神或好人有丝毫瓜葛。我想到了忒拜人①当中古老的'播种人',人们就是这么称呼他们的,他们在自己的身上涂上状似长矛的符号,并把这当作自己来源的标志,而没有这个标志的人就不会被当作'播种人'中的一员。难道你不觉得,在宙斯后代的灵魂中也能发现一个标志吗?根据这个标志,那些有能力判断的人将会知道自己是否是宙斯的子孙。"

这个想法当然让亚历山大十分高兴。他随即向第欧根尼提出了以下问题。

[24]"一个人,"他说道,"怎样才能成为最好的君主呢?"

听到这儿,第欧根尼严肃地看着他,答道:"没有人能成为一个坏君主,正如一个人不可能成为一个坏好人一样。君主是人们当

---

① 根据神话,卡德摩斯(Cadmus)种下的龙牙变成了全副武装的人,他们相互厮杀,最后仅五人存活下来。这些人成了忒拜的市民,其声名显赫的后人被称作"播种人"。

中最卓越者,他十分英勇、正直、仁慈,[25]任何艰难困苦和诱惑都不能征服他。你觉得,如果一个人不会驾车,那他还能成为御车人吗?如果一个人不会掌舵,那他还能成为领航员吗?如果一个人不知道如何治病,那他还能成为医师吗?这是不可能的,即使所有的希腊人和蛮夷都拥立他,授予他王冠和权杖,就像那些为了辨认被抛弃的孩子的父母为孩子戴上项链一样。因此,正如一个人只有经过航行后才能成为领航员,同样,也没有人能成为君主,除非他先行君主之事。"

[26]亚历山大唯恐第欧根尼发现自己不懂王政之学,他说道:"你觉得谁会传授这门技艺,而人们又该到哪里去学习[27]这门技艺呢?"

为此,第欧根尼回答说:"嗯,你自己知道奥林匹亚丝所说是否属实,以及你是否就是宙斯的儿子,因为宙斯率先大体通晓这门学问,他把它传授给自己中意的人,得其真传的人就是[28]宙斯的儿子,也被这么称呼。① 你觉得是智术师们在传授王政吗?不是的,他们当中的大多数甚至不知道该如何生活,更别说如何为[29]王了。你难道不知道吗——"

第欧根尼继续说道:"教育分两种,一种来自天上,一种来自人类?神圣者的教育伟大、强大且容易,而人类的教育渺小、软弱且到处充满了陷阱和欺骗。为了变得正确,必须将前一种教育[30]加入后者。

"大多数人把属人的这一种称作'教育'——我想它指的是为孩子②而设的一些东西。我想,他们还秉持了这样的观念,即最了

---

① 荷马称君主由宙斯诞下。

② 在表示"教育"(education)之意的希腊词汇上,柏拉图使用了双关语。《法义》656c:"在音乐方面为孩子而设的教育和游戏。"也可参普鲁塔克

解波斯、希腊、叙利亚或腓尼基（Phoenician）文学的人，以及书读得最多的人，就是最明智、最博学的人。然而，当人们在这些人中发现了无赖、懦夫或贪婪之人时，又会说，个别事、个别人的例子没有什么价值。①

"对于另一种教育，[31]他们有时则将之简单称为'男子气概'和'高尚的情操'。老年人因此才要把那些接受了良好教育且具有男子气概的人称作'宙斯的儿子'，因为他们依照伟大的赫拉克勒斯的模式接受了教导。任何本性高尚且受过良好教育的人很容易获得另一样教育，他只需在少量的课上学习少量的东西——而这些东西却是最伟大和最重要的东西，②在其灵魂深处，[32]他已受到启发并十分珍视它们。

"无论是时间还是狡猾的智术师，都不能从他身上夺走这些东西，用火把他们烧毁的人也做不到。即使这个人被烧死了——据说赫拉克勒斯就曾点火焚烧自己——他的原则也仍然安放在他的灵魂之中，正如身体焚烧之后其他部分毁灭殆尽，而牙齿却依然完好无损[33]一样。

"他不需要学习，只需要回忆，回忆之后，他会立刻知道和认出，这些原则起初就已植根在自己心中。如果他偶然遇到一个识路的人，而这个人又很可能会给他指路，那么一旦得到指示，他就会马不停蹄地继续赶路。然而，如果他无意碰到某个无知、夸夸其谈的智术师，那人就会乱指路，让他一会儿往东，一会儿往西，一会儿又往南，搞得他精疲力竭。这个智术师其实一无所知，只会瞎猜，尤其是

（Plutarch）的《道德论集》（Moralia）80c："并非为了孩子的玩乐，而是为了他们的教育。"

① 也就是说，两者都未能证明有什么东西驳倒了"人"的教育。
② 这里是对图拉真的恭维，后者对文辞并没有什么兴趣。

如果这个智术师很久以前也曾被和自己一样的骗子[34]骗到荒郊野外的话。

[35]这和狩猎是一回事。没有受过训练、不守规矩的猎犬就算闻不到任何气味,也追踪不到任何痕迹,也会汪汪叫,好像自己知道、看到了什么似的,从而误导其他猎犬。而许多猎犬——其中以最鲁莽、愚蠢的猎犬为主——也会跟着前面乱喊乱叫的猎犬一起狂吠。在这群猎犬中,那些没有大叫、始终保持安静的猎犬也被欺骗了,[35]它们效仿前面的猎犬,搞出一些动静,竭力欺骗其他猎犬。同样地,在所谓的智术师周围,你有时会看到一群傻瓜围绕着他,你会发现,一个智术师和一个淫荡的阉人没什么分别。"

[36]听到这儿,亚历山大疑惑地问他,为什么要把智术师比作阉人。"因为,"第欧根尼回答,"最放荡的阉人为了展示男性雄风以及对女性的激情,就跟女人躺在一起,骚扰她们,最终却一事无成,即使他们不分日夜地和她们厮守在一起,情况也[37]还是如此。在智术师的学校,你会发现许多人在无知中慢慢老去,在夸夸其谈中彷徨、迷失,他们比荷马叙述的立于深渊之上的奥德修斯还要无助,他们中的任何一人在通过谈话和聆听成为一个好人之前,都首先会更快地像那位英雄一样[38]去见冥王哈得斯(Hades)。

"你生性正直,如果你遇到一位智术师,发现一天就足以了解他所有的话题和谈话技艺,那么,你就没必要再和他交谈、讨论了。然而,如果你没有好运让一个宙斯的信徒或像宙斯的人成为你的老师,直接、清楚地把你的责任教导给你,那么,即使你花上一生的时间,不眠不休地学习,并在可悲的智术师学校斋戒,你还是会一事无成。[39]我不是第一个这样说的人,荷马之前就这样说过。或者,难道你不熟悉荷马的诗篇吗?"

亚历山大向来以自己为傲,因为他能背诵《伊利亚特》全篇,

《奥德赛》也记下了大部分。① 所以他惊奇地说:"请告诉我,荷马在哪里讲过这些东西?"

"在那些段落,"第欧根尼答道,"其中荷马把弥诺斯称作宙斯的[40]伙伴。②'伙伴'(to consort)不就是指'结交'(to associate)吗? 弥诺斯自称宙斯的伙伴,实际上,他应被称作[41]宙斯的门徒。你想,弥诺斯以学生的身份与宙斯为伴,除了学习正义和君主的责任,还有其他目的吗? 据说,弥诺斯是世上最正义的人。当弥诺斯说君主是'由宙斯培养的'和'是宙斯的心爱之人'时,你是否认为,他指的是其他的培养方式,而并非我所说的③神圣的教导和训诫? 或者,你是否相信弥诺斯的意思是,宙斯像奶妈一样用牛奶、酒和食物养育君主,而不是用知识和真理养育君主?

[42]"同样,弥诺斯的意思还包括,④友谊不过是指两个人的愿望和目的一致,也就是说,志趣相投。我猜测,世人的观点也是如此:朋友是真正的志同道合者,他们不会有任何分歧。[43]因此,宙斯的朋友和与宙斯志同道合的人是否可能怀有邪恶的欲望,是否会谋划卑鄙可耻的事? 当荷马称赞某位君主,称他是'民众的牧羊人'时,似乎已经明确回答了[44]这个问题。因为,牧羊人的职责只是看管、保卫和保护牛群,而不是——凭宙斯! ——屠宰、杀戮牛群和剥掉它们的皮。

"诚然,有时候,牧羊人也会像屠夫一样购买或驱逐许多羊群。⑤

---

① 此信息只能在此处看到。
② 《奥德赛》19.178–179。
③ 在第29节。
④ 也就是当他说君主是"宙斯心爱之人"时。
⑤ 牧羊人或许会驱赶羊群走向屠宰场,正如君主可能会驱赶军队使之走向毁灭。然而这样的牧羊人并非真正的牧羊人,只是屠夫,这样的君主也并非真正的君主,而是暴君。

然而,屠夫与牧羊人的职责极不相同,实际上就如[45]君主政体和僭政很不同一样。例如,当薛西斯和大流士自苏萨(Susa)①一路前进,驱使大量的波斯人、米底亚人、萨卡人(Sacae)、②阿拉伯人和埃及人进入希腊之地而致其毁灭时,他们是更像君主还是屠夫?"

[46]亚历山大说道:"很显然,你认为就连波斯大王[大流士]也算不上真正的君主,是吗?"

第欧根尼笑着答道:"亚历山大,其可能性和我的小手指头差不多。"

"如果我推翻他,"亚历山大问道,"我还是不能成为一个伟大的君主吗?"

"是的,不过不是因为这个原因,"第欧根尼答道,[47]"当男孩子们玩'君主'的游戏时,获胜之人并不是真正的君主。无论如何,男孩们都知道,拥有'君主'头衔的获胜者不过是鞋匠或是木匠的儿子,此时他本应该学习父辈的手艺,然而他却偷懒和其他孩子一起玩耍,此时他或许还幻想自己正忙于一项严肃的事业。'君主'有时甚至是一个离弃了主人的奴隶。

"你们这些君主或许也正在做着相似的事情:你们每人都有玩伴,有的身边有[48]热切的追随者——波斯人和亚洲的其他民众,而你的身边则有马其顿人和其他希腊人。正如那些男孩努力用球彼此攻击,被击倒之人就是失败者一样,你现在也一门心思地攻击大流士,而大流士也一心想攻击你。[49]也许你能击倒他,把他赶走,因为我觉得你是更好的射手。接着,起初那些支持他的人会转而支持你、敬重你,那么你就成君主了。"

亚历山大再次受到了伤害,有些恼怒,因为,除非他让自己成

---

① 波斯王冬季的行宫。
② 斯基泰游牧民族中最强大和最尚武的一支。

为欧洲、亚洲、利比亚乃至大洋上所有岛屿的王,否则他就不愿活下去。[50]您明白,亚历山大的心境与荷马曾提及的阿基琉斯的灵魂截然相反。因为那位英雄曾说,自己宁愿像一个奴隶一样生活——

> 纵然他无祖传地产,家财微薄度日难,
> 也不想统治所有故去者的亡灵。①

我毫不怀疑,亚历山大会宁可选择死亡以及统领哪怕仅仅三分之一的死人,[51]也不会选择做神仙,永享延年——当然,除非他能成为众神的王。或许亚历山大唯一不曾蔑视的就是宙斯,因为全人类都称宙斯为王。这也是第欧根尼极力谴责亚历山大的原因。

这位君主回答道:"第欧根尼,你似乎是在开玩笑吧。如果我俘虏了大流士和印度的王,那就没什么可以阻止我成为古往今来最伟大的帝王了。一旦我成为巴比伦、苏萨、[52]埃克巴塔拉(Ecbatana)和印度群岛帝国的主人,留给我的还有什么呢?"

第欧根尼察觉到亚历山大踌躇满志,一心以此为目标,就像仙鹤一样,无论要朝哪边翱翔,都要全力展翅。[53]因此他感叹道:"就你的心志而言,你丝毫不会超越别人,也不会成为真正的王。即使你没有破城墙而入或掘地道而入,而是越过巴比伦的高墙壁垒,夺得整座城池,你还是不能成为真正的王。即使你效仿居鲁士,像水蛇一样沿着水路潜入城内,②并用同样的方法进入苏萨、巴克特拉(Bactra)的城墙之内,你还是不能成为真正的王;即使你游过大洋,吞并另一个比亚洲还大的大陆,你还是不能成为真正的王。"

[55]"如果我征服了我提过的所有民族,"亚历山大说道,"那

---

① 《奥德赛》11.490及以下。

② 居鲁士是波斯帝国的创立者,他于公元前583年占领了巴比伦,据说他使用了这个计策,不过如今经证实此故事不实。

我还有什么敌人呢?"

"还有一切敌人当中最难征服的敌人,"第欧根尼答道,"我猜,他应该不说波斯语或米底亚语,而是说马其顿语或希腊语吧。"

听到这儿,亚历山大显得有些烦恼、忧愁,有些担心马其顿或希腊的某些人会向自己宣战,[56]于是他问道:"在马其顿或希腊,我的敌人会是谁呢?"

"你不知道吗?"第欧根尼说道,"你不是认为自己比其他人懂得更多吗?"

"既然如此,你能告诉我吗?——"亚历山大问道,"请不要隐瞒。"

"我一直试着告诉你很久了,可是你还是没有听出我的弦外之音。只要你继续恶劣、愚蠢下去,你自己就是你最刻骨的仇人和敌手,而且,你对此人的无知[57]超过对其他人。邪恶愚蠢的人中,没有一个能清醒地认识自己,否则阿波罗就不会把'认识你自己'①当作第一训令了,阿波罗认为,对所有人而言[58]这是最困难的。你不觉得愚蠢是最大、最严重的疾病,而且会毁了患病之人吗?你不觉得愚蠢之人就是他自己最大的祸根吗?难道你不承认,一个人最大的敌人就是那个给他带来最大危害和最多疾病的人吗?[59]

"我所说的可能会让你暴跳如雷,让你觉得我是个恶棍无赖,想满世界地中伤我,如果你乐意,你甚至可以用矛刺穿我的胸膛。在这个世界上,你只有从我这里才能得到真相,你不可能从其他人身上了解这点,因为所有人都不如我诚实,都比我奴颜婢膝。"

[60]第欧根尼如此一番说教,全然不在意自己是否会因此获罪,相反,他确信什么事情都不会发生。因为他知道,亚历山大为荣誉所累,绝不会在关键时刻行差踏错。[61]于是,第欧根尼继续告

---

① 众所周知的印刻于德尔斐阿波罗神庙之上的三个铭文中的第一个。

诉这位君主,他甚至不具有王者的标记。

亚历山大颇为震惊,说道:"你刚才不是说王者不需要任何标记吗?"

"的确不需要,"第欧根尼答道,"我承认,王者不需要一些外在的标记,例如王冠和紫袍——这样的东西毫无用处——然而,[62]自禀性散发出来的某些标记绝对必不可少。"

"那个标记是什么呢?"亚历山大[63]说道。

"君主的标记就是蜜蜂的标记。难道你没有听说过,蜜蜂之中有一个蜂王,大自然造就了它?而且,蜂王能身居此位,凭借的并不是那些把你的血统追溯至赫拉克勒斯的民众所称的'世袭权'。"

"那个标记是什么?"亚历山大问道。

"难道你没有听农夫们说过,"第欧根尼问道,"蜂王是唯一没有长刺的蜜蜂吗?因为它不需要使用任何武器去对抗别人。一旦它拥有这个标记,就没有蜜蜂挑战它的王权或与之争斗。然而,我猜想你不仅外出时全副武装,[64]而且入睡时也如此吧。你难道不知道,"第欧根尼继续说道,"携带武器就是恐惧的表现?胆怯之人成为王者的可能性并不比奴隶高多少。"

听了这席话,亚历山大走上前来,丢掉手中的长矛。

[65]第欧根尼竭力用此番言语促使亚历山大相信善举和正义,而非武力。

"然而你,"第欧根尼继续说道,"脾气有些激进,难以控制,正如我们看到的,还有些强烈。[66]你不愿意丢掉这身盔甲,穿上劳作者的束身外衣① 去服侍你的长辈吗?或者你仍选择戴着可笑的王冠到处走来走去?也许不用多久,你就会和公鸡一样,头上长出鸡冠或头冠?如今你要夺取波斯人的城池了,难道你就从来没有听

---

① 奴隶与技工穿的、右边开口的短束身外衣。

说过波斯人办的撒西安（Sacian）[67]宴会①吗？"

亚历山大立即问第欧根尼这个宴会是怎样的，因为他想对波斯人做到了如指掌。

"嗯，波斯人选出一个死刑犯，"第欧根尼解释道，"坐在君主的宝座上，他们给死刑犯穿上王的服饰，允许他在那些日子里发号施令，喝酒畅饮，还允许他和嫔妃们打情骂俏，没有人会阻止他做自己爱做的事。然而，过了这些日子，波斯人就把他剥个精光，鞭打他，把他[68]吊死。

"你猜这意味着什么呢？波斯的这个习俗意义何在呢？难道不是为了表明，愚蠢卑鄙之人常常窃取王权和王者的头衔，然而，经过一段时期的放纵和傲慢后，他们最终沦落到[69]可悲可怜的境地？当这个人卸下锁链时，如果他是个傻子，不知道这个过程的意义，那么他可能会为所发生的事情欢欣雀跃。然而，如果他了解了这个过程的意义，那么他可能会嚎啕大哭，不会毫无反抗就和别人一起走，而是宁愿[70]像以前一样，继续戴着手铐脚镣。

"堕落的人啊，没有获得智慧之前，你就不要试图称王称霸了。同时，"第欧根尼补充道，"最好不要命令他人，而是穿着羊皮隐居起来吧。"

"你，"亚历山大反驳道，"你是在命令我——拥有赫拉克勒斯血统的亚历山大——穿上羊皮吗？我是希腊人的领袖，[71]是马其顿人的王。"

"当然，"第欧根尼答道，"就和你的祖先一样。"

"什么祖先？"亚历山大问道。

---

① 对于此宴会，斯特拉波（C. 512.5）有不同的描述。他说，波斯人举办此宴会是为了庆祝居鲁士打败萨克（Sacae）（在斯特拉波512及以下被称作 Σακαῖοι）。关于该习俗可以参弗雷泽（Frazer）的《金枝》（*Golden Bough*）第二卷，页24。

"阿基劳斯(Archelaus)。① 阿基劳斯不就是一个牧羊人吗？他不是去马其顿牧羊了吗？你觉得他牧羊的时候是穿着紫袍还是披着羊皮呢？"

亚历山大渐渐平静下来，俄而大笑起来，说道："你指的是神谕②的故事吗，[72]第欧根尼？"

那一位皱着眉头说道："的确是神谕！据我所知，阿基劳斯是个牧羊人。如果你放下自负和目前的职业，那么你将会成为名副其实的王，而非口头上的王。你将征服所有的女人和男人，[73]就像赫拉克勒斯一样，你不是把他当作你的祖先吗？"

亚历山大说道："的确，还有女人！或者我是否可以理解成，你指的是阿玛宗(Amazon)？"③

"征服她们并非难事，"第欧根尼答道，"我指的是另一种妇女，她们极其危险、野蛮。你没有听过利比亚的神话吗？"④

这位君主回答说没有听过。[74]接着，第欧根尼声情并茂地向亚历山大讲述了那个故事，因为他想让亚历山大有个好心情，正如奶妈鞭打孩子后，讲故事安慰孩子、逗他们高兴一样。

[75]"一定要确保，"第欧根尼继续说道，"抚慰了自己的守护灵(attendant spirit)⑤后你才为王，你要善待守护灵，让它威风凛凛，

---

① 根据希吉努斯(Hyginus)在《童话故事》(*Fabula*)219的叙述，阿基劳斯是亚历山大的一位著名的祖先，他把马其顿君主希瑟乌斯(Cisseus)投入为其准备的陷阱，之后在阿波罗的指示下跟随一头山羊在马其顿建立了埃迦伊(Aegae)城。

② 即神谕命令阿基劳斯跟随山羊的故事。

③ 亚马孙人的女王希波吕忒(Hippolyte)，取走她的腰带也是赫拉克勒斯必须完成的一项艰巨的任务。为了得到腰带，他主动勾引她。

④ 狄翁在第五篇演说辞中讲述了这个神话。

⑤ 比较通俗的理解就是指统治或控制个人的内在精神(spirit)或本质(genius)。赫拉克利特(fr.119)声称品格(character)是每个人的本质。

具有精神自由和王者气,而不应像现在这般盲从,[76]气量狭窄又堕落。"

亚历山大惊异于此人的勇敢无畏。他认为第欧根尼的学识比其他人更加渊博,因此他迫不及待地恳求第欧根尼不要谈论自己,而是解释一下自己的守护灵是什么,自己该怎样抚慰它。亚历山大猜想自己会听到神的名字,而且猜自己还不得不向神献祭和涤罪。

[77]第欧根尼发觉亚历山大激动万分、充满期待,就开始戏弄他,和他东扯西拉,他希望亚历山大能远离骄傲和[78]对荣誉的渴望,稍微清醒一些。第欧根尼注意到,亚历山大时而高兴、时而悲痛,心灵就像阳光和雨点同时出现的天气一样阴晴不定。第欧根尼还意识到,亚历山大十分鄙视自己和他辩论的方式,因为这位君主从未聆听真正的演说大师演说过,只是赞赏智术师的[79]风格而已。

因此,为了获得亚历山大的好感,以及向他展示自己的演说就像一匹训练有素、易于驾驭的马匹一样,第欧根尼向亚历山大讲述了守护灵,向他讲明,给人类带来快乐和不幸的好灵和坏灵并非在身外,智慧才是其主人唯一的指导之灵,智者和善人的灵是好灵,[80]而邪恶之人的灵是坏灵。同样地,自由人的灵是自由的,奴隶的灵是充满奴性的,有王者气、高尚之人的灵是有王者气和高尚的,而卑鄙之人的灵是[81]卑鄙的。

"我不会发表拖沓冗长的讨论,"第欧根尼继续说道,"不会讲述每一个观点,我会提及所有人——僭主、平民、穷人、富人、所有国民和邦民——当中最常见且最引人注目的灵。"随即,第欧根尼无比高傲、英勇地发表了以下言论。

[82]"腓力的儿子,许多灵充满了邪恶和腐朽的影响力,它们无论何时都围绕在卑鄙之人周围,数不胜数。事实上,就如诗人所说,

> 没有一件说来也很可怕的事情：
> 或是苦痛，或是神赐的灾难，
> 不是人类所要来承担的。①

[83]"一般来说,大部分人通常会接受三种比较普遍的生活形式,不过我向你保证,这并非是经过深思熟虑和检验的,而主要是因为人类让际遇和冲动冲昏了头脑。我们可以断言,一定存在着同样三种让大量愚蠢之人追随和侍奉的灵——有些人拥有这种灵,有些人拥有那种灵——就像邪恶放纵的军队[84]追随卑鄙而狂热的领袖一样。在我提到的这些生活形式中,第一种形式奢侈放纵,非常关心肉体上的快感;第二种形式贪得无厌;而第三种形式比前两种更惹眼、更混乱——我指的是热爱尊贵、荣耀的生活形式,它展现了更加显著、强烈的混乱或疯狂,它误导了人自己,让人以为自己倾心于某些高尚的理想。

[85]"来,让我们模仿聪明的画家。画家把自己的思想和技艺的印记投射在一切事物上,他们不仅描绘人形的神,还描绘其他事物。有时候,画家把河流绘成男子、把泉水绘成女子,他们还描绘岛屿、城邦及其他数不清的事物,就如荷马大胆地描绘斯卡曼德罗斯河(Scamander)②在洪水中说话一样。[86]虽然他们无法让画里的人和物开口说话,但他们赋予画像与其本性相宜的形象和标志,例如,当河神斜靠着时,他时常裸着身子,长长的胡须飘逸流动,头上戴着[87]柽柳或灯芯草③做成的王冠。

"那么让我们展示自己吧,当我们塑造和描述这三种生活形式

---

① 欧里庇得斯,《奥瑞斯忒斯》行1及以下。

② 在《伊利亚特》(21.233–234)中,荷马描述了阿基琉斯(Achiless)与斯卡曼德罗斯河之间的战争。

③ 在湿润的土壤中生长的一种植物。

所拥有的三种灵的特性时,我们在演说领域表现出来的能力,一点也不逊于画家在绘画领域的表现,我们在此处展现的技能与相士拥有的技能和预言能力截然相反,同时也是后者的[88]补充。相士可以根据一个人的体形和外貌推断和宣告其性格,而我们则建议根据人物的习惯和行为来刻画其性格,这种形式和相士的工作相当——要是我们能成功把握一般的和更低劣的[89]灵魂类型的话。

"我们的目的是展示人类生活的荒谬之处,因此,让人们看见我们模仿诗人、艺术家,如果有需要的话,模仿涤罪祭司,[①]让人们看到我们努力地利用一切资源提供实例和例证,也就不会有什么不妥,只希望我们能让灵魂远离邪恶、虚妄和卑劣的欲望,引导心灵热爱德性,渴望更好的生活。否则,我们就可能追随一些从事涤罪的秘仪开示和涤罪仪式的人,[②]这些人平息了赫卡忒(Hecate)[③]的愤怒,让一个人发出声音,然后——据我理解——在开始洁净仪式之前,陈述并指出种种他们声称是女神愤怒之时降下的幻境。

[91]"贪婪的灵渴求黄金、白银、土地、牛羊、大片的房屋及各种各样的财富。优秀的画家不会把拥有这种灵的人描绘得如此沮丧、灰头土脸和衣着寒酸,以至于让他肮脏不堪、衣衫褴褛。这种灵既不喜欢孩子,也不喜欢自己的父母和家乡。他不认亲情只认钱财,他认为神的作用只在于向自己展示无尽的财富,或是告知

---

① 从希波克拉底(Hippocrates)和普鲁塔克那儿可以看到,$κάθαρσις$被当作江湖郎中。他们自称能治疗疾病。

② 柏拉图(《斐德若》224e)也提及了平息神愤怒的相同方法,在此处他明显地影响了狄翁。

③ 阴间的女神,她派遣阴间的幽灵折磨、恐吓那些需要$κάθαρσις$[净化]的人。

他某个亲属或熟人已经故去,他因此可以继承其财富。他把神圣的节日看作赔本生意和无益的浪费。他从不大笑或微笑,总是满腹狐疑地看着一切,认为它们充满了危险。他谁也不信任,总是一副贪得无厌的样子,当他计算自己的财富时,[92]他的双手都会发抖。

"在我看来,或者在其他人看来也是如此,这种灵不仅不懂得欣赏和容纳其他事物,而且,除了不得不进行估算和签署合同的情况外,他还常常嘲笑教育和文辞。他是盲目的财富爱好者,而这也常常被描述和刻画成盲目。他为各种财富疯狂,[93]认为自己不该丢掉任何东西。和吸铁的磁石①不同,他还收集铜和铅,如果有人愿意相送,他还会收集沙粒和石头,无论在什么地方和场合,他都认为占有财富比不占有财富更加有利、有好处。他十分疯狂而饥渴地赚取钱财,而这仅仅是因为在这方面,取得成功的速度最快也最不费力,我想,日夜积累,他的金钱都可以[94]绕月亮一周多了。②他毫不介意别人反感、憎恶和诅咒自己,他认为,其他形式的财富只是让人高兴的小玩意儿而已,只有钱才是财富的精髓。

"这就是他竭尽所能[95]追寻和追求的东西。他绝不在意获取钱财的方法是否可耻或是否正当,最多只会留意一下拦路抢劫后会受到什么惩罚,如果胆怯占了上风,他就会谨慎起来。他拥有一颗卑鄙小人才有的灵魂,他巧取豪夺而又不想被人发现,他用渴望的眼神盯着一小口食物,而又不得不离得远远的,[96]因为卫兵就在附近。

"因此,就让他成为一个相貌普通的人吧;让他卑躬屈膝,时刻

---

① 据老普林尼(Pliny the elder)(《自然史》[*Natural History*] 36.126–127)说,人们在马其顿的马格尼西亚城(Magnesia)及城附近的亚洲发现了一种磁铁矿。

② 利息一月一付;参阿里斯托芬,《云》17。

保持戒备吧;让他从不微笑,总是与人争吵或争斗吧;让他无论穿着还是品质都酷似小气和寡廉鲜耻的皮条客吧;让他穿着彩色的[97]斗篷和娼妓的衣服吧。邪恶、令人憎恶的灵就是如此,因为他会给朋友、伙伴或者是奴隶、下属带来任何可能的侮辱和羞辱,不管他看见他们穿的是平民服饰还是王室的[98]服饰。难道我们不是常常看见,许多被称为王的人却不过是商人、收税者和妓院老板吗?我们能否断言,在雅典开店并被雅典人称作店主的德罗蒙(Dromon)和萨拉博斯(Sarambus)①的确配得上这个称呼,而在巴比伦和苏萨开过店、至今仍被波斯人称作店主的老大流士②却不配[99]拥有这个名称呢?

"此外,这种灵有它的特别之处,是其他灵所没有的,那就是,尽管他有时统治、征服了灵魂,然而有时似乎又很顺从,其中原因就在于财富是个侍女,是个心甘情愿地服侍一切欲望与利益的[100]仆人。然而,我现在谈的这种灵自居首位,控制了其不幸的拥有者的才能。他占有财富并不是为了获得快乐和荣誉,他也不打算花费或使用自己聚敛的一切。相反,他不让财富流通,让财富变得毫无用处,实际上,他把财富锁在隐秘的、难见天日的地下室里。

[101]"接下来,第二种人和那人的守护灵称颂的是享乐女神(Pleasure)的神秘祭神仪式,赞美、膜拜这位女神——一位真正的女性神。他拥有千姿百态,贪得无厌地追求能唤起其嗅觉和味觉的东西,我想,还有一切能愉悦其眼睛和耳朵的东西,以及一切触碰起来柔软温润的东西。例如一天沐浴一次或两次,为肌肤涂上并非

---

① 柏拉图在《高尔吉亚》518b提到他是一个店主。
② 拥有这个名字的第一位波斯王。波斯人称他为"店主",这是在恭维他,毋庸置疑这是因为他缔造了这个帝国并强行纳贡。根据词源学,"大流士"的意思是"占有货物"。参希罗多德,《原史》3.89–90。

[102]为了解乏的膏脂,然后披上柔滑的长袍,①撑着垫子休息,为每一个需求和欲望享受无微不至的服侍。他充满激情地投身于这些东西,尤其让他难以抗拒的是令人癫狂的鱼水之欢,他交欢的对象有男也有女,其间的猥亵淫荡让人难以启齿,不可名状。他任意地催促、引领其他人做这样的事,绝不放弃任何形式的淫欲,也绝不会不尝试。②

[103]"现在,应该说明的是,我们把这种受灵魂所有的歪风邪气及放纵折磨的灵看作一个灵。因为,我们不想汇集、列举一大群淫荡、贪得无厌、嗜酒如命的灵和无数其他的灵,而是把它们都看作一种灵,这种灵缺乏节制,沦为享乐的[104]奴隶。只要来自皇家金库或是大型私人庄园的财富源源不断,这种灵就纵情声色,陷入声色犬马的无底泥潭,直至两鬓斑白。如果缺乏这样的来源,这个人就会很快挥霍掉自己的财富,或是陷入虚弱、荒淫的赤贫,由于贫困和渴望交织,他远不能满足自己的[105]欲望。这种灵有时候会让受它控制的人生活和装扮都女性化,正如神话中讲述的,如果人类十分不幸,沉湎于这种性质的嗜好之中,神就会把他们变成鸟和野兽。

"在这里,我们再次发现,我们所举的例子之间形成了鲜明对比。[106]首先,在这一类人里面,有软弱和不爱冒险的灵,这种灵容易把人引向女人气的柔弱,及其他包含损失和受辱在内的不当行为。然而,跟随这种放纵而来的,常常是对犯错之人的惩罚,如死亡、监禁或重额罚款,这些惩罚会[107]避免刺激受害者走向极端。

---

① 参柏拉图的《阿尔喀比亚德前篇》122c:"昂贵、奢华的落地斗篷"(ἱματίων ἕλξεις)。

② 这个描述的最后的部分与西西里的狄俄多儒斯(Diodorus Siculus)(Ⅱ.23)对萨达那帕勒斯的描述十分相似。

"然而,此外还存在一种更具有攻击性和更冲动的灵,它强迫自己的受害者,不管是人还是神,跨越一切藩篱。一旦认识到自己令人羞愧的软弱,发现自己无法从事充满男子气概的事业,从而只能把社会和公民活动留给生活得更好的人,[108]软弱而不爱冒险的灵就退出了。相反,那些勇敢而冲动的灵在经历了诸多的冷漠和羞辱之后,一旦命运的车轮突然转向,①他们就会成为将军,或是声音尖锐、刺耳的大众领袖,而且正如舞台上的演员一样,他会暂时丢弃女性化的衣服,抢来一位将军或演说家的衣服,像敲诈者和可怕之人一样昂首阔步,注视着全世界。

[109]"是具有男子气概的严肃外表适合这样的灵呢,还是柔弱、女性化的外表适合这样的灵呢?我们会让他穿上适合他的衣服,而不会让他穿上装腔作势之时的华丽而威风的衣服。天啊,[110]让他骄奢淫逸吧;让他闻着没药和酒散发出来的芳香吧;让他穿着藏红袍子,尽情欢笑,像一个在午间狂欢、头和脖子上都带着褪色花环的酒鬼一样一路踉踉跄跄,手舞足蹈,哼唱着柔美且不成调的歌曲吧。让无耻、放荡和充满肉欲的女人领导他吧,她们中的每个人都想把他拉到自己那边,[111]而他又不会断然拒绝其中任何一个,也不会对她们说个不字,只会乐呵呵地、急切地听从她们。让他在丝竹管弦的喧闹声中出现,[112]陪伴疯狂的伙伴吧。让他在女人中间发出更加热情和尖利的叫喊吧。他面色苍白,外表柔弱,不了解天气或诚实的劳动。让他耷拉着脑袋、眼神充满淫荡吧,他的水汪汪的眼睛只能看到自己的肉身,无法触及心灵和[113]心灵的指令。

---

① 照字面来看是,"落下的贝壳阴面朝上"这个表达借用自一个游戏,游戏使用的道具是陶瓷碎片或贝壳,贝壳落到地上是这边朝上还是另一边朝上决定了比赛者是逃跑还是追赶。参柏拉图《斐德若》241b。

"如果雕塑家和画家不得不刻画这个人,他们就会把他描绘得和叙利亚君主①几乎一模一样,后者一生都在闺房与太监和妻妾厮混,对军务、战事或集会压根都不予理会。[114]让他的脚步接受幻想(Delusion)的指引吧。幻想是个美丽迷人的少女,她穿着娼妓的衣服,笑意盈盈,向他许诺了许多好东西并让他相信她正领着他拥抱幸福,直到她毫无征兆地把他拽入恶臭的泥潭,任由他戴着花环、穿着藏红袍子独自挣扎扑腾。[115]受到这样的僭主的奴役,遭受了这样的苦难之后,那些心灵漂泊地度过一生。面对苦难,它们怯弱无力,一味沉溺于享乐。它们热爱享乐,在乎肉欲之欢,过着无羞无耻、遭天谴的生活。不是它们选择这样做,而是因为它们已经深陷其中。

[116]"现在我要放下这种灵,就如参加比赛一样,我的演说急于引入第三种灵,就像报幕员指示合唱队入场一样②——我指的是雄心勃勃的灵。目前他还不那么急于参加比赛,即使他天生好胜,总是想鹤立鸡群。现在的考验和他的名声或荣誉无关,[117]而与他应当承受的巨大的耻辱有关。

"我们该赋予雄心勃勃的灵以什么样的服饰和相貌呢?为了与其性格和雄心相符,他是否应该生着双翼,翩然随着微风浮动,就像画家笔下波瑞阿斯(Boreas)③的儿子们一样,悬在高处,与[118]父亲的微风一起奔跑?尽管他们过去可以随心所欲地展示自己的权力,但是在目前,他们暂时要和阿尔戈英雄一起远航,成为他们的船友,和其他人一样,做些日常的工作。热爱荣誉之人

---

① 似乎意指亚述君主萨达那帕勒斯。有时候人们会混淆叙利亚和亚述。
② 参阿里斯托芬的《阿卡奈人》。
③ 北风之神。他的儿子们和伊阿宋(Jason)一起乘坐阿尔戈号(Argo)寻找金羊毛(Golden Fleece)。

的灵[119]总是充满了抱负,绝不会接触尘世俗事或任何卑微的东西。不,他总是高高在上,尽情享受着朗朗晴空和拂面而来的微风,快乐无比,以至于仿佛置身天堂。然而,当许多他追求、尊敬并让他托付幸福掌控权的人不喜欢他或是责备他时,他就会被乌云笼罩。

[120]"为了安全起见,这种灵绝不会与老鹰、鹤或其他鸟类为伍。人们也许更愿意把他的飞行比作伊卡罗斯(Icarus)[①]强行的、不自然的飞翔。伊卡罗斯的父亲曾试图设计一个装置,不过[121]结果证明它是灾难性的。那个年少轻狂、妄想在星空遨游的小伙子在短时间内是安全的,然而,当扣件变松、胶蜡融化时,他便坠入大海,再也没有出现,[122]而他的名字则用来命名他葬身的大海。雄心勃勃的灵就是如此:当他信任那对脆弱而轻快的翅膀时——我指的是普通人授予的荣誉和赞美——他就会在危险而颠簸的航行中,带着人,即他的崇拜者和亲随,一路漂荡。这个主人一会儿在多人看来又高贵又幸运,一会儿又显得卑微可怜,不仅别人这么认为,甚至首先连他自己也这么认为。

[123]"如果有人不介意把他设想成或描绘成长着翅膀的人,那么就让这个人把他比作伊克西翁(Ixion)吧,当他站在轮子上飞奔时,他不得不进行残酷而猛烈的旋转。实际上,把轮子比作名声不会有什么不妥,也不会比修辞学家那个精彩绝伦的比喻差太多:它向前移动,高兴地转圈,在旋转过程中迫使心灵呈现出不同的形状,这比制陶用的轮盘影响盘上塑造之物的形状[124]还要真实。这样的人不停地转动、旋转,他奉承民众和人群,不管是在公共集会上或演说大厅里,还是在自己和僭主、君主的所谓友谊之中或对他

[①] 代达洛斯(Daedalus)之子,他尝试用父亲的翅膀飞行。爱琴海位于迈科诺斯(Myconos)和小亚细亚之间的部分被称作伊卡罗斯海。

们的奉承之中——谁不会因其品格和生活方式而可怜他呢?然而,我讨论的并不是这样的人:他们令人敬佩地管理了自己的生活,然后又竭力通过演说、善意以及正义感训练并引导众人,把他们引向更好的东西。

[125]"关于这种灵的讨论,让我们就此打住,因为目前,我宁愿不为他提供服饰、相貌及其他附属物,从而增加冗长而[126]漫无边际的话语。简而言之,有这种灵的人可能被刻画成一个爱争吵、愚蠢及自负的人,他是狂妄、嫉妒和其他一切难相处的野蛮情感的猎物。不可避免地,这些不合群、野蛮和难相处的情感[127]将一直陪伴着追求荣誉的心灵类型。自然而然地,这样的人时常改变想法,显得有些反复无常——因为他在服侍和追求一个变幻无常的东西——他频繁而持续地在快乐和忧愁之间转换,比猎人更甚。

"当猎人们看到猎物,随后又找寻不到时,他们会说,这正是他们特别的、常有的经历。雄心勃勃的人就是这样。[128]当好名声和荣耀到来时,他们的心灵就会变大、膨胀,迅速发展,就像雅典的神圣橄榄树发出嫩芽后一天之内就长大并完全成形。然而,当责难和毁谤来袭时,[129]他们很快就枯萎、凋谢了。

"幻想,这个可以想象得到的最有说服力的东西,也困扰着这种灵。守财奴的幻想和享乐主义者的幻想都不能为他们许下光辉灿烂的成就,也不能为他们打开一扇门让受其愚弄的人拥有尊贵、辉煌的命运,它们只是向他们低语,向他们暗示可以期待的幸福。野心的幻想却是另一番景象。她让她的受害者痴迷于自己的美貌和魅力,并告诉他,他热爱一切善;她把他引向恶名,就如她把他引向某些美德或[130]好名声一样。

"在此,我忍不住再次引用伊克西翁的故事。据说,他渴望与赫拉幸福地结合在一起,却拥抱了乌云,变成了一群没用的、畸形的、杂交的半人马[131]的父亲。同样地,那些热爱好名声却失望而归并转而去追求恶名的人,实际上不知不觉就和一片云斯混在一起,而并不是与神及尊贵的人交往。这样的交往和结合并不能带来任何有益或有用的东西,除了酷似半人马的、奇怪且不理性的生物——我指的是煽动家的政治行为和[132]智术师的论述,因为智术师和煽动家就是唯利是图之辈的领袖。不过说到此处,我想把将军、教育家及政治家和我刚刚提及的人区别开来,我刚提到的这些人不妨都归入野心勃勃的灵,被看作属于其派别并是其追随者。

[133]"我已经描述了受每种灵支配的人。然而,情况常常是,两个或所有的灵同时统治了同一个人,向他提出自相矛盾的要求,并且威胁如果他不遵照执行就要严厉地[134]惩罚他。热爱享乐的灵吩咐他挥霍钱财,无须吝惜金银或他拥有的任何东西,贪财而吝啬的灵却反对这样做,它制止他,威胁说要用饥饿、干渴和贫困毁灭他,而且要是他关注另一个灵,[135]它就一定会这么做。

"热爱荣誉的灵建议和鼓励他为了荣誉牺牲一切,另一个灵则反对并阻止他这样做。实际上,热爱享乐之人和热爱声名之人绝不可能保持一致或声气相同,因为其中一个蔑视声名,认为其毫无意义,还时常引用萨达那帕勒斯的诗句:

> 我所食之物和挥霍之物,还有恋情给我带来的愉悦,
> 如今这些我独自享有。余下的福分已然消逝。①

[136]这个灵还故意在人的面前展示死亡,想借此警告他,当死亡来临,他就不能继续享乐了。然而,追求名声的灵却指引他、拽着他远离享乐,让他时刻牢记自己可能遭遇的责难和耻辱。[137]他不知道该做什么,也不知道该躲在哪里。他时常奔向黑暗,在黑暗

---

① 参皮瑞格(Preger),《希腊铭文集》(*Inscriptiones Graecae Metricae*),232。

的庇护下竭力讨好和侍奉第二种灵。然而,另一个灵又找到他并把他拽到野外。[138]他的心灵被撕裂,变得混乱,陷入无边无际的斗争和自我冲突中,最后,他不得不结束心灵的悲惨进程。正如疾病的并发症彼此相克,使治疗变得困难或完全无望一样,我认为,当心灵的不同情感彼此纠缠糅合在一起时,情况也是如此。

"让我们获得一种纯粹的和谐状态吧,这种和谐比我们以往享受过的更美好。让我们赞美好而明智的守护灵或守护神吧——当我们接受了良好的教育并拥有理性时,仁慈的命运女神就会命令我们接受他(Him)。"

利比亚神话

[英译者按]曾有人提出,这第五篇演说辞中讲述的利比亚神话,是一个叫克比苏斯(Cybissus)的利比亚人所著的神话之一。然而,另一些人对这个观点持怀疑态度,他们认为,我们在此处看到的就是诸多关于拉弥亚(Lamia)的故事中的一个。拉弥亚是传说中的女怪,是海怪斯库拉(Scylla)的女儿,她吞食孩童和青年的血肉。希尔泽尔(Hirzel)曾在著作《对话录》(*Der Dialog*)中暗示,这个神话正是狄翁所作。

演说辞第四篇73节也提及这个神话,冯·阿尔尼姆认为,第四篇演说辞为这个神话构想出一个可供选择的结局,并认为是阿里塔斯(Arethas)([译按]10世纪初卡帕多西亚[Cappadocia]王国的恺撒利亚[Caesarea]大主教)为这篇神话写了一段引言,使之成为一篇独立的演说辞。

路吉阿诺斯(Lucian)在《真实的故事》(*Vera Historia*)2.76处也讲述了相似的故事。

[1]详细阐述一个利比亚神话,① 为这样的主题消耗体力,并非一项充满前景的任务,② 的确不是,因为最能干的人并不想模仿这样的主题。然而,我们不能因为他们轻视它们就漫不经心地对待这

---

① 参第四篇演说辞73节及以下。
② 措辞和思想让人想起柏拉图《斐德若》220d。

样的主题。如果某种程度上,这个神话转到正确的方向,变成了一则关于实在者和真实的寓言,那么,[2]我们也许可以从中获益不少。在我看来,这种能力和方法与农人关于农作物的经验相似,当然,这是指当他们取得成功的时候。有时,农夫会给野外贫瘠的树干嫁接硕果累累的枝条,让它们生长,从而把无用、无益的植物变得有用、有益。[3]同样地,当人们把有益且能熏陶人的道德嫁接到一个无用的传说中时,后者就得到了拯救,不再是一个没有意义的传说。最初创作这些传说的人也许就是为了这个目的吧,他们使用寓言和比喻,面对的是那些有能力[4]正确地解读他们的人。关于我的颂歌的前奏(按照有些人的说法),就说这么多。① 有待吟诵和歌唱的是颂歌本身,即那则讲述了我们最好应把人类的激情比作什么的神话。

[5]从前,据说世上有种危险而野蛮的动物,它们主要栖息在利比亚的无人区。时至今日,那个国家似乎仍然产出各种各样的生物、爬行动物及其他物种。和这个故事有关的物种就居住在利比亚人[6]当中。它们的身体基本上是一切不和谐因素的混合体,呈现彻头彻尾的畸形。为了觅食,它们四处漫游徘徊,远至地中海和[7]西尔蒂斯(Syrtis)地区。它们不仅追捕狮子、豹子那样的食肉兽,还追捕那些专门猎杀鹿、野驴和羊的动物。

不过,它们最喜欢的还是抓人类,由于这个原因,它们甚至到了远至西尔蒂斯的小村落。[8]西尔蒂斯犹如地中海伸入内地的一只手臂,据说,即使一路风平浪静,乘船到那儿也需要三日。然而,那些曾经驶入此处的人发现,要找到出口似乎不太可能,因为浅滩、逆流和长长的沙洲延伸很远,使得大海完全[9]不能通行或是困难

---

① 引自柏拉图《法义》772d的表达:"前面的一切都是我们的颂歌或法律的前奏。"西塞罗《论法律》2.7.16也曾引用过这一表达。

重重。这些区域的海床不太干净,底部多孔多沙,海水向下渗透,故而河床不够[10]坚硬。我猜,这恰好解释了那里为什么会有大沙洲和沙丘。这不禁让人想起内陆因风而形成的某个相似的情形,不过这里是因海浪而形成的。周边国家的情况也极其相似——一大片孤零零的[11]沙丘地。如果遇难船只的水手来到内陆,如果一些利比亚人被迫经过这里或是在这里迷路,野兽就会出现,把他们掳去。

[12]它们的基本身体特征及外貌如下:脸是一张妇人脸,而且还是漂亮的妇人脸。胸和脖子也美到极致,犹如风华正茂、容颜不败的少女和新娘,即便是雕刻家和画家也难以重现这种美。肌肤亮得耀眼,眼波流转,看见的人都忍不住对之心生爱慕和向往。[13]身体的其他部位则比较坚硬,被鳞片覆盖,身体的下部呈现蛇状,最下部则是邪恶的蛇头。

接下来,故事既没有讲述这些动物像斯芬克斯一样长着翅膀,也没有说它们会说话或会发出什么声音,[14]只说它们会发出和龙一样的非常尖锐的声音。不过故事提到,在陆地上的所有生物之中,它们的速度最快,因而没有人能逃过它们的手掌心。当用武力征服了其他生物后,它们转而向人类搞阴谋诡计,它们故意让人类瞥见自己的胸部,迷惑自己的受害人,使其目光久久不能离开,极度渴望和自己交欢。人类以为它们是妇人,就开始靠近它们,而它们呢,则静静地站在原地,一动不动,像高贵的妇人一样垂下眼帘。然而,一等此人近在咫尺,它们就会猛地抓住他。[15]它们的手如利爪一般,当然,它们起初把手藏起来了。接着这条毒蛇便迅速地撕咬此人,用毒液把他毒死,人的尸体很快被这条毒蛇和其他野兽吞吃净尽。

[16]人们起初创作这个神话并不是为了哄小孩,让孩子不那么鲁莽或难以控制,它实际上是为那些蠢笨如牛的人准备的。既然我

们现在已经把这个神话带到这里,[①]那么它或许能充分体现这些激情的特征,表明这些激情不仅缺乏理性而且还十分粗野,另外,激情还会用快乐当诱饵,用诡计和巫术把愚蠢之人召至麾下,让他们最终[17]落得可悲的结局。不管我们何时沉溺于奢靡、金钱、感官享乐、声名或其他形式的享乐,我们都应让这些事情时时浮现在我们的眼前,威慑我们——就如孩子哭喊着要吃的、要玩的或是有其他不合理的要求时,我们可以用可怕的形象吓唬他们一样——以防我们和这些肆无忌惮的激情靠得太紧,被它们抓住,做出极其羞耻的、可以想象得出的[18]毁灭性的事件来。实际上,对于一个比他应该拥有的时间还多出大把时间可以支配的聪明人来说,用这种方式阐明神话余下的部分并非难事。

人们这样补充了这个神话。利比亚的某位君主试图剿灭这种动物,因为子民被它们杀戮,他十分气愤。这位君主发现,它们当中的许多已经定居、占据了西尔蒂斯外一片茂密的[19]原始森林。君主集结强大的军队,找到它们的老巢。追踪它们并不困难,因为它们的蛇尾巴会在地上留下痕迹,老巢里也会发出一股恶臭。君主从四周把它们团团围住,向它们丢火把,它们彼此隔绝,和自己的幼崽一起丧命。至于这些利比亚人,则赶紧逃离这个地区,日夜兼程,直到觉得已经跑得够远,他们才在某条河边停下来歇息。

[20]有幸在外、躲过一劫的动物一知道自己的巢穴被毁,就一直追赶军队,直到河边。它们发现一些人已经入睡,其他人也因过度劳累显得精疲力竭,就将他们[21]一网打尽。因此,那时这位君主并没有完成彻底消灭这种动物的任务。然而后来,故事继续讲到,当赫拉克勒斯清除世上的野兽和暴君时,他来到这个地方,放了

---

① 也就是把它从其他的来源引至这个演说辞,以此点出一个道德寓意。参引言部分及第四篇演说辞,73。

一把火,当这些动物逃离火海时,他用手中的棒打死了凡攻击自己的,又用箭射杀了那些试图逃跑的。

[22]这个神话也许就是一则寓言,它旨在表明,当大多数人试图清理自己灵魂中未曾涉足、野兽横行的区域时,他们会把欲望的老巢连根拔起,毁灭殆尽,希望以此摆脱它们、逃离它们,不过他们做得不够彻底,很快便被残留的[23]欲望征服而毁灭了。然而,宙斯和阿尔克墨涅(Alcmene)的儿子赫拉克勒斯成功地完成了这个任务,他让自己的心灵变得纯洁无瑕,温和柔顺——驯化赫拉克勒斯说的就是这个意思,即教化大地。

[24]不知你们是否介意让我为这个神话添加部分简短的内容,让年轻人高兴一番?因为年轻人如此相信它、如此确定其真实性,以至于他们声称其中一只动物曾出现在一群希腊使者面前,这些希腊使者在一支强大的骑兵和弓箭手的护送下,正前往亚扪(Ammon)[25]神谕处。他们似乎看到一个妇人倚靠在沙堆上,照利比亚妇女的习俗在头上披了一张羊皮,露出胸部,躺在那儿,头向后仰着。

他们猜她是某个村庄的娼妓,在那里等着[26]加入他们的队伍。两个年轻人为她的相貌倾倒,慢慢地靠近他,其中一个年轻人步伐比另外一位稍微快些。[27]这个动物一抓住这个年轻人,就立刻把他拽入沙漠的洞穴中吃了。另一个匆匆赶来的年轻人目睹了这一幕,大声喊叫,让其他人过来帮忙。这个动物用身上似蛇的部位猛力冲向这个年轻人,直到杀死他,然后她就在一阵嘶嘶声中消失了。他们还补充说,当人们找到尸体时,它已经腐烂发臭,利比亚的向导不允许任何人触碰这具尸体,以防全军覆没。

第欧根尼,或论僭政

[英译按]冯·阿尼姆毫无争议地证明了第六(《第欧根尼,或论僭政》)、第八(《论德性》)、第九(《地峡演说》)、第十篇(《论仆人》)演说辞都是狄翁流亡时期的作品。例如,狄翁谈到了第欧根尼的诸多事迹,第欧根尼并不是传令官却能安然无恙地在军队来回穿梭,这些事迹更符合狄翁本人的经历。他多次谈及的波斯王也适用于驱逐了狄翁的多米提安。毋庸置疑,这位演说家的听众很容易理解他的影射。

在这些演说辞中,狄翁陈述了犬儒哲学的某些原则,并把第欧根尼当作自己的代言人。他的主题是知足。

[1]西诺坡的第欧根尼被逐后来到了希腊,他常按时序不同,或待在哥林多,或待在雅典。第欧根尼说自己正追随着波斯王[①]的习惯。因为,在冬季,波斯君主一般待在巴比伦和苏萨,偶尔也会前往亚洲最温暖的地方巴克特拉(Bactra),[②]而在夏季,波斯君主则会在米底亚的埃克巴塔拉,[③]那里凉风习习,夏季宛若[2]冬季的巴比伦。因此,第欧根尼说自己也会根据季节的变换改变居所。

---

① 典型的东方暴君。大流士·科多曼努斯(公元前336—前331年在位),波斯的末代君主,那时在位统治。

② 巴克特里亚(Bactria)的首都,现代的土耳其斯坦(Turkestan)。[中译编者按]确切地说,当是现在的兴都库什山以北的阿富汗东北部地区。

③ 米底亚的首都。

阿提卡不像伯罗奔半岛和塞萨利(Thessaly)那样,有群山峻岭和蜿蜒的河流,阿提卡土壤贫瘠,空气干燥,几乎不下雨,即便下点雨也很难留住。此外,它四面环海,阿提卡之名就源于此,因为阿提卡即指一片滩地。① 这个城邦地势较低,[3]朝南,除非有南风,否则自苏尼昂(Sunium)航行而来的人就无法进入佩莱坞(Peiraeus)②的事实就说明了这种地势。因此,自然而然地,阿提卡的冬季比较温和。在哥林多,夏季微风轻拂,因为海湾侵蚀海岸的缘故,气流总是聚集在那里。亚略哥林多山(Acrocorinthus)③遮住了哥林多,这座城邦本身也略微向利基安(Lechaeum)④和[4]北部倾斜。

第欧根尼认为,这些城邦比埃克巴塔拉和巴比伦要美得多,而且,克拉尼恩⑤和雅典卫城山门⑥在结构上也远远优于那些皇家寓所,只是在大小上逊于后者。雅典围城一周大约是200斯塔德(stade),⑦因为佩莱坞及相互连接的墙也被纳入这个城邦的范围——这整个地区在古代无人居住,所以雅典只有巴比伦一半大小,倘若我们相信有关巴比伦的传说[5]的话。关于美丽的海港、雕塑、画作和金银铜器作品,关于铸币、家具和恢宏大气的房子,第欧根尼觉得雅典要胜出许多,只是对第欧根尼来说,他才不太在乎

---

① 如今,人们仍然接受这种词源解释:Attiké就是Aktiké(gé),Aktiké是akté[海滩]的形容词。

② 雅典最重要的港口,位于雅典城西南方五英里处。

③ 俯瞰哥林多的一座高山,其顶峰有一个要塞。腓力把这个位置称作希腊的一个镣铐。

④ 哥林多的两个港口之一,面朝哥林多湾。

⑤ 哥林多郊外的一个柏树林和运动场。

⑥ 进入雅典卫城的通道。

⑦ 一斯塔德相当于606.75英尺,算上所有把雅典和其海港连接起来的墙,雅典的周长将近23英里。

诸如此类的东西。

[6]君主变换居所时需要经历长途跋涉,因此,夏季和冬季的大部分时间都浪费在路上。然而,第欧根尼却可以在麦加拉附近消磨漫长的夜晚,然后在次日不费什么周章就抵达雅典——或者,如果他喜欢,他还可以去埃琉息斯(Eleusis);要不然,他甚至可以不经过任何沙漠,抄近路穿过萨拉米斯(Salamis)。① 第欧根尼比君主更有优势,可以得到更加奢侈的享受,因为他的住宿安排[7]更妥当。

这就是第欧根尼惯常用打趣的口吻说出的话,他希望那些既羡慕波斯人的财富,又羡慕自己的幸福之名的人注意到,他的实际生活并非如他们想象的那样。有些东西毫无用处,而其他一些东西,就连穷困潦倒的人也接触得到。

[8]实际上,第欧根尼并非像某些愚蠢之人想象的那样忽视自己的身体。他们看见第欧根尼瑟瑟发抖、幕天席地、口渴难耐,就猜测他不怎么关注健康和生活。然而,严酷的政制反而让第欧根尼变得更加健康了,它没有让他沦落成吃喝族,也没有让他沦落成大门不出二门不迈、从未体验过[9]寒冷酷热的人。和他们相比,晒太阳和简单的吃喝可以给第欧根尼带来更大的快乐。

不过到目前为止,给第欧根尼带来最大快乐的是季节变换。当夏季来临、寒气消融时,他欢喜不已,而当夏季接近尾声时,他也不会觉得遗憾,因为酷暑已开始消退。他努力跟上季节的步伐,慢慢适应,即使遇到两种极端的季节,他也不会觉得[10]不适。他几乎

---

① 哥林多和麦加拉相距27英里。从麦加拉出发,可供选择的路线有:(1)沿着海岸一直行至埃琉息斯和达佛涅关口(Daphne pass),路程23英里;(2)从麦加拉乘船前往萨拉米斯,径直穿过岛屿到达萨拉米斯海峡,然后穿越佩莱坞抵达雅典,路程22英里。走第一条路线的人能够向前越过麦加拉,在埃琉息斯度过夜晚,此处离麦加拉11英里,然后在清晨前往雅典。

不生火或用树荫和遮风避雨的地方,而是适应季节来临的时令,他也不会像其他人无论何时都可以生火、都有衣服穿、都有房子住,或是可以立刻从外面跑回家中,不用感受什么风寒。这让他们变得羸弱,[11]不能忍受冬季的严寒。

夏天时,这些人可以充分享受阴凉,可以尽情畅饮,绝不用在太阳下暴晒,也从未体验过口渴。他们还和女人一样眷恋屋舍,整日懒洋洋的,行动迟缓,心灵也为此陷入醉生梦死的泥淖。

故此,给自己安排了不健康的饮食后,他们还要让自己沐浴,以抵消不健康的饮食带来的不良影响;①一天二十四个小时,他们常常是既想享受凉风又想穿上厚厚的衣裳;他们想同时拥有冰和火,最荒谬的是,他们渴望体验饥饿和干渴。[12]尽管荒淫无节制,他们仍感受不到快乐,因为他们没有耐心等待到自己需要它。他们追寻的享乐并没有为他们带来满足和快乐。

第欧根尼则不同,他总会等到自己饥饿或干渴时才吃喝。他认为,饥饿是最让人满意也最刺激的开胃菜。因此,他啃食一块大麦饼时的愉悦要强于那些吃山珍海味的人,他畅饮流动的溪水时的愉悦也要强于那些喝[13]萨索斯(Thasian)酒的人。第欧根尼十分蔑视那些人,口渴难耐之时,那些人恰好经过一眼清泉,然而,他们却四处打听在哪里可以买到开俄斯岛(Chian)酒和莱斯博斯岛(Lesbian)酒。第欧根尼曾说,这样的人比牛愚蠢多了,因为这些动物绝不会在口渴时无视清澈的泉水或小溪,也不会在饥饿时鄙弃足以[14]喂饱自己的嫩叶或青草。

第欧根尼还说,每个城邦最美、最健康的房子——神庙和运动

---

① 沐浴是用来帮助消化的,然而却时常被证明是个致命的补救措施。参尤维纳利斯(Juvenal)《讽刺诗集》I.143: Crudum pavonem in balnea porta[(肚子里)还未消化,你就带着孔雀去沐浴]。

场——都向自己敞开。无论冬夏,一件袍子就可以满足第欧根尼所有需要,因为他可以轻松地抵御严寒,[15]他早已习惯了严寒。他从不保护自己的双脚,并声称自己的双脚已经像眼睛和脸一样,不那么敏感了。这些部位虽然天生脆弱,但是只要经常暴露,就能极好地忍受严寒。人们绑了脚后还可以行走,而蒙上眼睛就没法走路了。

第欧根尼还说过,富人犹如刚出生的婴儿:[16]这两者都一直需要襁褓。为了得到那些东西,人们给自己带来无数麻烦,花掉了无数钱财,还让许多城邦夷为平地,让许多国家走向毁灭——而第欧根尼却发现,得到这些东西并不需要费多大力[17]或多少钱。

第欧根尼幽默地说,自己不需要去什么地方就可以两情相悦,因为他到处都可以找到阿芙洛狄忒,而这不需要花费什么。他还断言,当诗人称这位女神为"黄金的"时候,①他们是出于缺乏自制而中伤她。许多人怀疑第欧根尼这话不过是在吹嘘,因此,他作了一次公开说明。

第欧根尼说到,如果人人都像自己一样,特洛亚就不会被占领,弗里吉亚人(Phrygians)的君主及宙斯的后代普里阿摩斯也不会[18]在宙斯的神坛前被杀害。阿开奥斯人如此愚蠢,竟然相信已逝之人也离不了女人,因此他们在阿基琉斯墓前杀害了波吕克塞娜(Polyxena)。鱼类比人类明智多了,它们不管何时需要射出精子,都会游到外面,用身体摩擦[19]坚硬的东西,而让第欧根尼惊讶的

---

① 适用于阿芙洛狄忒的这个外号起初是指着她雕像上的黄金饰品(参赫西俄德的《工作与时日》行519),或指着其神殿的财富或她的美貌说的;正如在荷马作品中,她是 χρυσέη Ἀφροδίτη [金质的阿芙洛狄忒],第欧根尼在此处曲解了词语 πολύχρυσος [饰有黄金的、金碧辉煌的]的意义,把它理解成"花费了许多黄金"。

是,人类却不愿意花钱摩擦自己的腿、胳臂或身体其他部位,即使极富之人也不会为此花费哪怕一德拉克马(drachma)。

然而,为了身体的另一个部位,人类却愿意一次又一次地费尽心机,甚至冒着[20]生命危险做交易。第欧根尼开玩笑地说,这种交欢形式是潘发明的,潘爱上了厄科(Echo)而又无法得到她,就日夜在群山漫游,赫耳墨斯对他动了恻隐之心,教了他这个花招,因为潘是赫耳墨斯的儿子。潘从中汲取了经验,解除了自己的痛苦,牧羊人也从潘那儿学到了这个习惯。

[21]第欧根尼还常常使用这样的言语嘲弄狂妄和愚蠢的受害者,尽管针对的是智术师,这些人想让别人高看自己,想让人觉得自己比其他人懂得更多。对这样的人,第欧根尼尤其要责骂。第欧根尼曾说,因为自身的软弱,[22]那类人的生活比野兽还要悲惨。野兽以水为饮,以草为食,一年到头彼此大多赤身相见。它们从不进屋,也绝不生火,如果没人毁灭它们,大自然就让它们能活多久就活多久。而且,野兽身强体健,不需要[23]医师、药石。

然而,极其爱惜生命、想尽各种办法延缓死亡的人类却常常难以活到暮年,他们疾病缠身,患了一些连名字都说不出来的疾病,大地也没为他们提供足够的药,[24]他们需要刀和烧灼术。拥有非凡治疗能力的克戎(Cheiron)①、阿斯克勒庇俄斯(Asclepius)的儿子们②、有预知能力的先知,以及能驱魔的驱魔师,对人类一点用处也没有,因为人类缺乏节制,[25]充满邪恶。人们涌入城邦,逃避来自城邦之外的不义,然而最终却是相互加害,犯下各种骇人听闻的罪行,似乎这才是他们相聚的目的。第欧根尼认为,这个神话之所以

---

① 教过阿基琉斯的半人马(Centaur)。
② 阿斯克勒庇俄斯或埃斯科拉庇俄斯(Aesculapius)是医药和治愈之神,他的后代也是医师。

讲述宙斯惩罚发明和赠予人类火种的普罗米修斯,是因为此乃人类变得柔弱及热爱奢靡的源头和开端,宙斯当然不憎恨人类,也不是见不得人类半点好。

[26]有些人极力辩驳,认为人类不可能像动物那样活着,因为人类体质柔弱,身体光溜溜的,不像大多数动物一样有毛发或羽毛蔽体,也没有粗糙的皮肤[27]覆盖。为此,第欧根尼回答说,人类之所以如此脆弱,是源于其生活方式,因为人类常常躲避太阳和寒冷。麻烦并非因身体光滑无毛造成。接着,第欧根尼提醒人们注意青蛙,还有其他许多比人脆弱得多而又受到较少保护的动物,在这些动物之中,有些不仅能忍受寒冷,还能在冬天居住于冰冷的水中。

[28]第欧根尼还指出,人类的眼睛和脸部根本不需要保护。一般来说,没有什么动物无法在自己的出生地生存下去。第一个来到世上的人是如何生存下去的呢,那时没有火、没有住所、没有衣物,除了长在野外的东西外什么食物也没有?人类足智多谋,为生活发明、设计了许多有益的东西,[29]可这并没有给后代带来什么好处,因为人类不会用自己的聪明促进勇气或正义,只会用它寻欢作乐。

当人类不惜一切代价追求舒适时,他们的生活变得越来越不舒适,负担也越来越沉重。人类似乎在照顾自己的需求,然而去世时却异常悲惨,就是因为人类过度关心和留意这些东西。据说正是因为这些原因,普罗米修斯才被绑到岩石上,任由老鹰啄食他的肝脏。

[30]因此,对于昂贵或需要精心呵护的东西,第欧根尼视若敝屣,他还向那些使用它们的人表明其中的害处。然而,对于不需要费什么气力,很容易就可以帮助身体抵抗冬日严寒、饥饿或满足身体其他需要的东西,第欧根尼绝不会抛弃。第欧根尼会选择干净的居民点而舍弃不干净的,他会选择气候四季宜人的居民点,[31]另

外,他会留意让自己获得充足的食物和适当的衣物。

然而,第欧根尼会注意远离公共事务、诉讼案、争竞、战争和拉帮结派。第欧根尼竭力模仿神的生活,正如荷马所述,① 神独来独往,生活安逸,这似乎暗示人类的生活充满了辛劳和苦难。第欧根尼声称,甚至连低等动物[32]也十分了解诸如此类的事情。例如,白鹳在炎热的夏季离开,迁徙到气候温和的地方,度过相当长一段惬意的时光后,又在冬季到来前成群结队地撤离。然而,能极好地忍受冬季的鹤却会[33]在播种时期前来此地啄食。在寒冷的天气里,鹿和野兔会下山来到平原和溪谷,在远离风头的隐蔽处找到栖身之所,而在炎热的天气里,又会撤回丛林和[34]最靠北的地区。

因此,当第欧根尼发现其他人一生烦忧,一直都忙着相互搞阴谋诡计,一直疾病缠身,一直不能享受片刻的闲暇,甚至在最重大的节日或声称休战后还如此时,当他注意到人类受尽苦楚不过是为了活下去时,当他看到人类最大的恐惧是所谓的必需品离自己而去时,当他看到人类精心谋划、竭力为孩子留下巨额财富时,第欧根尼惊讶地发现,他没有做类似的事,相反,他是世上唯一保持独立的人,没有人能理解他的至高的幸福。

[35]鉴于以上原因,第欧根尼拒绝进一步比较自己和波斯君主,②因为他们之间存在巨大的差异。第欧根尼说,实际上,君主是世上最悲惨的人:纵然拥有黄金万两,可他仍害怕贫穷;他害怕疾病,却又无法远离带来疾病的东西;他对死亡怀着极大的恐惧,总是想象所有的人——甚至是自己的儿子们和[36]兄弟们——要谋害他。

---

① 例如 θεοὶ ῥεῖα ζώοντες [生活悠闲的神明们],《奥德赛》4.805。
② 参第1节。

因此，纵然美味佳肴摆在面前，君主还是无法快乐地进食，美酒亦不能驱散他的烦恼。他没有安逸地度过一天，也没有一天不受痛苦的折磨。清醒时，他渴望沉醉，以为这样能解除自己的不幸；酒醉之时，他又想象着自己濒临毁灭，而这仅仅是因为他无法帮助自己。[37]醒着的时候，他祈祷自己能入睡，借此忘记所有的恐惧；沉睡之时，他又立刻跳起来，想象着自己在梦中被别人杀害。金黄色的悬铃树①帮不了他，瑟密拉米丝(Semiramis)的琼楼玉宇帮不了他，巴比伦的城墙也[38]帮不了他。

最荒谬的是，他害怕手无寸铁的民众，可是却把自己托付给全副武装的卫兵。他搜查那些靠近他的人，看他们是否拥有武器，可是他却住在手持武器的人中间。他总是从没有武器的人那里逃到有武器的人那里，或是从有武器的人那里逃到没有武器的人那里：他利用卫兵保护自己免受民众的伤害，而又利用阉人保护自己免受卫兵的伤害。他没有可以信任的人，也没有地方可以躲避，[39]让自己无忧无虑地过上一天。

他怀疑自己的饮食，总是让他人率先试吃为他准备的一切，他就像在道路上被敌人围攻的探子一样。他无法信任自己最亲近的人，不管孩子还是妻子。尽管王位上充满了艰难和痛苦，可他从未想过放弃，他也不能这样做。

[40]"人类的不幸还可以得到这样一种慰藉，"第欧根尼继续说道，"那就是，不幸或许最终会结束：戴着镣铐的犯人希望有朝一日可以重获自由，流亡之人重返故土也不是没有可能，患病之人到了哪儿都在盼望康复。暴君却难以逃避自己的境况，他甚至没法这样祈祷，除非他祈祷的是其他的东西。经历了丧友之痛的人从心底

---

① 薛西斯在米安德(Maeander)河附近发现了一棵悬铃树，如此美丽，以至于他用黄金饰品装点它，并让一位神仙来照看它。

相信,[41]时间最终会治愈悲痛,暴君却相反,他发现烦恼让人越来越难过。暴君要活到暮年并非易事,而且暴君的暮年悲惨凄凉,不像谚语描绘的马的暮年。① 暴君的受害者和蔑视暴君的人成倍增加,而他则因为年老衰弱而不能保护自己。

"灾难在经历时固然悲惨,将来未来时却更是令人忧惧,饥饿、流亡、监禁或丧失公民权的情况[42]都是如此。如果死亡的恐惧消失,不幸就不复存在。死亡绝不能让经历过死亡的人感到一丝烦恼和一丁点儿的悲痛。对死亡的恐惧如此强烈,以至于很多人期望死亡快点来临。一条船在暴风雨中颠簸,船上的人还没等到暴风雨平息就自杀了,被敌人包围时,人们的所作所为亦是如此,即使他们十分清楚[43]等待自己的不会比死亡更糟糕。

"不管是白天还是夜晚,暴君曾陷入的险境都是如此。对死刑犯来说,死亡之期已然确定,可是对暴君来说,他并不确定死亡是否会立刻来临,或者丧钟是否已经敲响。暴君没有一刻哪怕是一瞬间能逃离这种恐惧,不管是在吃喝之时还是在为诸神献祭之时,暴君都生活在这样的[44]恐惧中。如果这样的统治者想消遣取乐,甚至想享受爱的欢愉,那么,就算这种感情再怎么强烈,他还是无法对死亡释怀,他总是想象着自己可能会被所爱之人杀害。怀着这样的恐惧,他提杯豪饮,[45]接着又怀着这样的恐惧入睡。

"因此,在我看来,只有当僭主被打倒之时,他才会觉得快乐,因为只有在那时,他才能从最大的不幸中解脱出来。

"最荒谬的是,其他人意识到自己已陷入绝境,因此,当死亡可能来临时,他们并没有经历多长时间的痛苦,然而,僭主尽管忍受了最大的不幸,却仍幻想着最大的祝福围绕着自己,这大概是因为他被那些没有统治经验的人的意见[46]欺骗了。僭主并不知道,受

---

① 芝诺比乌斯(Zenobius)创造了这个谚语:"要为老马分派更短的路线。"

过惩罚后自己也许还可以活下去,而上帝就利用这点来折磨僭主。对生活富足的人来说,生活似乎更值得过,相应地,死亡就变得更加令人痛苦;[47]然而,对身处苦难的人来说,生活似乎变得越来越让人难以忍受,因而他们更乐意迎接死亡来临。

"和其他人相比,生和死对僭主来说都更加艰难,因为在生活中,僭主享受的快乐远远少于那些渴望死亡的人,可是僭主却恐惧死亡,仿佛生活让他们[48]享受了最大的快乐似的。如果让人愉悦之物在稀有时更能让人们快乐,而对于持续享有的人来说则变得令人生厌,如果永无止境的险恶天然更难以忍受,那么,我们几乎可以说,这两者——快乐和苦难——总是同时与僭主同在,以至于他几乎很难从苦难中找到慰藉,[49]也从未意识到快乐是什么。

"另外,他总是害怕富人的权力及穷人对财富的渴望。暴君是唯一施与了他人恩惠却得不到感谢的人,因为民众从来不会觉得自己拿了足够多的东西,而那些没有得到自己想要的东西的人,则比其他人更加憎恨暴君。

[50]"通过不正当手段获取巨额财富的人最惹人讨厌,因此没有谁比僭主更令人厌恶。僭主不得不向周围的人施恩,否则他就死得更快。而倘若不向他人索取,僭主就很难一次又一次地送很多人东西。于是,被掠夺之人成了僭主的敌人,而受其恩惠的人却满怀狐疑地看着他,总想尽快找机会把他除掉。

"离自己太远的东西因其太遥远而令僭主感到害怕,距自己太近的东西又因其太近而让僭主感到恐惧;从远离自己的人身上,僭主寻找战争,从近在咫尺的人身上,僭主寻找背叛。

[51]"僭主认为和平并不可取,因为和平让人懒惰;僭主也不喜欢战争,因为他不得不打扰臣民,向臣民筹款,强迫臣民出征。因此,当战争到来时,僭主渴望和平;然而,和平到来时,僭主又马上策划战争。[52]当民众享有生活中的所有舒适和安逸时,僭主害怕他

们变得傲慢;而当时世变得艰难时,僭主又害怕民众复仇。僭主认为,离开这个国家不太安全,而待在这个国家也不安全;在公共场合露面不安全,隐居起来也不安全,甚至连出门也不怎么安全。僭主觉得,阴谋和背叛就潜伏在四周。

[53] "每个僭主都会记得别的僭主们的死和针对那些僭主的一切阴谋,想象阴谋全部向自己逼来,为此他闻风丧胆,觉得自己似乎注定要面临死亡。僭主总是四处观望,接着又突然转身,好像不知从哪个角落自己就会受到攻击似的;然而,出于羞耻感和恐惧,[54] 他也许不会这么做。

"僭主越是明显地表现出害怕,人们就越发因为蔑视其怯懦而密谋反对他。因此,僭主活着就如同被囚于斗室之间,头上悬着许多宝剑,[55] 剑恰好触及他的皮肤,固定在他的四周。实际上,剑离僭主的灵魂和身体如此近,以至于冥府的坦塔罗斯(Tantalus)都比他们过得轻松,据说,坦塔罗斯

> 惧怕在他的头顶摇晃的石头。①

坦塔罗斯至少不再害怕死亡,然而,僭主却在生活中忍受着坦塔罗斯在另一个世界被派定的命运。

[56] "如今,对那些已成为一个城邦或是一个小国的僭主的人来说,逃离自己的王国然后再隐居别处不是没有可能——然而,没有人会喜欢僭主,他们对他只有憎恨和怀疑,每个人都准备把他交给被他所害的人——不过,对于那些统治了许多城邦、许多民族和无边无际的领土的人来说,例如波斯君主,即使已经意识到自己身处困境,即使某位神已经除去他对此的无知,想逃走[57] 也已不太

---

① 欧里庇得斯,《奥瑞斯忒斯》6。

可能。僭主的生活似乎从来没有安全可言,即使他变成铜或是铁,情况也还是如此,因为即使如此,他也有可能被毁灭、被敲成碎片或被熔化掉。

"如果你敢大胆和僭主交谈,僭主就会非常生气,你的坦率让他害怕;如果你谦卑、恭顺地和僭主交谈,他就会怀疑你的谦恭。僭主觉得,那些平等待他的人是在侮辱他,而那些向他谄媚的人[58]则又在欺骗他。责备给僭主带来的痛苦远远超过给其他人带来的痛苦,因为作为一个君主,他受到了诋毁诽谤。赞美也无法让僭主感到高兴,[59]因为他觉得对方的赞美并非发自肺腑。对于最美和最有用的财富,僭主总是极度缺乏,对于友谊和善意,僭主也从未指望可以从别人那里得到。与讨好、接近僭主的人爱上僭主的速度相比,看守野狮子的人爱上野兽的速度还要更快些。"

[60]"我,"第欧根尼说道,"夜晚可以去任何我想去的地方,白天旅行时,我也不需要人陪伴。如果有需要,我甚至不惧怕穿越军队——即使我不是传令官——不惧怕混迹于强盗之中,因为我没有敌人——无论公敌私敌——来挡我的道。就算所有的黄金、白银和铜都耗尽,那也不能伤害我[61]分毫。

"如果地震让所有的房屋下陷——正如曾在斯巴达①发生过的一样,如果所有的羊群都被杀害,以至于无人有钱买衣蔽体,如果像以前传说的那样,贫困不仅压倒了阿提卡和波俄提亚,还压倒了伯罗奔半岛和塞萨利,那么,我也绝非[62]最凄惨的那个人和最贫困的那个人。

"难道我还能比现在更加衣不蔽体吗?难道我还能比现在更加无家可归吗?我将在苹果、小米、大麦、野豌豆、最便宜的扁豆中,在

---

① 据说公元前464年一次地震让两万民众丧生,在斯巴达仅有五座房屋没有倒塌。

火灰里烤熟的橡子和山茱萸浆果中,找到我需要的所有食物,据荷马①说,喀耳刻(Circe)就是用这些宴请奥德修斯的伙伴的,实际上,最巨大的动物甚至都能靠这些维持生活。"

① 荷马,《奥德赛》10.241–243。

欧波亚演说

[英译按]根据狄翁把自己称作老人及其文风可得出,这篇演说辞属于狄翁的晚期作品,似乎发表于罗马。

此演说辞分为两个部分:第一部分讲述欧波亚(Euboean)野外纯朴的猎人,这个故事广为流传。在早期,人们把这个故事和演说辞的其余部分分割开来。第二部分描述狄翁希望穷人在城市中所过的生活及穷人要克服的困难,最后还描述了需要革除的社会恶习。

狄翁对自己那个时代的国家和城邦状况的描述,对想要熟悉那段历史的史学家来说,很具有启发意义,有助于史学家洞察罗马帝国衰落的原因。

[1]现在,我要叙述我亲身经历的一件事,它并非道听途说。实际上,对一个老人来说,喋喋不休且不愿放弃自己想到的任何话题再自然不过了,流浪者和老人或许都是如此。我猜想,这大概是因为两种人的经历都很丰富,发现回忆能给自己带来莫大的快乐。无论如何,我将描绘我在希腊腹地遇到的一些人的性格特征及他们的生活方式。

[2]夏末,我碰巧和一些渔夫一道,坐着小船从希俄斯(Chios)出发穿越大洋,后来海上出现了风暴,我们因此费尽周折才安全抵达欧波亚峡谷。①船员把船驶向悬崖下崎岖不平的海滩,船在那儿

---

① 埃维亚南部危险的东海岸,之所以如此称呼,是缘于一个由海岸线形成的巨大海湾。亚德米西林(Artemisium)战役中,波斯的部分舰队就在那里被摧毁。参希罗多德《原史》8.14,斯特拉波《地理志》10。

撞坏了。我们下了船,奔向一群摆弄紫色染料的渔夫,①渔夫的船停泊在附近由岩石垒起来的庇护所里。[3]船员们打算待在那里,和渔夫一起工作,最后,就剩下我孤零零的一个人。

我不知道有什么可以寻求庇护的城镇,故而只有沿着海岸漫无目的地游荡,希望能侥幸发现经过此地或在此停靠的船只。走了相当长的一段路后,我还是一个人影也没看见,后来,我偶遇了一只从悬崖上跌落的鹿,它躺在浪花拍击的浅滩上,任由海浪冲击,不过呼吸尚存。过了一会儿,我听到上方有犬吠声,由于有海啸声,不太清晰。我继续前进,费了九牛二虎之力才找到一个制高点,看到一群狗正在嬉戏打闹,来回奔跑。我想,它们的猎物也许就是因为受不了逼迫才纵身跳下悬崖的吧。

不久,一个身影映入我的眼帘,根据他的穿着打扮,我想他应该是个猎人。他红光满面,留着络腮胡子,只在后脑勺有头发,发式复杂而有些不太体面,跟荷马描述的那些去攻打特洛亚的欧波亚人一个样。②在我看来,荷马这是在嘲弄奚落他们,因为其他希腊人显得仪表堂堂,而他们却只在一半的脑袋上留发。

[5]这猎人和我打招呼,说道:"外地人,你有没有看到一只鹿跑到附近什么地方?"我回答说:"此时此刻,它应该还在海边呢。"说完我就领着他,指给他看。他把鹿从海里拖上来,用刀把鹿皮剥了,我尽可能地在一旁给他打打下手。待切下鹿的后腿及臀部后,他打算带着这些肉和兽皮离开了,他邀请我同行,就着鹿肉美餐一顿,[6]还说他的住所就在附近不远处。

"等到早上,"他继续说道,"等你和我们同住一夜后,就可以返

---

① 这些人把天然贝壳打捞起来,用来制作紫色的染料。

② 见《伊利亚特》2.536,542。荷马提到的阿班特斯人就是欧波亚的古代居民。[译按]中文"欧波亚"又译"尤卑亚"。

回海边,因为目前的天气不适合航行。不过不要担心,五天后,风就会慢慢平息,到时候,欧波亚群山的山顶就不太可能会像现在一样乌云密布了。"

他问我从哪儿来,怎么会到那儿,船只是不是失事了。"那条船十分小,"我答道,"是一些横渡大海的渔民的,我只是他们的乘客,因为有急事就和他们一路同行,[7]不想船还是搁浅失事了。"

"想不搁浅失事都不容易,"他答道,"因为你看,岛屿朝着大海的那面是多么荒凉和崎岖不平啊。人们称那个地方为欧波亚峡谷,如果有船想在那里上岸,绝对是在劫难逃,船上的人也很难幸免,除非他们像你一样,驾的是轻便的小船。不过,跟我来吧,不要害怕。经过今天这样严峻的考验,你应该好好休息一下,到了明天,我们尽力[8]把你安全地送出去,毕竟我们相识一场。我看你像个城里人,不像水手或陆地上做工的。看你瘦骨嶙峋的样子,好像是得了什么重病。"

我愉快地跟着他,丝毫不害怕发生背信弃义之事,因为除了一个破旧的斗篷外,我[9]一无所有。我常常在其他类似的情况下发现——因为我一直在四处流荡,当然这次也不例外——贫穷神圣而不可侵犯,没人会因贫穷而加害于你。[10]相对于人们加害于那些手握权杖的传令官而言,这样的事的确要少得多。因此,在这种情形下,我毫无顾虑地跟着他。这里和他的住处相距40斯塔德。

一路上,他向我讲述了自己的现状以及自己和妻子、孩子是如何生活的。"外地人,我和另一个人,我俩住在同一个地方,彼此和对方的姐妹结了婚,然后和她们一起生儿育女。[11]我们尽可能地追捕猎物,靠这些猎物和在一小块土地上劳作维持生计。你瞧,这个地方不属于我们:不是我们继承来的,也不是我们靠努力得来的。我们的父辈尽管生活得自由自在,也和我们一样贫穷。作为受雇的牧人,我们帮岛上一个富人照看牛群,这个富人拥有大量的牛群、马群、鸟群,大量肥沃的土地和[12]许多其他财富,还有高山。富人过世后,财产也被没收了——他们说,富人就是因为太富有才被皇帝①赐死的——他们立即赶走富人的家畜,把它们宰杀了,我们自己那少得可怜的牛群的遭遇也是如此,至于我们的酬劳,[13]最后也无人支付。

"那时,我们②必须待在此地,因为在这里我们有自己的牛群,建了小屋,还为小牛仔建了木栅栏,不是很大也不是很牢固的木栅栏——我想这样牛群过夏天就够了。到了冬天,我们就在平地放牧牛群,那里牧草丰满,干草也很多;不过到了夏天,我们不得不把牛群赶入[14]山中。

"我们的父辈就是在这儿建了小农场,这儿两面向里倾斜,形成一个幽深、荫蔽的峡谷。一条静静的溪流淌过峡谷的中心,奶牛和牛犊在溪水里惬意地蹚水,溪水充足,清澈见底,自附近的一个泉眼汩汩流出。到了夏季,峡谷里总是微风轻拂。周围的林间小道柔软潮湿,绝不会滋生牛虻或害虫。[15]大片美丽的草地在稀疏的大树底下向前延伸,夏季,整个地区都植被繁茂,人们无须去远处放牧牛群。由于这些原因,我们的父辈就定期把牛群安置在此地。

"那时我们的父辈一直住在小屋里,希望能得到雇佣或找到些活干。他们靠一块非常小的土地上的农产品为生,这块开垦的土地恰好在牧场附近。对父辈们来说,这块土地就已足够,[16]因为它很适合耕种。由于再没有照料牛群的活儿可干,他们就转而开始打猎,有时候光是人去,有时会带着狗。话说他们的狗里面有两条,那

---

① 多米提安。
② "我们"指充公之后留下来的两名牧人和他们的家人,其中一人就是说话人。

一次跟着牛群走了很长一段路都没有看见牧人,于是就离开牛群,回到了居住地[,这才幸免于难]。

"这些狗起初只是尾随而已,仿佛出来不是为了打猎而是为了其他目的似的。看到狼群时,它们会追赶一段距离,如果碰到的是野猪或者鹿,它们就[17]置之不理。然而,要是看到的是一只熊,那么无论早晚,它们都会重振旗鼓,奋力拼杀,它们不停地叫,使劲把熊挡开,就像是在与人搏斗似的。后来,在品尝了野猪血和鹿血,吃过野猪肉和鹿肉后,狗的口味发生了变化,它们开始喜欢肉而不是大麦面包。不管抓到什么猎物,它们都会趁机填饱肚子,否则就要饿肚子了。最后,它们终于对追捕活动更上心了,它们怀着同样的热情追赶自己看到的一切动物,用这种或那种方法追踪气味和踪迹,为此,它们逐渐从牧羊犬变成了受训较晚、反应较慢的猎犬。

[18]"冬天到来时,父辈就无活可干,不管是下到城里还是去乡下,情况皆是如此。因此,当进一步夯实了木屋和小院的栅栏后,他们就想法子度日,完全在那一小块工地上劳作,不过经验证明,在冬季,打猎[19]要更容易些。动物的足迹自然而然地会变得更加明显,因为它们印在潮湿的地面上,大雪飘洒,即使在远处,足迹也清晰可见。为此,他们无须劳心费力地去搜寻,因为这就如同有一条路直接通往[这些猎物],不过,猎物略有些懒散,故而他们需要多等一会儿才行。他们还可能在动物的巢穴内抓到野兔或[20]瞪羚。

"从那时起,我们的父辈就这样生活,从未渴望过一种不一样的生活。他们让儿子成家,把女儿嫁出去。两位老父亲大约在两年前去世了,算算他们度过的岁月,他们的身体还算硬朗、年轻和充满活力。两位母亲中,我的母亲如今依然健在。

[21]"我俩之中的另一个人已经五十多岁了,可到目前为止,他还没去过城镇,我也只去过两次。第一次去时,我还是个小孩子,是和父亲一道去的,那时候,父亲还拥有自己的牛群。后来,有个人

来了这里,张口就要钱,似乎觉得我们还有些钱。那人又吩咐我们和他一起进城。我们身无分文,发誓自己的确没钱,而且还补充说,如果有的话,[22]我们早就给了。我们竭尽全力招待他,给了他两张鹿皮,我还随着他去了城里,① 因为他说我们之中必须有人跑一趟,解释一下这个事情。

"像前一次旅行一样,我看到了许多大房子和房子周围坚固的围墙,墙上立着高耸的方形,②许多船只静静地停泊[23]在湖面上。那个地方和你现在靠岸的地方一点儿都不像,这就是你的船只会在此处失事的原因。我看到的就是这些,我还看见一大群人聚集在一起,人声鼎沸,以至于我以为他们在打架斗殴。他把我带到某位治安官的面前,大笑着说道:'这就是你让我带来的人,他除了有一头长发和一间用坚固的木头搭起的小屋之外就一无所有了。'[24]接着,所有的官员都进入剧院,③我紧随其后。剧院空荡荡的就像一个深谷,不过没深谷那么长,也不是很宽,剧院呈半圆,并不是天然形成的,而是由石头筑成的。我给你讲这些你十分熟悉的事情,你可能会觉得好笑。

"刚开始,在相当长一段时间里,人群都在审议其他的问题。他们一直都在叫喊,有时候方式比较温和,故而大家都比较愉快,还为发言人鼓掌,另一些时候则是[25]群情激昂,充满了愤怒。人群愤怒时有些令人恐怖,他们提高嗓门,吓住了那些声音被他们压下去的人,以至于其中一些人四处奔跑,请求他们的宽恕,还有一些人则因为害怕而丢掉了自己的斗篷。我几乎要被人群的叫喊声击倒,

---

① 据认此城是卡利斯托(Carystus)或哈尔基斯(Chalcis)。
② 也就是塔。
③ 在希腊,剧院十分常见,公众集会一般在剧院召开。参《圣经·使徒行传》19:29及以下。

因为喊叫声就像[26]浪潮和暴风雨一样突然扑向我。有人挺身而出,从原来的地方站起来,向人群发表演说。有时候他们只讲寥寥数语,有时则会发表长篇大论。有些人说话时,人群会认真倾听很长一段时间,而另外一些人只要一开口,人群就变得怒不可遏,甚至于不让他们发出一点儿声音。

"人群终于安静下来,四周一片宁静,[27]他们把我带上前去。某个人大声喊道:'诸位,此人就是其中一个享用了我们的公共土地多年的人,不仅他如此,他的父辈也如此。他们在我们的山上放牧、耕种、打猎,建了许多房屋,搭了很多葡萄藤,还享受了其他许多好处,然而他们却从未向任何人交过租,他们也不曾从人民手中领受这些[28]作为馈赠。请问,他们凭什么领受这馈赠?尽管占据了我们肥沃的土地,并因此变得十分富有,但他们从未履行过任何公共服务,也从未缴纳任何税金,他们活着既不上税也不履行公共服务,仿佛他们是这个城邦的恩人似的。是的,而且我相信,'他继续说道,[29]'他们以前从未来过这儿。'

"我摇了摇头,①人群看到后哈哈大笑。笑声惹恼了发言人,他对我破口大骂。后来,他再次转向听众,说道:'如果你们认可这些行为,那么我们最好立刻就把公共财产洗劫一空。我们当中的一些人可以得到全城的钱财,正如某些人现在的所作所为一样,其他人则可以不经过你们的同意就占有土地,如果你们打算让这些荒蛮地区的人不缴纳任何东西就占有一千希腊平方尺[译注:约等于二百五十英亩]良田的话。要知道,这些土地可以让你们每人得到三个阿提卡量的粮食作物呢。'②

---

① 字面意义应是"把我的头向上或向后仰"。在希腊,这表示否定或不同意,正如我们用摇头表示此想法一样。

② 一个阿提卡量或Choinix大约是一夸脱(quart)。

[30]"听到此处,我不禁放声大笑。然而,众人并未像先前那样大笑,反而吵吵嚷嚷地,发言的伙计为此十分生气,狠狠地瞪了我一眼,说道:'你们看到这个狡猾、厚颜无耻的地痞流氓了吗?你们看到他是怎么嘲笑我的吗?我真想把他和他的同伴投入监狱,因为我知道,这伙人中的两个头目实际上攫取了山上的所有[31]土地。我不相信他们不会染指时不时被海水冲到岸上的失事船只,他们居住的岩石比卡福乐斯海岬(Cape Caphereus)①还要高。否则,他们从哪里得到这么有价值的土地、村庄、数量众多的牛群、动物和奴仆呢?[32]也许你们已注意到,此人来时穿的外衣和兽皮是多么的破旧不堪,他这样做不就是为了欺骗你们,让你们觉得他是个十足的乞丐,一无所有么?至于我,'他说道,'当我看到他时,我几乎要被他吓倒了,还以为自己是不是看到了来自卡福乐斯的瑙普利奥斯(Nauplius)。②我相信,他一定在高处向水手挥舞闪动的信号,[33]引诱水手向岩石撞去。'

"当他滔滔不绝地说这说那时,众人变得暴躁乖戾起来,我茫然失措,害怕他们会加害于我。

"那时,另一个人挺身而出,我从他的言语和相貌判断出他是个好人、善人。首先,他要求人们安静下来,当人群安静下来后,他语气平静地说道,'那些开垦了国家闲置土地并把这些土地打理好的人并没有错,[34]相反,他们还值得褒奖。人们不应该向那些在公共土地上建房、种树的人发怒,而应当向损害土地的人发怒。此时此刻,'他说道,'诸位,我们有近三分之二的土地因为缺乏关注和

---

① 埃维亚东南角一个危险多岩石的海角。
② 埃维亚的一个君主。其子帕拉墨得斯(Palamedes)在特洛亚死于奥德修斯的背叛,为了报复,当希腊人返航时,他点燃了海角的烽火,以此引诱希腊船只,致使许多船只毁灭。

人烟稀少而一片荒芜。我本人就在山间和平原拥有许多田地——我想其他人也是如此——如果有人愿意开垦这些田地,那么我不仅会分文不取地满足他,[35]还乐意付报酬给他。对我来说,这些田地很显然比以前更有价值了,而且,看到土地被利用和开垦是让人十分愉快的,荒废的土地对主人来说不仅一文不值,还会给所有者带来烦恼和不幸。

[36]"'因此,我建议你们竭尽所能地鼓励其他公民认领公共土地,并鼓励他们耕种,有点资本的可以多拿些土地,贫穷的能开垦多少是多少。这样才称得上是真正使用了土地,而开垦这些土地的公民也才得以摆脱两大罪恶——懒惰和[37]贫困。因此,就让这些人十年内免费开垦这些土地吧,过了这个期限,就让他们同意从农产品而非牛群当中抽出一小部分来交税。如果外国人占领了土地,那么让他们也同样免费开垦五年,过了这个期限后,他们就要交两倍于我们的公民的税。让那些开垦了二百希腊平方尺[译按:约等于五十英亩]土地的外国人成为我们的公民,以此尽可能地鼓励更多的人这样做。'

[38]"'目前,我们城门外的土地一片荒芜,没什么吸引人的地方,仿佛这是蛮荒的腹地而非一个城邦的郊区似的。而城墙内的大多数土地不是在播种,就是在放牧。让人十分震惊的是,演说家们向居住在欧波亚偏远地区的卡福乐斯海岬勤劳的人民勒索税款,却认为在运动场内种田和在市场内放牧的人没[39]什么出格的。毫无疑问,你们亲眼看到了,他们把你们的运动场变成了耕地,以至于赫拉克勒斯和许多其他的雕像都隐没在谷物之中,一些英雄和神的雕像也是如此。你们还看到,这位演说者的羊群日复一日地在黎明时分涌入市场,在议事厅和市政厅周围吃草。因此,初次来到我们的城邦的外地人不是嘲笑此事,就是为此感到惋惜。'听到此处,众人转而恼怒第一个发言人,引起了一阵骚动。

[40]"'然而,尽管控诉者本人做出了这样的事情,他却认为我们应该把卑微、贫困的公民投入监狱。如此一来,以后就没人愿意劳作了,城外的人将以抢劫为生,城内的人则会以偷盗为生。我提议,'他继续说道,'我们应当允许这些人拥有他们已经创造的财富,条件就是他们以后能上交适量的税。我还提议免掉所有欠款,因为他们开垦了荒蛮且没有什么价值的土地,并用这种方式收获了财富。如果他们想为他们的农庄出个价,那么就让我们以更便宜的价格卖给他们吧。'

[41]"当他如此总结时,第一位发言人又开始回敬他,他俩相互怒骂了很长一段时间。不过到了最后,他们吩咐我畅所欲言。

"'我该说些什么呢?'我问道。'答复他[第一个发言人]说过的话,'一个声音从座位上大喊道。'那么,我宣布,'我说道,'他简直是在胡说八道,至于我,诸位,'[42]我继续说道,'当他瞎扯田地、村庄或诸如此类的东西的时候,我还以为自己在做梦呢。我们没有村庄、马匹、驴子或者牛。我真希望我们能拥有他描述的一切好东西,好叫我不仅能送你们些,还能跻身富裕阶层呢!不过,我们目前拥有的东西对我们来说已足矣,你们可以拿走任何想要的东西。就算你们想要拿走一切,我们也会全部还给你们。'说完,台下响起了雷鸣般的掌声。

[43]"地方治安官随即问我们能为民众做些什么,对此我回答说:'四张质量上好的鹿皮。'听到此处,大多数人哈哈大笑,而治安官对我却颇为恼怒。'那是因为熊皮十分粗糙,'我继续说道,'山羊皮也不如它们,老的老,小的小。'这下他更加生气了,说我是个不折不扣的[44]流浪汉(landloper)。① 我回应道:'我是不是又听

---

① 希腊文作 ἀγροικός,此处实际上指粗鲁或乡土气,不过把它译成 landloper 是为了保留希腊语中的语义双关。

到你说土地(lands)了？难道我没有告诉过你，我们没有土地吗？'

"接下来，他问我是否同意上交一个阿提卡塔兰特，① 为此我回答说：'我们不会称肉的重量，不过只要我们有什么，我们都愿意给你们。有少量的肉是腌制的，其余的都是熏制的，后者并不比前者差多少。另外还有熏腌肉、野味和其他不错的[45]肉。'听到此处，群众一片哗然，说我是骗子。这个人还问我是否有谷物，有多少。我告诉了他具体的数目。'三蒲式耳(bushel)的小麦，'我说道，'六蒲式耳的大麦和同样数量的小米，不过只有四夸脱(quart)的豆子，今年就再没有其他的了。现在，你们是不是准备拿走小麦和大麦，'我说道，'而把小米留给我们？不过，如果你们也需要小米，就把它也拿走吧。'"

[46]"'你们不酿酒吗？'另一个人问道。'我们酿酒，'我说道，'如果你们当中的任何人来了，我们就把它交出来。不过一定要记得带上葡萄酒囊，因为我们没有这个东西。''那你们现在有多少株葡萄藤呢？''有两处有，'我回答，'院子里有二十株，我们最近在河对岸也栽了这么多。它们品质很不错，如果过路人不碰它们的话就可以结出很多串葡萄。[47]为了不麻烦你们问东问西的，我会告诉你们我们还有些什么东西：六只母山羊，一只没角②的奶牛和一只可爱的幼崽，一把镰刀，四把鹤嘴锄，三支长矛，还有，我们每人都有一把狩猎用的刀。至于那个陶罐——有谁会提它呢？我们还有妻子和妻子生下的儿女。我们住在两个漂亮的木屋里，我们另外还有一个储存谷物和动物皮毛的木屋。'

[48]"'天哪，'演说者说道，'我怀疑那也是你们埋藏钱财的地

---

① 此处发言人指的是银币塔兰特，可能值两百多英镑(1000美元)。这个乡下人只知道塔兰特是重量单位，那个时候一塔兰特相当于85磅。

② 无角的或断了角的。

方吧。''那好,'我说道,'来我们这儿,把它挖个底朝天吧,傻瓜。谁会把钱埋在土里啊?在土里,它没法长啊。'众人哈哈大笑,我想这是在嘲笑他吧。

"'这就是我们所拥有的一切;现在,不管你们想要什么,我们都愿意给你们。你们完全没有必要使用武力,把它们从我们这儿夺去,搞得好像这些东西属于外国人或者是[49]流氓无赖似的。听着,我们也是这个城邦的公民,我过去就曾听我父亲这样说过。我父亲也曾经为了领取政府补助款的事情来过这城里,他也和其他人一样领了些钱。因此,我们正把自己的孩子培养成你们的同胞,只要你们需要,他们就会帮助你们驱赶盗贼和外敌。如今,国内各处都安宁,然而,一旦这种危机出现,你们就会祈祷上天让大多数人和我们一样。你们不要奢望这个空谈家会为你们而战,他只会像个妇人似地喋喋不休。

"'而且,不管我们什么时候抓到了什么猎物,我们都会和你们[50]分肉和兽皮,你们只需要派人去拿就行了。就算你们吩咐我们把自己的木屋夷为平地,我们也会这么做,如果它们让你们觉得心烦。不过,你们必须让我们在这儿有地方住,否则我们该如何忍受冬天的严寒呢?你们在城里有许多空房子,其中一间就够我们住了。然而,如果我们选择住在别处而不是这里,从而避免加剧这里人太多造成的拥挤,那你们就没有理由让我们搬走。'"

[51]"'这位发言人刚才厚颜无耻地控告我们,说我们对失事船只做出残忍而邪恶的行为,至于这个,我刚开始就应该说说的,可是我差点忘记了。你们之中的哪位会相信他呢?暂且不说这种行为有多邪恶,实际上,我们是不可能在船里打捞到什么的。我们能在船上找到的木头基本都碎了,而浮在海面上的木材碎片又太小了。另外,那是现存的最难通过的[52]海滩。我曾经发现被海浪冲上岸的手划桨叶。我把它们钉在长在海边的那棵神圣的橡树上了。

"'上天,我从未从类似的不幸中得到丝毫的好处。我从未从失事船只上获取什么,更多的情况是,我十分怜悯那些船只失事后来到我门前的旅客,我把他们请进小屋,给他们吃的,给他们喝的,尽我所能地用其他方式帮助他们,陪伴他们直到他们离开[53]这荒蛮之地。然而,曾经在那儿待过的人,今天会有谁前来为我作证呢?我这样做绝不是为了得到回报或是感激。唉,我甚至都不知道这些人都是从哪儿来的。我祈祷你们之中没有人曾经历这样的不幸。'

"我正说着,他们当中一人站了起来,[54]我想他应该又是一个想造谣中伤我的人吧。然而,他说道,'诸位,长久以来,我一直疑惑我是否认识此人,我曾以为我不认识他。可如今我清楚地认出他了,要是我不出来尽力证实他说的话,或是在接受了他的极大善意后不表示任何感谢的话,这对我来说会很可怕,毋宁说,[55]这是对上天犯了罪。我是,'他继续说道,'这里的公民,你们意识到了这点,这个人也是——,'他用手指他旁边站着的一个人,'两年前,我们恰好乘着索克列斯(Socles)的船航行,当时船只在卡福乐斯海岬坏掉了,我们那么多人只有一小撮人生还。一些人接受了摆弄紫色染料的渔夫们的庇护,因为他们之中少数人的钱包里还有几个钱。然而,我们这些被遗弃在岸上的人就只有沿着一条路继续跋涉,希望能在牧羊人或牧马人那儿找到庇护所。

"'我们[56]又饿又渴,面临死亡的危险。经历了千辛万苦后,我们终于找到了一些木屋,我们停下来,大声高呼。站在这儿的这个人走出来,把我们领进屋子,生了火,把火慢慢烧旺。他给我擦身,而他的妻子则帮助另一个人擦身,他们用的是兽脂,因为他们没有橄榄油。然后,他们向我们的身上[57]淋热水,直到我们恢复过来,因为之前的寒气都浸入我们的骨髓了。他让我们躺下,并把自己拥有的东西全部盖在我们的身上,又把小麦面包摆在我们面前,让我们吃,自己吃的却是小米粥。他还拿酒给我们喝,自己却只喝水。他们烤了许多丰盛的鹿肉,又煮了一些。

"'次日我们想离开,可是他挽留我们[58]又住了三日。后来,他护送我们去平地,我们离开时,他们送了些肉给我们,还给我们每人送了张不错的毛皮。站在这儿的这个人发现我经过长途跋涉后身体尚未康复,又把她女儿的一件袍子披在我身上,而他女儿自己身上却只裹着一块布。我到达村庄后把袍子还回去了。我们能够活下来,尤其要感谢这个人,他的功劳仅次于诸神。'

[59]"他讲述这些时,人们津津有味地听着,向我投来赞许的目光,我一下子全部回想起来了,我大声喊道:'你好,索塔德斯(Sotades)!'我走近他,亲吻他和另外一个人。人们开心地大笑起来,因为我吻了他们。后来我才明白,在城里,人们是不会相互亲吻的。

[60]"起初那个为我说情的好人走上前来说道:'诸位,我提议邀请这个人到市政厅就餐。如果他在战争中用盾牌遮住了我们的一位公民并拯救了他的性命,那么他难道不该接受我们的大礼吗?如今,他已拯救了两位公民或其他不在场的公民,难道无权获得任何[61]荣誉? 他从女儿身上扒下外衣,送给苦难之中的同胞,我们的城邦也当赠予他一件外衣和斗篷,劝导其他人公正无私,互相帮助。让城邦投票决定他们及他们的子女以后可以不受干扰地使用土地,还请送给这个人一百德拉克马,让他改善装备。至于这笔钱,由我个人出,并代表整个城邦送给他。'

[62]"说到这里,众人为他鼓掌并马上行动起来。钱和衣物很快就送到了会场。我不是很愿意接受,于是他们说道:'你不能穿着毛皮用餐。''那么,'我说道,'我今天就不用餐了。'然而,他们还是为我披上外衣,把斗篷搭在我的肩上。我想把毛皮披在最外面,他们阻止了我。我坚决拒绝接受这些钱,发誓[63]我不会拿钱。'如果你们在找某个会拿这些钱的人,'我说,'那么,就把它给

那个演说者吧,好叫他可以把钱埋起来,因为很显然他深谙此道。'从那以后,就再也没有人来骚扰我们了。"

[64]差不多他一讲完,我们就到达了木屋,我大笑着说道:"不过你向你的同胞们隐藏了一样东西,你财产中最美丽的一部分。""那是什么呢?"他说道。"就是这个菜园啊,"我回答,"十分漂亮啊,有蔬菜,有树木。""那个时候还没有这个呢,"他说道,"这是我们后来弄的。"

[65]接着,我们走进屋子,享受一天余下的光阴,我们斜靠在树枝和皮毛搭成的床上,他的妻子坐在他身旁。一个正值婚配年龄的女儿负责上菜,并给我们倒酒,酒又甜又黑。男孩儿们负责准备肉,他们一边分发肉一边吃,以至于让我不禁认为这些人很幸运,在我认识的所有人之中,他们是[66]最快乐的一群。① 我了解富人的家庭和餐桌——其中不只包括平民,还有总督和君主,不过那时,我觉得他们是世上最可怜的人——即使他们以前就是如此,可如今我的这种感觉更加强烈了,因为我目睹了卑微村民的贫穷和自由精神,②目睹了卑微的村民也不乏吃喝的乐趣,甚至可以说,在这些事情上,他们拥有更多的乐趣。

[67]差不多酒足饭饱之时,[他所说的]那另一个人走进来,随行的还有他儿子,是个帅气的小伙子,手里拿着一只野兔。小伙子一进门脸就红了,在他父亲向我们寒暄时,小伙子亲吻了少女,把兔子递给她。这女孩儿停止了上菜,坐到母亲身边,[68]由小伙子代替她给大家上菜。"你是不是,"我询问主人,"就是把她的衣服脱

---

① 这里所描述的卑微村民的热情待客似乎已在柏拉图的《王制》2.372中得到暗示。

② 希腊人和罗马人都害怕财富带来的腐蚀性影响。他们相信,贫穷,毋宁说是简陋的环境,与自由的男子气概并存。

下来送给了那个船只失事的人?"

"不是,"他笑着说,"那个女儿很早以前就结婚了,连孩子都成年了。她丈夫是个富人,住在村子里。"

"当你需要什么的时候,他们会帮你吗?"我问道。

"我们什么都不需要,"[69]他妻子说道,"不过但凡抓到了猎物,收获了蔬菜、水果,他们就会过来拿一些,因为他们没有菜园。去年,我们向他们借了些麦子做种子,不过我们一收获就还给他们了。"

"告诉我,"我说,"你是不是也打算把这个女儿嫁给能借麦子给你的人呢?"听到这儿,女孩和男孩的脸都红了。

[70]"将来做她丈夫的是个穷人,"这位父亲说道,"一个像我们一样的猎户。"他微笑着看了看那个年轻人一眼。于是我说道:"你为什么不把她立刻交给新郎呢?她的丈夫必须来自某个村子吗?""我想,"他说道,"他不在远处。他就在这个屋子里,我们择出吉日后,就会让他们完婚。""你们是怎么选择吉日的?"我说道。"当月亮不是四分之一那么大的时候。当然空气必须[71]十分清新,天气也要好。"他答道。

于是我又接着说:"告诉我,他真的是一个不错的猎手吗?""我是!"年轻人大声喊道,"我能把一只鹿追得筋疲力尽,我可以对付野猪的猛烈攻击。你明天就可以看到,外地人,如果你想看的话。""是你抓了这只野兔吗?"我问。"是的,"他边笑边回答,"夜晚用网捉的,因为天空那么美丽,[72]月亮以前也没那么大过。"接着,女孩的父亲和男孩的父亲都笑了。而他呢,则有些羞赧,不说话了。

女孩的父亲接着说:"孩子,不是我想耽误你,是你的父亲非要等到他能买到一个祭品,因为我们必须祭献诸神。"

听到这儿,女孩的弟弟插嘴说:"这家伙好早以前就得到一个祭品了。它就在屋子后面,[73]养得是越来越肥了,真是头不错的畜生呢。""这是真的吗?"他们问道。男孩说:"是的。""你们在哪儿弄到的?"他们问道。"当我们抓那头有小崽崽的母野猪时,小崽崽都逃跑了,除了其中的一个。它们跑得比兔子还快,"男孩补充道,"我用石头击中了它,抓住它,用我的皮上衣把它包起来。在村子里,我用它换了一只猪崽。然后我在后面搭了个猪圈,[74]把猪崽养起来了。"

"所以,"父亲惊叫道,"过去当我听到咕噜声或发现你使劲用大麦而感到迷惑不解时,你母亲才会哈哈大笑啊。""嗯,"他答道,"栗子还不足以养肥她,①我猜想除了坚果,她大概其他什么都不想吃。你要是想看看,我就把她弄来。"他们吩咐他这样做。于是他和其他[75]男孩子立刻出去了,边跑边欢呼。

与此同时,女孩站起来,从另外一个屋子拿了些切片的花楸果、欧楂、冬苹果和一串串颗粒饱满的葡萄,用叶子擦去果仁上面的污渍,找了些蕨类植物垫在下面,放到桌子上。然后,男孩们牵着一头猪,说说笑笑、[76]充满欢乐地走进屋子,随他们一道来的还有这个年轻人的母亲和两个年幼的弟弟。他们带来了全麦面包,放在木盘里的煮鸡蛋,还有炒过的鹰嘴豆。

这个妇女问候了她兄弟和侄女之后便坐在丈夫身边,她说道:"瞧,那就是儿子为他的婚礼准备了很久的祭品,我们这边什么都已经准备好了。大麦粉和小麦粉也磨出来了,唯有一件,就是我们或许还需要更多的酒。这个我们也很容易从村子里弄到。"

[77]她儿子就站在她旁边,盯着未来的岳父。后者笑着对小伙子说:"有个人想拖延一下,我相信他是想把猪养得再肥一点。"这

---

① 在埃维亚,栗子很多产,它们的希腊名就暗示了这点,不过据说栗子很难消化。参阿特纳奥斯2,第43章。

个年轻人答道,"哦,[78]她都肥得要开裂了。"我想帮他一把,于是说道:"猪变肥了,可得注意不要让你的年轻人变瘦了啊。""客人说得很对,"他母亲说,"他越来越瘦了,我以前都没见他这么瘦过。不久前我就注意到他晚上失眠了,还走出屋子。""狗在使劲叫呢,"年轻人插嘴说,[79]"所以我出去看看。""你才不是呢,"母亲说,"你在四周走来走去,有点心烦意乱。所以我们就不要让他继续忍受煎熬了。"

她猛地伸出胳膊抱住女孩的母亲,亲吻她,后者转向她的丈夫,说道:"我们就照他们的意思办吧。"他们决定这么做,于是说道:"我们[80]后天就举办婚礼。"他们邀请我继续留宿,我欣然接受,同时开始思索富人们婚礼的特点和其他事情,思索他们如何使用媒人,如何仔细查看财产和出生,还有嫁妆、新郎送的礼物、承诺与欺瞒、合同与协议,以及最后会在婚礼上发生的争吵和憎恨。

[81]当讲述这个冗长的故事时,我并不是漫不经心地讲,也不是如某些人猜测的那样想胡诌一气,我只想呈现我起初所采纳的生活方式和穷人的生活方式——这种描述来自我个人的经历,我要把它呈现给任何会思索以下问题的人:就过一种得体而自然的生活而言,穷人相对于富人而言,是否会因为贫穷而在言语、行为和社交中处于某种劣势,还是在各个方面占有优势?

[82]实际上,当我思索欧里庇得斯的诗句,[①]并问自己,款待客人对穷人来说是否如此困难,以至于他们从未真心实意地欢迎或周

---

① 在《厄勒克特拉》(*Electra*)行424-425中,贫穷的农夫说道:

> 是的,这个房子的贮藏,
> 用肉就足以满足这些人一天。

济急需帮助的陌生人时,我发现,他们对我的热情绝非如此。他们生火的速度比富人快,引路时丝毫没表现出勉强——实际上,有一种自尊感促使他们做这些事——穷人更乐意分享自己拥有的东西。你何曾看到一个富人把妻子或女儿的紫袍或其他更不值钱的衣物,比如斗篷、长袍,甚至是一个奴隶的披风,送给海难的受害者,即使他们拥有千万件这样的衣服?

[83]荷马也证实了这个观点。在欧迈奥斯的故事中,荷马让我们看到,一个奴隶、一个穷人,却用食物和床铺慷慨地欢迎奥德修斯。然而那些拥有财富的求婚者却非常傲慢无礼,甚至不愿意和奥德修斯分享并不属于他们自己的东西。我认为,当奥德修斯斥责安蒂诺俄斯(Antinous)吝啬时,奥德修斯对他说的话就对此作了很好的阐释:

> 你甚至都不会把自家的一粒盐施予乞求人,
> 既然你在他人家里都不愿从自己面前
> 拿些食物施予我,尽管摆放得很丰盛。①

[84]倘若求婚者的吝啬与其一贯的堕落十分吻合,那么佩涅洛佩(Penelope)的表现又如何呢?尽管她十分出色,也乐意与[装扮成乞丐的]奥德修斯攀谈,借此了解自己的丈夫,然而荷马却没有提到,当奥德修斯穿着破烂的衣服坐在她身旁时,她是否曾送过他一件袍子。不过荷马曾提到,如果这个人说的关于奥德修斯一个月内就可以回来②的事[85]是真的,她就答应送他一件袍子。当奥德修斯要求试一试那张弓时,那些无法拉开弓的求婚者十分生气,因

---

① 《奥德赛》17.455-456。这个引文的最后一行和《奥德赛》的文本相当不同。

② 《奥德赛》17.549,19.306-307。

为他们觉得他居然胆敢和自己较力。①

佩涅洛佩强烈要求让他一试,不过她补充说,自己作出的有关婚姻的承诺对他并不适用,可是,倘若他能成功拉开弓和射穿斧子的话,她就答应送他一件袍子、一件斗篷和一双鞋。这似乎暗示,他若想要袍子和鞋子的话,[86]就必须拉开欧律托斯(Eurytus)的弓,成为所有在场年轻人的敌人,并当场死在他们的手里。要么,他就必须在规定时间内造出一个二十多年未曾露面的奥德修斯来。万一他两者都做不到,那么他可以选择仍穿着破衣烂衫从伊卡里俄斯(Icarius)贤淑、谨慎的女儿面前消失。

[87]当特勒马科斯(Telemachus)吩咐猪倌把奥德修斯尽快送到城里,好让他可以在那里乞讨,②并要求猪倌不要在农场继续接济奥德修斯时,关于奥德修斯,特勒马科斯也向猪倌说过和前面意思差不多的话。虽然这是猪倌和特勒马科斯之前商量好的,可是对这种[88]待客之道及其缺乏人性,猪倌一点儿也不觉得意外,仿佛苛刻、吝啬地对待贫穷的异乡人,以及只用礼物慷慨地欢迎富人十分常见似的。当然,主人也期待从富人那儿得到相应的回报,这和我们现在的习俗十分相似,因为我们也会挑人来享受我们的款待,对他们比别人更上心。

[89]有些东西看上去是善行和恩惠,经过适当的审视后却发现,那不过是店主招待顾客和放债而已,而且——如果说眼下的状况并不比以前差——为此收取高利息也属正常,[90]其他的罪恶也是如此。为了免得有人以为费埃克斯人(Phaeacian)招待奥德修斯时不是不大方,也不是与他们的财富不相称,我可以谈谈费埃克斯人及其慷慨大方的个性,谈谈是什么动机和原因使得他们如此大

---

① 《奥德赛》21.285–286。
② 《奥德赛》17.10及以下。

的土地上战斗了十年之久,在那里,他和自己的兄弟一起不断游说军队的领袖,游说还未成功,士兵们就发怒了,每次都威胁说要把他们送回老家。墨涅拉奥斯经历了许多磨难,常常处于极度危险之中,而这之后,他又四处流浪,经历了无数艰难困苦才抵达家园。

[97]像那位诗人①一样羡慕财富并把财富当作值得追求的东西,不是非常不合时宜吗?他说,财富最大的好处就在于我们能把财富送给客人,而且,当习惯了奢侈生活的人来到这个人的屋子时,他也可以为他们提供住宿,[98]向他们展示象征着他的热情的东西,让他们高兴。当我们提出这些观点时,我们援引了诗人,这并不是为了进行毫无意义的反驳,也不是因为我们嫉妒诗人因诗歌而获得的智慧之名。并不是这些原因让我们渴望证明诗人是错误的,真正的原因在于,在诗人身上,我们尤其能发现人类普遍的想法和感受,即大多数人如何思考财富和自己欣赏的其他东西,以及他们认为每样东西能衍生出来的最大的善[99]是什么。

很显然,如果诗歌和人类的情感没有产生共鸣,如果诗歌没有表达人类的观点,人类就不会如此热爱诗人,也不会赞美诗人睿智、善良,说诗人是[100]真理的象征。因为我们不可能把芸芸众生中的每一个叫到一旁,为他指出错误,或是挨个盘问:"先生,你为什么如此害怕贫穷,为什么把财富捧得如此之高?"而且还问:"如果你恰好积累了大量的财富,或是变成了商人或是君主,你希望从中得到什么大好处呢?"这样做会带来无数的麻烦,总的来说[101]也不太现实。

因此,我们必须求助于人类的先知和代言人,即诗人,我们坚信,我们将会发现,多数人的信仰就明明白白表达且铭刻在诗人的

---

① 似乎指欧里庇得斯的《厄勒克特拉》行404–405,在文中,农民拿不准自己能否恰当地款待奥瑞斯忒斯和皮拉德斯(Pylades)。参看行427。

诗行之中。① 实际上,我认为当我们这样做时,[102]绝不会缺少这样的对象。我相信,甚至对于智慧上胜过我的人来说,我们目前的做法也实属寻常。一位十分伟大的哲人② 已明确反驳了欧里庇得斯的诗歌所蕴含的感情,我认为,没有人会本着挑剔之心谴责这位哲人反驳这些感情和索福克勒斯③ 关于财富的说法。关于前者,这位哲人只是简短地反驳了一下,至于索福克勒斯,他的反驳则要详细得多,不过也不如我们现在这般详实,因为他暂时不是以演说家的身份在讨论这个问题,而是在撰写文字。④

[103]关于农夫、猎户和牧人生活的讨论就到此为止。也许关于这个主题,我本不该花那么多的时间,不过我想用这样或那样的方式表明,对想用自己的双手劳动的自由人来说,贫穷并不会给他们的生活或生存造成难以克服的障碍,相反,贫穷能引导他们的行为举止。与吸引了很多人的财富相比,贫穷要好得多、有益得多,也更符合天性。[104]我们的责任就是,思考居住在首都和别城的贫民的生活和职业,看看什么样的生活常规和经营才能让他们过上真正的好日子,这种好日子并不比那些用高额利息放贷并擅长算计日月的人过的日子差,也不比那些拥有大量房屋、船只和奴隶的人过的日子差。

[105]这种穷人也许很难在城里找到合适的工作,而且,穷人需要补充外部资源,尤其是当他们不得不付房租而且到手的样样

---

① 因此更加容易被记住,也更加容易作为一种生活哲学口口相传下去。
② 狄翁或许想到了廊下派的哲人克勒昂忒斯(Cleanthes),据说,他极其贫困,甚至在学习哲学时还不得不整晚劳作以维持生计。参普鲁塔克。
③ 参诺克(Nauck)《希腊悲剧残篇集》(*Tragicorum Graecorum Fragmenta*)第二版之索福克勒斯,frag. 85。
④ 因此会受到限制。

东西都得买时——这些东西不仅包括衣服、居家用品和食物,还包括每天生活要消耗的木材、棍子、树叶和其他随时都需要的琐碎东西,以及当他们被迫为[106]除水之外的一切东西付费时——因为一切都被锁起来了,公众接触不到任何东西,当然,除了店里售卖的昂贵物品。除了自己身体之外便一无所有的人,似乎很难在这样的条件下生活下去,尤其是当我们建议他们,不要不加选择地从事别人提供的各种工作或是一切可能[107]赚钱的工作时。因此,在我们的讨论中,我们或许不得不把可敬的穷人从城中驱逐出去,以此让城邦成为名副其实的荷马所谓的"宜居之城"。只有富裕之人可以居住在城里,至于自由劳动者,很显然,我们不允许他们待在高墙之内。

然而,我们该如何安置所有的贫民呢?我们是不是应该把他们分散到国内各地的安置点?据说早期的雅典人和后来受僭主庇西斯特拉托斯(Peisistratus)统治的雅典人[108]就被分散到了阿提卡各地。对那个时代的雅典人来说,这种生活方式不一定就不太方便,也不会产生堕落的公民,实际上,他们在各个方面都优于后来城里那些担任公民大会的参会者,① 陪审员和职员的人,脾气也比后者温和,后者不过是一群懒惰而卑鄙的人而已。因此,如果这些可敬的穷人通过各种方法和手段成为村夫,就不会导致什么大的、严重的危险,不过我想,他们即使是待在城里,也不会无法谋生。

[109]为了让贫民正常生活,为了让贫民失业后无须被迫做些不该做的事,让我们看看贫民应当从事什么样的职业,以及这些职业有什么特点。

如果我们把城里各行各业都考虑在内,那的确是种类繁多,其

---

① 是雅典公民大会(popular assembly)的成员,公民大会由十八岁以上的男性公民组成。

中一些行业对从业之人来说极其有利可图,如果这个人看到"有益的"时[110]想到的就是钱的话。职业种类繁多,要一一冠名实非易事,而且此处也不合适这么做。因此,对种种职业进行简短的批评和赞扬就足矣:一切有损健康的职业,以及久坐和不活动而无法让身体保持强健、故而伤害身体的职业,还有一切让心灵变得邪恶和吝啬的职业,或者一切源于城市可笑的奢侈风气并一无是处的职业,都根本就不配称作一个行当或是职业。如果智慧之士赫西俄德能想到一切罪恶和丑陋也都被赋予此名,那么他绝不会同样地赞美一切职业。

[111]因此,当这些罪恶中的任何一种,无论它是什么,和这些活动联系在一起时,在自重的、可敬的人当中,谁也不会让自己和它们扯上关系或去了解它们,或是把这些教给自己的儿子,因为自重的、可敬的人知道,自己如果从事了这样的职业,就无法成为赫西俄德式的人或是我们所说的"工匠"了。相反,他会招来耻辱,被人说成是靠不光彩的所得过活的懒汉,① 听别人毫不避讳地说自己利欲熏心、一无是处、[112]卑鄙。

从另一方面来说,如果某些职业适合从业的人,不会使心灵变得邪恶,不会像其他疾病一样给身体带来损害,尤其是不会让身体变得虚弱,不会让人变得懒惰,或是不会让人因为缺乏锻炼而变得柔弱不堪,还能让人过上满意的生活,[113]那么,热情勤勉地从事任何这类职业的人就绝不会无事可做或无法谋生,也不会让富人有任何理由习惯性地称他们为"贫困阶层"。② 相反,他们将成为富人

---

① 我们也许会说"靠不干净的财富过活的寄生虫"。
② 注意一下使用 ἀπόρους、πορισταί 和 ἀποροῦντες 时所运用的文字游戏。ἀπόρους 即"没有财产",是 εὔπορος("富有"或"富裕")的反义词,不过在此处,狄翁也想让我们把它看作"不供应"之意,以此与 ποριστής 即"供应者"形成对

的粮食供应人,自己也不会缺乏任何必需和有用的东西。

[114]我们不会详细描述每一种职业,而只进行概述,让我们谈谈我们不太赞同的两类职业和不赞同的原因,以及我们敦促人们毫不犹豫地去从事的职业。不要理会那些懒惰的反对者,因为他们习惯了嘲笑别人的职业——即使那份职业根本没什么让人诟病的。他们甚至嘲笑自己父母的职业,例如,母亲曾受雇佣当过别人的仆人、葡萄采摘人,或是当过某个失去母亲的孩子或某个富人的乳母,还比如父亲曾在学校任教或当私人教师。我要说,在这样的人面前,[115]请不要觉得羞耻,请勇往直前。如果提到这样的事,他们只会把它们当作贫穷的象征,他们显然是在辱骂贫穷,把贫穷本身而不是任何职业看作邪恶和不幸的。

既然我们认为,贫穷并不比富裕更坏,也不比富裕更不幸,对许多人来说,贫穷也许并不让他们少得好处,那么,[116]嘲笑一个人的职业就不会比嘲笑一个人的贫穷更冒犯人。你看,他们既然不提他们所责难的事[译注:指贫穷],就只好天天举出因这事而导致的别的事[译注:指穷人被迫去从事的各项职业]来大加斥责。既然这样,对于他们,就更可以举出多得多的因拥有财富而导致的真正的羞耻了,尤其是赫西俄德的诗中所判为最大的羞耻之事,那就是被人说成懒惰。诗中这样惊呼说:先生

> 诸神从没让您做挖地的,
> 也没让您做犁田的。①

比。闲散的富人不是真正的 εὔποροι [好的供应者],因为他们不为人们供应任何东西。

① 节选自诗歌《马尔吉特斯》(*Margites*)片段2,人们把这首诗歌归于荷马,而非赫西俄德。

又补充道,

> 您白白拥有一双手,它们和求婚者的手一样又柔又嫩。

[117]我想我接下来要说的事对每个人来说都清晰明了,人们也许还常常如此议论。染色工艺、香水还有两性的发饰——如今男性和女性用的几乎一模一样了——实际上还有所有装饰品,不仅包括衣服上的装饰,还包括用来显得年轻、把人打扮成虚假形象的朱草、①铅白和各种合成药物做成的装饰头发和皮肤的东西,另外还有屋顶、墙壁和房屋地板的装饰。至于这个,人们有时用绘画来装饰,有时用石头来装饰,有时这里用黄金装饰、[118]那里用白银装饰,有时还亲手在墙上雕刻一番——至于这些职业,最好的事就是城邦一概不允许。不过在目前的讨论中,对我们来说,次好的事就是规定任何穷人都不得选择这样的职业。因为,目前我们正在与富人竞争,就像是与合唱队竞争似的,②这场竞赛争夺的不是幸福——摆在贫穷或富有面前的奖品都并不是幸福,而只是对德性的特殊报答。不,竞赛争夺的是某种特定的生活方式和其中所包含的节制。

[119]另外,我们不允许穷人通过当小丑、舞者或合唱队员而成为肃剧演员、谐剧演员或制造笑料的人。然而,我们会把神圣的合唱队排除在外,不过,如果他们用歌曲和舞蹈描绘尼俄伯(Niobe)和梯厄斯忒斯(Thyestes)的悲痛,那就另当别论了。

穷人也不要成为竖琴和长笛演奏人,不要努力在剧院获得成功,不过,这样会冒犯某些十分著名的城邦,例如士麦拿(Smyrna)、

---

① 一种植物,也叫牛舌草,其根可用以生产一种红色染料。
② 正如一个合唱队与另一个合唱队竞争,狄翁作为穷人的代言人,正在与富人竞争。

希俄斯①这样的城邦。当然也有阿尔戈斯(Argos),②因为我们不让赞美荷马和阿伽门农的荣耀,至少我们尽力想[120]这样做。雅典人也许会有些不满,因为他们认为,我们撤去诗人的助手,并声明助手的呼喊毫无用处,这是在贬低他们的肃剧和谐剧诗人。

忒拜人似乎也会有些反感,因为这侮辱了他们在长笛吹奏中所取得的胜利,[121]而这胜利还是由希腊判定的。忒拜人如此珍视那次胜利,以至于当自己的城邦遭遇毁灭时——直至今天这个城邦几乎还是老样子,除了其中的一小部分即卡迪米娅(Cadmea)仍有人居住外——他们毫不在意其他的东西是否消失不见,毫不在意为数众多的庙宇、柱子还有铭文,而只在意被他们搜寻出来的赫耳墨斯雕像。他们把雕像再次矗立起来,因为上面雕刻着长笛演奏竞赛的铭文:

> 希腊判忒拜在长笛演奏中获胜。

如今,这块雕塑就矗立在古老市场的中央,[122]雕塑的四周是一片废墟。然而,我们不应害怕这些人中的任何一个,也不应害怕那些想控告我们贬低了希腊人的珍宝的人,我们应当宣称,在自重、自由的人当中,这样的行动毫无立锥之地,我们还要坚称,它们是诸恶之源,而其中之最当数厚颜无耻和大众的妄自尊大,更恰当地说就是狂傲。

[123]我们的穷人不应该成为拍卖人或宣告悬赏抓捕小偷和逃犯的人,在街道和市场里用粗俗的话语大喊大叫。他们也不应该成为文书,专门起草合同、传票或与审判、控告相关的文件。穷人也

---

① 据称是荷马出生的地方。
② 阿尔戈利斯(Argolis)的主要城邦,它曾是阿伽门农的国家,称为阿尔戈斯。

不应成为博学、能言善辩的律师,为了报酬就向所有人——甚至是罪大恶极之人——承诺服务,脸不红心不跳地为别人的罪恶辩护,为非亲非故的人发怒、责骂或乞求宽恕,即使有时律师在同胞中享有较高声誉,被誉为最崇高、最杰出的人。不,我们不允许我们当中的任何一个穷人从事诸如此类的工作,我们会把这样的工作留给其他类型的人。[124]尽管一些穷人必然会成为手工匠(handcraftsmen),但他们没有必要成为舌头匠(tongue-craftsmen)或法律匠(law-craftsmen)。

如果在我们的各城中,我已经谈到和尚未谈到的职业似乎各有些用处,就像它们在如今尚存的这些城中那样——例如记录判决、合同或某些公告的职业,那么,现在还不是时候来决定该怎样以及该由谁来满足这些需要,才能同时把伤害[125]降到最低。我们目前并不是在勾勒最好的政体形式,或是比许多政体优秀的政体形式,我们只讨论了贫穷,表明它的状况并不是毫无希望,正如大多数人把贫穷看作应加以回避的坏事,同时又认为它会提供许多谋生的机会,这些机会对于那些想用双手劳动的人来说既不会不得体,[126]也不会有什么害处。实际上,正是这一前提使我们在开头讲述了那个关于农夫和猎户生活的冗长的故事,现在,它又使我们开始谈论城邦的职业,明确哪些职业适合那些不想生活在最底线上的人①并且不会对其造成伤害,哪些职业会使从业之人走向堕落。

[127]如果许多我说过的话有助于影响公共政策(public policy)并帮助人做出正确的选择,那么,您就更应该原谅我讲了这么久,因为我并非在胡扯闲聊,或是谈论无用的东西。事实证明,关于各行各业的学问和适合普通人生活的学问值得我们进行大量、[128]仔细的研究。只要所讨论的并不是琐碎、毫无价值和毫不相关的东

---

① 就是我们所说的"最低生活水平"。

西,那么,就算显得过于冗长,听的人也不应因演说有些离题而不高兴,因为只要发言人论述的东西于哲学而言很基本且是切题的,那他就没有离开演说的[129]真正主题。

如果我们在这方面效仿猎人,或许就不会误入歧途。当猎人选定了第一条小路并沿着它前进时,突然另一条更加畅通无阻、更加新鲜的道路出现在面前,他会毫不犹豫地踏上第二条道路,然而,捕获了猎物之后,[130]他会重新回到第一条道路上。我们或许不应该挑剔这样的人:① 他从讨论正直之人与正义开始,而为了阐释他又提及一个城邦,并用更长的篇幅详细描述了一个国家的宪法,他不知疲倦直至历数了这种组织的所有变体和类型,蔚为壮观地清晰陈述了[131]每个类型的特征。尽管他无论到哪儿都发现有评论者责备自己的讨论过于冗长,责备自己花费了过多的时间来"阐述",但如果评论家批评他关于国家的讨论跟当前的问题并没有什么关系,批评他完全没有阐述清楚当初让他展开讨论的调查对象——如果这些的确存在,那么,评论者对他的责备就不是完全不公平。

[132]同样,如果人们发现,我阐述的内容和我们目前面临的问题不是密切相关,那么我们可能是犯了啰嗦的错。然而,严格来说,如果基于[这些之外的]其他原因评论或挑剔一篇演说太冗长或太简洁,那就不公平了。

现在,我们必须自信地继续完成关于城邦生活的其他活动的讨论,让我们提及其中的一些活动,而忽略、不记录其他活动。

[133]当论及妓院老板及其营生时,我们不能表现出丝毫软弱,搞得好像双方都应据理陈辞似的。我们应该坚决制止他们,并坚称,任何人,不管他是贫穷还是富有,都不能从事那种营生,不能为

---

① 此处这人指柏拉图,他的《王制》致力于判定什么是正义,并为此把话题引向描写建立在正义之上的理想国度。

方、慷慨。不过到目前为止,关于这个问题,我说的已经够多了。

[91] 很明显,就招待陌生人或其他人而言,财富对它的主人并没有很大的帮助。相反,和贫穷相比,财富一般可能会让主人变得更加小气和吝啬。即使人们发现某个富人——或许是百万富翁——为人比较慷慨有雅量,这也绝对不能证明,在这方面,大多数人不会比财产有限的人[92]变得更糟。

如果一个穷人个性坚强,那么他就会发现,当身体受到不那么凶猛的疾病攻击时——例如辛勤劳作的人一旦暴饮暴食就总会患上的疾病,他拥有的少量财产就足以让他恢复健康,让他可以在异乡客来时赠予他们[93]合适的礼物。这种自愿赠予的礼物不会引起接受者的怀疑或不悦,它们或许不是银碗、刺绣的袍子或是四轮马车——实际上,海伦(Helen)和墨涅拉奥斯送给特勒马科斯的礼物就是这样的。因为穷人不太可能遇到总督、君主那样的客人,除非这些人非常温和、善良,并且认为只要是出于爱而送出的礼物就不会显得不足。

至于道德败坏的客人和专横的客人,我猜想,穷人既不能提供令他们满意的服务,[94]也无意表达这种好客之情。对墨涅拉奥斯来说,让亚洲最富有的王子成为自己的座上宾,以及在斯巴达款待除自己之外便无人能款待的普里阿摩斯之子,[95]确实没落得什么好处。听着,那个王子后来抢劫了墨涅拉奥斯的家,占有了他的妻子和财产,让他的女儿失去母亲,然后就驾船离开了。

从那以后,墨涅拉奥斯花了大量时间在全希腊游历,哀悼自己的不幸,乞求君主们帮助他。墨涅拉奥斯还不得不恳求自己的兄弟在[96]奥利斯(Aulis)① 把女儿② 祭献给神。墨涅拉奥斯在特洛亚

---

① 波俄提亚的一个港口,希腊人坐船前往特洛亚之前在那儿集合。
② 伊菲革涅娅(Iphigeneia)。

了野蛮和色欲而征收为全世界所诟病的报酬。仅为了不义之财,妓院老板就把个体聚在一起,让人们心无半点爱意却结合,胸无一丝情愫却交欢。不可让他们带走战争中被俘的或买来的可怜妇女和孩子,不能为了让人不齿的目的,让这些妇女和孩子暴露在大庭广众之下:或是在城邦的各个角落招摇的肮脏棚屋里,或是[134]在地方治安官的宅邸前,或是在市场之中,或是在政府大楼和最神圣的神庙附近。

我要说,不管是蛮夷女子还是希腊人——后者以前几乎是自由的,然而现在也彻底地被束缚了——都不应陷入如此可耻的束缚之中,干着比养马人和养驴人还要邪恶得多、肮脏得多的营生,因为他们不是在为两情相悦、不知羞耻的动物配对,而是在给知耻的人类配对,让淫邪、放荡的人类进行徒劳无益的肉体上的结合并不会产生生命,只会滋生毁灭。

他们不敬人,[135]不敬神——不敬家庭之神宙斯,不敬婚姻女神赫拉,不敬带来成就的命运之神,不敬分娩保护女神阿耳特弥斯(Artemis),不敬众神之母瑞娅(Rhea),①不敬掌管人类生育的埃勒提埃(Eileithyiae),②[136]不敬其名代表了男女的正常交欢和结合的阿芙洛狄忒。

现在,我们必须宣告,不管我们的城市会成为拥有最高德性的百姓的居处,还是沦落到第二、第三、第四层或其他阶层的人之手,我们的地方治安官和立法者,只要他们中的任何一人有权力阻止此类事情发生,都不应该允许这样的买卖存在,[137]不应该允许它合法化。如果随着岁月的流逝旧习俗和顽疾已变得根深蒂固,而统治者又开始关注它们,那么他绝不应置之不理或是听之任之,相反,

---

① 勒托(Leto)出生时她在场。
② 赫拉的女儿们。参《伊利亚特》11.271.

他应着眼于实际,以这样或那样的方式约束或纠正它们。邪恶绝不会一成不变;如果未曾强令禁止,就会一直保持活跃,并变得更加泛滥。

[138]因此,关注这个现象,决不冷眼旁观受奴役之人遭受的虐待,是我们义不容辞的责任。这不仅仅是因为上帝让全人类拥有荣耀,并让人类拥有同等的荣耀——身为人类之父的上帝在人类身上留下了相同的记号和标志,以此表明人类值得拥有荣誉、智慧、理性和明辨善恶的知识——还因为以下需要我们时刻牢记在心的考虑:那就是,我们很难为放荡激发出来的恶事设立限制,使之出于对后果的恐惧而不敢继续突破界限。实际上,从琐碎并受到认可的习俗和习惯开始,它就获得难以控制的力量和势力,永不停歇地做一切。

[139]此时此刻,我们必须牢记,这种与流浪汉的私通行为在我们之中如此明显、肆无忌惮和缺乏约束,以至于在相当大的程度上,它为偷偷猥亵纯洁的女子和良善之家的男子铺平了道路。当谦虚的品质遭到公开的践踏,人只会大胆地犯下这种罪行。而且,发明那种淫行,并非如有些人所想的那样是为了扼制和禁绝这些罪行。

[140]现在,有人或许会有些粗鲁地说:"英明的统治者和立法者啊,起初你们忍受这样的行为,还以为自己已经找到了让城邦变得纯洁的万能药,其实你们的目的不过是为了让这些敞开着的、没有门栓的妓院不要弄脏你们上了门栓的房屋和内室,为了让那些以低成本在国外公开行放纵无度之事人不要把注意力转向你们出身自由、受人尊敬的妻子,并避免让他们送她们贿赂和礼物!"对于极其便宜而又可以随意取用的东西,人类会越来越厌倦,他们会转而追求那些被明令禁止的东西。他们惴惴不安,并为此付出巨大的代价,[141]而这仅仅是因为此事是被禁止的。

如果你好好思考一下,我想关于这点,你就可以看得更加清楚。

如果有哪个地方的人把饶恕私通当作了不起的时髦,如果某人私通后还会得到十分慷慨的谅解,如果有哪个地方的丈夫因头脑简单而没注意到许多事,或是不承认知晓某些事,只是一味地忍受那些称为宾客、朋友和亲属的奸夫,有时甚至还款待这些人,像对待至交好友一样邀请他们在节日和祭献日与自己共餐,以及,[142]如果他们对惹眼而公开的行为只表现出些许的愠怒——那么,我要说,在这样的地方,已婚妇女干私通的勾当时还会带着一副高雅的神情,在这样的社会,要判断未婚女子是否还是[143]处子,判断婚礼上女孩子们吟唱的婚姻赞歌是否真诚、真实,就不那么容易了。在这些城邦里,发生许多类似于古老传说的事情是否并非不可避免?当然,要忽略那些爱生气、爱管闲事的父辈们。① 许多人效仿传说中的神的著名风流韵事,让金子从屋顶洒下来②(几乎没有什么困难,因为卧室不是铜或石头做的),[144]而且,天哪,让白银像流水一般哗哗地流入年轻女子的裙兜里,流进她们的母亲、保姆和家庭教师的兜里——更别提那些明里暗里从屋顶送下来的或放在枕边的可观的礼物了![145]在河边、山泉旁发生的许多事,就与诗人描绘的、发生于古代的事情相似,这还会不可能吗?

只是他们可能不会在露天做这些事,而是选择在充满欢乐爱意的家里,在庭园或郊区的豪华小屋里,在奢华的人造凉亭内,在美妙的树林里。这与身无分文的君主的可怜的女儿们无关,这种人是带着水,在河边玩耍嬉戏,在凉水中沐浴,或是在开阔的海岸边沐浴。不,她们是富裕之家的女儿,她们居住的豪华住宅里就拥有这一切,

---

① 古老神话里面的常见角色,参《新谐剧》(New Comedy)。
② 米兰德(Menander)的《萨摩斯》(Samia)387-388中有一段与此相似的喜剧风格的文章,在文章中,得墨阿斯(Demeas)竭力让尼克拉托斯(Niceratus)相信宙斯是他私生的孙子的父亲。

且归她们私人所有,其富丽堂皇超过任何公共物品。

[146]但或许人们希望自己的孩子出生在那个城邦,成为赫耳墨斯和波吕多拉(Polydora)之子欧多罗斯(Eudorus)式的人。荷马曾提到欧多罗斯并用委婉的方式谈到他的降生:

> 他由费拉斯的女儿,婷婷善歌舞的处女波吕多拉所生。①

[147]我怀疑,在斯巴达,一些有着相近的父系血统的男孩子也拥有这个称呼,因为有许多男孩被称作未婚生子(Parthenian)。② 因此,假如在那个伤风败俗的城邦降生的大部分人不会因其缺乏神灵保佑而遭到毁灭,我想,那就没有什么能让世界[148]不受半神半人的侵扰了。实际上,一些人一出生就死去了,而存活下来的人则在受奴役的状态下一直浑浑噩噩活到暮年,因为那些赋予他们生命的人无法继续供养他们。

如果在一座城邦里,女子的生存状态如我们描述的这样糟糕,我们又能期待城里的男子成为什么样的人呢?[149]我们能期待男子接受什么样的教育和训练呢?这个纵欲的阶层有可能禁绝自己不去让男性蒙羞、不去败坏男性,清楚地、充分地守住自然为男性设定的界限吗?或者,当这个纵欲的阶层以各种可以想象到的方式满足了自己对女人的各种欲望并发现自己很快厌倦了这种快乐后,他们是否不会转而追寻其他更糟糕、更无法无天的[150]放纵的方式?是的,女人的美色诱惑——一个人也许会说,尤其是生而自由

---

① 《伊利亚特》16.180,不过在荷马的诗行中,最后一个词是 Πολυμήλη,而不是 Πολυδώρη,后者出现在行175。

② 也就是指 parthenoi 或者说处女的儿子。这个术语应用于美塞尼亚(Messenian)战争期间在斯巴达出生的年轻人。

的女人的美色诱惑和处女的美色诱惑——对那些用钱玩这种的游戏的男人来说轻而易举。有人甚至追求真正受人尊敬之人的妻子和女儿,那些手里拿着黄金及用宙斯的伎俩进行攻击的浪荡子们[151]绝不会落空。

我猜,事情进一步的发展显而易见,因为我们目睹了太多类似的例子。当在这方面欲求不满的人发现自己能在这个领域左右逢源且不会遭遇什么抵抗时,他就会蔑视被轻易攻克的爱的俘虏,嘲弄女人的爱情,觉得这事过于容易——实际上,过于女性化了——因而,他转而攻击男性的住宅,急于[152]玷污即将成为地方治安官、法官和将军的青年,并相信自己能从他们身上得到极难得到的快乐。他犹如那些贪杯嗜酒的人,在长时间持续饮用醇酒之后,对酒失去了味觉,为此,他们就通过发酵、加入咸食和其他佐料,人为地创造出一种饥渴感。

论 德 性

［英译按］这是第八篇演说辞，主题是"真正的运动员"。显然，这篇演说发表于狄翁流亡时期。演说开头提到第欧根尼的流亡绝非偶然：当描述第欧根尼如何忍受饥饿、干渴和贫穷，以及叙述赫拉克勒斯的劳作时，狄翁的听众自然而然就会想到演说者本人。当狄翁提到欺压赫拉克勒斯的欧律斯透斯时，听众也自然而然就会想到驱逐了狄翁的多米提安。

［1］第欧根尼被逐出故土西诺坡①后，来到雅典，他看上去像一个十足的乞丐。在雅典，第欧根尼发现了许多苏格拉底的友伴，在才智方面，有柏拉图、阿里斯提波（Aristippus）②、埃斯基涅斯（Aeschines）③、安提斯忒涅④、麦加拉的欧几里德⑤，不过，色诺芬因随居鲁士作战，正值流亡之中。

没过多久，除了安提斯忒涅外，第欧根尼就对所有人嗤之以鼻了。第欧根尼和安提斯忒涅结交，并不是因为他赞同安提斯忒涅本人，而是因为他赞同安提斯忒涅说过的话，第欧根尼觉得他说的话很真实，[2]最适于帮助人类。对比安提斯忒涅本人和他的言论时，

---

① 蓬土斯的一个重要城邦，位于欧克辛斯海（Euxine）或黑海南岸。
② 昔兰尼哲学学派（Cyrenaic）或享乐主义（Hedonistic）学派的创始人。
③ 并非演说家埃斯基涅斯而是那位同名的哲人，是苏格拉底的弟子。
④ 犬儒学派的创始人。
⑤ 历史学家，苏格拉底的弟子。

第欧根尼有时批评安提斯忒涅本人要比他的言论逊色多了。所以，出于对安提斯忒涅的责备，第欧根尼称他为喇叭，因为安提斯忒涅不管发出多大的声音，他自己都无法听见。

安提斯忒涅容忍了第欧根尼的戏谑，[3]因为他十分敬佩第欧根尼的为人。作为对"喇叭"称呼的回应，安提斯忒涅说第欧根尼就像一只黄蜂，扑腾翅膀时发出的嗡嗡声很小，蜇人时却毫不含糊。安提斯忒涅喜爱第欧根尼的直言坦率，就如马夫们得到一匹焦躁、勇敢而愿意劳作的马之后，不会介意它脾气执拗一样，马夫们不喜欢[4]使用懒惰、慢吞吞的马。因此，安提斯忒涅有些时候会激励第欧根尼，有些时候则试图舒缓他的紧张情绪，就如捻琴弦的人小心地触碰琴弦以免其折断一样。

安提斯忒涅去世后，第欧根尼觉得没有人值得自己结交，就搬到了哥林多。在那里，他既没有租住房屋，也未和朋友们同住，[5]而是只身待在克拉尼恩，[①]以天为幕，以地为席。他发现，很多人为了港口和娼妓[②]聚集在哥林多，因为这座城邦和以前一样，位于希腊的交叉路口。就像优秀的医师会到病人最多的地方行医一样，同样地，第欧根尼说，智慧之士就应当前往愚蠢之人最密集的地方，宣判他们的愚昧无知，谴责他们。

[6]伊斯忒嵋运动大会（Isthmain games）到来之际，大家都来到地峡，第欧根尼也下来了，因为他习惯在大型集会[③]上研究人类的

---

① 哥林多的近郊及贵族住宅区，此处遍布柏树林和运动场。直到泡赛尼阿斯的时代，人们还能看到这里位于城门附近的第欧根尼墓。
② 希腊原文词的字面意思指"女性同伴"。这个名称适用于许多女性，从婚姻缺乏法律认可的女性到娼妓。
③ 此处指希腊或是某个特殊的城邦的居民为了集体敬拜而搞的集会。地峡圣所位于哥林多东部大约六英里处。

追求与野心,研究是什么让人类来到户外,研究人类为之[7]自豪的东西。他会抽空和任何想见自己的人见面,并表示一个事实让他感到十分惊讶,那就是:如果他声称自己是牙医,那些需要拔牙的人就会蜂拥而至。如果他声称自己能医治眼病,那些害眼病的人就会出现在他面前;如果他声明自己拥有治疗脾脏、痛风或流鼻涕的良方,情况也会与此相似。[8]然而,当他宣称人们只要遵循自己的治疗方案便能消除愚蠢、邪恶和放纵时,却无人理睬他或是来向他寻求良方,即便人们会因此而变得富有很多也是如此,仿佛精神上的疾病给他们带来的不便不如其他疾病严重似的,仿佛肿大的脾和一颗蛀牙带给他们的痛苦,要比愚蠢、怯懦、无知、莽撞、好享乐、粗鄙、易怒、无情和邪恶而其实完全堕落的灵魂所带来的痛苦要更严重似的。

[9]也是在那时,人们可以听到可怜的智术师成群结队地聚集在波塞冬神庙的周围,大声疾呼,相互斥责,而那些称为他门徒的人则彼此争斗。许多作家大声地朗读着自己拙劣的作品,许多诗人在背诵自己的诗篇,人群传来喝彩声。搞杂耍的正变着戏法,算命的正在卜卦解卦,数不清的律师正在扰乱法庭的断案,为数不少的小摊小贩[10]在四处兜售货物。

自然而然地,人群也立刻聚集在第欧根尼的周围,然而这其中并没有哥林多人,因为哥林多人觉得第欧根尼根本不值得自己驻足停留,他们早已习惯了每天在哥林多看到他。聚集过来的一般是外地人,不过每个人与第欧根尼交谈倾听了一会儿后就都径直离开了,他们害怕第欧根尼驳斥[11]自己的观点。因此,第欧根尼说自己就像拉哥尼亚(Laconian)的狗一样,当这些狗在聚会上出现时,无数人逗弄它们,轻拍它们,却没有一个人愿意买,因为人们不知道怎样和它们相处。

有个人问第欧根尼是不是也来观看比赛的,他说:"不是,我是来参赛的。"对方大笑,问他的竞争对手是谁,[12]第欧根尼的脸上浮现出其常有的神色,①说道:"它们最顽强不屈,也最难被击败,没有一个希腊人敢直视它们。它们不是赛跑、摔跤或跳跃运动员,也不是拳击手,它们不扔标枪、不掷铁饼,[13]它们只磨练人。"

"他们是谁?"对方问。"是艰苦,"第欧根尼回答,"对于一天到晚只知道憨吃酣睡的蠢人、懒人来说,它们严峻而难以克服,不过,它们会屈服于腰比黄蜂还瘦的瘦子和节俭的人。你觉得那些大腹便便的人有什么[14]用处呢?明智之人应该拉着这些人游街,把他们献给涤罪仪式,然后把他们逐到境外,②或是杀掉并肢解他们,把他们当作食物,就如人们处理大鱼的肉似的。你不知道吗?就是用盐水卤融化掉脂肪,和家乡的蓬土斯人(Pontus)③熬猪油的方式一样,蓬图斯人这么做是想通过涂油让自己变得神圣。我觉得这些人比猪[15]还缺乏灵魂。

"然而,高洁之士却把艰苦当作自己最大的敌人,习惯了日夜

---

① 浓眉之下好奇的目光,这是苏格拉底的一个特征。参柏拉图的《斐多》(*Phaedo*)117b。

② 在雅典和希腊的一些其他城邦,萨尔格利昂月(Thargelion)的第六日(5月24日),整个地方会行洁净礼,以便在第七日恰当地迎候太阳神阿波罗。当时有两个祭品,人们称之为 φάρμακοι 或 κάθαρματα,起初这两个祭品是一男一女,后来是两个男子。人们喂他们奶酪、大麦饼和无花果,然后围绕城邦游街,用韭菜和野生橄榄木的枝条抽打他们七次,接着把他们杀死,用不结果的果树枝干把他们焚化,最后把他们的骨灰撒入大海。当地的人相信,他们的堕落与罪恶会随着 φάρμακοι 即祭品的死亡而随风飘散。后来,人们就是简单地把祭品逐出城邦境外。对底层的人们来说,贫困和疾病让他们觉得活着毫无意义,为此,他们会为了仪式举行之前一段时间的丰盛的食物而自愿当祭品,φάρμακοι 和 κάθαρματα 就逐渐成了最痛苦的耻辱的代名词。参哈里森(Jane Harrison)之《希腊宗教研究导论》(*Prolegomena to the Study of Greek Religion*),页75—76。

③ 第欧根尼来自蓬土斯的西诺坡。

与艰苦作战,不过他这样做,并非和山羊一样为了赢得一束香芹、①一枝橄榄②或是松枝,③他是为了在自己的平生,而不只在爱利亚人(Eleans)的公布日④或是在哥林多、⑤塞萨利集会里,⑥获得快乐和德性。高洁之士不惧怕自己的任何对手,也不会为自己树敌,[16]他将迎接它们的挑战,与饥饿、寒冷搏斗,抵抗干渴,即使要忍受鞭打,要让身体被刺伤或灼伤,他也绝不示弱。饥饿、流亡、失去名望及诸如此类的事都无法吓倒他,他反而觉得这些无关痛痒。在他看来,完美的人就应当如手握骰子和彩球的男孩一样,具有运动精神。"

[17]"当然,"第欧根尼继续说道,"对懦夫来说,这些敌人看上去十分可怕,难以战胜;而实际上,如果你蔑视它们,勇敢地面对它们,那么你将会发现,它们很胆小,根本无法击败铁汉子。这点有些像狗,狗会追赶并撕咬试图躲避自己的人,它们会逮住其中一些人,把他们撕成碎片,不过,对于那些敢于面对它而不示弱的人,狗则避之不及,最后还会夹着尾巴[18]逃走。

"然而,大多数人终其一生都害怕这些敌人,总想躲着它们,从来都不敢直视它们。实际上,正如娴熟的拳师如果比对手先动手,让对手根本打不着自己,最后他们就会在较量中获得胜利,相反,如果因恐惧而却步,就会被打得遍体鳞伤,同样地,如果我们用蔑视的态度接受艰苦,愉快地就近艰苦,艰苦就不能奈我何,然而,如果

---

① 在地峡运动大会和尼米亚(Nemean)运动会上,获胜者会头戴香芹编成的花环。
② 在奥林匹亚运动会上,人们用橄榄叶给获胜者编织花环。
③ 地峡运动大会上,人们会用松枝编成冠冕送给获胜者。
④ 指奥林匹亚运动会。
⑤ 指地峡运动大会。
⑥ 指皮提亚(Pythian)运动会。塞萨利人对控制这些的邻邦同盟(Amphictyonic League)有极大的影响力。

我们畏缩不前,望艰苦而却步,艰苦[19]就会显得更加强大、更加严酷。

"你们可以看到,同样的道理也适用于火。你如果猛烈地扑打它,就会把它扑灭,然而,你如果谨小慎微,犹豫不前,就会被火严重烧伤,就如玩耍中的孩子有时候想通过大声喊叫扑灭大火一样。这类敌人酷似笼斗士,[①]他们相互攻击、掐脖子、揪扯,有时还杀死对手。

[20]"另外一种斗争更加可怕,一点也不轻松,要比前者艰辛得多、危险得多。我指的是与享乐的斗争。它与荷马在下面谈及的斗争并不一样:

> 激烈的战斗重新在船只周边迅速展开。
> 他们用锐利的戟和板斧、两端带刃的长枪、
> 锋利的长剑疯狂地对面互相砍杀。[②]

[21]"它并非这种类型的战争,因为享乐并没有使用明晃晃的武器,而只是用谎言欺骗他人,或是用毒药向人类施魔法,正如荷马说基尔克[③]对奥德修斯的同伴下了药,顷刻之间,他们当中的有些就变成了猪,有些变成了狼,还有些变成了其他的野兽。享乐就是如此,它不会只策划一个阴谋,而会策划各种阴谋,目的在于通过眼、耳、鼻、舌、身、意,通过美酒佳肴和色欲引诱清醒[22]或酣睡的人。人们不可能像在平常的战争中一样,为自己设了警卫后才躺下休息,而就是在那时,享乐展开攻击,她有时通过酣睡本身削弱、奴役人类的心灵,有时向人类派去她所想到的恶毒而阴险的梦。

---

① 他们进行的是粗野而混乱无章的比赛,这种比赛结合了拳击和摔跤。
② 《伊利亚特》15.696、711及以下。
③ 埃涅亚(Aenea)岛上的一位女巫,她款待了奥德修斯和他的同伴。

[23]"享乐发挥作用主要是通过触觉,并以那种方式继续进行下去,但享乐通过挑逗人的每个感官或者所有感官来攻击人。这个人不得不面对和努力应付工作时,必须尽可能地远离享乐,尽可能不跟享乐产生什么[24]瓜葛。在此,人们几乎可以说,能尽可能远离享乐的人实际上是强者中的强者,因为人与享乐缠绵之后,或是与之进行了短暂的调情后还未完全被她俘虏,这似乎不太可能。当享乐使用自己的魅力征服和降伏了心灵之后,基尔克其余的女巫就会立刻蜂拥而至。手中的魔杖一挥,享乐就把自己的受害者冷酷地[25]赶入猪圈,把他圈禁起来,从那一刻起,这个人就过着猪狗一样的生活。

"享乐还会造出会潜水的动物和致命的毒蛇,让那些蹲伏在她门前的其他爬行动物伺候她,它们尽管渴望享乐,想服侍她,到头来却是一场空,还让自己经受了[26]无数的磨难。至于享乐,她征服、控制了自己的受害者后,就把他们扔给艰苦,扔给最让人厌恶也让人最难以忍受的艰苦。

"这就是那场我坚持要参加的比赛。① 在这场比赛中,我冒着生命危险与享乐和艰苦作斗争,可是没有一个可怜人注意到我,他们只关注[27]跳跃运动员、赛跑运动员和舞者。实际上,也没有人留意赫拉克勒斯的抗争和辛劳,或对其产生什么兴趣。或许,在彼时彼刻,人们敬佩的是如泽忒斯(Zetes)、卡莱斯(Calais)②和佩琉斯③一样强壮的人,或是如赛跑运动员和摔跤手一样的人。人们要么艳羡其中一些人的美貌,要么艳羡另外一些人的财富,例如艳羡伊阿

---

① 柏拉图(《王制》556b)曾谈及那些"懒惰且无力抵抗享乐的诱惑"的人。
② 波瑞阿斯之子,曾参加了阿尔戈英雄(Argonautic)的探险之旅。
③ 阿基琉斯之父,忒提斯之夫。

宋(Jason)①和[28]基倪拉斯(Cinyras)②。关于珀罗普斯,故事中说,他拥有一只象牙铸就的臂膀,仿佛拥有黄金或象牙造就的双手和拥有一双钻石做成的双眸会有什么妙用似的,没有人注意他拥有什么样的心灵。

"至于赫拉克勒斯,当他劳作和抗争时,人们同情他,称他是'麻烦最多的'人和最可怜的人,实际上,他们正是因此才称其辛苦劳作是'麻烦'或是苦差事,似乎勤劳就意味着一生麻烦不断,可怜分分。然而,赫拉克勒斯死后,人们对他的尊敬却超过了其他神灵,他们崇拜他,还说赫柏(Hebe)③是他的妻子。所有人都向这个经历了无数辛劳、尝尽了无限苦楚的神祈祷,祈祷不要让自己过着同样悲惨的生活。

[29]"人们还以为,懦弱无能并且无人会向其祷告、献祭的欧律斯透斯(Eurystheus)④控制了赫拉克勒斯,差遣赫拉克勒斯四处跑。尽管赫拉克勒斯一点儿也不像那些运动员,他却在整个欧洲和亚洲[30]游了个遍。如果赫拉克勒斯大腹便便,需要许多食物或深深沉睡,那我们还指望他能去哪儿呢?不,当赫拉克勒斯解救良善、惩罚恶人时,他就像一头狮子一样警惕、精壮,他耳聪目明,不畏严寒酷暑,他也不需要床、披巾和毛毯,只需披着脏兮兮的兽皮,他的面容[31]也略有菜色。

"忒腊克的狄奥墨得斯(Diomede)⑤身着锦袍,高坐御座,整日醉

---

① 阿尔戈英雄探险之旅的首领。
② 阿波罗之子,塞浦路斯(Cyprus)的君主。阿波罗赋予他的财富和长寿众所周知。
③ 希腊女神,是青春的化身。
④ 迈锡尼(Mycenae)的君主,他硬派了十二项任务(Twelve Labours)给赫拉克勒斯。
⑤ 他拥有以人肉为食的母马。作为必须完成的十二项任务之一,赫拉克勒斯俘获了这些母马。

酒狂欢,待生客和臣民如草芥,还拥有一个大马厩,为此,赫拉克勒斯用棍棒打他,对他一阵猛击,仿佛他是只破罐子似的。下一个就是苹里翁(Geryones),①此人拥有数不清的牛羊,是西方最富有的地主,也是最傲慢的人,赫拉克勒斯杀死了他和他的[32]众兄弟,驱散了他的牛羊。当发现布西里斯(Busiris)②十分勤勉地训练,终日吃吃喝喝,还十分自豪自己的摔跤本领时,赫拉克勒斯就猛地把布西里斯推倒在地,布西里斯就像塞满了东西的袋子一样,一下子爆裂了。

"赫拉克勒斯取走了阿玛宗身上的腰带,此女一味地向他卖弄风情,想用自己的美貌征服他。赫拉克勒斯一边和她结交,一边让她明白,自己绝不会为美色所动,更不会为了一介女流而迷失自我。[33]普罗米修斯③,我认为他有点像智术师,他为民意(public opinion)所害,因为只要有人赞美他,他的肝脏就会增大,只要他受到责难,他的肝脏就会收缩。为此,赫拉克勒斯怜悯他,教导他智慧,因此,他解除了普罗米修斯的虚华与雄心,在帮助普罗米修斯复原之后,就立刻离开了。

"赫拉克勒斯行了诸多壮举,却没一样是对[34]欧律斯透斯有用的。至于赫拉克勒斯得到并带回来的那些金苹果——我指的是赫斯珀里得斯(Hesperides)④的金苹果——他的确悉数给了欧律斯透斯,因为他拿着确实没什么用处。但他叫欧律斯透斯得到这些金

---

① 拥有三个头的恶魔;根据另一种说法,他可能拥有三个身体。他是西班牙的王。

② 埃及的王,据说他会把所有来到自己国家的外地人献作人祭。

③ 一个从天庭盗火然后赠予人类的提坦(Titan),为了惩罚他,宙斯把他锁到高加索山脉(Caucasus)的一块岩石之上。雄鹰每日都会来啄食他的内脏,到了夜晚,内脏又重新生长。据说,赫拉克勒斯杀掉了这只雄鹰,释放了普罗米修斯。狄翁把这个神话中的雄鹰比作民意。

④ 金苹果的守护者,作为其中一项任务,赫拉克勒斯要得到这些金苹果。

苹果后就搁置起来,不用再理它们。赫拉克勒斯解释说,金子做成的苹果对人类没什么用处,看守这些苹果的赫斯珀里得斯也没有发现它们有什么用处。

最后,当行动越来越迟缓,自己也变得越来越虚弱时,赫拉克勒斯开始担忧自己无法像过去那样生活,另外,我猜,还因为他受到了病痛的折磨,所以他按人所可能的,为自己作了最好的预备,他在庭院里堆积了大量干柴,[35]以此表示自己一点也不惧怕炽热的火焰。不过,在此之前,为了避免那种以为他只干些惊天动地的大事的意见,赫拉克勒斯前往清除了堆积多年的奥吉厄斯牛舍(Augean stable)①的牛粪。赫拉克勒斯认为自己应当顽强地与意见②作斗争,就像与野兽和邪恶之人作战一样。"

[36]当第欧根尼这么说时,许多人站在他四周,饶有兴致地听着。接着,或许是因为心里想到赫拉克勒斯的这件事,③第欧根尼突然闭口不谈了,蹲在地上,做出一个颇不雅的动作,众人随即取笑他,说他疯了。智术师们则像池塘里不见了水蛇的众青蛙一样,再次喧哗起来。

---

① 奥吉厄斯王拥有三千头公牛,牛舍有近三十年未曾打扫。作为必须完成的一项任务,赫拉克勒斯必须在一天内清扫这些牛舍。
② 此处指群众的错误言论,正如上面针对普罗米修斯的言论的一样。
③ 即指他清理奥吉厄斯牛舍。

地峡演说

[英译按]我们发现,在这第九篇演说辞中,就如在第八篇演说辞中一样,第欧根尼参加了地峡运动会。而且,这两篇演说辞都提到大型公共集会的重要性,也提到医师和狗。这些相似之处不禁让人猜测这两篇演说辞大约准备于同一时期。不过在前面的演说辞中,我们了解到第欧根尼教导的主题,这篇演说辞则关乎他展示的教导方法。

[1]地峡运动会进行之时,第欧根尼也许正在哥林多逗留,他也来到了地峡。然而,第欧根尼参加大型公共集会的动机,与大多数来此一睹运动员风采或来此大吃大喝的人不一样。我敢保证,第欧根尼是以观察者身份来此,见识人类及人类的愚蠢。第欧根尼知道,在大型节日和公共集会上,人们会十分明显暴露自己的本性,而在战争和军营里,人们会因为[2]危险和恐惧而隐藏自己。第欧根尼认为,在这里,人们更容易得到医治(因为身体上的疾病在显露之时,要比其隐藏在身体里时更容易得到医师的医治),不过那些从事这样的职业而又受到忽视的人会更快走向死亡。因此,第欧根尼常常参加[3]公共集会。

当第欧根尼因自己充满挑衅的方式受到责难时,他就会开玩笑地说:"狗跟着来庆祝节日,不会伤害任何来参加节日的人。它们汪汪叫,攻击无赖和盗贼,而当它们的主人喝得醉醺醺的时候,它们又会时刻保持警醒,守护自己的主人。"

[4]当第欧根尼在集会上出现时,没有一个哥林多人关注他,因为他们常常看见第欧根尼在城里和克拉尼恩附近露面。人们不怎么注意自己时常可以碰到的人,以及自己想接近就可以接近的人,相反,他们会转而关注那些偶尔才能见一面或从未谋面的人。因此,哥林多人没有从第欧根尼身上受益多少,就像生病的人不会到自己周围的医师那儿就诊,而觉得只要在城里看上医师几眼就足够了一样。

[5]前来拜访第欧根尼的人主要来自其他地方,有些从伊奥尼亚(Ionia)、西西里岛(Sicily)和意大利前来参加节日,有些从利比亚、马赛利亚(Massilia)①和波律斯特涅斯②来。然而,几乎所有人来这里就只是为了瞧他一眼,听他说上一两句,然后回去好[6]向别人卖弄,并非为了提高自己。

第欧根尼以言语犀利出名,他能立刻应答提问者提出的问题。正如不熟悉蓬土斯蜂蜜③的人想品尝一下它的味道,结果却因此蜜味道太苦太怪,而恶心得立刻把它吐出来一样,相应地,人们因为闲来无事,也是出于好奇,就想试试第欧根尼,结果一旦被第欧根尼说得糊里糊涂的,[7]他们就转身溜走。别人遭到痛骂时,他们幸灾乐祸,然而,一旦这种事落到自己头上,他们就害怕得退缩,避之不及。当第欧根尼像平常一样说着俏皮话时,他们极度开心,然而,当第欧根尼激动起来、一脸严肃时,他们就无法忍受他的坦率了。我想,这情形与孩子们喜欢跟温顺的狗一块儿玩耍一样,一旦狗凶起来,叫

---

① 就是现代的马赛(Marseilles)。

② 欧克辛斯海(Euxine)或黑海北边最重要的希腊城邦,坐落在波律斯特涅斯河和叙帕尼斯(Hypanis)河(第聂伯河和布格河[Dnieper and Bug])的交汇之地。

③ 第欧根尼来自蓬土斯。普林尼(《自然历史》[*Natural History*]21, c.13)曾提到蓬土斯产的蜂蜜毒性猛烈。

得很大声,孩子们就会恐惧害怕到极点。

在这些集会上,第欧根尼始终如一,不改本色,他不在意听众是赞美还是批评自己。即使某个富甲四方、声名显赫的人,比如某位将军或是统治者,过来与他攀谈,他还是如此。倘若[8]某个卑微、贫困的人过来与他交谈,他亦是如此。如果这样的人言之无物,那么第欧根尼常常只是稍微打趣一下他们,然而,对于那些装腔作势和为自己的财富、家世或其他荣誉而洋洋自得的人,第欧根尼就会把他们当作攻击对象,痛快淋漓地谴责他们。

有些人尊敬第欧根尼,觉得他是世上最有智慧的人;有些人觉得他似乎就是个疯子;还有些人嘲笑他是个乞丐,是一无是处的穷人;有些人戏弄他;有些人像对待狗一样向他扔骨头,[9]竭力地侮辱他;有些人靠近他,撕扯他的外衣;还有些人无法忍受他,看到他就义愤填膺。这与荷马叙述的众求婚者戏弄奥德修斯的场景如出一辙,奥德修斯忍受了他们几日的放荡和傲慢,而第欧根尼的遭遇与奥德修斯一模一样。第欧根尼真的就像一个把自己伪装成乞丐、混在奴隶和仆人中间的君主一样,他们不知道他的真实身份,整日寻欢作乐。然而,当他们喝醉或因自己的无知和愚蠢而发狂时,他却耐心与他们周旋。

[10]一般来说,地峡运动会的管事和其他有声望、有影响力的人,不管什么时候经过第欧根尼待的地方,都会隐隐觉得不安。他们尽量远离他,即使经过第欧根尼身旁,他们也是一声不吭,眉头紧锁。然而,当第欧根尼竟然把松树枝编成的王冠戴在头上时,哥林多人终于派了一些仆人前去嘱咐他,要他把松树王冠放到一边,不要[11]做出犯法之事来。可是第欧根尼却反问来人,为什么别人把松树王冠戴在头上不犯法,他戴着就犯法了。其中一个仆人说道:"那是因为你没有取得任何胜利,第欧根尼。"

对此,第欧根尼回答道:"我已经战胜了许多强大的敌人,它们与在这里[12]摔跤、掷铁饼和赛跑的奴隶不同,从各方面看,它们更难对付——我指的是贫穷、流亡和名誉扫地,当然还有愤怒、欲望、恐惧,以及最可怕、最奸诈和最卑劣的野兽——享乐。对于享乐,没有一个希腊人或是蛮夷敢声称自己依靠心灵的力量与享乐搏斗并最终获胜,实际上,在这场比赛中,所有人都拜倒在她的脚下——波斯人、米底亚人、叙利亚人、马其顿人、[13]雅典人和古拉刻岱蒙人(Lacedaemonian)都是如此,除了我本人之外。因此,你们不觉得只有我才配戴那顶松树王冠吗?还是说,你们要把它赠给那些整日喝酒吃肉的人呢?把我的回答带给那些派你来的人,就说他们才是犯法的人,因为他们带着花冠到处招摇,却不曾赢得一场比赛。你还要告诉他们,我戴着这顶花冠,可以说为地峡运动会增添了更多的光彩,而且说实在的,为这个松树王冠争得头破血流的应该是山羊而不应该是人类。"

[14]后来有一次,第欧根尼看见一个人离开人潮涌动的跑道,不过那人不是走着离开的,人们抓住他的肩膀,把他举过头顶,一些人紧随其后,边走边叫喊,一些人高兴得跳起来,把手伸向空中,还有一些人向他抛撒花环和缎带。

当这个人靠近第欧根尼时,第欧根尼问他[15]人们为什么这么激动,发生了什么事。胜利者回答道:"我为他们赢得了两百码冲刺的比赛,第欧根尼。""那意味着什么呢——"第欧根尼问道,"很显然,你跑得比你的竞争对手快,并没有让你变得比以前更有智慧、更温和而有节制,也没有让你变得不像以前那么怯懦和不知足,它也不能保证你将来就不用忍受那么多困苦,[16]更不能让你的生活免于痛苦和悲伤。"

"天啦,是这样的,"那人说道,"不过我是全希腊跑得最快的人啊。"

"不过没有兔子快,"第欧根尼说道,"也没有鹿快。而且,这些跑得最快的动物也是最胆怯的动物。它们惧怕人类、猎狗和老鹰，悲惨度日。"

"你不知道吗，"第欧根尼补充道，"跑得快其实是胆怯的表现？事物的秩序就是如此，最敏捷的动物同时也是[17]最胆怯的动物。比如说赫拉克勒斯，他就因为自己跑得比许多人慢，无法通过奔跑而抓住作恶的人，所以时常带着弓箭，用以射杀企图逃跑的人。"

"然而，"对方答道，"诗人说，腿脚快的阿基琉斯就很勇敢啊。"

"你怎么知道，"第欧根尼大声说道，"阿基琉斯脚步快？阿基琉斯终日追赶赫克托尔，却还是没有赶上他。"①

[18]"你难道不觉得羞愧吗，"第欧根尼说道，"为自己获得本来就已被最低劣的兽类超越了的成就而感到骄傲？我不相信你能跑得过狐狸。你到底胜过其他人多少呢？"

"就那么一点点，第欧根尼，"他说道，"你知道，就是因为这样，胜利才显得那么精彩。"

"因此，"第欧根尼回道，"你的幸运就是因为那一步吗？"

"是的，因为我们参加赛跑的都是一等一的赛跑运动员。"

"凤头百灵鸟跑完这段路程，要比你快多少呢？"

"百灵鸟[19]有翅膀啊。"对方说道。

"嗯，"第欧根尼回答道，"如果脚步快的就是最好的，那么，做一只鸟或许远胜过做人了。因此，我们就不必同情夜莺②或戴胜鸟③了，因为根据神话传说，它们是人类变成的。"

---

① 赫克托尔杀死了阿基琉斯的好友帕特罗克洛斯(Patroclus)，为了给好友报仇，阿基琉斯绕着特洛亚的城墙追了赫克托尔三次都没能抓住他。参《伊利亚特》22.21。

② 忒瑞俄斯(Tereus)的妻子普洛克涅(Procne)被变成了一只夜莺。

③ 忒瑞俄斯变成了一只戴胜。

"不过,"对方答道,"我是人类中跑得最快的啊。"

"那又如何呢？这样的事情难道不可能发生在蚁群之中吗？"第欧根尼再次回道,"那就是说,一只蚂蚁也可能跑得比另一只蚂蚁快？然而,却没有人会羡慕它,不是吗？如果有人因为蚂蚁跑得快就羡慕它,难道你不觉得[20]很荒谬吗？再说了,如果所有的赛跑运动员的腿都有点儿瘸,那你就可以摆摆架子吗,因为你自己作为一个瘸子超过了其他的瘸子？"

第欧根尼对这个人如此说了一通,以至于让许多旁观者认为赛跑是个低贱活,这个胜利者最后[21]悲叹着离开了,变得谦和多了。不管第欧根尼什么时候发现人们为了一些毫无价值的东西而骄傲自负或忘乎所以,他都会帮助他们。这绝非小事,因为他会让他们变得谦卑一点,帮他们摆脱小小的愚昧,就像人们刺穿或扎破身上肿胀或隆起的部位一样。

[22]有一次,第欧根尼看到两匹踢到对方蹄子的马相互厮打起来,它俩你踢我一下,我踢你一下,一大群人在旁围观,直到其中的一匹马筋疲力尽,挣脱后跑开了。第欧根尼走过来,把一顶桂冠戴在仍然坚守在那里的那匹马的头上,并宣告它是地峡运动会的获胜者,因为它在"踢脚比赛"中获胜。看到此情此景,人群都大笑起来,引起了一些骚动,许多人为第欧根尼鼓掌喝彩,并嘲笑运动员。他们还说,一些住在破房子里或是无地栖身的人实际上离开得太早了,没能看到两匹马的精彩表演。

论 仆 人

[英译按]这第十篇演说辞包含了犬儒学派的学说,与前面两篇演说辞一样,属于狄翁流亡时期的作品。狄翁不可能持续赞美一无所有的处境,除非他本人也正在流亡之中,身无分文。而且,他提及俄狄浦斯(Oedipus)的困境时表现出来的漠然,也与他后来的生活境遇不太相符。

这篇演说辞分为两个部分。在第一部分,狄翁表明,如果你不知道如何使用奴隶或财产,那么就最好不要拥有奴隶或任何其他财产。接着,狄翁十分有力地声明,这样的人最好根本不要拥有任何财产。在第二部分,狄翁阐明,你若不知道怎么做就前去请教神,是件既危险又有害的事,你若知道怎么做,那就没有必要向神请教了。总结起来就是:最好不要拥有任何财产,最好不要向神请教。

[1]当离开哥林多前往雅典时,第欧根尼在路上碰到一个熟人,第欧根尼问他要去哪儿。然而,他与许多提出类似问题的人不同,因为许多人只是以此表明自己对朋友之事感兴趣,实际上还没听到对方的声音,他们就擦肩而过了。正如医生询问病人有什么打算,想据此给病人一些忠告,劝告他们什么该做、什么不该做一样,第欧根尼问这个人正在做什么,也是出于这个目的。

[2]后者回答道:"我打算前往德尔斐,使用①神谕,第欧根尼。

---

① 希腊人说"使用"(make use of)天神或神谕,其实就是指向神"请教"(consult)。

不过我途经波俄提亚的时候,跟我一起来的奴隶逃跑了,所以我现在要去哥林多,或许我可以在那里找到这个男孩。"

听到这里,第欧根尼用他一贯的方式语重心长地说道:"你这个荒唐的家伙,你连自己的奴隶都使用得不好,还要试图使用(make use of)神吗?对于那些不能善加利用①东西的人来说,奴隶带来的困难和危险不是要远少于神吗?另外,你搜寻这个男孩的目的又是什么?他不是一个很糟糕的奴隶吗?"

[3]"是的,他当然是,"后者答道,"我没有亏待他,还让他做我的贴身奴才,结果他还是逃跑了。"

"或许他认为你是个糟糕的主人,要是他觉得你好的话,就不会弃你而去了。"

"或许,第欧根尼,那是因为他本身就是个坏人。"

"那么,"第欧根尼继续说道,"他觉得你是个坏人,所以他逃跑了,以免被你伤害。而你呢,尽管说他是个坏人,却还是在寻找他。毋庸置疑,你很想被他伤害![4]那些坏人,不管是弗里吉亚人还是雅典人,不管是奴婢还是自由人,都会伤害拥有自己或使用自己的人,不是吗?没有人会去搜寻一条逃跑了且一无是处的狗,就算这条狗自己回来了,有些人甚至还会把它赶出去。然而,当人们丢失了一个自己都不太满意的奴仆时,却会不辞辛劳地传话给朋友,或是亲自沿途寻找,不惜花钱让小伙子再回来。[5]你现在是否相信,被恶狗伤害的人要比被坏人伤害的人多?

"当然,我们听说过一个叫亚克托安(Actaeon)的人,被一些贱狗咬死了,而且是些疯狗,然而,要具体说出有多少人、多少个君主和多少座城池曾毁于坏人之手,却不太可能。有些人毁于仆人、士

---

① 这个动词有双重含义(use=treat, use=consult),这种含糊措辞能激发讨论。

兵和侍卫之手,有些人毁于所谓的朋友之手,还有一些人[6]毁于儿子、兄弟和爱妻之手。因此,如果人碰巧摆脱了一个恶人,那难道不是巨大的收获吗?这个人还应该去搜寻、追赶他吗?这就好比一个人好不容易摆脱了疾病,结果却还费尽心力地去寻找这个疾病,让它重新回到自己的体内。"

这个人回答道:"你说得很对,第欧根尼,不过,受到伤害的人要做到不寻求补偿很难。你也看到了,我并没有亏待那个叛徒,结果他却胆敢背弃我。在我家里,他没有干任何奴隶该干的活儿,整日待在家里,闲散得很,什么都不用干,[7]就是陪陪我而已。"

"你还说你没有亏待他?"第欧根尼答道,"你让他整天无所事事、无知无识,让他变得极尽可能地坏。闲散和无所事事是世上摧毁愚蠢之人的最好方法。如果他认定是你导致了自己的毁灭,那么他逃走也合情合理,毋庸置疑,他这样做就是为了找事干,避免让自己因整日游手好闲、贪吃贪睡而变得越来越糟。你也许认为,人让另一个人变坏不过是一桩小错。然而,把这种人当作最可怕、最危险的敌人,并且远离他,难道也错了吗?"

"那接下来我该如何是好呢?[8]我没有其他的佣人了。"

"嗯,当你没有其他鞋子而只有伤脚的鞋子的时候,"第欧根尼说道,"你是怎么做的呢?你不是会立刻脱下这些鞋子,让自己光着脚吗?如果鞋子自动从脚上掉下来了,你还会继续把它们套在脚上,让它们磨自己的双脚吗?唉,有时候,光脚的人比穿着不合脚的鞋子的人走动起来更加方便,同样地,没有佣人的人也许比拥有许多佣人的人过得更加惬意和轻松,没有那么多烦恼。

"让我们看看富人会[9]有哪些忧虑。一些富人要照看生病的奴隶,还需要医生和护士——因为当奴隶生病时,忽视自己且不太谨慎的往往就是他们自己,这部分是因为他们缺乏自制,另一部分是因为他们认为倘若有什么闪失,吃亏的也是主人而非自己——一些富人每天体罚奴隶，一些富人给奴隶套上镣铐，还有一些富人则忙着追捕逃走的人。如此一来，富人们就不是什么时候想离开家就可以离开家了，即使待在家里，[10]他们也难得片刻闲暇。最荒谬的是，他们的境况比没有仆人的穷人还要糟糕。他们的境况让我想起了蜈蚣——我想你应该知道蜈蚣——蜈蚣有无数只脚，却是爬得最慢的虫子。

"你不知道吗，大自然让人类身体的每个部位都足以满足他的需要？脚让人可以行走，手让人可以干活和照看身体的其他部位，[11]眼睛让人看见东西，耳朵让人听到声音。另外，大自然还让人类的胃保持一个尺寸，使它不会超过个人所能提供的营养量，实际上，这个量的营养足以满足个人的需要，且对身体也最好、最有益。这就好比多出一根手指的手不如天生五根手指的手灵活，人们称这种多出一根手指的人为残废，而且，他们还因此而无法有效地使用自己的其他手指。因此，当一个人多长出了一只脚、一只手或一个胃的时候，不管他干什么，效率一点也不比以前高，他们不能很好地利用他们拥有的东西，相反还会使用得更差，而且使用起来更加困难。"

[12] "如今，你只需要为一个人提供食物，"第欧根尼继续说道，"然而在过去，你要为两个人提供食物。如今，如果你病了，你只需要照顾自己，然而在过去，如果仆人病了，你还不得不照顾仆人。如今，当你独自一人待在这栋宅子里时，你也不用担心东西会被别人偷走，而当你休息时，你至少也不用害怕醒着的奴隶会胡作非为。你应该真正地深入思考一下这些事情。

"再说了，如果你有了妻子，她看到家里有仆人，就会认为自己没有责任照顾你。她倒极有可能给你带来烦恼，因为她有时会跟仆人争吵，有时候觉得仆人做事不合她的心意。而现在，她不会那么容易感到不满，还会把你照顾得[13]更好。同样，不管在哪里，只要有仆人在,孩子们就会立刻被宠坏,变得越来越懒,越来越骄横跋扈,只要有人大献殷勤,只要有可轻视之人,他们就会如此。而另一方面,只要孩子们不管在哪儿总是保持独立,他们就会更加具有男子气概,更加精力充沛,而且从一开始就会懂得关心父母。"

"第欧根尼,我是个穷人。如果拥有奴仆会对我不利,那么我就把他卖了算了。"

"倘若是这样,"第欧根尼反驳道,"你不会因自己欺骗别人,把一个恶仆卖给别人而感到羞愧吗?你要么会隐瞒真相,[14]要么就卖不掉他。人若卖了一件名不副实的外衣或用具,或是一只患病了且毫无用处的牲畜,他必须把它收回。卖东西并不能让你变富有。即使你成功欺骗了某个人,使他没有察觉到这个奴隶的恶行,但得到这些钱后,你不会问心无愧吗?如果你恰巧碰到一个更加精明、奸诈的卖家,那么你极有可能买到一个品行更加恶劣的奴隶。

"你也可能用这笔钱买来一些对你有害的东西。钱财在任何情况下都无法帮助它们的主人,和贫穷相比,钱财带来的伤害和邪恶要多得多,尤其是当人们[15]缺乏理智的时候。莫非你要首先确保的,不是那能让你从万物中获利、让你把一切安排得井井有条的东西,而是相反,你对财富、土地、成群的牛羊和船只的追求,优先于追求智慧?倘若是这样,那么你将成为它们的奴隶,为它们忍受煎熬,为它们徒费辛劳,为它们操劳一生而[16]一无所获。

"想想远处的飞禽走兽,与人类相比,它们的忧虑烦恼要少得多,它们要过得开心得多、健康得多、强壮得多,它们也可以活得尽可能长久,尽管它们没有手,也没有人类的智慧。然而,为了平衡它们的这些和其他缺陷,它们得到了一个巨大的祝福——不拥有任何财富。"

[17]"第欧根尼,我相信我会放走我的仆人,不过,除非他恰好出现在我面前。"

"我断言,"第欧根尼大声说道,"就像你们的谚语说的那样,你不会去寻找爱咬人、爱踢人的马,然而,如果你碰到了它,你会为了被咬、被踢的乐趣而走上前去接触它。"

"够了!那你为什么要反对我向神灵请教呢?"

"什么!我反对你向神灵请教?!我所说的并非如此,不过,如果一个人不知道该怎样请教,那么向神灵、人或者自己请教就很困难,不,根本不可能。对一个人来说,不知道怎么做就轻易尝试是极度危险的。如果一个人没有受过专门训练,不知道怎么御马,那么你觉得他还可以好好地使用马吗?"

"我想他不能。"

"如果这个人想使用蛮力,那么他收获的将是伤害而不是好处。"

"的确如此。"

[18]"那么,不知道如何驾驭狗的人是否真能使用狗呢?使用一个东西难道不意味着从中受益吗?"

"我想是的。"

"因此,那些为物所伤的人中,没有一个真的使用了那物,不是吗?"

"当然没有。"

"如果一个人不知道如何驾驭狗却试图使用狗,那他怎能不从狗受到伤害呢?"

"极有可能。"

"因此,他将不是在使用狗,因为在导致伤害的情况下并不存在真正的使用。这个道理不仅适用于狗和马,也适用于牛和骡子。或许让你感到有些意外的是,在使用驴、羊方面缺乏经验的人也[19]不应该使用它们。难道你不知道,有的人从养羊和赶驴中获益颇多,而有人却受伤颇多?"

"我听说过。"

"不管这些是关于驴、天鹅,还是关于鹅或是其他动物,难道不都是源于一个道理吗:缺乏经验的人容易受伤,技术娴熟的人容易受益?"

"似乎是这样。"

"关于使用东西,相同的道理难道还可能不适用于其他事物吗? 或许不通晓音律的人也能弹好七弦竖琴? 或者,当他试着拨弄一番——更不用提乱弹一通以至于毁坏竖琴、[20]弄断琴弦时,也不会显得有多荒谬? 如果一个并不是笛手的人想使用笛子在舞台上表演吹笛,他不是该受到责打吗? 他不是可能干脆折价卖了他的笛子吗? 倘若掌舵之人不知道如何驾驶船只,那么他难道不会立刻让船倾覆,使自己和乘客们一命呜呼吗? 当胆小怯懦之人挥舞长矛和盾牌时,使用长矛和盾牌会给他带来什么好处呢? 更确切地说,他们不会因为不当的尝试和使用而失去自己的武器还有性命吗?"

"我想他们会,第欧根尼,"对方回答,"不过你这样滔滔不绝地说,[21]都要说到日落西山了。"

"如果一个人是在倾听有益的教导而不是在闲逛,那么听到太阳下山不是更好吗?"第欧根尼说道。

"同样地,几乎在所有情况下,人们只要缺乏实际的'使用'经验,就很难做到积极热情,而且,事情越重要,造成的破坏可能就会愈严重。你觉得'使用'驴子是不是就像'使用'马呢?"

"当然不是了。"

"嗯,那么,'用'人跟'用'神是一回事吗?"

"这个问题不值得回答,第欧根尼。"他说道。

"一个不了解自己的人能充分利用自己吗?"

[22]"他怎么能做到啊?"对方回答。

"这是因为一个不了解人的人无法'用'一个人吗?"

"是的,因为他做不到。"

"因此,一个不了解自己的人也不可能很好地利用自己,是吗?"

"我相信他不能吧。"

"你是否听过德尔斐神庙里的一句铭文:'认识你自己'?"①

"我听过。"

"神灵相信芸芸众生不了解自己,因此他发出这样的命令不是再平常不过吗?"

"似乎是这样的。"

"那你是不是'芸芸众生'中的一员呢?"

"当然是了。"

"那么你也不了解你自己了?"

"我想是这样。"

"你不了解你自己,就无法了解人,你不了解人,你就无法'使用'人。然而,你都不懂得'使用'人,却还要试图去'使用'神,你我都知道,'使用'神比'使用'人要难得多了。"

[23]"告诉我,你认为阿波罗说的是阿提卡方言还是多里斯方言(Doric)?或者,你觉得神灵和人类说的是同一种语言吗?然而,人与神的语言差异如此之大,以至于众神称特洛亚的斯卡曼德罗斯河(Scamander river)为克珊托斯河(Xanthus),②称库弥啼鸟(kymindis)为铜铃鸟(chalkis)③,称城外一个特洛亚人唤作巴提埃亚(Batieia)的地方为塞玛·米里涅(Sema Myrines)④。从这点看,我们自然就能明了,神谕往往模棱两可,已经欺骗了许多人。[24]对荷马来说,前往德尔斐阿波罗神庙或许是安全的,因为他会两种语言

---

① 刻在德尔斐阿波罗神庙内的三句铭文中的第一句。

② 参《伊利亚特》20.74。

③ 参《伊利亚特》14.291。据说是一种黑色的鸟,身体长而纤细,常常出没于群山之间,尚未得到确认。

④ 意为"米里涅的坟墓"(Tomb of Myrina)。参《伊利亚特》2.813–814。

且通晓各地方言——倘若他真的理解所有方言,而不只是对它们一知半解的话——不像有的人只知晓两三个波斯语、米底亚语和亚述语的词汇就开始愚弄无知之人。

"那么你呢?当神灵说了一件事而你却可能误解成另一回事的时候,你一点儿都不觉得害怕吗?以那个著名的爱上了克律西波斯(Chrysippus)①的拉伊俄斯(Laius)②为例,他来到德尔斐神庙,向神灵请教诸事。神吩咐他'最好不要出生,若已经出生,尽快死去'。拉伊俄斯如此愚蠢,以至于他误解了神的两个命令,③因为他生了儿子却没有抚养他。后来,他和他的家都毁灭了,而这完全是因为他'使用'了阿波罗却缺乏'使用'神的能力。要不是得到了那个神谕,他就不会把俄狄浦斯抛弃于荒野,而且,要是俄狄浦斯从小由父母抚养长大,他也就不会杀死拉伊俄斯,[26]因为他知道自己是那人的儿子。

"你肯定听过吕底亚人(Lydian)克里萨斯(Croesus)④的故事吧,他穿过哈吕斯河(Halys)⑤,失去了自己的王国,戴着镣铐,最后差点没能逃脱活活烧死的命运,即使如此,他却还想象自己是在忠诚地

---

① 珀罗普斯的其中一子,后来被拉伊俄斯夺去。

② 忒拜的君主,伊俄卡斯特(Jocasta)之子俄狄浦斯的父亲,俄狄浦斯无意中杀死了他,与伊俄卡斯特结为夫妇,得知他们之间的关系后俄狄浦斯弄瞎了自己的双眼。

③ 这个神谕可以理解成:(1)不要生孩子,或者如果生了孩子,就抛弃他;(2)不要生孩子,或者如果生了就不要抛弃他。

④ 吕底亚的君主,他在德尔斐神庙向神求问他是否应该向波斯进军,得到的回答是,如果他做了,他将会摧毁一个帝国。希罗多德(1.53以下多处)引用这个神谕,讲述了这个故事。

⑤ 小亚细亚最重要的一条河流,流入尤克森(或黑海),它紧邻西诺坡,过去形成了吕底亚帝国和米底亚及波斯人帝国的边界。

执行神灵的命令。或者你觉得你比克里萨斯更明智？克里萨斯富甲一方，统治众多臣民，曾与梭伦（Solon）等其他能人[27]智者相遇。至于奥瑞斯忒斯①，我猜，你也在悲剧表演中看到他疯狂地痛骂神、谴责神，仿佛是神建议他杀死他的母亲似的。不过请不要据此认为阿波罗曾经命令那些向他咨询的人去做一些可怕和令人不齿的事。就如我说的，人类尽管没有能力'使用'神，却还是要前行、尝试，然后又开始责怪神灵而非责备他们自己。

"如果你接受了我的建议，那么首先，你应当了解你自己。如果你找到了智慧，那么你乐意的话[28]就可以请教神谕了。而我相信，如果你已经拥有了智慧，那么你就不需要请教神谕了。嗯，仔细想想。如果你不识字，而神吩咐你正确地读书、写字，那么很明显你做不到，然而，如果你识字，那么没有神的命令，你还是能读能写。同样地，如果神建议你去做你根本不知道该如何去做的事情，那么你就没必要遵从他的命令。如果你不知道如何生活，那么即使你日复一日、年复一年地纠缠阿波罗，让他把所有时间都花在你的身上，你还是不能好好地生活。然而，你若拥有了智慧，就知道自己该做什么以及该如何去做。

[29]"不过，关于俄狄浦斯，有件事情我忘记提了。他并没有前往德尔斐神庙请教神谕，而是在路上偶遇了忒瑞西阿斯（Teiresias），②俄狄浦斯的无知使他听信了那个先知的预言，并因此忍受了巨大的苦难。因为他知道自己已经和母亲结为连理，知道母亲已经为自己生了孩子。随后，他本可以隐瞒这个事实，使这一切在忒拜合法化，然而，他却首先把这个事情公之于众，接着他变得

---

① 阿伽门农和克吕泰墨涅斯特拉（Clytemnestra）之子，他杀母亲为父报仇，后来他疯了，被复仇三女神追捕。

② 忒拜人，是古代最著名的预言家之一。

极为气愤,提高嗓门大声抱怨他既是孩子的父亲又是孩子的兄弟,[30]既是一个妇人的丈夫又是她的儿子。其实家禽并不反感这样的关系,狗或驴亦是如此,被看作东方贵族的波斯人也是如此。除了这些之外,俄狄浦斯还弄瞎了自己的眼睛,四处徘徊游荡,仿佛睁着眼睛他就无法徘徊游荡似的。"

听到此处,对方回应道:"第欧根尼,你简直把俄狄浦斯说成天下第一笨蛋了。然而,希腊人却相信,他尽管是个十分不幸的人,仍是最睿智的人。他们说,无论如何,他独自解答了[31]斯芬克斯①的谜底。"

听到此处,第欧根尼哈哈大笑地说道:"他解答了斯芬克斯的谜底?!难道你没有听说过,是斯芬克斯提示了他,他才能给出'人'这个答案的吗?然而,关于'人'的真正涵义,他既没有表达自己的观点,也无从知晓,可是,当他说'人'这个词语时,他还觉得自己在解答这个问题。这就好比一个人被问及'苏格拉底是什么'时,他除了'苏格拉底'这个词之外不能给出其他的答案。我曾听人说,[32]斯芬克斯是愚蠢的象征,这就相应地证明了波俄提亚人在过去就已经没落,就和现在一样,他们的愚蠢阻碍他们了解任何东西,他们是彻头彻尾的笨蛋。② 其他人还稍微意识到了自己的无知,而那个自以为聪明地逃脱了斯芬克斯的魔爪,并让所有的忒拜人相信这点的俄狄浦斯,却死得最惨。

"任何人若无视自己的无知,欺瞒哄骗自己,并认为自己十分睿智,他们的命运就比其他人更加可悲可叹。智术师之流就是如此。"

---

① 一个女妖怪,她坐在忒拜城附近的悬崖上,拦住过往的路人,问他们一个谜语。这个谜语是:什么动物早晨用四条腿走路,中午用两条腿走路,晚上用三条腿走路。回答不出来,斯芬克斯就会把来人摔下悬崖。俄狄浦斯解答了这个谜底,她就跳崖而死。

② 波俄提亚人的愚蠢众所周知。

波律斯特涅斯,或在故国的演说

[英译按]在这篇演说辞中,为了同胞的利益,狄翁叙述了自己和波律斯特涅斯某位市民在蓬土斯的一番对话。

波律斯特涅斯是一个贸易中心,位于叙帕尼斯(Hypanis)河口附近,狄翁说自己前往那里是希望能深入内陆,拜访盖塔人(Getae)。他曾写了《盖塔志》(*Tὰ Γετικά*)描述他们的文化,不过该著作没能流传下来。

阿尔尼姆认为,狄翁应该是在公元前95年到波律斯特涅斯的,他还暗示,狄翁未能成功抵达盖塔内陆,因为当时罗马和达契亚之间发生冲突。显然,狄翁有点失望,当地人也知道狄翁乘船离开波律斯特涅斯的目的。

如果阿尔尼姆推断的日期准确,那么狄翁的目的地就几乎不可能是普鲁萨,因为公元前95年他仍在流亡之途。不过,狄翁似乎早在公元前97年就回归故里了,阿尔尼姆提供了证据,支持把公元前101年当作狄翁向普鲁萨人作此次演说的日期。

开头的叙述比较悠闲随意,也颇有韵致,不禁让人想起柏拉图《斐德若》的开篇,尽管狄翁绝大多数情况下所用的都是廊下派学说,但实际上,他表达出来的一些想法或许应归结于《斐德若》。

在叙述过程中,狄翁插入了一个神话,他把这个神话归于波斯祭司(Magi)的琐罗亚斯德(Zoroastrian)传说。这篇演说辞能够享有盛名,神话功不可没。像柏拉图一样,狄翁喜欢神话,并善于利用它们,其中至少一些神话被认为是源于他个人的创作。那么,这个神话呢？

如果说那时的希腊世界已经熟悉琐罗亚斯德教，那并不奇怪。琐罗亚斯德这个名字，已见于托名柏拉图的《阿尔喀比亚德》和希罗多德的作品，色诺芬、斯特拉波和其他早于狄翁的希腊人对波斯祭司的描述也颇多，其中一些资料的真实性毋庸置疑。

希尔泽尔的《对话录》(*Der Dialg*)支持一个观点，即不管狄翁的其他神话如何，至少这则神话源于琐罗亚斯德教。杰克逊(Jackson)(《琐罗亚斯德研究》[*Zoroastrian Studies*])也赞同此意见，不过他承认"此观念在传播过程中或许带上了一些希腊色彩"。

不管狄翁从波斯祭司那儿吸收了什么，狄翁神话的现存版本和这则神话的相似度之低，证实了这个神话的现有形式来自狄翁的独创，而且，狄翁构想这个神话的灵感来源或许不止一处。关于这些来源，我们似乎可以比较有把握地推测，柏拉图的《斐德若》《蒂迈欧》以及我们所熟悉的一些廊下派哲人在相关议题上的观念便在其中。

[1] 夏季，我恰巧在波律斯特涅斯①游历，当时我以流亡之身乘船抵达那里，我的初衷是，如果可能的话，穿过斯基泰人的地域，前往盖塔人的国家，观察当地风貌。

一日，临近中午时分，我独自沿着叙帕尼斯河漫步。我应当解释一下，虽然这个城以那条美丽、巨大的波律斯特涅斯河命名，但它以及它的故址的确切位置却是在叙帕尼斯河岸边，离所谓的希波列

---

① 也称作奥里维亚(Olbia)(希罗多德4.18，斯特拉波7.3.17)，它是叙帕尼斯河右岸一个重要的贸易中心，在叙帕尼斯河与波律斯特涅斯河交叉处上方约四英里处。[中译编辑者]此河在斯基泰地区，即如今高加索西北地区，18世纪后称为库班河(Kuban River)，属俄罗斯的欧洲部分。

欧海岬(Cape Hippolaus)[1]不远,[2]就在它的对岸。这块土地靠近两条河流的交叉点,就如船头的铁嘴一样尖利、结实。然而,自那里在两条河流上形成了一个沼泽湖,湖泊汇入约两百斯塔德之外的大海,两条河流在那个地区时宽度也不小于这个数。实际上这连绵的一片大多由浅滩组成,天气好的时候,宁静在里面蔓延,就如同沼泽一般。不过,右侧水域又显露出它是一条河流的某些迹象,向内地航行的水手根据水流的状态判断它的深度。[2]这就解释了为什么水会流入大海,这皆源于水流的力量,[3]当南风顶着水流吹时,水流就很容易被滞住。

至于余下的部分就只有长满了芦苇和树的浅滩。甚至在沼泽的中央也能看到许多树,酷似船只的桅杆,不太熟悉那片水域的人有时候会在其中迷失方向,以为他们正在靠近船只呢。也就是在此处,我们发现了为数众多的采盐工,大多数蛮夷就是在这里购买盐巴,[3]居住在陶里切尔松尼斯(Tauric Chersonese)的希腊人和斯基泰人也是如此。[4]河流在阿里克特(Alector)城堡附近汇入大海,据说,这个城堡属于萨尔马提亚(Sauromatian)[5]君主的妻子。

[4]就城邦规模而言,波律斯特涅斯与其古时的盛名不太相符,因为它屡次被攻占或卷入战争。这个城邦沦入蛮夷之中——也是所有蛮夷中最好战的蛮夷——的时间太久了,因此它总是处于战争状态,总是被攻占,最近的也是最具灾难性的一次攻占发生的时间

---

[1] 希罗多德(4.53)是唯一另外也提及过此海岬的希腊人。

[2] 据说在夏季,水的深度不超过六英尺。因此,为了保持行在河道中,舵手不得不密切注意水流。

[3] 至于这些采盐工,请参希罗多德4.53。

[4] 克里米亚半岛(Crimea)。

[5] 萨尔马提亚人(Sarmatian)是一个伊朗部族。参罗斯托夫采夫(Rostovtzeff)的《南俄罗斯的伊朗人和希腊人》(Iranians and Greeks in South Russia)。

距今还不到150年。那次,盖塔人不仅夺取了波律斯特涅斯,还夺取了蓬土斯左岸的城邦,直至阿波罗尼亚(Apollonia)。①

[5]因为这个原因,那个地区的希腊人的境遇实际上已处于低谷,一些人不再联合起来组成城邦,其他人则结成社群苟延残喘,络绎到来的大多是蛮夷。实际上,希腊的许多地方有很多城邦已被攻占,因为希腊散落在许多区域。

不过,波律斯特涅斯在前面提及的那次战争中被攻陷后,城里的民众再次结成了一个社群,我猜想,这应该是经过斯基泰人②同意了的,因为斯基泰人需要跟那些可能使用港口的希腊人做买卖。因为当城邦一片荒芜时,希腊人就不再驾船前往波律斯特涅斯,那里没有会说通用语的人接纳他们,另外,斯基泰人既无雄心壮志也无知识,不能用希腊人的方法为自己装备一个贸易中心。

[6]波律斯特涅斯被毁的证据清晰可见,建筑物破破烂烂,城区也收缩成了狭窄的一小块地域。波律斯特涅斯起初紧贴着一段古老的环形围墙而建,那儿有几座塔楼——不过也只有这几座——留存下来,它们和这座城邦最初的规模和势力一点儿也不匹配。那个居住区的间隙已经被房屋封堵,之所以建造这些房屋,就是为了让这个地区形成一个连续的整体。③

人们砌了一段与房子平行的围墙,围墙十分低矮,墙身也十分

---

① 在蓬土斯的忒腊克海岸上及拜占庭西北方向约125英里处。

② 那个时期的硬币据说就证明了狄翁的推测(迪尔[Diehl],《保利—维瓦》[Pauly-Wissowa]XVII. 2422)。

③ 狄翁似乎是说,城邦重建之时,过去保护得最好的那段古老的环形墙得以保存下来,墙的末尾由一排连续的带着隔墙的住宅连接起来,以此形成一种防卫。在爱琴海的许多岛屿上或许也可以发现相同的规划。这带给波律斯特涅斯的后果就是以前的领土变得越来越窄了。参迪尔,同上,2412和2416。

脆弱。至于那些塔楼,其中的一些因为离人群如今的聚居地太远,以至于你们猜不到它们曾经属于同一个城邦。这些就是这个城邦被占领的明显标志,同样可以作为明显的占领标志的还有一个事实,那就是圣殿里的雕像没有一个未遭到破坏,全都残缺不全,墓碑的遭遇也是如此。

[7]正如我前面所说,① 当我恰好在波律斯特涅斯城外漫步时,围墙内的一些波律斯特涅斯居民和往常一样与我相遇了。从城外某地赶来的卡里斯特拉图斯(Callistratus)随即也骑着马从我们身边经过,不过,走了不远,他跳下马来,把马交给随从,向我们走来,他的样子体面合宜,手臂放在披风下面。② 他的腰间挂着一把骑兵军刀,他穿着裤装,③ 其余的装扮则全是斯基泰式的,肩上披着一件质地较薄的黑色短斗篷,与普通的波律斯特涅斯人一样。实际上,他们的其他衣服一般也都是黑色,这是受了斯基泰人某一个部落的影响。毋庸置疑,就因为那个原因,希腊人把这个部落的人叫做黑斗篷族。④

[8]卡里斯特拉图斯大约十八岁的年纪,身材颀长,英姿飒爽,长相酷似伊奥尼亚人(Ionian)。据说,在和战争相关的问题上,他胆气过人,他曾杀死和俘虏了许多萨尔马提亚人。他对雄辩术和哲学也产生了如此浓厚的兴趣,乃至他一门心思想和我结伴远航。鉴于这些原因,他那时在同乡中颇有些名气,尤其还因为其骄人的相貌,他

---

① 参第1节。鉴于波律斯特涅斯似乎很显著突出,故而这题外话长得让人吃惊。这是不是只是旅行者的热情所致?

② 希腊人赤着膀子出现在公共场合是不太体面的。参埃斯基涅斯之《提马治姆》(Timarchum)52,普鲁塔克之《福基翁》(Phocion)4。

③ 裤子对一个希腊人来说显得尤其陌生。

④ 希罗多德(4.20)说,黑斗篷族并不是斯基泰人。在解释这个名字时,他不如狄翁那么谨慎(4.107)。

拥有众多的爱慕者。作为发源地①的传统,这一习俗一直在他们当中延续——我指的是男人爱男人——他们浸润这一习俗如此之深,以至于往往也让一些蛮夷随了这种习俗。我敢说,这没带来什么好结果,相反,那些人会用蛮夷的方式采纳这样的习俗,把它变成放荡。

[9]听闻卡里斯特拉图斯喜爱荷马,我立刻开始向他提一些关于这个诗人的问题。实际上,几乎所有的波律斯特涅斯人都培养了对荷马的兴趣,这或许是因为他们仍是一个尚武的民族,或许是因为他们尊重阿基琉斯。实际上,他们极度敬重阿基琉斯,还专门建了两座庙宇来敬拜他,一座建在以他的名字命名的岛上,②另一座则建在城中。也因此,他们根本不想听除荷马之外的其他诗人的诗歌。尽管他们生活在蛮夷之中,普遍不再说得明白希腊语,但他们几乎全会背诵《伊利亚特》。

[10]我开玩笑似地对他说道:"卡里斯特拉图斯,你认为荷马和福基尼德(Phocylides)③,这两位诗人哪个更优秀?"

他大笑着说:"就我而言,我甚至不知道其他诗人的名字,我猜这些人当中也没有一人知道,因为除了荷马,我们不相信任何其他的诗人。至于荷马,或许你可以说,活人没有不知道他的。他们的诗人在创作中唯一能想起的也是荷马,他们习惯于在许多场合背诵荷马的诗篇。开战时,人们总是用荷马的诗歌激励军队,正如古拉

---

① 米利都。
② 尽管证据未见确凿,但是此庙大概在第聂伯河入口的一个岛上。斯特拉波(7.3.16–17)和马克西姆·泰勒斯(Maximus Tyrius)(9.7)提及阿基琉斯在多瑙河入口(Danube)的一个岛上受到崇拜。
③ 公元前6世纪的一位格言诗人。他的诗歌遗稿较少,且多数为双行体。参埃德蒙兹(Edmonds)之《挽歌与抑扬格》(Elegy and Lambus)卷一,I,页168以下(L. C. L.)。

刻岱蒙人过去常使用提尔泰奥斯(Tyrtaeus)①的诗歌一样。另外,这些诗人都是盲人,因为他们相信,如果不这样,就没有人能成为诗人。"

[11]"不管怎样,"我说道,"诗人们被荷马感染了,②就像被一个害眼病的人感染了一样。至于福基尼德,虽然如你所说你们当中的这些人都不了解他,但是毋庸置疑,他就在最著名的诗人的行列里。当一个从未到过这儿的商人驾船驶入你们的港口,你不会立刻就鄙视他,相反,你会先尝尝他的酒,抽样检查一下他货船里的其他货物,要是货物符合你的口味,你就会买下,反之,你就不去理会。同样地,"我说道,"关于福基尼德的诗歌,[12]你或许也可以先在小范围内抽样检查。他不是那种把连续长篇的诗歌串在一起的诗人,你们的荷马却是这样,他连续用了五千多行诗讲述一场战争,③福基尼德的诗歌则相反,两三行诗就包含了开头和结尾。因此,福基尼德在每个看法上都加上自己的名字,他相信这很有意义,也相当重要,这样使他显得与荷马十分不同,因为后者不会在自己诗歌的任何地方提到自己的名字。[13]难道你不认为,福基尼德有充足的理由把自己的名字加到这样一则箴言或声明中吗?

>福基尼德说道:
>遵纪守法的城镇,虽然小且建立在
>高耸的岩石之上,却强过疯狂的尼尼微。④

---

① 人们认为他公元前640年左右生活于斯巴达。至于他现存的残篇,请参前面已引用过的埃德蒙兹的书,卷I,页50以下。

② 关于荷马变盲的传说可能应归于"荷马的"《阿波罗颂》(*Hymn to Apollo*)行172;但荷马本人则把吟游诗人得摩多科斯(Demodocus)描绘成一个盲人。

③ 狄翁可能已想到了《伊利亚特》卷11至17。

④ 埃德蒙兹,前引书,卷1,页174。

与整部《伊利亚特》和《奥德赛》相比,这些诗行对那些用心倾听的人来说不是很高贵吗?还是说,倾听阿基琉斯猛烈地左右冲突和冲锋陷阵,倾听他的声音以及他如何单凭几声大吼就击溃特洛亚人,①对你更有好处?记诵那些东西比记诵你刚听到的这些——即建立在崎岖的岬角之上的小城邦如果治理得当,就比建立在坦坦平原上的大城邦还要好、还要幸运,倘若这个大城邦被愚蠢之人治理得毫无秩序、无法无天的话——更有用么?"

[14]听到我这番话,卡里斯特拉图斯不太高兴,他答道:"我的朋友,我们十分仰慕你,敬重你,要不然,在波律斯特涅斯城,没有一人会容忍你这样评论荷马和阿基琉斯。就如您所看到的,阿基琉斯就是我们的神,而我们对荷马的尊敬也仅次于众神。"

我想安抚卡里斯特拉图斯,同时也想朝着有益于他的方向引导他,于是我说道:"请你原谅我,用荷马式的语句说就是,'如果我说了难听的话'。②我们换个时候再来赞美阿基琉斯和荷马,因为[15]对我们来说,这位诗人似乎说话都很正确。不过现在,我们不妨思考一下福基尼德的情况,因为在我看来,福基尼德关于城邦的话说得非常高贵。"

"请说说看,"卡里斯特拉图斯说道,"因为你明白,在场的所有人和我一样都十分渴望听您演说,也就是因为这个,他们才聚集到河边,奔向这里,即便他们现在有些心绪不宁。您肯定知道,昨天中午斯基泰人搞了一次突袭,杀死了一些没有戒备的前哨,十之八九还俘虏了其他的一些人。我们还不清楚整个状况,因为他们溃逃时逃得有点远了,他们不是朝着城邦的方向逃跑的。"③

---

① 《伊利亚特》18.228–229。

② 《伊利亚特》4.362–363。

③ 似乎有点幽默。

[16]实际上,情况与卡里斯特拉图斯说的丝毫不差,不仅城门快速关闭了,连防御措施也升级到备战标准。他们是如此热情的倾听者,不愧是真正的希腊人,因为几乎所有的居民都来了,还带着武器,迫不及待地要听我讲述。

我欣赏他们的热诚,并说道:"如果你们乐意的话,我们是否可以到城里找个地方坐下来谈?因为现在我们边散步边说话,也许无法让所有人听清我在说什么。后面的人发现很难听清我在说什么,前面的人也会因为后面的人急着靠近而[17]无法听清我在说什么。"

我一提出这个建议,他们就一起动身前往宙斯神庙,因为他们习惯于在那儿集会议事。当最年长的人、最杰出的人以及官员围成一圈坐在长凳上后,其余人就站在旁边,因为神庙前有一片十分开阔的空地。

如果一位哲人看到这一幕,他一定极为高兴,因为所有人都如荷马描述的希腊人那样蓄着长发及飘逸的胡须,① 其中只有一人剃了须,为此他要忍受所有人的嘲弄和憎恶。据说他经常剃须,不过这并不是他闲暇时的爱好,而是为了奉承罗马人,向罗马人示好。从他的情况,人们就可以窥出这种做法对真正的男人而言是多么的不光彩,多么的不体面。

[18]当人群安静下来后,我说我觉得他们做得不错,因为他们生活在一个古老的希腊式城邦,还想要倾听关于城邦的事。"而

---

① κάρη κομόωντες Ἀχαιοί [长头发的阿开奥斯人] 在荷马的作品中频繁出现。关于胡须,他并未提及,即使胡须或许已经很常见。希腊人很早就知道剃须刀,但据说是亚历山大大帝让剃须变得普及。西辟奥·阿利坎努斯(Scipio Africaus)似乎就是一个时常剃须的罗马人。这段文字表明,甚至在狄翁的时代也有一些希腊人蓄胡子。

且,"我说道,"至关重要的是,我们应当明确了解我们即将谈论的事物的真正本质,因为只有这样,你们才能同时认识其属性。因为大多数人,"我说道,"只是知道并使用事物的名称,[19]而忽略了事物本身。可是受过教育的人会把了解所谈之物的涵义当作分内之事。例如, ἄνϑρωπος[人]是所有说希腊语的人都会使用的一个词语,然而倘若你们问他们其中任何一个人 ἄνϑρωπος 到底是什么意思时——我指的是它的属性及它与其他事物之间的区别——他们就说不出话来,而只能像个蛮夷似地指指自己或其他人。

"然而,当一个学富五车的人被问及 ἄνϑρωπος 是什么意思时,他会回答,ἄνϑρωπος 指的是被赋予了理性并终有一死的动物。因为那恰好只适用于 ἄνϑρωπος,[20]而非任何其他的事物。同样地,据说'城邦'一词就意味着一群 ἄνϑρωποι[人]生活在同一个地方,并接受法律的统治。① 因此,显而易见,那个术语不属于任何被称作城邦却缺乏智慧和法律的共同体。结果是,诗人甚至不能用'城邦'一词来指尼尼微,因为它已被愚蠢征服。正如缺乏理性这一属性的人不能称作 ἄνϑρωπος[人]一样,不服从法律的共同体也不能称作城邦。而如果这个城邦愚蠢而无法无天,那它绝不可能服从法律。

[21]"或许有人会问,如果共同体的统治者和领袖是审慎而充满智慧的人,而且会依照自己的判断依法、理智地统治其余人,那么这样的共同体是否会遵纪守法,是否会因为统治它的人而成为一个真正的城邦。正如一个合唱团,只要指挥之人精通音律,更进一步,只要其余成员能接受指挥的指导,不会发出与指挥所定之旋律相反的音符,或只是轻微发出其他的声音,那么,这个合唱团或许就可以称得上[22]音调优美。

"从来没人听说过曾存在一个完全由好人组成的好城邦,即一

---

① 这是廊下派的定义,狄翁第29篇演说辞对此有简明扼要的陈述。

个由凡人组成的城邦,我们也没必要去想象那样的城邦或许会在将来某天出现,除非那是一个由天上的神组成的城邦。由神组成的城邦绝不会静止不动或无所作为,而总是充满活力和不断前进,其向导和领袖也是神,城里没有斗争,也没有失败。假定神沉溺于争斗且会经受失败——要么是神相互之间,即使他们身为朋友也是如此,要么是因为更强大的力量——是不虔诚的,相反,我们必须认为,神明毫无阻碍地在永不改变的共同友谊中履行多个职责,其中最出色的神各自追求一个独立的事业——我指的并不是毫无目的、毫无意义地漫游徘徊,而是在学识和至高智慧中跳着快乐的舞蹈①——其余的天国大军则顺普遍运动的大势而为,因为整个天国只有一个目标和推动力。

[23]"或许只有那样的政体和城邦才真正称得上是幸福的——即神与神之间是伙伴关系。即便你把拥有理性能力的一切事物也纳入诸神的行列,由此归入此列的人类的男孩据说也与成年男子一样享有公民的身份,这种公民身份是生而有之,而不是因为他们考虑或履行了公民的职责,也不是因为他们共享了他们所并不了解的法律。

"然而,如果我们再来看一种不同类型的共同体,那么无论它处在什么地方、什么情况,我们几乎都可以说,与神圣、有福的法律所拥有的至高公义以及对这法律的恰当执行而言,这些共同体绝对是不完美和一无是处的。不过就目前的论题而言,我们还是可以得到

---

① 很显然,狄翁把众神等同于天上的星星。跳舞的星星这个想法见于不止一部古希腊作品,请特别参柏图《厄庇诺米斯》(*Epinomis*)982e和《蒂迈欧》40c。在第39篇演说辞的开头,狄翁在他乐意称作波斯祭司神话的部分用改变的形式展示了同一个主题,根据该神话,宇宙由套在宙斯战车上的四匹马构成。

许多共同体的案例,它们与完全腐化堕落的共同体相比较而言,建设得还是相当不错的,正如在一群病人之中,我们可以对比病况最轻的人与病况最严重的人一样。"

[24] 当人群中一位德高望重且最年长的老者打断我的讲话时,我正按照一般的路线致力于我的讨论,这位老者谨慎地说道:"外地人,如果我打断了您的讲话,请不要觉得我粗鲁和缺乏教养。在您的国家,我这样的行为不太体面,因为在您那儿哲学讨论丰富多彩,一个人可以听许多人讲述他想听的话题,而在我们的国家,您能到我们这儿游历,对我们这个城邦来说[25]简直是个奇迹。司空见惯的一件事就是,来这里的人名义上是希腊人,实际上比我们自己还要蛮夷,都是些小商小贩和进口廉价布料、劣酒以及作为交换而出口一些质量同样不怎么样的货物的小伙子。

"您看起来就像阿基琉斯从圣岛①派到我们这里来的使者,见到您,我们十分高兴,您讲什么我们都乐意听。然而,我们相信这次您并不会逗留多长时间,我们也不希望您逗留太长时间,而宁愿您一路乘风破浪,[26]尽快顺利地回到家乡。② 现在,您在谈话中论及神的政体,为此我十分激动,我看见这里的朋友们也很激动、很期待了解这个主题。实际上,在我们看来,您的话句句表达得庄严宏大,没有与您的主题不相称,而且正是我们最最渴望听到的。尽管我们对这种形式更加高雅的哲学不太熟悉,但是,正如您知道的,我们是荷马的爱好者,而还有一些人,不是很多,是柏拉图的爱好者。我本人属于后者,我会尽可能地阅读他的作品。这看起来也许有点奇怪,因为,波律斯特涅斯人当中希腊语说得最差的那个,竟然喜欢那个

---

① 参第9节。

② 很显然,说话者已经听说了狄翁受阻的计划以及他目前远航的目的(参第8节),他这样说仅仅是表示礼貌而已。

十分具有希腊性和十分明智的人,还要教化那个人的社会,简直就像一个眼睛几乎要全瞎了的人本应逃避任何光线,却转而直接凝望天上的太阳一样。

[27]"我们的处境就是这样;如果您想帮我们所有人一个忙,那么就请推迟讨论凡间的城邦——或许明天,我们的邻居会让我们闲下来,不会迫使我们像往常一样不得不竭力对抗他们——相反,请给我们讲讲那个神性的城邦或政体,不管你喜欢怎么称呼它。请阐述一下它在哪儿,是什么样的,并尽可能地用类似柏拉图的高雅方式进行表述,就像你刚刚向我们讲述时那样。如果说我们不懂别的,我们至少还懂他的语言,因为我们浸淫已久,这种语言听起来很高贵,跟荷马的声音相差不大。"

[28]老者的坦率让我格外高兴,我笑着说道:"亲爱的黑诺森(Hieroson),①如果昨天敌人进攻的时候,你们吩咐我拿起武器,像阿基琉斯一样战斗,那么我会遵从你们命令中的一个部分,竭尽全力帮助我的朋友们。然而,至于命令中的另一个部分,我想,无论我多想做到,我还是无法像你们的阿基琉斯那样战斗。同样地,在现在的状况下,我也会按照你们的吩咐做一件事——我将竭尽所能用自己的方式讲好这个故事;然而,

<blockquote>我当然不敢冒昧地同过去的英雄们竞争,②</blockquote>

不管他是柏拉图还是荷马。你们记得,诗人[荷马]说过,就欧律托斯本人而言,在这样的竞争中他占不了优势,因为这场竞赛针

---

① 虽然除了狄翁告诉我们的之外,我们对这个黑诺森一无所知,但是我们可以在一个与波律斯特涅斯及其阿基琉斯崇拜相关的铭文中找到这个十分罕见的名字(C. I. G. 2. 2077)。

② 《奥德赛》8.223。

对的是优于他的神。① 然而,我不缺乏热忱。"[29]我补充道。尽管我言辞颇壮,但是当我想起柏拉图或荷马时,我还是受了些触动,忍不住叹了口气。

"那么,"我说道,"我们应在以下条件下理解'城邦'一词,即我们这个学派②并没有从字面上把宇宙定义成一个城邦,因为那与我们的城邦学说形成直接冲突,我曾说过,廊下派把城邦定义为一个人类组织。③另一方面,如果他们先从'生命'这个词的严格意义上把宇宙称为'生命',④之后又把宇宙称为城邦,那恐怕不太合适,让人难以信服,因为[30]同一个事物竟然既是城邦,又是生命,这样的命题,我猜没有人会欣然接受吧。然而,自打整个宇宙(the whole)被分开并被划分为大量形态各异的植物和动物、有死者和不朽者,对了,还有空气和土壤、水和火⑤以来,现如今宇宙的构成秩序井然,所有这些形态在本质上都是一样东西,受一种精神或一种力量的统治——这种井然有序的构成方式,我要说,廊下派就用这种或那种方式把它比作一个城邦,因为在这里有无数的生命持续不断地或出生或消失,此外还因为宇宙的管理安排而有序。

[31]"这个学说的目标,简而言之,就是让人类和神保持和谐,用一个词涵盖一切具有理性的事物,在理性中为伙伴关系和正义找到唯一可靠、坚固的基础。与上述概念一致,'城邦'一词当然既不适用于碰巧拥有吝啬的领袖的组织,也不适用于那些被僭政、民主、

---

① 狄翁思考的仍然是刚才引用的那段文字,其中的诗行224至228影射了欧律托斯被阿波罗所杀,因为他胆敢挑战这位天神,与之进行箭术比赛。奥德修斯就是用欧律托斯的弓杀死了求婚的人。

② 廊下派。

③ 参第20节。

④ 参考柏拉图《蒂迈欧》30b。

⑤ 参考第43–46节,狄翁把这四者当作马。

双头政治(decarchy)、寡头政治或任何其他相似的不完美作品弄得四分五裂,以至于沦为持续不断的派系斗争之牺牲品的组织。

"此词更适用于由最明智、最高贵的王权统治的组织,或者适用于受王者统治、[32]与法律保持一致且十分友爱和谐的组织。实际上,最睿智、最年老的统治者和立法者为万事万物——有朽者和不朽者——所制定的规则就是如此,他是全天上的领袖,是一切存在之主。由此他亲自阐释了这个词,把自己的管理当作快乐、幸福的典范提供给大家,神圣的吟游诗人也在缪斯的教导下用歌曲赞颂他,称他是'众神和人类的父'。

[33]"实际上,当诗人作为一个阶层谈及神圣之物时,他们可能并不是十足拙劣的射手,当他们一次又一次地使用那样的表达时,他们可能也并没有偏离靶心。但另一方面,诗人仍然不可能已经按着真正入门者的仪式和规章,领受了真正的入门仪式,他们也不大可能拥有任何关于宇宙的真实而清晰的认识,如果我可以这样说的话。

"我们或许可以只把诗人看作与仪式中的仆人十分相似的人,这些仆人站在门外,在众目睽睽之下装饰门户和圣坛以及做其他类似的准备工作,然而却不能入内。故此诗人称自己是'缪斯的仆人'[①],而不是称自己为入门之人或其他威风凛凛的[34]名称。因此,正如我说过的,我们作如下猜测合情合理:那些在圣所门口为某个仪式而忙忙碌碌的人,听到玄妙的词突然大声响起,或看到围墙上亮起火光,他们也会略微知道殿里面正在干什么,同样,诗人们——我指的是古时的诗人——有时候也会突然得了某个来自缪斯的表达,尽管有些简短,但也是具有神圣本质和神圣真理的灵感,犹如在冥界闪过的一缕火光。

---

① 参赫西俄德《神谱》行99-101。

[35]"当荷马和赫西俄德被缪斯附身时,发生在他们身上的事就是如此。① 但他们之后的诗人带到舞台和剧院的只是自己的智慧,就如未入门之人对着未入门之人说话,他们时常揭示的是不完美的神圣仪式。然而,大众仍为他们欢呼喝彩,而他们呢,则试图凭自己引导这些民众,实际上我们可以说,他们是在肃剧的岔路口支起露天摊子举行酒神仪式。②

"然而,所有这些诗人都用完全相同的方式称呼那位最初的、最伟大的神为整个理性大家庭的父和[36]王。靠着这些诗人,人们为宙斯王竖起了圣坛,有些人甚至在祈祷时毫不犹豫地称他为父,他们相信,在这茫茫宇宙中,肯定存在某个诸如那样的政体或组织。因此,至少从这个角度,对我来说,他们似乎也会毫不犹豫地用'宙斯之家'③这个词来指代整个宇宙——既然他真是居住于此的万物的父亲——由宙斯管理的家,我们廊下派把宙斯的'城'[37]比喻成这位神工作时的大办公间。"王政"一词更适用于一座城邦,而非一个家。毋庸置疑,人们不会先把王一词用于高于一切的人,之后却又拒绝承认万物受一个王统治。他们也不会先承认自己受一个王的统治,之后却否认自己是国家的一员,否认宇宙间存在君主式的管理。再者,既然承认了'管理',他们就不会拒绝接受用'城邦'或与之十分类似的东西来描述被管理的那个地方。

[38]"这就是哲人们的理论,这种理论在分享法律及公民资格的神和人类当中树立了一种高尚的、仁慈的伙伴关系,这不包括

---

① 参赫西俄德《神谱》行22-34。

② 狄翁是在比较喜剧作品的公开世俗点和神话的隐秘。因此,ἀκαλύπτους[露天的]和τριόδοις[岔路口]是十分重要的词。因为"支起摊子"(building booths)等于上演戏剧(presenting plays)。参柏拉图《法义》817c。

③ 欧里庇得斯把太空称作宙斯的οἴκησις[住所],充满机智的阿里斯托芬曾用δωμάτιον[家]一词替代这个词。

所有的生命,而只包含具有理性和智慧的生灵,它采用的这种准则远优于斯巴达的准则,也比后者公正。依照斯巴达的准则,希洛人(Helot)永远没有希望成为真正的斯巴达人,因此他们持续不断地谋划反对斯巴达。

[39]"波斯祭司在秘密仪式中吟唱的一个神话也唤起了人们的赞美之情,波斯祭司颂扬我们的这个神是最早也最熟练的驾驶双轮战车的人。他们宣称,和宙斯的战车相比,赫利俄斯(Helius)的双轮战车时间上更近一些,不过它奔跑的路线一览无余,能让许多人看见。因此,他们说,赫利俄斯的战车在人类中享有盛誉,因为自远古时期的诗人开始,诗人们似乎就一直在讲述它的出没,而且他们几乎用同样的方式描述马轭和驾着战车的赫利俄斯。①

[40]"宙斯强大、完美的战车还从未从我们土地上的任何诗人那儿,或是荷马那儿,或是赫西俄德那儿,②得到它应有的赞美;不过琐罗亚斯德曾歌颂过宙斯的战车,正如从琐罗亚斯德那儿学会了这首歌的波斯祭司的孩子们一样。波斯人说,琐罗亚斯德出于对智慧和正义的热情,离开了他的同胞,独自一人隐居深山。波斯人还说,那座山随即着火了,巨大的火焰自天空倾泻而下,没完没了地烧着。

"于是,君主和波斯最卓越的人都走近大山,向神祈祷。琐罗亚斯德从火焰中出来,毫发无伤。面对波斯人,他表现得宽容谦和,他吩咐人们大肆宴乐,献祭品,[41]答谢神驾临那个地方。波斯人说,自那以后,琐罗亚斯德就不是与所有人结交,而只是与最

---

① 赫西俄德在《神谱》行760–761谈及太阳神赫利俄斯的出没,不过并未明确谈及他的战车。最早提及他的战车的或许是《赫耳墨斯颂》(Hymn to Hermes),页68–69。

② 狄翁和希罗多德(2.53)一样,把荷马和赫西俄德当作关于希腊诸神的正统观点的创立之人。

了解真理的人、最能理解神的人交往。波斯人称这样的人为波斯祭司,即懂得如何培养神力的人,他们不像希腊人会因为无知而用此词指代巫师。① 波斯祭司还需要做的事就只是和神圣的谚语保持一致,为此他们特意为宙斯供养了一支尼萨马②马队——在亚洲,这种马品种最优良、数量最多——可是波斯祭司为赫利俄斯只供养了一匹马。

[42]"波斯祭司讲述神话的方式与我们那些缪斯的先知③不同,我们的缪斯代言人只是用一张巧嘴呈现所有细节,波斯祭司则顽固地坚持神话的真实性。波斯祭司声称,宇宙在一个身怀绝技且具有强大力量的驾车人的驱使下,一直持续沿着一条道路向前推进、运转,这种运动无休无止,在时空之中无限循环。根据波斯祭司的叙述,太阳神($Ἥλιος$)和月亮女神($Σελήνη$)的行动路线只是整体中的一部分,也就是缘于此,人类可以更清晰地看到它。波斯祭司还补充说,对大多数人来说,宇宙的整体运转和循环是不可察觉的,他们并不知道这场竞赛④有多么广大浩瀚。

[43]"接下来关于马和驾驶马车的内容,我真的羞于用波斯祭司的陈述方式来讲述,因为当波斯祭司呈现画面时,他们并不关心各方面的连贯性。实际上,吟诵一首与高雅、充满魅力的希腊叙事诗形成鲜明对比的蛮夷叙事诗,⑤ 很可能会让我显得有些荒诞不

---

① 参狄翁演说辞49.7,希腊人频繁地把"波斯祭司"和"巫术"(magic)当作相关的语词联系在一起。

② 希罗多德(7.40)在描述薛西斯军队行军之时提到了"十匹被装饰得十分华丽的神圣的尼萨马",走在一辆由八匹白马拉着的战车前面,为宙斯专用。没有证据能证实狄翁关于波斯祭司歌颂宙斯车队的断言。

③ 也就是代言人。

④ 是这个词语的比喻用法。

⑤ 在琐罗亚斯德的文献中并未找到与"蛮夷叙事诗"对应的抄本,不过

羁,然而,我仍必须冒一下险。

"据波斯祭司说,其中一匹马是天空①中最高大的,其外貌、体形和奔跑速度无比卓越,因为它拥有外圈轨道,运行的路线也最长,它是宙斯的专用马。这匹马长了翅膀,在最纯净的火焰的照耀下光彩夺目,在它里面,我们只能把赫利俄斯和月亮女神看作醒目的记号或标志——我想像那就像地上的马儿身上所印的标记,[44]有些是月牙形的,有些是其他样式。波斯祭司说,这些'标志'排列得比较紧密,好像自灿烂的光芒向四处飞溅的巨大火花,每一个火花都有自己独立的运动轨迹。还有别的星辰则借着宙斯的那匹马成为可见,它们也一概都是那马的天然组成部分,在某些情况下,它们会和马一起以相同的行动轨迹运转,而在另一些情况下,它们则会遵循不同的轨迹。他们还说,这些和宙斯的马有关联的星星在人类那儿有各自特定的名称。②然而,其余的星星在被提及时总体上则以群为单位,它们以某种图案或样式分布。③

[45]"那匹十分耀眼、由星星装饰得熠熠生辉的马,是宙斯最为珍贵的马,波斯祭司在诗中用诸如此类的词赞美它,这匹马在祭祀和崇拜中居于首位是当之无愧。与宙斯的马接触最紧密的,就是

《阿维斯陀》(*Avesta*)提及穿过苍穹的光明之神密特拉(Mithra)的车队。冈佩茨(Gomperz)在《希腊思想家》(*Griechische Denker*)Vol. Ⅰ页65中宣称,希腊人并不知道《阿维斯陀》的琐罗亚斯德,也不知道迦特(Gathas)的教导。狄翁的这个神话至少在很大程度上可能是他自己用熟悉的廊下派学说想象出来的一个论述,即宇宙由四个同轴的球体构成:土地、水、空气和火。这四样极易被人们等同于狄翁所指的"马"。参策勒尔(Zeller)的《希腊哲学》(*Philosophie der Griechen*)Vol. Ⅲ, pt.1,页172。

① 太空(aether),恒星和行星的居所。
② 行星。
③ 星群。

那匹拥有赫拉①之名的马,这匹马服从管理,脾气温顺,不过在力量和速度上要逊色许多。这匹马呈现自然的黑色,接收了太阳神赫利俄斯光芒的那部分常常闪闪发亮,不过如果它在运转时陷入阴影,[46]就会呈现出其特有的色泽。②

"第三匹马为波塞冬③专用,比第二匹马还慢。关于这匹马,诗人们创作了一个神话故事,大意就是,在人间出现了一个酷似它的马——我想,他们称它珀伽索斯(Pegasus)——他们声称,只要它的蹄子踩到哥林多的一个喷泉,泉水便会喷涌而出。④

"第四匹马是它们之中生得最奇怪的,它坚固、岿然不动,更不用说它还没有翅膀了,它以赫斯提(Hestia)⑤为名。然而,波斯祭司并未回避描绘它,相反,他们说这匹马虽也被拴在战车上,但是它仍不能移动,只能格格地咬着坚硬无比的缰绳。[47]其他马的身体从四面八方向它挤压过来,旁边的一对儿⑥也常常突然一齐朝它调头,似乎在攻击它、挤它,而当这些马在跑马场⑦上跑完一圈后,离得最

---

① 空气。

② 这个观念似乎借自月亮的变化。

③ 水。

④ 特别参斯塔提乌斯(Statius)之《蒂巴伊斯》(*Thebais*)4.60。这个神话最令人熟悉的版本是关于赫利孔山上(Helicon)的灵泉之水(Hippocrene)的。然而,珀伽索斯也和其他喷泉联系在一起,这或许是源于其名字所附带的涵义。据品达及其他人说,哥林多的佩瑞涅(Peirene)与柏勒洛丰(Bellerophon)俘获珀伽索斯一事有关联。狄翁想到的可能是阿克罗哥林多(Acrocorinth)的佩瑞涅——狄翁若从那里动身会非常方便——因为在古罗马时代,那口喷泉在珀伽索斯故事中比山下城邦更加华丽的喷泉还要突出。参看布洛涅(Broneer)的《哥林多》Ⅲ, pt.i,页59–60。

⑤ 此处应理解为土地。

⑥ 水和空气。

⑦ 在第43节中,狄翁提醒我们,波斯祭司不是十分关心连贯性。译者设

远的那匹马①总是第一个朝那匹无法移动的马拐过来。

"在大多数情况下,这些马能做到和平相处,相互友爱,互不伤害。然而过去有一次,当它们长时间地在宇宙做多次循环运动时,来自第一匹马的一阵狂风,正如预料中脾气火爆的马匹会发出的一样,自天空落下,其他的马身上着火了,尤其是排在最后的那匹马。②火不只是烧着了它为之骄傲的鬃毛,[48]还让整个宇宙也燃起来了。③波斯祭司说,希腊人把这个经历记录成一个孤立的事件,并把它与法厄同的名字联系在一起,因为希腊人既不能批评宙斯驾车不善,也不愿意抱怨赫利俄斯的行动路线。因此希腊人说,是一个年轻的驾车人——赫利俄斯在凡间的一个儿子——想玩一个游戏,但后来的事证明这个游戏对整个人类来说是一场悲剧和灾难。这个儿子恳求父亲让他驾驶父亲的马车,然而他却完全不顾章法,结果大火把一切都烧了个精光,兽类和植物也是如此,最后连他自己也遭遇了灭顶之灾,被强大的火焰④摧毁了。

[49]"每隔几年,波塞冬和山林女神(Nymph)专用的那匹马就会反抗,它一反常态,变得惊慌失措,烦躁不安,这一次又是这样,另一匹马的汗味简直要把它熏得不行了,因为它们两个是同轭的伙伴。也因此,它遭遇了和前面提及的灾难截然相反的命运,即泛滥的洪水。波斯祭司说,希腊人在此处又一次因为年轻无知和坏记性,而把这次洪灾记录成一个单独的事件,并声称当时的王丢卡利

想四匹马都拴在一辆车上——他们不同的奔跑速度容许人们那样理解,因为其中三匹马在第四匹马周围移动;然而,最外面的马(太空)如何能起领跑作用呢?或许跑马场上的观众就有那个印象。

① 太空。
② 大地。
③ 廊下派相信周期性大火灾,大火烧光宇宙,使之重生。
④ 参奥维德(Ovid)《变形记》(*Metamorphoses*)1.750至2.400。

翁(Deucalion)把他们从彻底的毁灭中拯救出来。①

[50]"据波斯祭司说,人类认为,这些罕见的事件之所以发生,就是为了毁灭他们,它们不符合理性,也不是宇宙法则的一部分。人类没有意识到,这些事情发生得十分适宜,也与这个世界的保护者和统治者的计划十分一致。实际上,这就好比当驾车人惩罚其中一匹马时会发生点什么一样,他会使劲拉缰绳,或者用手中的刺棒扎它,然后马就会后足立地腾跃起来,陷入恐慌,但一会儿它又平静下来,恢复原来的步法。

"这就是他们讲述的其中一种驾车方式,伴随它的是暴力,不过这不会导致宇宙完全毁灭。[51]他们还讲述了另外一种驾车方式,它包含了四匹马的运动和变化,马匹之间相互转换,相互交换形状,直到它们汇成一体并最终被力量最强大的那个征服。然而,波斯祭司还是大胆地把这种运动比作引导战车和驾驶战车,即使他们需要使用更加奇怪的比喻才能做到这点。例如,这就像变戏法的人会用蜡塑造出一些马,然后,他从每匹马的身上刮下蜡,一会儿给这个加点,一会儿给那个加点,直到最后,他又利用所有的马,要把四匹马变成一匹马,[52]这样他就用所有的材料塑造出了一匹马。

"然而,他们说,他们提及的过程实际上和塑造那些没有生命的雕像的过程并不一样。塑造雕像时,工匠换着使用外面的材料,然而,这里的转变则相反,它是这些生命自己的作品,仿佛它们在竭力赢得一场真正伟大的比赛。

"他们还补充说,胜利和花冠必然属于速度和勇猛位居第一、整

---

① 根据奥维德的《变形记》1.318至329,只有皮拉(Pyrrha)和丢卡利翁得到拯救。阿波罗多罗斯(Apollodorus)1.7.2说,少数人飞奔到最高的高山上,因而获救。路吉阿诺斯的《叙利亚女神》(*De Dea Syria*)12提供了一个和挪亚故事十分相似的版本。

体优秀的那匹马,我指的就是我们在叙述开篇[53]所说的宙斯专用的马。那匹马在所有马之中最勇猛,生性火爆,用不长的时间(尽管根据我们的算法似乎永无止境)就让其他马变得疲惫不堪——我想,仿佛它们真是蜡做成的——还把其他马的一切据为己有,比以前更加强大、更加耀眼。这并非源于其他凡间或永生生灵的帮助,而是源于它自身的努力,它证明了自己是这场伟大竞争的获胜者。它巍然屹立,傲然自得,为自己取得的胜利欢欣鼓舞,它不仅夺取了尽可能大的地区,在那时它还需要更大的空间,它的力量和精神都是如此强大。

[54]"神话讲到这个阶段后,波斯祭司开始窘迫地为自己创作的生物寻找一个可以描绘它的名字。波斯祭司说,到目前为止,这个生物只是驾车人和主人的灵魂,或者姑且说,它只是那个灵魂的智力和领导才能。(实际上,当我们因最伟大的神的高尚举动和神圣话语而向他表达尊敬和敬畏时,我们自己所使用的就是[55]这些词。)事实上,当心灵形单影只、里面充满了无垠的虚空时,由于它已向四周均匀喷洒,里面再没有什么是稠密的了,有的只是遍布四周的小孔——在那个时刻,心灵十分美丽——因此,在获得了无杂质的光芒最纯粹的本性后,它很快又渴望拥有自己最初的存在方式。心灵开始迷恋过去自己对太阳、月亮和星星及所有动植物拥有的控制、统治和和谐,心灵急于生成和分配一切,让已存在的有序宇宙换上新颜,让它远远好于从前,[56]变得更加光芒万丈。心灵发出一道闪电,但不像暴风雨时引起骚乱且令人讨厌的闪电,这道闪电更纯粹,不掺杂任何浓雾,发出这道闪电后,心灵便以思想的速度毫不费力地完成了转变。

"然而,回想起阿芙洛狄忒及生成的过程,心灵开始抑制自己,放松自己。当熄灭了大部分焰火后,心灵变成了轻柔温暖的热气,而且,与赫拉结合并享受了最完美的婚姻后,它开始酣睡,再次为宇宙释放出充足的种子。宙斯和赫拉的神圣婚姻①就是如此,圣贤的子孙后代在隐秘的仪式上歌颂它。[57]宙斯把他的整个本质,即他给整个世界的一粒种子,变成了液态,之后他就像创造活动中陶造和型塑万物的一个精灵那样,在世界中周游。实际上,我们可以把拥有理性的他说成是由灵魂和身体构成的,就此而言,他的构成与其他生命体十分近似。现在,他轻松自如地陶造并型塑其余一切生命,他优雅、柔和地倾倒出他的本质,并在世界各部分轻松结出果子。

[58]"执行并完成自己的任务后,宙斯再一次让宇宙看上去充满了美感和不可思议的魅力,实际上,它的样子比现在光辉灿烂得多。我以为,不仅手工作品刚由艺术之手创造出来时显得更好、更鲜亮,娇嫩的植物也比成熟的植物更加茁壮,就像嫩芽。动物出生的时刻看上去也很可爱、迷人,这不仅指最漂亮的动物如此——小马、小牛和幼犬——最凶猛的野兽的幼崽[59]也是如此。人类的本性和得墨忒耳(Demeter)的嫩禾苗一样柔弱无助,发展到全盛时期时却比其他一切植物都茁壮和引人注目。

"然而,整个天国和宇宙在完成之初,已由最具智慧和最卓越的手艺加以整顿,刚刚离开造物主的手,闪耀而清澈透明,各个部分光芒四射,它没有一刻是无助的,也没有自然赋予人类和其他凡间生命的脆弱。相反,它从一开始就十分清新,[60]精力充沛。

"因此,在那个时候,当世界的创造主和父看着自己的双手创造出来的作品时,绝不仅仅是感到高兴,因为高兴只是卑微生命的一种低级的经验。不,他极其欢乐、极其喜悦,

---

① 这明显暗指俗称的神圣婚礼(Hieros Gamos 或 Holy Wedding),最早提及它的是《伊利亚特》14.294–296。忒俄克里托斯(Theocritus)15.64声称妇女一般知道所有细节。赫拉主持了婚礼仪式。

> 宙斯高踞奥林匹斯山顶,心中大笑,
> 因为看见众神而喜乐。①

　　诸神此时已然创造完工,陈列在地面前。

　　然而彼时彼刻,宇宙的样子——我指的是那永远拥有难以言喻之美者所拥有的朝气和美丽——我们的时代和昔日的时代都没有人能想像和描述出来,只有缪斯和阿波罗那拥有纯粹、完美无瑕之和谐的神圣韵律[61]才能够做到。为了那个原因,让我们也暂且克制吧,再说了,我们也并没有逃避尽我们所能去颂扬神话。如果这个神话的形式结果证明完全高不可攀不知所云,正如那些擅长占卜的人声称飞得太高、到了天国并藏在云朵之间的鸟儿让占卜变得不完美一样,那么,我并不是你们该责备的人,你们该责备的是波律斯特涅斯人的坚持,因为那天就是他们吩咐我说的。

---

① 《伊利亚特》21.389–390。

阿伽门农或论王政

[英译按]这篇演说辞似乎记录了狄翁和他一个学生的对话。在开场白中,狄翁建议把讨论话题定为阿伽门农,因为这个话题或许能提升心智。

确定学生接受那个主题后,狄翁便开始用柏拉图式的方式谈论"王"这个词的涵义:"他监督人类,向他们发号施令而没有向他们解释的义务。"

下了这个定义后,他又开始反驳它。他首先让听者注意斯巴达监督官对君主的约束力,其次关注阿伽门农对涅斯托尔和长老会议的依赖。

当他似乎已说服学生承认这点后,狄翁突然建议放弃这个话题,好像前一天已讨论得足够多一样,并转而谈论其他的话题。

学生抗议自己才刚稍微理解狄翁所述,他渴望就这个话题展开充分的讨论,然而,我们现有的记录并未就此话题继续延伸。这要么是记录人因为某些不为人知的原因在此处停笔,要么是狄翁的书稿委托人觉得,这些已足以阐释这个特别的主题。

[1]狄翁 你想听听关于阿伽门农的实践智慧吗?它能提升心智。在我的讨论中,我会把阿伽门农称作阿特柔斯的儿子,你会觉得厌烦吗?

对话者 倘若能提升自我,即使你谈论塔拉俄斯(Talaus)之子阿德拉斯托斯(Adrastus)、坦塔罗斯(Tantalus)或是珀罗普斯,我都不会觉得厌烦。①

狄翁　很好,如果你同意回答我提出的问题,那么恰好我想起我有些话要说。

对话者　请继续,我会回答你的问题。

[2]狄翁　有没有一些人是人类的统治者,就像有些人是羊群的统治者,有些是猪群的统治者,有些是马匹的统治者,而还有一些是羊群的统治者一样?他们都有一个共同的称号:牧人。难道你不曾读过克拉提诺斯(Cratinus)的那行诗?

我是个牧人;我照看羊群和牛。②

对话者　我没法告诉你,把所有照看动物的人都称作牧人是否更好。

狄翁　亲爱的朋友,关于这些问题,如果一个人稍微相信一下荷马,③那么不仅仅是那些照看牲畜的人可以得到这样的称呼,照看人类的也可以如此。不过你为什么不回答最初的那个问题呢?

对话者　哪个问题?

狄翁　即人类的统治者是否存在。

对话者　当然存在啊。

[3]狄翁　这些人是谁呢?你怎么称呼他们?我谈论的不是在战争中统帅三军的人,因为我们习惯于把军队领袖统一称作将军。

---

① 且不论对错,对话者可能猜测狄翁会认为阿伽门农的话题过于古老。因此,他表示甚至愿意听一些更古老的英雄故事。

② Kock, Com. Att. Frag., Cratinus, frag. 281。

③ 狄翁暗指荷马在《伊利亚特》中谈到英雄时频繁使用短语 ποιμὴν λαῶν [民众的牧者]。

我们还根据所在的小整体,把全体船员的领袖称作船长,把军团领袖称作上校,把舰队领袖称作海军上将,把三层桨座战船的领袖称作司令官。此外,还有一些人有类似的称谓,在战争中,他们负责管辖小的单元,因为[4]人们在战时需要全方位的照料和领导。同样,我问的也不是该怎么称呼给合唱团下指令并给他们起调的指挥,①不是如何称呼一场会饮的主导者,②也不是如何称呼在某次行动或某个时间段监管、照看一些人的人。相反,我指的是那些无论何时——或是在耕作之时,或是在日常生活中——都会统治人们,并把他们当作自己的公民的人,就如居鲁士统治波斯人,迪奥克斯③统治米底亚,赫楞(Helen)统治为他命名的人,④伊奥勒斯(Aeolus)统治伊奥利亚人(Aeolians),多里乌斯(Dorius)统治多利安人,努马(Numa)统治罗马人,达耳达诺斯(Dardanus)统治弗里吉亚人那样。

[5]对话者　你这个问题不难回答,因为我们称这些人为君主,实际上他们就是君主。你谈及的这种统治,即他们对人类进行普遍控制、向他们发号施令而没有解释的义务,我们称之为王政。

狄翁　那么,你不会把赫拉克勒斯的后裔的统治视作王政,是吗?即使这些君主统治了古拉刻岱蒙相当长的一段时间?⑤因为他们在诸多问题上要服从监督官,[6]不能随心所欲地做任何事情。监督官的职务在斯巴达忒俄鹏普斯(Theopompus)⑥的统治时期一

---

① ἐνωμοτάρχης,斯巴达军队中的队长。

② κορυφαῖος,歌队长。

③ 迪奥克斯或许是一个历史人物。希罗多德认为他创建了一个联合王国,并统治米底亚长达半个世纪。

④ 即古希腊人(Hellenes)。

⑤ 斯巴达君主将其血统直接追溯到赫拉克勒斯,塞萨利君主把古拉刻岱蒙的领土赐给了赫拉克勒斯。

⑥ 每年会选出五名监督官。一些古代的权威典籍把此职位的设立归于忒

确立,就拥有了不逊于君主的权威,他们如此威严,甚至想把普拉提亚(Plataea)之战中获胜的克列欧姆布洛托斯(Cleombrotus)之子泡塞尼阿斯投入大牢,后者逃亡至雅典神庙后,他们还是在那儿诛杀了他。① 身为赫拉克勒斯的后裔,身为一个男孩②的保护人,身为所有古希腊人而并非仅仅斯巴达人的王,泡塞尼阿斯没有从中得到[7]丝毫的好处。后来,阿格西劳斯(Agesilaus)与大王(the Great King)③交战,在萨迪斯(Sardis)附近战场取得胜利,并赢得整个下亚细亚的控制权,此时监督官却遣一名心腹将他召回。阿格西劳斯此时虽然已获授权统治众多的希腊人和蛮夷,却一天也不敢耽搁,④马不停蹄地赶了回来。阿格西劳斯要服从于其他的统治者,那么,他是否就不是斯巴达的君主了呢?

对话者 从王政的严格意义上讲,这些人怎么可能是王呢?

[8]**狄翁** 阿伽门农把皮洛斯(Pylus)的涅斯托尔当作自己的监督人,你是否甚至也认为阿伽门农就不是伊利昂(Ilium)的阿尔戈斯人和亚该亚人的王了呢? 此外,就是这个老人下令在舰船周围建筑高墙和沟壑,以此保护军港。⑤ 同样,在他的指导下,阿伽门农把军队划分为独立的小分队,因为他的军队以往作战时似乎缺乏组织,步兵和骑兵混杂在一起,皮里安人(Pylian)、阿尔戈斯人、阿卡狄亚人(Arcadian)和波俄提亚人亦如此。然而,涅斯托尔后来命令他

俄鹏普斯,另一些则将之归结于吕库戈斯。亚里士多德在《政治学》5.9.1中论述过监督官的权威与职能。

① 他们把神庙围得水泄不通,以至于泡塞尼阿斯被活活饿死。

② 泡塞尼阿斯是莱奥尼达斯(Leonidas)之子普列司塔尔科斯(Pleistarchus)的摄政王。

③ 指亚达薛西二世。

④ 关于召回阿格西劳斯,请参色诺芬的《希腊志》(Hellenica)4.2.1-3。

⑤ 《伊利亚特》7.327-344。

按宗族或部落划分部队,

> 宗族援助宗族,部落援助部落。①

[9]"此外,"他说道,"如此一来,你就能分辨出领袖之中哪些胆识过人,哪些贪生怕死。"如果分辨领袖是如此,那么分辨普通士兵亦是如此。与此同时,他还解释了这样做带来的诸多好处。

对话者 涅斯托尔这样做目的何在?

狄翁 涅斯托尔是希望在自己百年之后,阿伽门农亦能通晓将帅之道。然而,阿伽门农过于依从涅斯托尔,以至于他十分急切地想完成涅斯托尔吩咐的一切事务,即使涅斯托尔在梦中对他有所授意,他也丝毫不会怠慢。例如,关于一场战争的梦就是以这种方式欺骗了他,因为梦中那人太像涅斯托尔了。②

[10]然而,阿伽门农不仅依从大家公认的阿开奥斯人中最智慧的人,还十分倚重长老会议,没有他们,他寸步难行。比如说,他打算遵从梦境的指示,让大部队开拔,然而,直到长老们在涅斯托尔的船上举行了一次会议后,他才动身。③他想测试一下,军队是否愿意不顾阿基琉斯的愤怒继续征战,与敌人决一雌雄,然而,他并未直接进行此测试,而是首先咨询了长老会议。④许多蛊惑人心的政客会毫不犹豫地把未获会议通过的法令向全民会议(popular assembly)公布,阿伽门农则是与长老们商议后,再向军队汇报战争状况。

[11]对话者 尽管他是君主,尽管他可以全权处理一切事务,

---

① 《伊利亚特》2.363,364-366由狄翁以转述的方式补入。

② 《伊利亚特》2.16-17。荷马描绘了这个梦,在梦中,宙斯的一位信使把自己装扮得酷似涅斯托尔。

③ 《伊利亚特》2.53-54。

④ 《伊利亚特》1.275-276。

然而,以他的年纪,他倾听别人的意见,让一位值得信任的人作自己的谋士,也没什么大惊小怪的。不过在布里塞伊斯(Briseis)的问题上,他为何独断专行,未遵从高尚的涅斯托尔的命令呢?

狄翁　嗯,这和诸多身在自己的岗位上却不听从长官也不遵守其间法律的人一样,他们由此做出许多违法行为,甚至不得不为这些行为受罚。当他们受审判时,他们必须独自承受一切应受的处罚。

对话者　理当如此。

[12]狄翁　那么,你是否觉得,尽管阿伽门农那次违背了涅斯托尔,涅斯托尔后来也不会把他召回并惩罚他呢?我指的是涅斯托尔在联盟中最睿智的人及众领袖面前谴责阿伽门农的不当行为,并补充说,他应当承受什么样的痛苦,或应通过什么样的处罚来补偿过失。这是一次让人沉痛的责难。涅斯托尔能言善辩,他说长期以来,阿伽门农的行为让他十分苦恼:

> [13]营帐里把少女布里塞伊斯带走——
> 那件事并不合我们的心意,没有别人想出
> 比我现在想出的更好的意见。
> 我曾经再三劝阻你,可是你却顺从
> 你的高傲的精神,不重视天神所重视的
> 最强大的人,把他的荣誉礼物夺走。
> 据为己有,让我们想一想怎样挽救,
> 用可喜的礼物和温和的话语把他劝说。①

[14]众神作证,涅斯托尔不仅用言语惩罚阿伽门农,还对其胡闹行为给予最严厉的处罚。涅斯托尔命令阿伽门农前去恳求阿基琉斯,竭尽全力说服阿基琉斯。就如那些在法庭被定罪的人一样,

---

① 《伊利亚特》9.106-112。

阿伽门农先是提出一个相反的建议——交罚款,他说这是他能够承受的,可以弥补他对对方的侮辱。接着,他保证他会提供祭品,并对天发誓,自从那天他从阿基琉斯处把布里塞伊斯抢过来,他就对她以礼相待,[15]不曾越雷池半步。为了弥补把她从一个营帐转到另一个营帐的过错,他愿意赠予他们黄金、马匹、青铜三脚祭坛、巨釜、女人和城邦。最后,考虑到就这些还不够,阿伽门农表示愿意把三个女儿中阿基琉斯中意的那个嫁他为妻。① 没有人曾经受过如此处罚——为了偿还一个婢女、一个被俘的女子,即使此女未受到任何伤害,他却不得不献出自己的女儿,许以婚约,陪上丰厚的嫁妆,而新郎却不回馈任何礼物!② 实际上,据我们所知,没有一个拥有职位的人在恳求他人时,曾做出比这一决定还要痛苦的决定。

[16]以上天的名义,你是不是觉得阿伽门农统治着希腊人,故而他不会遭受处罚,不必为自己的所作所为付出沉重的代价?那好吧,关于这些问题,我们的讨论到此结束,因为我们昨天已经充分讨论过这些问题。让我们转入其他话题吧。

对话者 不,以上天的名义,我宁愿你能尽你所能继续谈谈这个话题,因为我才稍微理解你的论证要旨。我猜你是想讨论政体、王政或诸如此类的话题吧。

---

① 《伊利亚特》9.114–157。
② 史诗时期新娘无须带嫁妆。狄翁并未完全列出阿伽门农承诺的礼物,这个礼物单数量惊人,就是为了补偿阿基琉斯受伤的自尊心。也许狄翁只是开玩笑而已。

论王政和僭政

[英译按]此篇演说辞第1和第3节中所包含的溢美之词,除了是为图拉真准备的,几乎不可能是为其他任何人而备。

然而,与那四篇应当是讲给图拉真听的、关于王政的演说辞(第1至4篇王政演说)相比,此篇的开头与结尾都过于突然、简短,以至于我们很难想象它曾以我们目前看到的形式,作为一个单独的演说辞得以发表。

可以想象,这很可能是狄翁向十分有耐心的图拉真发表的第五篇与王政相关的演说辞的残篇。不过,摆在我们面前的,也很可能是刚刚提及的其中一篇演说辞的某一部分的不同版本。

狄翁本人明确说明(演说辞57.10–12),他有时会冒昧地把以前在"皇帝"面前发表的演说重复讲给其他听众。毋庸置疑,在这样的场合下,狄翁认为自己可以随意修改自己的原话,而这就解释了他的原话中为何会存在双式词(doublet)。

我们或许可以这样推测,演说辞的编者发现,第62篇演说辞的大意已包含在我们已提及的四篇演说辞中的某一篇的不同版本中,而编者又不想丢弃,因此便让它在此单独存在。

最后,值得注意的是,尽管我们在这里没有特别提及标题中的第二个要素即僭政,但在第三篇演说辞中已有提及。而且,演说辞3.10和演说辞62.3之间有十分明显的相似。

[1]如果一个人没有能力管理一个与自己十分亲近且实际上和

自己形影不离的人,[①]如果一个人不能引导一个灵魂,而这个灵魂还是他自己的,那么他如何能和你一样,[②]成为无数分散于各地的人的王?

这些人中有许多甚至居于天涯海角,其中大多数他素未谋面,将来也不可能谋面,他也听不懂这些人的口音。这就如同一个人有视力障碍,视力微弱得看不清脚下之物,还需要别人搀扶,却能用肉眼看到最远处的物体,就像海上的人能看到远处的群山和岛屿一样。或者就像一个人说话时,连身旁之人都听不清他说了些什么,可他却有能力说得让整个周围和军队[2]都能听到他的声音。

实际上,智力可以堪比视力——视力健全时人可以仰望星空,但当视力受到严重损害时,人就看不到任何东西,即便近在咫尺的东西也看不见。这就好比谨慎之人的智力可以引导所有人,而愚蠢之人的智力还不足以保护一个人——他自己的或者是某个家人——的肉体。

以大多数拥有不受约束的权力的人为例:因为拥有的权力能让他们获得一切,所以他们渴望得到一切;因为正义就握在他们的手中,所以他们无法保持公正;因为不畏惧法律,所以他们甚至不相信法律的存在;因为不需要劳作,所以他们从未停止奢华的生活;因为受到他们枉待时没有人会为自己辩护,所以他们从未停止枉待他人;因为缺少快乐,所以他们从未得到满足;因为没有人公开谴责他们,所以他们不会错过任何不公正地批评别人的机会;因为没有人想伤害他们的感情,所以他向所有人展现自己的坏脾气;因为愤怒之时权力让他们为所欲为,所以他们总是[3]频繁发怒。

而另一方面,一个像您这样的贤明统治者的所作所为则截然相

---

① 即这个人本人。
② 大概是图拉真,参第3节和简介。

反：他从不觊觎任何东西，因为他觉得自己拥有一切；他在快乐上有节制，因为他并不缺少自己渴望的快乐；他比其他人更公正，因为他为所有人提供正义；他以劳作为乐，因为他劳作时完全出于自愿；他看重法律，因为他不惧怕法律。

贤明的君主如实证明了这些。谁会比整日操心诸多事务的人更需要丰富的智慧呢？谁会比高于法律的人更需要严格的正义呢？谁会比一切唾手可得的人更需要[4]坚定的自制呢？谁会比万物的保护者更需要巨大的勇气呢？

此外，即将统治许多人的人不仅需要花费大量的财富，还需要军队，军队里要有步兵和骑兵，还要有防御工事、舰船和兵器，如果他要控制自己的臣民，防备敌人，以及预防有人企图反抗他的权威，迫使他沦为老百姓的话。

然而，在一切事情当中，自制的成本最低，困难最少，危险性也最低，因为自制之人的生活既不奢靡，也不辛劳，不会充满危险。然而，尽管如此，尽管自制如此令人向往，自制自然而然地还是最困难的事。

[5]例如著名的萨达那帕勒斯，①他的名字就是个绰号，他据有当时最大的城市尼尼微和巴比伦，居住于第二大洲②的所有民族乃至世间无人居住的地区都臣服于他。然而，对于王政，萨达那帕勒斯不会比一具行尸走肉更有资格宣称他在施行王政。

事实是，萨达那帕勒斯既不会思考，也没有能力思考、决断或率领军队。他就像让妇人伤心悲恸的阿多尼斯（Adonis）③一样，习惯

---

① 亚述的最后一个统治者亚述巴尼拔（Assurbanipal）（公元前668—前625年）。希罗多德（2.150）只谈及他的财富。狄翁关于其柔弱、懒惰的记述可能来自克特西亚斯（Ctesias）。参狄俄多儒斯（Diodorus Siculus）2.23–28。

② 亚洲。

③ 早在5世纪时，雅典妇女就用持续两天的节日来向他表示崇敬，节日中

溜进宫廷女眷的内室,坐在那里,两腿伸直,靠在被紫色帷幔遮盖的黄金卧榻之上,[6]嗓音比太监的还尖锐,脖子耷拉到一边,脸色苍白,无痛而抽搐。他常年不见阳光,身体呈青紫,眼睛向上翻,仿佛要窒息了似的。

简言之,萨达那帕勒斯是一个难以与自己的妻妾区别开来的人。有一度,萨达那帕勒斯似乎暂时守住了自己的帝国,①可这个帝国就像没有舵手的船只一样在大海上漂泊,没有人控制它,只要天气尚好,它就听从命运的指引。然而,当海水微澜时,[7]一个波浪便可以让它沉没。人们也许也看到过无人拉住缰绳的马车,在比赛中它疯狂地摇摆,这辆战车虽然绝不可能赢得胜利,却会让临近跑道的观众陷入混乱,甚至在他们中造成毁灭性事故。

世上绝不会有愚蠢的君主,就如世上不会有瞎子当旅人的向导一样;世上不会有不公正的君主,就如弯曲、不直的测量杆不需要用另一根杆子让它变直一样;世上绝不会有胆怯的君主,就如狮子不会像鹿一样,或者就如铁不会像蜡或者铅一样柔软。反过来,更严格的自制还能属于谁,而不是属于他呢——那被最多快乐环绕的人,那管理最多事务的人,那最少闲暇的人,那操心最大和最多问题的人?

的悲恸十分引人注目;参阿里斯托芬的《吕西斯特拉忒》(*Lysistrata*)389。在亚历山大里亚(Alexandria)举行的庆典,形成了忒俄克里托斯第十五首长篇叙事诗的背景;参埃德蒙兹(Edmonds)的彼翁(Bion)挽歌,《希腊田园诗人》(*Greek Bucolic Poets*)(L. C. L.),页386-395。

① 亚述巴尼拔王死后数年,尼尼微在公元前612年陷落。然而,克特西亚斯讲述的萨达那帕勒斯的故事并非历史上那个统治者的故事。在希腊的记述里,萨达那帕勒斯是亚述的最后一位王,他预见到尼尼微会被征服,就把自己连同自己的宝藏和妻妾一起放火烧了。

论 法 律

[英译按]有学者根据文体把这篇演说辞归为狄翁智术师时期的作品。此演说辞是智术文学中较常见的一篇颂词,同时展示了此种写作形式的优点及缺点。学者们多关注与演说效果相关的细节问题,却没有领会在作者的其他许多作品中都能找到的那种表达其严肃信念的音调。

颂词的主题是 νόμος[礼法]。众所周知,这个词涵盖面颇广,有时指被悠久传统神圣化了的习俗,有时指神圣的典章律例,有时又指成文法(statutory law)。狄翁对这三个变体一视同仁,慢慢地从其中一个过渡到另一个,然后又从另一个过渡到下一个。

文章的首句,ἔστι δέ[但是],暗示演说辞前面有一段引言,不过已经失传。

[1]但是,法律是生活的向导,是诸城邦的公正的监督者,对办事而言,则是诚实、正直的衡量标尺(straight edge),每个人都必须以这个标尺为准,努力做到行止端正。

相应地,遵纪守法的人必然安全无忧,而违反法律的人必先毁了自身,紧接着又毁了自己的同伴,从而成为目无法纪和暴力的榜样。

正如那些没有无视海上灯塔的人极有可能度过难关并找到港口,那些终生遵循法律的人也将享受最大的安全,并抵达[2]正确的终点。确实存在这样的例子,即以别的人作为顾问的人有可能令自己悔恨，若以法律为顾问，他则不会如此。

法律对城邦的作用比城墙要大得多，很多城邦没有城墙还是存在，然而，没有法律，就没有哪个城邦能得到妥善管理。

法律不仅对凡人有益，对神明也有益。无论如何，整个宇宙同样保留了神圣不受侵犯的法律，永恒之物中没有什么能违反它。我猜想，就是因为这个原因，法律才恰如其分地被称为"人和神的王"。①因为，法律消除暴力，压制傲慢，谴责愚蠢，惩罚卑鄙，在私人和公共关系中帮助有需要的人，周济不公正行为的受害者，让那些对行动路线迷惑不解的人明白自己的[3]责任是什么。

例如，当一个人无论何时感到困惑并努力寻求对策时，我相信，他无须召集自己的亲朋好友，而只需前往法律那里，提出他的难题。因为，法律不会因为要顾及自己的私利，或因为不了解更好的方法，而提出低劣的建议，法律也不会因为忙碌或缺乏兴趣，而找借口推辞来求问者。相反，法律对所有人都一样重视，法律有暇处理所有人的问题，对法律来说，没有什么私人的或特殊的利益。

[4]和众神神谕式的回答相比，法律更加有益。有些人不能正确理解神谕，所做的一切刚好和神谕相反，却以为自己已和神谕步调一致——我想这就解释了他们遭遇灾祸的原因。法律却不拐弯抹角，不模棱两可，相反，法律总是把人们需要的一切用简单的词语表达出来。

另外，尽管法律是万物的统治者和主宰，但它并不会通过武器和武力来实施自己的权威，相反，法律本身就废除了武力。法律靠说服力统治并管理心甘情愿的臣民，因为法律首先说服了人类，在征得人类的同意后才形成，并获得了权力。

---

① 参品达 frag. 169。狄翁把这段诗最重要的部分改写成了散文；柏拉图在《高尔吉亚》(*Gorgias*)484b 中也引用了此诗中的几行。

[5]法律拥有的权力如此之大,以至于它能协助天神。例如,法律会惩罚亵渎神明的人和那些不敬神的人。没有人有力量损害法律,因为任何违反法律的人[6]伤害的不是法律而是自己。

正义和仁慈遍及法律,以至于对不幸的人来说,法律比血亲更有帮助;对不公正行为的受害者来说,法律比自己的权势更有效力;对父辈来说,法律比儿子还要亲切;对儿子来说,法律比父亲更加仁慈;对兄弟来说,法律比兄弟还亲厚。

无论如何,当许多人被最亲之人中伤时,他们会向法律寻求庇护。尽管没有收获来自任何人的善意,但法律会满满地回报那些向别人表达善意的人,让父亲得到儿子的感谢,让私下行善的人得到受益之人的感谢,让处理市政事务时表现出善意的人得到城邦的感谢。

[7]法律为善举设立的诸多奖赏十分迷人,它设计了王冠、公告还有荣耀的座位,这些东西不需要提供之人承担什么费用,然而对于获得这些东西的人而言,却值得付出一切。

实际上,无论法律要什么,也不管这东西多么廉价,法律都会立刻使它变得重要而珍贵。

正是法律让野生橄榄变得如此重要,值得人们为之付出不懈的努力,[8]香芹、松枝和橄榄王冠也一样;① 正是法律让每个好人公开受到赞扬的三个词② 变得比生命还珍贵;正是法律召集了全国性的节日集会;正是法律崇敬众神和颂扬美德;正是法律清洁了大

---

① 在奥林匹克运动会上,野橄榄枝做成的王冠是奖赏,在尼米亚(Nemea)运动会上是荷兰芹,在地峡运动会上是松枝。在雅典,人们也会把"橄榄枝王冠"奖励给在公共服务方面作出杰出贡献的人。参埃斯基涅斯3.187。

② 此处讨论的词可能是 ἀνὴρ ἀγαθός ἐστι[那人是好的],此词会很有规律地在荣誉敕令中出现。

海,①让陆地变文明,法律是名副其实的宙斯之子,是难以征服、不可超越的力量的拥有者。②

到目前为止,法律在自制克己和可信度上要优于其他一切,我们把自己和妇女的关系、少女的青春和青年的韶华时光都托付于法律。正义(Justice)是位少女,可是,法律是如此节制,以至于当法律(Law)和她待在一起时,她身边并不需要监护人。

[9]法律是暮年的保护人,是青春的教员,是贫穷的工友,是财富的卫士,是和平的同盟,是战争的敌人。在战争中,法律甚至拥有更强大的力量。

例如,法律会保护和捍卫由最不共戴天的仇人派遣的传令官,让传令官拥有比盔甲和盾牌更有力的武器,实际上,这就是法律的象征。因为法律的缘故,人们认为已遭杀害之人不再是自己的敌人,为此,他们不得侮辱已死之人的尸体以泄私愤。

[10]法律对城邦的作用远远超过舵对船的作用。一条船失去了双舵③未必会毁灭,除非遇到暴风雨,然而,如果法律遭到毁灭,那么即使没有来自外部的可怕的灾难,城邦也将难以为继。

正如我们每个人会受自身智慧统治和保卫,智慧的毁灭意味着疯狂和精神错乱,同样地,如果一个人把法律从自己的生活中驱逐出去,仿佛迷失心智一般,那么我相信,他也将进入完全疯癫和混沌的状态。

---

① 即指消灭了海盗。
② 在此处,法律被比作赫拉克勒斯,赫拉克勒斯的劳动很大程度上是肃清文明的敌人。
③ 希腊的船只通常有两个舵,一边一个。

论 自 由

[英译按]这篇演说辞除了帕里斯勒斯(Parisinus)版本2985之外,几乎所有的抄件都加上了短语 τῶν ἐν Κιλικίᾳ。引言部分谈到的关于第79篇演说辞的问题也同样适用于这篇演说辞,因为,这次我们又没有找到关于这篇演说辞的发表地的任何线索。

演说者把"自由"作为演说主题,此自由描绘了演说者自身即一个哲人的自由,也就是按自身喜好来去的自由,全面摆脱困扰人类之烦忧和麻烦的自由,摆脱名利和放纵之诱惑的自由。

这样的自由属于生活简朴的人,这样的人遵从宙斯而非尘世间不完美的立法者制定的法令。来自希腊神话和希腊历史的事例充分强化了这一信条。

[1]如果一个人摒弃了大多数人极度关注的一切,允许财富、名望和享乐随风而去,并到处瞎逛——当然,他不是以农夫、商人、士兵、将军、鞋匠、建筑工人、医师、演说家或是其他传统职业的从业人员的身份到处瞎逛,而是用一种奇特的方式来来去去,出现在自己无事可干的地方,毋宁说,出现在偶然和冲动指引[2]自己去的地方——那么,你可能会有些吃惊,觉得这有点难以置信,你还会认为,这是一个人头脑完全不正常的标志。

这家伙对于会议厅、剧院和集会视若敝屣,可是他会亲自参加大众集会。吸引他目光的也不是舞者、歌者、拳击手或摔跤手,而是买东西的人、闲逛之人或相互交谈、厮打的人。

有时候,周围的一切引起他的密切关注,给他带来的快乐也远远超过男孩子在体育竞赛和剧场表演中得到的快乐,尽管他不用提前到达那里,不用为了抢座位而彻夜不眠,也不会被人群挤来挤去。

有时候情况则相反:他对人群不闻不问,完全忽视他们的存在,只是随心地思考或是率性而为。

[3]然而,我本人倒觉得这样的状态美妙而有福:一个人在奴隶之中却可以做自由人,在臣民之中却可以保持独立。为了达到这种生存状态,吕底亚人多次发动了针对弗里吉亚人的战争,弗里吉亚人也多次发动了针对吕底亚人的战争。① 而且,伊奥尼亚人和多利安人也发动了许多次战争,实际上,几乎所有民族都发动了战争。

然而,却没有一人因为向往精神意义上的独立而试图使用他自己的法律,相反,他们为了梭伦、德古拉(Draco)、努马和札琉库斯(Zaleucus)②的法律争吵不休,醉心于遵循这部法典而不是那部法典。另一方面,甚至在这些立法者当中,也没有一人设计出他们本该设计出的那种法律。

根据记载,梭伦本人曾宣称,自己向雅典人提出的建议并不是自己满意的建议,而是他猜测能让雅典人接受的建议。③

---

① 关于这场战争,狄翁到底了解多少呢?希罗多德关于吕底亚的叙述始于哈里斯河湾(Halys River)以西的国土受吕底亚人管辖之时。

② 这里无意中提到传说中的罗马君主及立法者,暗示出听众要么受过良好的教育,要么拥有罗马背景。大约这个时候,普鲁塔克的确正在撰写努马的生平,不过努马的名字极少在希腊作品中出现。札琉库斯是意大利洛克里(Locri)早期的立法者,厄弗儒斯(Ephorus)(公元前4世纪)曾在《通史》(*Universal History*)中讨论过他。

③ 梭伦关于立法的诗歌残篇证明梭伦为自己的成就而自豪,然而,据普鲁塔克叙述(《梭伦》15.2),梭伦为了维护自己的法律,曾说那些法律"是雅典人可以接受的最好法律"。

[4]既然梭伦制定的法律让坏人觉得满意,那么显而易见,梭伦制定的是坏的法律。尽管这法律是坏的,梭伦自己也不怎么满意这些法律,但他本人也使用着这些法律。

毋庸置疑,甚至在这些立法者之中,也没有一人宣称独立,而且,他们也没有为了自由而竭尽全力或是为了自由发动战争。相反,立法者逐渐在城邦高墙内确立了无约束的奴役制度,紧接着又竭力用城墙、城楼和投射物保护自己,以防奴役制度有机可乘,从外部攻入他们自己的领地。这就如同一条船的横梁已开裂、支撑已进水时,人们还想采取预防措施防止海水从上方灌入船只。

就像传说中海伦并不在特洛亚而是在埃及,① 可特洛亚却因海伦之故忍受了围攻和死亡,这些立法者也是如此,自始至终,他们都不曾拥有自由,然而他们却为了自由而战斗、挣扎。

[5]不仅古人声称,为了捍卫法律自己不惜忍受一切,就连现在的人也说,尽管自己很不幸。可是,不管自己设计了什么样的法律或从类似的人那里继承了什么样的法律,正义都在法律中存在。

然而,至于那些真实、有约束力且十分常见的法律,人们却视而不见,不把它当作自己的生活指南。这就好比正午烈日当空时,人们四处走动,双手举着火把和蜡烛一样,他们无视天上的光芒,却转而追随闪烁着零星火花的一缕青烟。

自然之法被你们抛弃,因你们而黯然失色,可怜的人啊,你们却转而拿石碑、法典以及刻满了无意义的符号的石板当宝贝。

[6]你们很久以前就违背了宙斯的法令,如今却维护某个凡人

---

① 据说斯忒西科若斯(Stesichorus)创作了这个版本的海伦轶事,他把这个故事穿插在他的悔罪诗中,柏拉图(《斐德若》243a)保存了其中四行诗。希罗多德(2.112–119)详细描述了这个故事,欧里庇得斯把这个版本的故事作为作品《海伦》的框架。

制定的法律,以此为目标,不允许任何人违背它。此外,至于宙斯的法律,你们没能看出,雅典人联系梭伦法律为试图毁掉宙斯法律的人定下的咒诅更有效,因为任何人若试图废掉宙斯的典章律例,都绝对不能避免失去这法律的保护。只有一点,在这种情况下,犯罪之人的儿女和亲戚不会像在雅典那样受到株连,每个人都只为自己的不幸负责。因此,对于竭尽全力设法拯救这法令并努力保守自己的行为的人,我绝不会说他缺乏判断力。

[7] 不过,这才更让我惊讶和惋惜呢:① 在让人难以忍受且非法的奴役制度的统治下,你们却引颈就戮,你们在自己周围抛撒的不是一副或两副镣铐,而是千万副,这些镣铐压制、压迫着你们,远甚于那些一路上戴着手镣、脚镣或被绳子绑着前行的人。后者还有机会松绑或挣脱束缚逃跑,而你们却不断地加固枷锁,使枷锁变得愈发数不胜数,愈发牢不可破。

此外,请你们不要因为无法看见自己身上的枷锁,就认为我这番话是错的或是不可靠的。想一想荷马吧,你们认为他是古往今来最聪慧的人,想一想荷马说过是什么样的枷锁使战神阿瑞斯竟然被俘吧:

> 阿瑞斯,奥林匹斯诸神中最敏捷的神明,
> [那束缚]有如细密的蛛网,谁也看不见它们。②

[8] 不要以为,阿瑞斯是神且孔武有力,却还是被纤细且看不见的枷锁俘虏了,而你们虽然是生命中最脆弱的,却绝不可能被看不见的枷锁俘虏,只能被铜铁精心打造的枷锁③俘虏。你们的身体是

---

① 狄翁在此处想起了自己的开场白,即听众或许会对他的行为感到意外。
② 《奥德赛》8.331和8.280的混合。
③ 字面意义是铜山,赫西俄德早在《赫拉克勒斯之盾》(*Shield of Heracles*)(122)中提到过,这位英雄的胫甲就是由那种材料做成的。

固体且大部分由泥土做成,①当然需要那样的枷锁控制它们,但是,灵魂天生纤弱、不可见,它为什么不可以套上与这种描述相类似的枷锁呢?

你们已为自己打造了坚不可摧的枷锁,你们想尽一切办法打造这些枷锁,手艺甚至超过了代达洛斯(Daedalus),你们渴望确保自己灵魂的方方面面都受到了束缚,没有一丁点儿的自由或独立。

[9]为什么人们要把克诺索斯人(Cnossians)的地牢和曲折蜿蜒的迷宫比作弯曲而复杂的愚行呢?关押被抛入了石坑②的雅典俘虏的西西里(Sicilian)监狱是什么?斯巴达人的克阿达斯山谷(Ceadas)③或波斯人布满灰尘的屋子④是什么?那些少女狠心的父亲又是什么?正如诗人告诉我们的,他们

> 把这些少女关在四周浇筑了青铜的牢房里。⑤

但我想,如果我在演说中花更多篇幅来谈论人类的不幸,而不是谈论那可耻又可恶的奴役,我就不是在明智地行事。你们都被这奴役所奴役。人们也无法像著名的忒修斯(Theseus)那样,靠着一位愚笨的女人所提供的线索,安全逃离克里特岛⑥——我想,这不太

---

① 或许暗指普罗米修斯用黏土塑造人类的传说。参泡赛尼阿斯10.4.4。

② 西西里远征失败后,雅典俘虏被扔进叙拉古的采石场。参修昔底德《伯罗奔半岛战争志》7.86-86。

③ 一个峡谷或沟壑,大量罪犯被扔到里面。参修昔底德《伯罗奔半岛战争志》1.134及泡赛尼阿斯《希腊志》4.18.4。

④ 克特西亚斯(Ctesias)(48,51,52)曾提及。

⑤ 维拉莫维茨把此事的记载归于欧里庇得斯的《达那厄》(Danae),不过索福克勒斯也曾涉及这个主题。

⑥ 弥诺斯的女儿阿里阿德涅(Ariadne)给了忒修斯细线,忒修斯杀了弥诺牛(Minotaur)后用此线逃走了。

可能,除非雅典娜帮助了忒修斯,并亲自参与了[10]那次营救。

如果我按你们把自己变成囚犯的方式,列举出无知可怜的人类的所有监狱及身上的种种枷锁,那么,你们可能会认为,我以你们的不幸为基础创作悲剧,是个十分差劲、不讨人喜欢的诗人。①

奴役不只是使用那些拘禁罪犯的镣铐——颈镣、手镣及脚镣,还会使用特别的枷锁套牢肚腹或其他已被俘虏的身体器官,另外还有花样繁多、错综复杂的束缚。我相信,如果有人看到这番景象,一定要乐坏了,而且会格外欣赏这种奇思妙想。

[11]我想像着,首先走向各人的是一位女子,在其他方面,她尖刻,居心不良,奸诈,可是在容貌上她颇为出众。她对谁都是一副笑脸,

> 冷酷的笑脸,②

手里拿着与其性情相得益彰的链子,初一见,链子煞是华贵、柔软,就像人们认为的,只有被称作"幸福之子"的君主或僭主才能佩戴这样的链子。

没有什么枷锁比这种枷锁更令人痛心了,也没有什么枷锁比这种枷锁锁人更紧、更能施加压迫了。[12]在这位女子之后又来了另一位女子,她手里拿着金项圈或银项圈。她把金银打造的项圈戴在人的脖子上,然后就拽着每个身在各自岗位上的人周游每一片土地

---

① 这里或许是在回忆悲剧诗人普律尼科司(Phrynichus)的一件往事,雅典人罚了普律尼科司一千德拉克马(drachmas),因为他创作的《米利都的陷落》(*The Capture of Miletus*)再次唤醒了雅典人对伊奥尼亚亲人不幸命运的悲恸之情。参希罗多德6.21。

② 《奥德赛》20.302谈到奥德修斯躲过了克特西波斯(Ctesippus)向他投掷过来的牛蹄。

和大海,据赫西俄德说,① 君王的遭遇亦如此。而且,她还把城里的将军拽向城门,让他们把城门打开,成为卖国贼。

可是,这位女子却声称她十分关心自己毁灭的这些人,想让这些人高兴——就如居鲁士曾经用黄金做成的镣铐捆锁阿斯提阿格斯(Astyages)一样,显而易见,居鲁士十分关心自己的祖父。②

[13]然而,——列举各种镣铐将是一项浩大的工程。但有一种镣铐绝对不能忽视,在所有镣铐之中它最不可思议,也最复杂,它由最刻毒的女子所戴。它是金银、岩石、卵石、动物的角、长牙和贝壳及紫色染料和无数其他事物的联合体,是这个女子设计的最昂贵、最让人惊叹的项圈。它模仿了许多东西的样式和形状——王冠、权杖、冠冕和庄严的宝座——正如灵巧的手艺人打造睡椅、门户和顶棚时设法让这些东西看上去不是它们本身一样,例如,让门上的浮雕看上去像动物的头,[14]柱子上的浮雕也是如此。

在这个项圈里,可听见各种各样的声音,有拍手称叹的声音,有啧啧称奇的声音。③ 因此,民众煽动家和君主们都会带着这种项圈。可是,我们不要让这个比喻把我们带得太远了,就仿佛荷马让阿基琉斯追阿革诺尔(Agenor)的幽灵走了很远,可实际上阿基琉斯只是在追随一个言辞的幻像而已。④

讲述这些已足够了。

---

① 在《工作与时日》(行38-39和行262-264)中,赫西俄德把君主称作 δωροφάγοι[热衷受贿赂的君王]。

② 希罗多德花了很大的篇幅(《原史》1.107-129)讲述居鲁士和阿斯提阿格斯的故事,不过并没有提到黄金锁链。狄翁或许是在暗示,哈尔帕格(Harpagus)和居鲁士用黄金腐化阿斯提阿格斯的士兵,在决战中,阿斯提阿格斯有些奇怪地准备逃走。

③ ποππυσμός一词意指希腊人惊奇、赞赏之时嘴唇发出的声音。

④ 《伊利亚特》21.595-605。

附录

金嘴狄翁的王政演说

莫勒斯(John Moles)

本文于1987年6月提交由Miriam Griffin和Jonathan Barnes组织的牛津"罗马哲学与政治"研讨会。笔者向所有提出评议的与会者谨致谢忱。本文当前的版本多受益于Tony Woodman教授、Donald Russell教授和Malcolm Heath博士尖锐的批评和中肯的建议,尽管在某些观点上笔者仍旧坚持拙见。

[中译按]此文作者所用的演说辞希腊文底本,与本书中的演说辞中译所用的底本有差别。文中的引文直接据作者的英译译出,可能与演说辞中译有出入,请读者留意。

主要问题

关于金嘴狄翁的王政演说,关键性问题始终是:这些演说的目的是赞美图拉真还是提升图拉真?或者更准确地说(因为狄翁自己承认,这些演说包含着对图拉真的大量赞美),赞美是演说的主要目的(如果不是唯一目的的话),还是道德引导的工具?

就此而言,从文学文本中抹去目的问题的现代尝试将无法获得成功。[1] 目的问题在演说中有系统陈述,让当时和后来之人为此费

---

[1] 一个典型的构想:Wallace-Hadrill在M. Whitby编、P. Hardie和M. Whitby撰的《旅人:献给布兰布尔的古典学文集》(*Homo Viator: Classical Essays for John*

尽心思。有人在朝堂上诋毁狄翁,谴责狄翁的阿谀奉承让人厌恶,对此,狄翁觉得自己很有必要进行公开的斗争(第3篇王政演说,12—25节;参演说辞57.10)。狄翁宣称,这些演说"有益而有用"(演说辞57.11),演说中的智慧和实际可行的好处也给狄翁的崇拜者阿瑞塔斯(Areths)留下了深刻印象。①

迄今为止,关于这些演说的肯定观点和否定观点都有杰出的支持者,前者包括阿尔尼姆(von Arnim)、达德利(Dudley)、莫米格利亚诺(Momigliano)、沃斯朱比斯基(Wirszubski)、罗斯特伍泽夫(Rostovtzeff)和德斯得里(Desideri),后者包括莱珀(Lepper)、赛姆(Syme)、沃特斯(K. H. Waters)、菲尔斯(Fears)和琼斯(C. P. Jones)。

von Arnim,《金嘴狄翁的生平与著作》(*Leben und Werke des Dio von Prusa*), Berlin, 1898, 页399—435; Dudley,《犬儒主义史》, London版, 重印于Hildesheim, 1937, 页154—156; Momigliano,《金嘴狄翁》(1950年讲座未刊稿), 后收录于《经典研究与古代世界史文集(卷四)》(*Quarto contributo alla storia degli studi classici e del mondo antico*), 1969, 页262—265; Wirszubski,《作为政治观念的自由:从晚期罗马共和到早期元首制》(*Libertas as A Political Idea at Rome during the Late Republic and Early Principate*), Cambridge, 1950, 页135、145; Rostovtzeff,《罗马帝国社会经济史》, Oxford, 1957, 页120以下; Desideri,《金嘴狄翁:一位罗马帝国中的希腊智识人》(*Dione di Prusa: un intellettuale greco nell'impero romano*), Messina-Firenze, 1978, 页283—375; Lepper,《图拉真的帕提亚战争》(*Trajan's*

Bramble, Bristol, 1987, 页223)中说:"我们不要问奥维德的目的是什么,也不要问他是否真正如此认为(因为这会把我们拽入关于作者意图问题的整个理论困境),而是要问奥古斯都(Augustus)和其他罗马人会如何来接受《岁时记》(*Fasti*)"。要留意, Wallace-Hadrill在面对文本提出的挑战时无力维护自己的立场(页228以下)。

① 在Crosby译《金嘴狄翁》卷五(洛布版), 1951, 页409最容易见出;参Brancacci,《哲学修辞术:古代与拜占庭文化中的金嘴狄翁》(*Rhetorike Philosophousa: Dione Crisostomo nella cultura antica e bizantina*), Naples, 1986, 页235以下。

Parthian War),Oxford,1948,页 193–197；Syme,《塔西佗》(*Tacitus*),Oxford,1958,页 40；K. H. Waters,《图拉真之治》("The Reign of Trajan"),*ANRW* II.2,1975,页 393、429；Fears,《由神选择的元首：作为一种罗马政治概念的"神选皇权"》(*Princeps A Diis Electus: The Divine Election of the Emperor as A Political Concept of Rome*),1977,页 154–158；C. P. Jones,《金嘴狄翁的罗马世界》(*The Roman World of Dio Chrysostom*),1978,页 115–123。

我在另一篇论文中思考这个问题时只参考了第四篇演说辞,①在这里,我会全面考虑四篇演说辞。

初步的原则和问题
——作为文本的王政演说

如此有争议的问题,无法通过求助于狄翁一般而言的道德品质来解决。首先,狄翁的道德品质问题在狄翁的生前身后都引起了争论;②论王政演说辞本身就是道德等式中的一个重要元素。其次,文本不等于写作文本的人:一旦把文本写出来了,那么某种程度上,它必须被看作一个独立而不受作者影响的事物。

当然,最终还是不可以把文本与作者割裂开来,特别是当作者本人已在文本中出现时,如狄翁就明确地出现在第一和第三篇王政演说辞中,并隐秘地出现在其他两篇演说辞中。而当四篇演说辞全都提出意图的问题时,文本的意义至少不应当因为作者的生平——

---

① 拙著《金嘴狄翁第四篇王政演说的写作日期与意图》("The Date and Purpose of the Fourth Kingship Oration of Dio Chrysostom"),载于 *Classical Antiquity*,1983 年第 2 期,页 251–278。

② 参 Desideri,《金嘴狄翁:一位罗马帝国中的希腊智识人》,前揭,页 1–60；Brancacci,《哲学修辞术:古代与拜占庭文化中的金嘴狄翁》,前揭。

或假定的生平——而受到损害,更不应当因为基于作者生平作出的道德评价而受到损害。

深入分析这些演说辞的内在逻辑,是有条不紊地进行解读的一个先决条件,然而这种深入的分析往往十分缺乏。许多讨论仅仅把这些演说辞视为关于贤明君主的一系列建议而已,他们可以从演说辞的上下文中强行曲解出这些建议,并把它们用作证据,证明演说辞中存在一种总体而言的"帝国意识形态"。

必不可少的分析必须是多学科交叉的:分析时必须把这些演说辞当作文学(分析演说辞的内在逻辑,作者使用传统素材时的足智多谋,阐述的技巧和美学要求等等),当作哲学(从广义上讲是道德引导,从狭义上讲是关于王政的哲学作品的传统以及哲人向君主演说的传统,从更狭义的角度讲是具体的哲学学说),当作历史(分析这些演说辞描述多米提安、涅尔瓦和图拉真时的真实性,以及演说日期和政治语境),以及当作哲学和历史的混合体(把帝国建立初期皇帝与哲人的关系史当作一项研究任务)。

外部问题——历史问题及其他

多学科交叉的研究方法本身就提出了问题,这些问题在某种意义上是外部问题,它们可能极大地影响对文本的解读。其中有些问题是历史问题。

例如,如果现代人努力为多米提安的道德品质平反或贬损图拉真的道德品质这一行为是正确的,[1]那么狄翁的王政演说就会

---

[1] 多米提安:例如K. H. Waters,《多米提安的性格》,*Phoenix*,第18期,1964,页49–77,《图拉真之治》,前揭,页386; B. W. Jones,《多米提安对元老院的态度》,*AJP*,第94期,1973,页79–91,及《多米提安与元老院的统治秩

立刻被谴责为撒谎和伪善——正如小普林尼(Pliny)的《图拉真颂》(*Panegyricus*)、塔西佗的《阿古里可拉传》(*Agricola*)和《历史》(*Histories*)中的一些篇章。

在目前这篇论文中,笔者假定,关于多米提安和涅尔瓦的传统写照是可靠的。对演说辞完整而贴切的评价必然会受到我们对图拉真的看法——他的总体功过、兴趣和才智——的影响。其中两个问题尤其重要。

(1)图拉真和亚历山大大王

我们可以在卡西乌斯(《罗马史》68.29以下)、尤利安皇帝(Julian)(参见尤利安,《论罗马诸帝王》[*Caesares*],333a,335d)和皇史六家(Historia Augusta)(《哈德里安皇帝传》[*Hadrian*],49)的作品中发现一个说法,即至少在统治末期,图拉真想模仿亚历山大,这个说法显得很确凿。这个传说不一定导向如下结论,即图拉真在帕提亚(Parthian)战役中设想不周,处理失当——尽管我个人同意这两个主张。①

亚历山大在王政演说辞中显得很突出:第一篇王政演说1至8

序》(*Domitian and the Senatorial Order*, Philadelphia,1979);涅尔瓦:例如K. H. Waters,《图拉真之治》,前揭,页386以下。

① 关于图拉真与亚历山大的关系:拙著,《金嘴狄翁第四篇王政演说的写作日期与意图》,前揭,页261以下。从Lepper的《图拉真的帕提亚战争》(前揭)开始,现代学术就倾向于因证据不足而在帕提亚战役上假定图拉真并无过失:Garzetti,《从提比略到安东尼》(*From Tiberius to Antonines*), London,1974,页362-373,及E. N. Luttwak,《罗马帝国的大战略》(*The Grand Strategy of the Roman Empire*, Baltimore & London,1976),页108-111(不过,参Syme,《塔西佗》[前揭],页41及235;C. H. V. Sutherland和M. Hammond在《牛津古典学辞典》[OCD]中编写的词条[页1008以下]是一个例外)。在我看来,这样的修正没有完全考虑到如下要素:(1)图拉真效仿亚历山大;(2)图拉真拒绝外交;(3)地理:图拉真深入帕提亚领土与"边境整治"相矛盾。

节(我将论证,这是一次关键性的亮相)、第二篇演说辞(亚历山大和腓力之间的对话),还有第四篇的大部分(亚历山大与第欧根尼之间的对话)都有出现。

不管在哪次亮相中,亚历山大和图拉真之间都可以建立起一种内在的联系,这种联系具有重要的涵义。如果图拉真已经在仿效亚历山大,那么这种联系的涵义会更加深远:狄翁可能是从图拉真一个众所周知的嗜好开始,巧妙地让素材适合自己的演说对象。

这意味着,人们已经认为皇帝对军事荣誉充满了野心,因此,如果说狄翁对军事荣誉的价值流露出怀疑,那么,我们不能把这些怀疑当作传统的道德教化而放过不顾。

问题在于,图拉真对亚历山大的兴趣是否可以追溯到其统治初期,此时(我们会看到)狄翁已经发表了所有的王政演说。要理解这个假设并不难:任何罗马将军、任何皇帝(皇帝们可能更有甚之)都可能对亚历山大感兴趣。

而且,有一个古老的传统认为,图拉真对军事荣誉充满了野心。①尽管这个传统尽管有时会受到质疑,可是图拉真军事行动的规模、其统治初期的帝国宣传、②小普林尼在《图拉真颂》中对军事方面的重点强调,③以及即将爆发的达契亚战役,都证实了这个传统。

也有肯定图拉真模仿亚历山大的论据。首先,琼斯已经表明,在第45篇演说辞第4节("一个城市对皇帝有如此高的要求,是因为人们崇拜的神已向皇帝本人预言了他的领导权,并第一个公开宣

---

① 小普林尼《书信集》10.41.1 和 5;狄奥·卡西乌斯《罗马史》卷68,71.1;弗朗托(Fronto)《书信集》,Haines 编本(洛布本)卷二,页213(亦见 van den Hout 编本,页198)。

② Syme,《塔西佗》,前揭,页41、45–49。

③ 《图拉真颂》6.7,8.2,9.2以下,10.3,12.1–15.5,16.3–19.4;不过,16.1以下在这方面的暗示无论如何解读都远没有那么突出。

称皇帝是世界的主人"),狄翁引用了阿波罗在狄岱玛神庙(Didyma)宣示的神谕,而琼斯猜测,早在79/80年,图拉真就曾模仿亚历山大去求问神谕。①

第二,对第一个世纪的罗马人来说,帕提亚始终是他们"未竟的事业",对图拉真来说更是如此,青年时代的图拉真就在父亲的麾下(《图拉真颂》14.1)与帕提亚人作战。

第三,模仿亚历山大未必就意味着只限于向东方扩张:图拉真即位后的第一场战役就是达契亚战役,这与亚历山大一样。②最后,在王政演说中强调亚历山大,这难道会是偶然的吗?

唯一困难的是小普林尼的《图拉真颂》完全没有提到图拉真效仿亚历山大,不过,有几个因素可以对此作出解释:作品突出的罗马取向(对多米提安亲希腊主义的回应);③作品需要防止与多米提安形成精确的平行相似,④并需要避免触及政治上有争议的话题。因

---

① C. P. Jones,《一篇降给图拉真的神谕》("An Oracle Given to Trajan"),载于 *Chiron*(卷5),1975,页403–406。

② G. Wirth,《亚历山大大王》(*Alexandre le grand*), E. Badian编, Geneva, 1976,页199; C. P. Jones,《金嘴狄翁的罗马世界》(*The Roman World of Dio Chrysostom*), Cambridge, Mass. and London, 1978,页116;在达契亚诸次战役后,图拉真为了纪念自己及其家族,建立了数不清的殖民地, Wirth 和 Fergus Millar 在图拉真建立殖民地的做法中进一步发现了可与亚历山大比拟之处。

③ 尤其注意《图拉真颂》13.5(考虑到小普林尼和希腊的联系,这点特别引人注目)。

④ 多米提安仿效亚历山大:例如参Fears,《廊下派对亚历山大大王的看法》("The Stoic View of Alexander the Great"),载于 *Philologus*,第118期(1974),页127注90;《由神选择的元首:作为一种罗马政治概念的"神选皇权"》,前揭,页249以下; Coleman译,《斯塔提乌斯:片页集(卷四)》(*Statius: Silvae IV*, Oxford 1988),页79;在《图拉真颂》88.5,小普林尼驳斥了"伟大"(Magnus)可能是图拉真的绰号的看法。

此,这篇论文展开论证的前提是,自统治初期开始,图拉真就是众所周知的亚历山大的仰慕者。

(2)图拉真的智识能力

这涉及两个独立的方面:(a)图拉真受过的教育。图拉真懂希腊语,读过荷马的作品,曾尝试写希腊诗歌,不过却犯了长短错误(false quantity)。他对达契亚战役作过军事评论,他尊敬哲人、智术师还有文人(即使不考虑他和狄翁的关系),其中有些人造访了罗马的宫廷(同样相关的事实是,图拉真的妻子普洛蒂娜[Plotina]同情伊壁鸠鲁派,并对文学感兴趣)。

大体参Syme,《塔西佗》,前揭,页40;C. P. Jones,《金嘴狄翁的罗马世界》,前揭,页115以下;E. Rawson,《罗马统治者与哲学顾问》,载 *Philosophia Togata*,M. T. Griffin及J. Barnes编,1989,页249-256(其中引用了阿里安[Aelian]的《战术论》[*Tactica*]还有小普林尼和尤利安作品);懂希腊语:小普林尼的《书信集》6.31.12;至于演说本身,极端怀疑论者暗示狄翁根本没有向图拉真发表这些演说,这种怀疑忽视了(1)狄翁在正确的时间出现在罗马;(2)关于王政演说的明确陈述和详细暗示;(3)狄翁在王政演说之外的陈述(演说辞57.10以下;参演说辞56篇各处,尤其是8-16节;演说辞62篇各处;演说辞7.66);(4)狄翁声明自己是图拉真的"朋友"(演说辞45.3,47.22);(5)后来的文学传统(并非全部来自狄翁);斐洛斯特拉图斯(Philostratus),《智术师列传》([*Vitae Sophistarum*],488)并没有暗示图拉真不懂希腊语;希腊诗歌:《希腊文选》(AP)卷11,残篇418及O.Weinreich发表于*Antike* 17期(941)的文章,页229-248;军事评论:普里西安(Priscian),《语法指南》2.205.6(Keil编本);哲人、智术师和文人:小普林尼《图拉真颂》47.1-3,参49.8;皇帝尤利安的《论罗马诸帝王》(*Caesares*)328b;C. P. Jones,《普鲁塔克与罗马》(*Plutarch and Rome*,Oxford,1971),页28-31;拙著《金嘴狄翁第四篇王政演说的写作日期与意图》,前揭,页271;F. Fuhrmann编,《普鲁塔克:伦语》(*Plutarque: Oeuvres morales*),Vol. III,Bude,Paris,1988,页v-x(讨论《王侯将相言行录》[*Regum et imperatorum apophthegmata*]和献给图拉真的信札的真实性);普洛蒂娜:W. Dittenberger编,《希腊铭文集成》(*Sylloge Inscriptionum Graecarum*[*SIG*])834.21;H. Dessau,《拉丁铭文选》(*Inscriptiones*

Latinae Selectae)7784;以及 J. H. Oliver,《美国古典学会学刊》(*TAPA*)第69期(1938年)页494-499的文章,《关于雅典的伊壁鸠鲁学派的一则铭文》("An Inscription concerning the Epicurean School at Athens")。

或者可以说,懂得且会说希腊共通语(Koine)是一回事,而理解精巧、古色古香且具有古典风格的像王政演说之类的作品,又是另外一回事了。斐洛斯特拉图斯(Philostratus)把图拉真归于讲不清楚希腊语的人(οἱ μὴ τὰ Ἑλλήνων ἀκριβοῦντες)之列。①

有人反对这种说法,并认为,智术师广受欢迎,暗示了那时无数"现代"希腊人对古典希腊语都有一些了解。图拉真似乎也有机会品读过这些演说辞(我们将会看到)。除了荷马,图拉真还读过其他经典作品(3.2-3.3)。尽管王政演说的内涵十分丰富,可是其中有些部分"娱乐比重"较高,还大量使用了重复,这两者帮助减轻了听者的负担。演说时,演说人很容易低估听众的专注力。

关于图拉真在语言方面的困难就说到这里。内容怎么样呢?关于图拉真受过有限教育的一般假设与王政演说辞一致:演说辞着重强调了简单的教育(第一篇王政演说,8,61;第二篇王政演说,26节;第四篇王政演说,29节以下),演说中的文学典故相对贫乏。引入详实的典故时②——即普鲁塔克的《致一位未受教育的国君》(*To an Uneducated Prince*)③以及卡西乌斯的判断(《罗马史》,

---

① 斐洛斯托拉图斯,《智术师列传》488。学者一般认可此轶事确有其事;E. L. Bowie,发表于《耶鲁古典研究》(*Yale Classical Studies*)27期(1982)的文章在页44注释9中对此有激烈的讨论。

② 例如参王政演说1.12;第13、47、58、59篇演说;王政演说3.1;王政演说4.1。

③ 关于此作品是在向图拉真致辞的意见(E. R. Goodenough, *YCS* 1 [1928]页94以下;K. Scott发表于《美国古典学会学刊》(*TAPA*)60期[1929]的文章《普鲁塔克与与统治者祭仪》["Plutarch and the Ruler Cult"],页126以下)并不是那么流行(而且还受到Rawson《罗马统治者与哲学顾问》,前揭,页250以下的

64.7.4)——演说辞也并未对听者提出过于严格的要求。这个假设还在第二篇王政演说辞中得到了证实。

这些演说包含了一些含蓄的文学典故,图拉真不可能领会,不过它们具有解读方面的意义。这样的典故有一定价值,因为反映了狄翁的意图,不过,认识不到这些意图也不会影响我们进行大致的解读。也可能有人后来把这些典故解释给图拉真听。总体而言,这些演说辞似乎十分适合图拉真的教育水平,不过,狄翁有时也会说到让图拉真无法理解的东西。

(b)图拉真的才智。需要对王政演说进行相对精细的解读,体察演说中的意涵和微言,这些要求是否会因为图拉真智识上的局限而无法实现?

有几种回答。首先,我们不知道图拉真才智如何,正式接受的教育有限不一定会阻碍才智。

第二,即便假定图拉真的才智有限,或许也可以再次假设,在狄翁的演说和其演说对象的才智之间有一条鸿沟(尽管在某些地方我们不得不说,或者这条鸿沟大得让人难以置信,或者狄翁判断有误,或者狄翁并没有兴趣与图拉真交流,而只是想给图拉真留下好印象罢了)。

第三,我们必须承认,在古典世界里,当代的典故可能以一种随意的方式,融入形式上涉及历史、涉及神秘的过往,或是涉及抽象的普遍化的作品中,并可以在这些作品中找到。

还要考虑到一个事实,即在权威制度下,政治论争也非常典型地通过类比或寓言进行,人们对隐含的涵义拥有更加敏锐的直觉。

如果说,年轻的赫尔维乌斯·普里斯库斯(Helvidius Priscus)在

否定),不过我却相信它:这位统治者是世界的统治者,而且这与狄翁也有暗示性的类比。

一场关于帕里斯(Paris)和俄诺涅(Oenone)的滑稽剧中的表演,可以看作是在讽刺多米提安的婚姻问题(苏埃托尼乌斯,《多米提安传》10.4),那么任何有头脑的人也都会认为,在狄翁的第四篇王政演说辞中,亚历山大和第欧根尼分别象征着图拉真和狄翁。古代的修辞理论能够识别人们在表达隐晦的政治观点时使用的技巧,我此后将会回到这个论点。

王政演说与《图拉真颂》

另外一个问题关乎史学和文学:这些演说辞与小普林尼《图拉真颂》的关系。人们普遍认同二者之间存在诸多类似,[①]而这种类似同样适用于二者的来源以及对二者的解读方法。这些相似之处不仅暗示狄翁和小普林尼两人都依赖于王政的传统主题,也暗示两者之间存在某些直接的关系。是普林尼模仿了狄翁,还是狄翁模仿了小普林尼,抑或两者拥有共同的来源?

《图拉真颂》发表于公元100年9月1日,而毫无疑问,狄翁的第一篇演说辞发表的时期也与之接近。到底哪个先发表,学界并没有一致意见。考虑到狄翁和小普林尼的地位和国籍不同,大多数学者发现,很难相信两者之间存在直接模仿。[②]

[①] Trisoglio,《小普林尼与金嘴狄翁的政治观念》("le idee politiche di Plinio il Giovane e di Dione Crisostomo"),载于 *Il Pensiero Politico*,第5期(1972),页3–43。

[②] 例外的是Trisoglio,《小普林尼与金嘴狄翁的政治观念》,前揭,页43。那里讨论了小普林尼对狄翁的影响,另外还有J. Morr,《小普林尼的〈图拉真颂〉与金嘴狄翁的第一篇王政演说》(*Die Lobrede des jungeren Plinius und die erste Konigsrede des Dio von Prusa*, progr. Troppau 1915)[我未曾见到],其论点与前者相反。

那么,谁是他们的共同来源呢? 是图拉真本人,还是图拉真的顾问(也有一些作家会接受庇护人——包括皇帝在内——的详细指示),①或是某些重要的元老院成员? 如果是前者,作品就不可能有说教的内容;如果是后者,那么其可能性至少在理论上会增加。

但在缺乏外部证据的情况下,我们只能从作品本身入手寻找问题的答案。如何才能打破这种循环呢? 如果说某一种倾向,比如"帝王"倾向和"元老"倾向在《图拉真颂》中十分明显,那么在王政演说中是不是也一定如此?

有一种观点认为,尽管赞美图拉真显然是《图拉真颂》的主要倾向,可是小普林尼却弹奏出了谨慎的音符。小普林尼的主张就是如此,它为现代学者比如迪里(Durry)、拉蒂塞(Radice)和格里芬(Griffin)所接受。②

如果这样,狄翁按理说也可以采取相似的路子,尤其因为两部作品的题材并不一样:颂词作为一种"致敬的行动"(actio gratiarum)内在地嵌入在《图拉真颂》中,却并未或没有以同样的程度嵌入在狄翁的作品中。尽管向皇帝发表之时,这些演说辞和君王

---

① 例如参 D. Vessey,《斯塔提乌斯与〈忒拜颂〉》(*Statius and the Thebaid*, Cambridge, 1973), 页28; A. Hardie,《斯塔提乌斯与〈片页集〉》(*Statius and the Silvae*, ARCA 9, Livepool, 1983), 页53以下, 页70以下; Coleman译,《斯塔提乌斯:片页集(卷四)》, 前揭, 页60。

② Durry,《小普林尼:〈图拉真颂〉》(Paris, 1938)页23以下;也可参《小普林尼(卷四)》(*Pline le Jeune IV*, Paris, 1947)页87以下; Radice发表于《希腊与罗马》(*G&R*)第15期(1968)的文章, 页166–172; Griffin,《塞涅卡:政治中的哲人》(*Seneca: a Philosopher in Politics*, Oxford, 1976), 页137; Garzetti,《从提比略到安东尼》(前揭), 页318和662写得十分含糊;小普林尼自己的主张:参前文所言("《图拉真颂》将指引未来的皇帝的主张", 但在狄翁的演说中并没有与之匹配的说法)。

演说(βασιλικοὶ λόγοι)有些许联系，但它们形式上只是关于王政的演说(λόγοι περὶ βασιλείας)。

另一方面，如果《图拉真颂》只受到来自"帝国"的激发，那么我们就更难把王政演说当作独立的作品了。狄翁大概获准拿到了帝国的"处方"并加以修改。因此，图拉真及其顾问可能就是那个共同的来源，只是狄翁和小普林尼对这个共同的来源有不同的解读。

诸如莱珀、特斯格力翁(Trisoglio)、菲尔斯和琼斯等学者，几乎看不到两人为图拉真写作时[①]在进路上有何真正区别，不过在另一些人看来，区别却是根本性的。罗斯特伍泽夫说道：

> 毫无疑问，在由狄翁具体完成的计划中，有许多不合乎理论的观点，不过，这些观点很符合图拉真的个性和行为。但是，只需瞥一眼小普林尼那篇旨在赞美图拉真的执政官就任演说(指《图拉真颂》)，并且将其与狄翁的第一和第三篇王政演说加以对比，我们就可以发现，后者在很大程度上不只记述了既存的事实，还包涵了图拉真所必须接受或拒绝的永恒标准。

同样，德斯得里赞同明斯彻(Münscher)的判断，

> 从《图拉真颂》到狄翁的演说，"感觉就像从谄媚奉承的泥沼来到宫廷的纯净之光下面"。[②]

---

① Lepper，《图拉真的帕提亚战争》，前揭，页193；Trisoglio，《小普林尼与金嘴狄翁的政治观念》，前揭，文中各处可见；Fears，《由神选择的元首：作为一种罗马政治概念的"神选皇权"》，前揭，页154、156、158；1981，页91–92.；C. P. Jones，《金嘴狄翁的罗马世界》，前揭，页117–120。

② Rostovtzeff，《罗马帝国社会经济史》，前揭，页120；Desideri，《金嘴狄翁：一位罗马帝国中的希腊智识人》，前揭，页350注释1；Munscher，《对小普林尼

我们必须承认,狄翁与小普林尼在语气上有很大不同。①在狄翁的演说中,比较直白的恭维要少得多,他的恭维要抽象、庄严得多。狄翁绝不像小普林尼一样,动不动就油嘴滑舌一番。一些因素或许可以让我们解释这个差异,比如文体差异以及狄翁和小普林尼在个性和政治、文化地位上的差异。

小普林尼并非一个拥有独立思想和独立行为的人,作为罗马政要,小普林尼在多米提安黑暗而危险的统治下存活下来,并于公元100年担任了执政官一职。与狄翁相比,小普林尼更直接而且(某种程度上)更严肃地参与了罗马政治。

解读《图拉真颂》远在目前论文讨论的范围之外,但接下来的分析将讨论狄翁和小普林尼的一些平行和类似之处。我会逐渐表明,尽管我认为《图拉真颂》奏出了一些谨慎的音符,可是我基本上还是赞同罗斯特伍泽夫的观点,那就是说,尽管小普林尼的目的可嘉,但完成这一任务的人却不是他。我们还应该承认,两者在文学素质上也存在相当大的不同,用肯尼迪(George Kennedy)的话来说,《图拉真颂》"极其枯燥"。②

犬儒主义

还有一些问题关系到犬儒主义(对第一篇和第四篇演说辞产生

〈图拉真颂〉的诸批评》("Kritisches zum *Panegyrikus* des jungeren Plinius"), *Rh. M* 73(1920),页147注释1。

① Trisoglio,《小普林尼与金嘴狄翁的政治观念》,前揭,页36、41-43,以及Kennedy,《罗马世界中的劝说技艺》(*The Art of Persuasion in the Roman World*, Princeton, 1972),页579对此有精彩评论。

② Kennedy,《罗马世界中的劝说技艺》,前揭,页546。

了主要影响)以及狄翁与犬儒主义的关系。犬儒主义能接受王权制度吗？一个犬儒派哲人能正当地成为世俗君主的哲学顾问吗？狄翁本人曾是一位犬儒主义者吗？这些都是难以回答的问题，当这些问题在演说中出现时，我会只作简要的评论。因为，尽管这些问题必定会影响解读，可它们的影响未必如此具有根本性。①

训诫、批评和赞扬

还存在一些理论上的问题：在向政治家、君主、僭主、皇帝或社会层次高于作者的人发表的作品中，是否可能存在严肃的道德训诫或批评？在此类作品中，赞美该扮演什么角色？在诸如卡恩斯（Cairns）这样的学者看来，一部"向庇护人兼敬献对象发表的作品却缺少恭维"是不可思议的。②看得见的训诫只可能是表面性的——即作者劝说话对象做他已经在做的事③——而其中的假设就是，献词就是一种恭维的形式，因此作品的基本导向必须是赞颂性

---

① 参拙文，《金嘴狄翁的事业与其转向》（"The Career and Conversion of Dio Chrysostom"），载于 JHS, 98期(1978)，页79–100；《金嘴狄翁第四篇王政演说的写作日期与意图》，前揭；《"更诚实还是更有抱负"？——探究犬儒派对其同胞邦民道德腐化的态度》（"'Honestius quam ambitiosius'? an exploration of the Cynic's attitude to moral corruption in his fellow memn"），载于 JHS, 103期(1983)页103–123；以及《贺拉斯《书信集》中的犬儒主义》（"Cynicism in Horace's Epistles"），载于 l' PLLS 第5期(1986)，页33–60。Hoistad 留下了犬儒派关于王政的观点的实质性作品，对狄翁思想中的犬儒主义作出了有价值的讨论。

② Cairns,《希腊罗马诗歌中的文体化写作》（Generic Composition in Greek and Roman Poetry），Edinburgh, 1972，页4。

③ 例如 R. G. M. Nisbet 和 M. Hubbard 的《贺拉斯：颂歌》Ⅱ（Horace: Odes II, Oxford, 1978），页52。

的,颂词不允许批评存在。①

作为一般命题,这或许可以接受,问题在于是否总是如此。至少,敬献对象未必总是个应受称颂的人(laudandus),②即使他是,能够接纳坦诚的批评也值得称道(普鲁塔克的《论制怒》就是一个典型的例子)。必须承认,作者向社会地位优于自己的人发表真正的劝勉作品在理论上有其可能,在实际中也可能发生。

那么,在向统治者或皇帝发表作品这种特殊情况中,上述可能性就被排除了吗?理论上并没有排除。小普林尼承认存在这样的作品(《书信集》3.18.2以下),塞涅卡的《论宽仁》(De Clementia)就是其中之一。狄翁不仅声称自己给图拉真提过建议,还声称图拉真接受了自己的建议(演说辞57.10)。昆体良(《论演说家的教育》卷3,8.70)看到给皇帝提建议时审慎的雄辩术所扮演的角色。

古时的修辞学家,例如狄米特律斯(Demetrius)的《论风格》(287-298)、托名狄俄尼索斯(Pseudo-Dionysius,2.295以下,Usener-Radermacher)、昆体良(9.2.64-99),以及赫尔墨格尼斯(Hermogenes)《论发明》(De inventione,204节以下,Rabe编本)都

① 修辞学家(例如米南德368.3-8)即如此,不过实行起来更松散(例如色诺芬在《阿格西劳斯》2.12中批评了阿格西劳斯)。

② 例如参拙著,《贺拉斯〈书信集〉中的犬儒主义》,前揭,页36,页46以下,页59以下,注释77;同上, QUCC 25(1987)59-72; J-. Griffin, JRC 71(1981),页44,即《拉丁诗人和罗马生活》(London,1985),页56; R. G. M. Nisbet和M. Hubbard在这个问题上意见不一(例如参《贺拉斯:颂歌》Ⅱ); F. Giancotti,《关于〈论宽仁〉》("Il De Clementia"), RAL 8th Ser. 9(1954),页587-609; Griffin,《塞涅卡:政治中的哲人》,前揭,页133-171; B. Mortureux, ANRW II.36.3 (1989),页1639-1685;无论如何,当作者是哲人并某种程度上代表了一种不同的价值观时,"优越的社会地位"就是一个无关紧要的标准(诗人也许亦如此);给与有益批评的朋友也很重要:拙著,《贺拉斯〈书信集〉中的犬儒主义》,前揭,页41、页57诸注释,页46以下。

讨论过,当批评或劝告僭主、君主或有权有势之人时,如何做到不冒犯他们,或消除任何冒犯他们的机会(可以用各种技巧缓和或掩饰批评,也可以采用某种表达方式,让冒犯看上去荒诞不经从而避免冒犯)。

这些技巧有一个总的名称——"修辞性言辞"(λόγος ἐσχηματισμένος),修辞手法介于不光彩的阿谀奉承与危险的批评(狄米特律斯,《论文体风格》294)之间。一个相关的技巧是"寓意法"(ἔμφασις):"从某些说法中提取出某些隐藏的东西"(cum ex aliquo dicto latens aliquid eruitur,昆体良,《论演说家的教育》卷9,2.64,参65)。

最近,这些古老的讨论得到了广泛的分析研究,而且对策已被阿尔(Frederick Ahl)应用到罗马帝国文学批评中。不管人们如何看待弗雷德里克的实用性解读,总之他论证了向皇帝发表的作品未必就不会包含对皇帝的批评,就这点而言,弗雷德里克至少确立了一项很重要的理论原则。①

赞美怎样才能融入这个画面呢?从古代人关于赞美的讨论,可识别出几种不同类型的赞美:卑鄙的奉承;真心实意地赞美事情圆满完成;把赞美当作道德鼓励的一种形式;把赞美当作无须奴颜婢

---

① Frederick Ahl,《古希腊罗马的安全批评技艺》("The Art of Safe Criticism in Greece and Rome"),*AJP* 105(1984),页174-208。以及Ahl,《罗马诗歌中的政治与权力》,*ANRW* II.32.1(1984),页40-110;Ahl,《卢坎导论》(*Lucan: An Lntroduction*, Ithaca and London, 1976)中预测过这一点,尤其是在页25-35。有些学者或许发现阿尔的理论性结论让人非常难以接受,我不这样看,尽管人们对阿尔的一些声明持保留意见,且对他发表的一些实际性的批判持更多的保留意见。阿尔在《古希腊罗马的安全批评技艺》一文页200和《罗马诗歌中的政治与权力》一文页84以下中提到了王政演说,不过阿尔的意思我不太拿得准(那些王政演说是在阿谀奉承吗?)。

膝就可以从地位优越之人那里得到某个东西的途径;把赞美当作淡化批评的方式。或者,如果赞美明显长得离谱且不太适宜,那么它甚至可能是表达批评的方式。①

显而易见,这些类型中有几个可应用于向君主提供严肃的道德指导的作品,赞美也可以是"修辞性言辞"的一部分(参狄米特律斯,《论文体风格》292,295)。

很显然,这些类型中的一些也可以重叠使用或者同时起作用。因此,在狄翁的演说中,赞美图拉真并不足以证明赞美就是演说的唯一目的。② 显而易见,也可以设想,即使他所用的典故表达了赞美之情,它们也可以同时完成其他功能。

关于修辞理论和修辞实践之间的关系总是充满了争论,我对王政演说辞的讨论不会系统讨论两者的关联,不过可以假定,狄翁熟悉诸如此类的理论,而且这些解读与修辞理论不谋而合,颇为意味深长,且带有一种确证的力量。③

---

① 稍举数例。赞美事情圆满完成的:亚里士多德,《尼各马可伦理学》1101b;王政演说1.15,王政演说3.18;小普林尼,《书信集》3.18.2。作为道德鼓励的一种方式:狄米特律斯,《论文体风格》295;塞涅卡,《书信集》94.39;小普林尼,《书信集》3.18.2,《图拉真颂》4.1(《图拉真颂》的辩护);王政演说1.15;普鲁塔克,《如何区分朋友与谄媚者》(Quom. adul. ab amic. Internosc.)55b,59b。淡化批评:狄米特律斯,《论文体风格》292,294。表达批评:狄米特律斯,《论文体风格》295;小普林尼《图拉真颂》3.4。

② 参B. M. Levick CR 30(1980),页193。

③ 我谨慎地对待问题,是因为我不太确定自己在多大程度上接受对古代文学的"文体分析"(generic analysis)和阿尔的理论模式(类型分析的一种形式),而且,我不想依赖这二者作为论据。不过这两者都有一定的道理,尽管阿尔的观点会受到正统文体论者的批判。而且狄翁吸引人之处在于,他写作时似乎一般要比理论家们规定的要松散一些。

第一篇王政演说

狄翁起初的方法是消除听者的戒备心理，因此多少还有些拐弯抹角。演说的开场比较随意，是谈话式的，并以一个传说展开，即一个"从前，有人说"的故事。故事讲述了著名的吹笛人提谟忒乌斯首次在亚历山大大王面前表演（1-3节）。古代的修辞学家会把诸如这样的写法看作有益于孩子或初学者的入门材料的写法，[①]这个风格应该会吸引图拉真。

但是，这个故事明显与这篇演说本身的情境形成了类比（可以在"修辞性言辞"中发现这种技巧，例如参狄米特律斯，《论文体风格》292）。某种程度上，这个类比既恭维了效仿亚历山大的图拉真，又赞美了在伟大的君主面前进行首次演说的杰出演说家狄翁。

赞美的音符继续飘扬：提谟忒乌斯的演奏不只是一种炫示，还具有道德影响力。提谟忒乌斯的演奏风格与亚历山大的脾性相宜，既不柔和也不缓慢，具有雅典娜式的尚武风格。

这种演奏风格让亚历山大跳起来，并拿起了自己的武器（第1节以下）。表面看来，这种反应值得赞扬。然而，亚历山大的反应更多是由自身的品性而非演奏者的演奏技巧决定的（第2节以下），因为，无论是提谟忒乌斯还是当代的任何人，甚至传说中的玛尔叙阿斯或奥林匹斯，都无法把沉浸在妻妾闺房中的萨达那帕勒斯唤醒。即使雅典娜本人亲自为萨达那帕勒斯演奏一曲，他也不可能抓起自己的武器，他要么会跳舞（充满活力的反应，可是却不适宜），要么逃

---

① "写法"（χρεία）：Kindstrand,《阿纳卡尔息斯》（*Anacharsis*, Uppsala, 1981）页99以下（包括参书目）；"有用的"：Kindstrand,《波律斯特涅斯的比翁》（*Bion of Borysthenes*, Uppsala, 1976），页150；"入门的"：例如昆体良，《论演说家的教育》1.9.1-5。

之夭夭(懦夫的反应)。

与萨达那帕勒斯的道德堕落形成对比,亚历山大的活力和尚武的本性很值得称道,由此,尚武的图拉真——亚历山大的仿效者——会认为狄翁是在进一步恭维自己。尤其是因为,萨达那帕勒斯让人想起多米提安,多米提安生性懒惰,是个花花公子,他崇拜密涅瓦和雅典娜,热衷于怪异的舞蹈,又是军事上的失败者(多米提安的敌人如此断言,而且并非信口雌黄)。① 传统上早有人对比图拉真的活力与多米提安的懒惰,狄翁则以灵巧和机智的变通形式表达了这一对比。

王政演说辞对图拉真和多米提安进行了诸多有利于前者的对比,这里是第一次进行这样的对比。诸如此类的对比也可以在塔西佗(《阿古里可拉传》3.1,44.5;《历史》1.1)、马提雅尔(Martial)和小普林尼(例如《书信集》1.10.1,1.31.1,3.18.5)的作品中找到。这些对比是宣传图拉真的元素,不过,狄翁的王政演说和《图拉真颂》都反映了君王演说的影响(比较米南德,372.21–25,377.2–9)。②

---

① "懒惰":苏埃托尼乌斯,《多米提安》19.1;"花花公子":苏埃托尼乌斯,《多米提安》22;"密涅瓦":苏埃托尼乌斯,《多米提安》4.4;Fears,《朱庇特的祭仪与罗马的帝国意识形态》,前揭,页78;Coleman译,《斯坦提乌斯:片页集(卷四)》,页74、164–165;"舞蹈":例如《图拉真颂》54.1;"军事失败":例如塔西佗《阿格里可拉传》39.1,41.1–3;小普林尼《图拉真颂》16.3;狄奥·卡西乌斯,《罗马史》卷67,4.1。至于最后一点,主要的文学传统存在严重的偏见,不应当夸大(就如许多人一样)多米提安在军事方面的挫败。

② 尽管《图拉真颂》的写作方式是原创的,紧贴当时环境,但是罗素(Donald Russell)和N. G. Wilson的《修辞家米南德》(*Menander Rhetor*, Oxford, 1981)页X及页VIII注释40认为,它与"君王演说"不相干,这不可能正确。Durry,《小普林尼的〈图拉真颂〉》,前揭,页27以下更好地强调了这一点。无可否认,米南德指责以前对皇帝的批评缺乏技艺(377.1),然而,这暗示这种习惯做法已经发生了。

提谟忒乌斯和亚历山大与狄翁和图拉真形成对照,以及亚历山大与萨达那帕勒斯形成对照,进一步暗示了两个见解。首先,通过训诫,教师所能做的仅止于此,他的学生必须拥有对的性情,并且渴望学习(这层涵义在第4-5节和第9节得到了详细说明)。

其次,道德教诲越老练、越是受到神性的启示,就越有效果(提谟忒乌斯—玛尔叙阿斯—雅典娜的序列,预示着第9节以下将明确强调古代智慧)。因此,狄翁在图拉真面前发表的演说必须包涵真正的道德内容,而皇帝也必须对演说作出恰当的反应。

在行动($\xi\rho\gamma o\nu$)上,狄翁的技巧与提谟忒乌斯处于伯仲之间(第4节)。这个"行动"是什么呢?显而易见,指在图拉真面前发表演说的任务。不过,这个简单的概念很快获得了深层次的涵义。狄翁必须找到像提谟忒乌斯的音符那样既勇敢又有高尚情操的言辞(第4节)。实际上,对狄翁的要求比对提谟忒乌斯的要求更高,他必须找到这样的言辞:

> 它应当既可激昂,又可轻缓,既勇武善战,又宁静和平,既遵循法律,又真正有王者气。因为在我看来,这些言语是说与这样的人听的:此人渴望成为英勇而守法的统治者,他不仅需要过人的胆量,还很需要宽厚公平。(第5节)

"找到"看上去也许只是通向文学创作的过程,[①]然而随着演说的发展,"找到"将会获得更加深刻的涵义。

为什么狄翁的主题必须比提谟忒乌斯的主题更加复杂呢?娴熟的演奏家会让自己的演奏契合听者的品格,而亚历山大的品格(只是)勇敢、情操高尚。这似乎暗示狄翁进一步恭维了图拉真,尽

---

① 例如参 C. Macleod, CQ 23(1973),页304,或参《文集》(*Collected Essays*), Oxford,1983,页181。

管这次恭维是基于图拉真与亚历山大的不同之处，而非相似之处。

然而，狄翁并没有说图拉真的品格胜过亚历山大，"风格"（τρόπον）在此处指的可以说是狄翁必须采取的音乐"体式"，而非演说对象的性格。毋宁说，问题在于，图拉真的意愿更为优异——即便这个暗示含义也通过"在我看来"（οἶμαι）的说法而受到很正式的限定。

在意愿（βούλησις）和成就之间可能有一条鸿沟，这个暗示通过一个说法得到强调——狄翁有责任为"渴望成为英勇而守法的统治者"的图拉真发现"真正有王者气"的言辞，因为从狄翁的言语必须"真正有王者气"的最真正的意义上说，图拉真还不是一个王。

因此，这个部分传达了相互冲突的信息。就图拉真是亚历山大的仿效者而言，尚武的图拉真所冒的风险是，他虽然强调各种尚武的美德，代价却是牺牲了其他更为重要的要求。在一个层面，这是一种恭维，而在另一个层面，亚历山大-图拉真的类比是对新皇帝的一种批评或者警示。

狄翁的技巧符合"修辞性言辞"的相关修辞理论：批评不要直接（参法勒鲁姆的狄米特律斯，《论文体风格》288，292；昆体良《论演说家的教育》9.2.66，9.2.75），而要隐晦（参昆体良《论演说家的教育》9.2.64以下，75）；批评要通过类比传达（狄米特律斯292）；为了避免有所冒犯，演说人要使用赞美来淡化批评（狄米特律斯，《论文体风格》，295）。

尽管狄翁认为图拉真拥有正确的"意愿"且在这方面还优于亚历山大，图拉真仍需要狄翁的教导。这个保留意见似乎有些言之无物，因为毫无疑问，尚武的图拉真并不缺乏勇气（亚历山大与萨达那帕勒斯-多米提安的对比强化了这点）。在整篇演说中，狄翁从图拉真的品质入手刻画了理想的品质，并使用了修辞理论中的平行对照（例如狄米特律斯，《论文体风格》295）。

在目前这段文本中,狄翁着重强调的并不是军事上的"勇气",而是总体上在统治中的"节制"。这样,通过提到一个图拉真事实上并不欠缺的领域,关于图拉真在某些领域存在不足或可能存在不足的暗示就被淡化了——尽管得以淡化,却并未完全消除。

另外,在演说末尾(71、73节),"勇气"被重新定义为比军事方面的勇气更加普遍的东西。"需要"一词的涵义也是模棱两可,同时涵盖了"要求"(requiring)和"缺乏"(lacking)之意,巧妙地掩盖了图拉真在很大程度上还存在不足。

如果提谟忒乌斯除了表现尚武风格时使用的技巧外,还拥有吹笛的音乐知识,且这种知识可以灌输君主需要的一切德性,那么,提谟忒乌斯本可以成为亚历山大极为宝贵的同伴,不仅当亚历山大向神祭献时如此,而且当亚历山大需要道德方面的矫正时也如此(第6节以下)。

这个观察清楚地说明了关于所需要的"节制"的教导具体包含什么,还暗示了狄翁所致力扮演的角色的各种具体方面:狄翁应当成为图拉真的宫廷哲人,不仅要在公开场合,例如婚礼(正如提谟忒乌斯)和祭祀中(就如第一篇演说辞发表的场合)发表演说,还要私下给图拉真提出建议,让图拉真克服自身的各种缺点。

然而,这种意涵因为如下事实被淡化了,即从某一方面看,亚历山大的缺点与狄翁已归于图拉真的德性——或者至少是狄翁描绘的图拉真所立志追求的德性——刚好相反:亚历山大不顾习俗和公平(第7节),与图拉真有意成为奉公守法的统治者…很[需要]…宽厚公平相反(第5节)。

实际上,亚历山大的缺点(就如萨达那帕勒斯的缺点一样)让人想起多米提安的缺点:过度热情,好惩罚人,对朋友施加暴力,轻蔑父亲以及对神明态度傲慢。因此,通过强调亚历山大负面、非图拉真式的品质乃至僭主式的品质,狄翁试图进一步抑制图拉真对亚历山大的热情。在第四篇演说辞中,狄翁更加广泛地使用了这一技巧(第7节)。那篇演说的开篇部分就把亚历山大当作一个逐步被削弱的角色典型。

狄翁利用提谟忒乌斯-亚历山大的类比,并使用高超的技巧,逐渐从最初恭维图拉真转向提示图拉真仍需要哲学方面的教导,然后又转向含蓄的批评与警示。进一步,在演说末尾,狄翁还会把赫拉克勒斯当作好的典型。

这篇演说根据图拉真的两个伟大典型来建构:出现在演说开篇的是第一个典型,应当避免,另一个典型则出现在演说的末尾,有待仿效。即便这个简单的构架,也暗示了一个不断展开的论证。另外,亚历山大的两个缺点与理想君主的两个特征形成了对比——对待朋友的正确态度(20、30-32节)以及与父母的正确关系(59、64、73、84节)。

实际上,狄翁继续谈到,音乐无法实现全面的道德治疗或所需要的帮助(第8节)。图拉真或许会想起前辈中那些热情的音乐爱好者——例如多米提安和尼禄——的道德状况。只有"明智之人"和"智慧之人"——例如从前的大多数人①——的"言辞",才能为"生性能听从劝告的高尚之人"提供充分的帮助和指导(这种"言辞"

---

① 亚历山大在开头,赫拉克勒斯在末尾:A. Heuss, *A&A* 4(1954),页93以下;尼禄和多米提安:Desideri,《金嘴狄翁:一位罗马帝国中的希腊智识人》,前揭,页305;人类的 $τῶν\ προτέρων$ [先人们](Cohoon,《金嘴狄翁》洛布译本卷一,1932,页7)或言辞($λόγοι$)(Donald Russell)? 诸如西塞罗,《论发明》1.1.2, 1.2.3;哈里卡尔纳索斯的狄奥尼修斯(D. H.),《论古代修辞家》前言(*Praef. De ant. Orat.*),1 似乎支持后者,不过前者要自然得多,言辞($λόγοι$)(10节之前)的复数是干扰性的,而且,狄翁可能是在模仿荷马的措辞(《伊利亚特》12.383等)。当然,重要的是真正的言辞($λόγοι$)和过去之间的联系(参狄翁,王政演说3.3;演说辞12.12, 13.14以下;演说辞72.16)。

是"真正的音乐"——比较"适宜地"[ἐμμελῶς]这个用语)。对图拉真的含蓄恭维——即图拉真大概具有这种天性,他追求品德的意愿因此也拥有可靠的基础——结合了对图拉真含蓄的道德训诫:尽管图拉真需要的帮助比亚历山大、多米提安或尼禄少,可是他还是需要"帮助";尽管图拉真"能听从劝告"的特点值得称道,可是这个特点已承认他仍有待提高。

真正的"言辞"不会严厉或伪善,而是会"鼓励""引导"图拉真走向"完美的德性",犹如走上一段道德或精神的旅程。对"言辞"自足性的强调预示了一项犬儒主义式的计划。

如此,狄翁必须创造两样东西:一篇"适合"图拉真(作为一个有抱负的君主)的演说,既要"配得上"图拉真的"意愿",又要值得图拉真花费时间——帝王没有时间可以浪费;①一篇如此近乎完美的言辞(τέλειος οὕτω λόγος),那就是说,"完全足以"引导图拉真这个"能听从劝告的高尚之人追求完整的德性"("如此"[οὕτω]回顾了从"你的意愿"至第8节的内容)。这两者当然只是狄翁所追求的"言语"(word)或"言辞"(words)的不同方面,其中,"花费时间"(διατριβή)更多与主题相关,而"言辞"(λόγος)则更多关乎道德职能。

狄翁这一任务的重要性和困难之处通过两个修辞方面的问题得到了强调。狄翁怎样才能找到

> 这种近乎完美的言辞呢?我只是一个流浪者,一个自力自为的哲人/智慧者,在辛苦和劳作中尽可能发现欢愉。我运用口才,只是为了鼓励自己以及自己常常遇到的其他人。(第9节)

---

① 比较后文第48节,第二篇王政演说,26节,第四篇王政演说,第1节;贺拉斯《书信集》2.1以下,维特鲁威斯(Vitruvius)的《前言》(*Praefatio*),1,马提雅尔12.4,普鲁塔克《君主和皇帝警句》(*Regum et imperatorum apophthegmata*)172e。

这个精妙而复杂的段落充满了模棱两可的话语。从某个层面上说，狄翁表述自身特点的过程就是他自我贬损的过程。一个"流浪者"可以是一个流浪汉（参56节"流浪汉"），而且狄翁是一个自学成才的哲人、一个业余爱好者，他和那些"明智和智慧"之人不同，后者的言辞能为人提供彻底的解救。

从另一个层面来讲，这种自我贬损可以暗示十分强烈的个人主张。身为"流浪者"，狄翁也许很像古时那些"流浪"哲人中的某一位：① 在围绕着神话展开的那个叙事里，狄翁的"流浪"获得了哲学上和精神上的意义，那种"流浪"可以让人"找到"事物。

再者，"自力自为的哲人/智慧者"就是色诺芬《回忆苏格拉底》中苏格拉底对自身的描述，因此，尽管就如在色诺芬的作品中一样，狄翁形式上在自我贬损，可是这种自我贬损却把狄翁与过去最伟大的哲人联系在了一起。

着重强调"自力"的和"自为"的哲学，符合第2节以下的所有讨论：尽管提高道德时人需要一个向导，可是人还是必须亲自完成"工作"。显而易见的词语重复让这个观点得到了透彻清晰的阐述——"职业"（ἔργον）（第4节），"自力自为"（αὐτουργοί），"劳作"（ἔργοις, ἔργον），"劳作的人"（ἐργάται）（第9节），"并不随意地"（μὴ παρέργως）（第10节）。

因此，就如苏格拉底式的"凭智慧自力自为者"（αὐτουργὸς τῆς σοφίας）一样，狄翁不仅有资格成为图拉真的哲学老师，而且他本身就是一个十分合适的角色典型。

这种自我塑造也暗示了历史上著名的君主-哲人关系：伟大的

---

① 例如参希罗多德，《原史》卷1，30.2；柏拉图《申辩》22a；Kindstrand，《波律斯特涅斯的比翁》，前揭，页208；狄翁的流浪：拙文《金嘴狄翁的事业与其转向》，前揭，页95（和注释138），页100。

君主安提柯·贡那塔斯(Antigonus Gonatas)和来自波律斯特涅斯的宫廷哲人比翁。比翁的一个残篇(F16A, Kindstrand辑本)对比了君王和流浪者的角色以及统治者与被统治者的角色,使用了类似于自我贬损和自我肯定相混合的方法(这种混合具有犬儒主义的典型特点)。①

狄翁对待"言辞"的态度相应地也有些模棱两可。一方面,狄翁专心于"辛苦和劳作"——犬儒学派对奋斗和行动的关注超越其他一切——因而"言辞"对狄翁自己或是碰巧遇见的人只有一些次要的训诫作用。另一方面,作为"劳动的人"中的一个类别——不是歌者也不是诗人(就如提谟忒乌斯)——狄翁似乎只能通过创作"劳动歌曲来抚慰辛劳",而不能创作符合目前形势之要求的崇高的"言辞"(在罗马皇帝面前发表演说,以及需要找到从第8节的意义上说堪称"完美"的"言辞")。②

"言辞"在概念上的模棱两可,进一步与"行动"在概念上的模棱两可形成了对照,它们同时既是唯一重要又是地位很低的事物(这又是一种犬儒主义式的模棱两可)。

这样就引出了三个问题。第一,图拉真发现了这些文学上的暗中影射吗?答案无疑是否定的,不过要是图拉真以后思考了这篇演说,那么这些暗指应该已经得到了解释,在第49节狄翁就假设图拉真将会这么做。

---

① Kindstrand,《波律斯特涅斯的比翁》,前揭,页183; Hoistad,《犬儒英雄与犬儒君王》(*Cynic Hero and Cynic King*), Uppsala, 1948,页60以下,页97、101,页196以下;狄米特律斯,《论文体风格》261。

② 对"言辞"模棱两可的态度在第4节"吹笛人"的说法中已有预示:一方面,提谟忒乌斯在专业技巧上高于狄翁,另一方面,奥罗斯音乐(aulos-music)受到了道德家们的普遍谴责(如狄翁本人在王政演说2.55所做的)。

第二个问题是,狄翁真的把自己描绘成犬儒派了吗?这个问题与第三个问题连在一起:就狄翁本人的地位而言,存在于"言辞"和"行动"中的这么多模棱两可之处,意义何在呢?

如果说狄翁践行了犬儒派的生活方式,那么他在多大程度上践行了这种生活方式呢?另外,如果狄翁践行了这种生活方式,那么他是否会接受"犬儒"这个常常让人觉得反感的名称?这些问题仍然存在争议。

当然,我们可以使用犬儒学派的术语,来描述狄翁如何度过流亡岁月。① 就如狄翁在别处承认的(演说辞34.2,参演说辞33.14,72.2),长发、胡须和破斗篷,让狄翁看上去像一个典型的犬儒主义者。采用无拘无束的犬儒立场有诸多好处。犬儒立场符合狄翁不久以来变得远近闻名的个人经历(演说辞19.1),即他是一个流浪者、流亡之人和多米提安僭政的受害者。

另外,尽管在现实生活中,犬儒学派有时会被人看作且毫无疑问经常被看作令人厌恶的怪人,但是根据通俗的想法,伟大的犬儒主义者,例如第欧根尼(更确切地说,在《论第欧根尼》演说中他是狄翁的另一个自我)和克拉底(Crates),都享有巨大声望,属于哲人中的翘楚,狄翁可以恰当利用这个光环,竭力给图拉真留下好印象。

---

① 参von Arnim,《金嘴狄翁的生平与著作》,前揭,页245;Hoistad,《犬儒英雄与犬儒君王》,前揭,页50-61、86-94、150-220;John Moles,《金嘴狄翁的事业与其转向》,前揭,页94-96;《金嘴狄翁第四篇王政演说的写作日期与意图》,前揭,页268以下和注释65;《"更诚实还是更有抱负"?——探究犬儒派对其同胞邦民道德腐化的态度》,前揭,页108注释41;Desideri,《金嘴狄翁:一位罗马帝国中的希腊智识人》,前揭,页200以下,页537-547;C. P. Jones,《金嘴狄翁的罗马世界》,前揭,卷vi,页49以下;流亡中的犬儒主义术语:第6篇和第8篇演说辞(第欧根尼/狄翁的流亡);Brancacci(1980)。

犬儒主义思想简明易懂,适合初步用来接近一个哲学新手。① 尽管严格的犬儒主义对一个世俗的君主没什么可说道的,② 可是,在狄翁看来,改良的犬儒主义立场却可以跟图拉真仿效亚历山大的行为巧妙地联系起来。

传统上喜欢把亚历山大与第欧根尼及其东方的类似学派即天衣派(gymnosophist)联系在一起,写过亚历山大事迹的一个历史学家欧奈西克瑞塔斯(Onesicritus)还赋予亚历山大犬儒学派的特征。③

犬儒主义立场还产生了诸多模棱两可之处:狄翁是苏格拉底式的伟大哲人,同时又是犬儒主义者(这给图拉真留下了印象)以及一个小人物(这有助于解除戒心),狄翁是老师(阐述智慧),同时又是一个典型(作为例子)。

狄翁的言辞不重要(和行动相比),却又是一篇具体言辞的工具,而后者是解决一切的关键;狄翁的行动(ἔργα)无足轻重(这是为

---

① 参贺拉斯,《书信集》1.2和拙作,《贺拉斯〈书信集〉中的犬儒主义》,前揭,页36。

② 因此我相信:拙著,《金嘴狄翁第四篇王政演说的写作日期与意图》,页269注释65,《"更诚实还是更有抱负"?——探究犬儒派对其同胞邦民道德腐化的态度》,页106注释26;《贺拉斯〈书信集〉中的犬儒主义》,页43以下和注释59;有些不是:例如Kindstrand,《波律斯特涅斯的比翁》,前揭,页14以下。

③ 参M. H. Fisch, *AJP* 58(1937),页129–151;T. S. Brown,《欧奈西刻瑞塔斯:希腊化时代史纂研究》(*Onesicritus: a Study in Hellenistic Historiography*),Berkeley–Los Angeles,1949,页24–53;Hoistad,《犬儒英雄与犬儒君王》,前揭,页89以下,页135–138;L. Pearson,《亚历山大大王佚史》(*The Lost Histories of Alexander the Great*),London,1960,页83–111;J. R. Hamilton,《普鲁塔克的〈亚历山大大王传〉》,Oxford,1969,页xxxi, lvii;John Moles,《"更诚实还是更有抱负"?——探究犬儒派对其同胞邦民道德腐化的态度》,前揭,页116注释98;也可以参狄翁的《论亚历山大的德性》(*On the Virtues of Alexander*)。

了解除图拉真的戒心),同时它却多少能阐释正确的哲学行为和正确的王者行为。犬儒主义者本身就是"王",他的王者之气在贫穷和困难中得到体现。①

最后两点。首先,这些意涵尽管都出现了,却很难理清;第9节的一个作用就是让人产生模棱两可的印象:狄翁看上去很神秘,他的真正本性直到最后一个神话才得到完全的展现。其次,着重强调狄翁的工作难度让人产生这样的印象,即尽管狄翁是老师而图拉真是学生,两人却因道德探问而成了一体。

某种程度上,第10节解释了诸多模棱两可之处。

> 这里许多言辞依据的都是哲学,几乎都值得聆听,对任何不只是随意听听的人来说大有裨益。

在所有的言辞中,狄翁必定"发现了近在咫尺且可以深刻触动图拉真的那个"。②

现在狄翁明确声称,只有哲学言辞才能实现提升道德的目的(考虑到哲人和皇帝之间多变的关系,这是一个重要的观点),狄翁也再次强调了那个先决条件,即听者应当做出适当的回应。这样的人和"偶遇之人"形成了鲜明的对照,为了帮助后者,到目前为止狄翁使用了言辞:对这样的人来说,聆听本身就是一项"工作",行动和言辞之间的差距可以缩小。

身为老师的狄翁和身为学生的图拉真之间的差距也可以缩小:正如倾听是图拉真的"工作",向图拉真演说也是狄翁的"工作"(第4节)。图拉真的"工作"——聆听狄翁——与其"辛苦和劳作"

---

① Hoistad 的《犬儒英雄与犬儒君王》(前揭)具有根本性。

② Donald Russell 教授也如此翻译;Cohoon 译本《金嘴狄翁》卷一(洛布版,1932)页7误译为"我们发现听者近在咫尺,急于领悟我们的言语"。

之间一定存在着某些联系，即使这种联系的重要性仍没有被揭示。把言辞描绘成"近在咫尺"的东西听起来像一个犬儒主义的按语，它反映了犬儒主义的一个学说——"使用近在咫尺的东西"。①

这就引出了两个相互联系的问题。首先，第10节中的"言辞"是什么？其次，第10节和第8节以下之间的"逻辑"关系是什么？至于第一点，第11节给出了答案："言辞"与王政有关，之所以说"近在咫尺"和"可能会深刻触动"，就在于狄翁正在向图拉真发表演说，而图拉真"渴望成为英勇而奉公守法的统治者"（第5节）（而且，第10节中的"急于领悟我们的言辞"和"明显值得花费时光"形成了一个环）。

至于第二点，第8节以下明智和智慧之人的"言辞"是过去的智慧或爱智慧（φιλοσοφία），第10节中的"言辞"则是许多独立的哲学言辞（λόγοι），前者由它们构成（第8、10节："助益"；第8节："智慧的言辞"；第10节："很多言辞依据的都是哲学"；第9、10节："值得"）。

在诸多哲学言辞中，与王政相关、"近在咫尺，并且[听者]急于领悟的言辞"就是与图拉真的道德需求最相关的那个。因为第一篇王政演说辞是"关于王政的演说"和"有价值的演说"，它本身就是这些"有价值且十分有益的哲学言辞"中的一个，也是过去明智而智慧之人的言辞的代表。

就如在9节②中描述过的，为了弥补自己的不足，狄翁不得不求助于劝导之神、缪斯和阿波罗，第一位神将会"劝说""能听从劝告"的图拉真，第二位神是文学和艺术女神；可为什么还包括阿波罗呢？阿波罗不是艺术或预言之神吗？后续故事将会展示这点。

---

① 参Kindstrand，《波律斯特涅斯的比翁》，前揭，页66。
② [译按]文本中为第10节，疑为作者笔误。

狄翁必须"以最大的热忱"发表演说:演说者和演说对象要在"意愿"上实现统一。

因此,狄翁的演说会以某种方式统一言辞和行动,统一狄翁和图拉真。最后,狄翁必已竭尽所能(ὡς δυνατόν),贤明的君主后来必定也会如此(13节):哲学老师和身为王者的学生必须努力达到完美,即使他们知道这并不可能(也可比较50节)。

狄翁开篇就对贤明的君主作了总结性的论述(11节)。某种意义上,这个部分直到14节才宣告结束,并已经提出了这篇演说在解读方面的大多数问题。很显然,荷马是图拉真最喜爱的诗人,那么狄翁求助于荷马是不是(或仅仅是)一种恭维呢?①

再者,在作了必要的修正后(mutatis mutandis)坚称"贤明君主的权威来自宙斯",这种做法可见于整个王政演说②以及《图拉真颂》③,这是否只是优雅地暗示图拉真接受了最善、最伟大的朱庇特的培育,并在某些语境下暗示图拉真和朱庇特近乎等同?④图拉真会从关于贤明君主睡眠的简短叙述中,看到自己值得称道的短促睡眠(parcus et brevis somnus)吗(《图拉真颂》49.8)? (狄翁)是否期待图

---

① 这只是来自狄奥·卡西乌斯《罗马史》卷68,3.4和王政演说的一个推测,不过确定无疑(特别参第二篇演说辞)。

② 例如狄翁第一篇王政演说,37-41,45,59,64-67,73,83以下;第二篇王政演说,72;第三篇王政演说,50-54;第四篇王政演说,21-23,27,31,38-43。

③ 例如《图拉真颂》1.3-6,5.1以下,7.5,8.1-3,10.4,65.2,80.4以下,88.8。

④ 图拉真和朱庇特:参例如Garzetti,《从提比略到安东尼》,前揭,页354,674以下;K. H. Waters,《图拉真之治》,前揭,页399以下;Fears,《由神选择的元首:作为一种罗马政治概念的"神选皇权"》,前揭,页227-236、193-196;《朱庇特的祭仪与罗马的帝国意识形态》("The Cult of Jupiter and Roman Imperial Ideology"),载于ANRWII 17.1(1981),页80-85;C. P. Jones,《金嘴狄翁的罗马世界》,前揭,页117以下。

拉真因为不具备坏君主的诸多缺点而暗自庆贺？特别是，14节中对多米提安含蓄（而明显）的攻击（一个坏的王绝不能成为王，即使所有希腊人和蛮夷、男人和女人、飞鸟和走兽都承认并服从他），是否以对比的方式赞美了图拉真？①

对诸如莱珀（Lepper）和琼斯（C. P. Jones）等学者来说，这些问题的答案不言而喻：狄翁唯一的兴趣就是恭维。我们不妨承认恭维的确存在，不过，还是应该坚持两个已经提到过的观点。

首先，恭维本身可能是进行道德鼓励的一种形式。"明智而智慧之人"的言辞显然能鼓舞人心（第8节）。也有一个文本之外的重要考虑：演说日期。在公元99和100年，没有人知道图拉真结果会表现得和多米提安不一样（不像狄翁，图拉真在多米提安的统治下仕途亨通）：大多数皇帝刚开始的时候都不错。

必须承认，在皇帝即位之初赞美他们可能会有如下意图：着重强调皇帝品格中可以得到长足发展的那些方面，把他们引向正途——毫无疑问，这一判断十分适合塞涅卡的《论宽仁》或普里斯库斯（Helvidius Priscus）在公元69/70年关于维斯帕先（Vespasian）（塔西佗《历史》4.7）的演说。普林尼在《图拉真颂》也作了这样的声明，而狄翁本人也提到赞美的这个作用（15节）。

其次，恭维也许只是几个作用中的一个。与王政相关的希腊式

---

① 在王政演说1.14、1.79、4.4、4.25、3.38和3.41间的对比，参C. P. Jones,《金嘴狄翁的罗马世界》，前揭，页118，页193注释29；Desideri,《金嘴狄翁：一位罗马帝国中的希腊智识人》，前揭，页338注释13；拙著，《金嘴狄翁第四篇王政演说的写作日期与意图》，前揭，页264和注释54；多米提安妄图凌驾于自然之上：Coleman译，《斯坦提乌斯：片页集（卷四）》，页88、90，页123以下；关于11—14节中对多米提安的含蓄攻击和对图拉真的恭维：例如Trisoglio,《小普林尼与金嘴狄翁的政治观念》，前揭，页6，页8以下，页10以下，页13；C. P. Jones,《金嘴狄翁的罗马世界》，前揭，页118。

讨论都不可避免地求助于荷马,荷马是如此古老、神圣而充满智慧的来源,应被归入过去明智而智慧之人之列(第8节)。极力强调坏君主的不足——贤明的君主几乎直接被定义成不沾染这些罪恶的人,而这些罪恶又让人想起了萨达那帕勒斯、负面的亚历山大以及多米提安——似乎同时传达了警示和恭维的信息。

最后,整个部分,尤其是第12节,都强调实行王政是有前提条件的:如果君主行为得当,他就是君主,他会赢得宙斯的认可,为臣民谋福祉。根据这个标准,图拉真尽管的确已拥有了君主必备的"渴望"(第5节)和"意愿"(第9节),实际上他还不是一位王。

同样,宙斯把权威委托给贤明的君主可以激励君主行德性之举,可这并不能保证任何君主都拥有德性(参12和16节)。整篇演说辞总体上都在强调这些前提条件。狄翁对于完全认可图拉真一直持保留态度,直至图拉真最后表现出他值得拥有这认可。

诚然,普林尼也强调,图拉真若要得到臣民的认可,必须具备一定条件,图拉真本人也提到这点(例如参《图拉真颂》67.4–8,68.1,94.5),不过这并不会贬低狄翁在这一点上的严肃态度:狄翁的强调远比普林尼一贯。无论如何,这仍是把《图拉真颂》理解为具有真正劝勉性质的最有力的根据之一。

另外,这是一个"皇帝"的要求与"元老院"的裁定可以重合的情形——当一个皇帝宣布某个崇高的理想而其臣民重申这个理想时,他们未必是在鹦鹉学舌般地重复主人的声音,他们可能是在以主人满有德性的开端为基础进行建构(《论宽仁》再次提供了一个恰如其分的对比)。这个观点本身有根有据并且很重要。

第15至36节可以看成一个新的部分,讨论"荷马式的真正君主"(36和15节形成一个环),或者(最好)看成对11至14节的总结性材料的更加详细的论述。15节以下(君主和神的关系)–12节,17节以下(君主与同胞及臣民的关系 君主的牧人和牧羊人角色)–12

节以下也如此。对坏君主的描述隐含了对多米提安的含蓄攻击,例如:不虔诚(16节);疏远朋友,因为他们会阴谋反对自己(20节),即使他们是自己最好的防卫(31节以下);篡夺"主人"的称号(22节);他的出现会给别人带来恐惧(25节);虚伪(26节);过度热爱荣誉(27节);军事上软弱(28节)。相应地,对贤明君主的描述包含了更多针对图拉真的含蓄恭维,例如:关切朋友(20、30-32节);致力于辛劳且称士兵为"战友"(22节);他拥有"父亲"的称号(22节);乐善好施(23节);他唤起的不是恐惧而是尊敬(25节);诚恳而真挚(26节)。

《图拉真颂》展示了许多类似之处。[①] 图拉真(或是贤明君主身上让人想起图拉真的一些方面)和狄翁再次出现了一些相似之处(这些相似之处的完整意义尚不清晰):两人都重视简朴(15、26、36节)、真挚(15、26、36节)和辛劳(21、9节)。

到37节为止,狄翁已经完成了一段言辞。第一篇王政演说辞是许多有价值、有益处之哲学言辞的一个例子,也是明智和智慧之人的言辞的代表,此演说本身被划分为很多段长度和强度不同的言辞。演说辞频繁提到图拉真、多米提安,以及演说辞和《图拉真颂》的类似之处,让解读问题进一步变尖锐了:这篇演说辞旨在恭维,抑或只是一篇严肃的道德训诫? 在这个部分的开篇(15节)[②]和结尾处(36节),狄翁本人都面临如此质疑。

---

① 例如,"主人"的称号:《图拉真颂》2.3;恐怖的人:《图拉真颂》4.5,47.6,48.3;辛劳:《图拉真颂》7.3,77.5,79.5,86.3;"战友":《图拉真颂》13.3,15.5,19.3;Syme,《塔西佗》,前揭,页38;总体参Lepper,《图拉真的帕提亚战争》,前揭,页194注释3;Rostovtzeff,《罗马帝国社会经济史》,前揭,页588注释27;Trisoglio,《小普林尼与金嘴狄翁的政治观念》,前揭,文中各处可见;C. P. Jones,《金嘴狄翁的罗马世界》,前揭,页117、193;Desideri,《金嘴狄翁:一位罗马帝国中的希腊智识人》,前揭,页306以下,页352以下。

② 狄翁王政演说1.15的方法和3.25的十分相似。

在此后的段落中,双重的贺词(μακαρισμός)大概就暗示了元老院对图拉真和元老院本身的赞扬,小普林尼《图拉真颂》74.1和74.4对此有所记录。① 然而,在狄翁的文章里,εἰ-从句(条件从句)的意义模棱两可,προσήκειν的意义也模棱两可,既可表示"属于"("如果你真的拥有贤明君主的某个特征"),也可以表示"适合"之意(如果你认为适合采用这些对策中的任何一个)。因此,某种程度上,狄翁给了图拉真一个选择(神话中赫拉克勒斯被期待作出的选择);在另一种程度上,狄翁已含蓄地承认了图拉真充满德性的天性(第8节)。

然而,要点在于,狄翁的暗示让他自己备受谄媚的指责(诽谤狄翁之人对狄翁的指责:第三篇王政演说,12—25节)。狄翁辩解说,赞美无可厚非,到目前为止,他的赞美只涉及图拉真正在追求或应该追求的理想。简而言之,赞美具有诊断和劝告的作用(至于前者可以参69节;第三篇王政演说,25、43节;《图拉真颂》2.6),而狄翁对多米提安的攻击(到目前为止,坏君主拥有多米提安的某些特征)则具有诊断和威慑的作用。

狄翁声称自己真诚,否认他在谄媚和辱骂,不过这并不能证明什么,阿谀奉承之人不会承认自己谄媚。而且第一篇王政演说第15节中的表达十分接近《图拉真颂》4.1,足以暗示在这点上狄翁的确向图拉真投入了心力。不过有几个因素却于狄翁有利。

首先,除了认为图拉真拥有充满德性的天性和"意愿"外,狄翁(不像普林尼)并没有直接赞美皇帝。即便隐晦地赞美图拉真时,这些赞美也一直与某个理想联系在一起,狄翁会详述这个理想以彰显

---

① 对皇帝的拥护请参R. J. A Talbert,《罗马帝国的元老院》(The Senate of Imperial Rome), Princeton, 1984, 页297—302。狄翁再次使用了王政演说1.83和3.3—5中的主题。

其分量,而且,图拉真很显然尚未达到这个理想。这种对理想的关切和诊断式的特点让我们想起,王政演说(λόγος περὶ βασιλείας)这种文体形式上就是一般性陈述,某些元素正是因此而存在,并非因为它们是要赞美或批评某个特别的演说对象。

其次,一些含蓄的赞美(例如,对图拉真和狄翁进行类比的那些赞美)的完整意义仍不明确。

第三,有一个问题需要强调:图拉真大肆宣扬自己和"朋友"的良好关系,[①]而这并不能完全解释20节、25节和30—33节关于"友谊"的详细论述(从最宽泛到最狭窄的意义上)。一个皇帝如何对待"朋友"很重要。尼禄忽视军队,讨好城市民众,允许野兽及自己的猎犬攻击自己的牧群(28节);多米提安道德腐化,用恐怖统治元老院和自己的朋友们(amici),从而失去了最好的防卫(25、30—32节)。27、30和33节也涉及君主的择友观,64节中这个主题被再次提及,且在第三篇演说辞中得到详细论述。

皇帝的择友观很重要,在统治初期即这篇演说发表的时期尤其重要。公元70年迷惑了维斯帕先耳朵的人是尼禄的朋友马塞拉斯(Eprius Marcellus),而不是普利斯库斯,同样,在图拉真的统治下,多米提安的那些用心更加险恶的"朋友们"还会继续兴风作浪吗?人们不由得想起小普林尼(《书信集》4.22.4—6)讲的那个著名的故事,故事表明,就连道德高尚的涅尔瓦也继续留用了多米提安手下一些十分邪恶的同党。

出于严肃的动机,图拉真的确驱逐了许多不太重要的告密者(《图拉真颂》34以下),不过,图拉真也说,尽管多米提安是最糟糕的皇帝,可是他也有好的朋友(皇史六家,《塞维鲁传》65.5),这预示图

[①] 参Trisoglio,《小普林尼与金嘴狄翁的政治观念》,前揭,页15—19;C. P. Jones,《金嘴狄翁的罗马世界》,前揭,页117、193。

拉真本人可能接受了多米提安的许多朋友。

在那个故事里，荷姆勒斯（Homullus）对图拉真说，拥有一位像多米提安一样为好友所围绕的坏君主，可能要好于拥有一位授予坏人权力的贤明君主。如果说这个故事指向另一个方向，那么它至少证实，这个问题在图拉真的统治初期很重要。①

第四，即便忽略所有的恭维之辞，演说的要旨还会保留下来。27节关于贤明君主之"战争政策"的陈述，与《图拉真颂》16.2"既不要惧怕也不要招惹战争"类似，这个陈述或许可以、或许不能反映图拉真的官方方针，②但是第2和第5节描绘图拉真心目中的英雄——极度尚武的亚历山大——时形成的对比，使这个陈述获得了力量。

这个部分的高潮处讲到，贤明君主最"显著的标志"就是好人现在或将来赞美他时都不会觉得羞愧，这强调了图拉真不只是在处于蜜月期的公元99/100年，而是终其一生都将受到赞美。但论到赞

---

① 关于第28节对尼禄的暗指：参Rostovtzeff,《罗马帝国社会经济史》，页588注释27；关于多米提安和图拉真的"朋友"：参J. Crook,《元首的咨议》(*Consilium Principis*), Cambridge, 1955, New York, 1975重印，页54以下；Syme,《塔西佗》，前揭，页50以下，页649-651。荷姆勒斯的故事被R. Syme在《阿米安努斯与皇史六家》(*Ammianus and the Historia Augusta*, Oxford, 1968)页170和他后来的作品中判定为杜撰，不过可以参G. E. F. Chilver,《对塔西佗〈历史〉卷四、卷五的历史评注》(*A Historical Commentary on Tacitus' Histories IV and V*)，页29(页102中荷姆勒斯执政官的存在为故事提供了佐证)。

② 取决于《图拉真颂》在多大程度上是受图拉真鼓励写成的，或者这种强调是否暗示了元老院不赞同达契亚战争(例如参Garzetti,《从提比略到安东尼》，页318、662)。更复杂的是传统的阐述：参修昔底德,《伯罗奔半岛战争志》，卷1, 124.2；A. Otto,《罗马谚语和谚语短语》(*Die Sprichworter und sprichwortlichen Redensarten der Romer*), Leipzig, 1890, Hildesheim, 1971重印，页54。

同图拉真一直持续的良好行为,狄翁的这次赞同又是有条件的。①贤明的君主不需要粗鄙懒汉的赞美,而只需要"自由而高尚之人的赞美,对后者来说,充满谎言的生活不值得过"(33节)。

演说辞突出强调了君主需要的是这种人的赞美,因为在统治初期,图拉真已经显出他统治后期那种成为"平民主义"(populist)皇帝以及过分慷慨的迹象。②谁是图拉真想赢得其好评的出众之人呢?卓然不群的狄翁当然是。狄翁是质朴和真挚的化身,"在过去的岁月,当恐惧让人们必须说谎时,狄翁尚且能独自冒着生命危险,大胆说出真相"(3.13)。围绕神话展开的叙事将强化这个观点。

接下来的这个部分(37–47节)开头和结束都有明显的标记(37、48节),分为两小部分。首先论述了尘世君主的典范——至高无上的君主宙斯(37–41节),接着又论述了宇宙的管理以及尘世君主在整个宇宙的位置(42–47节)。其学说具有廊下派特征,尽管未必与前言中的犬儒主义特点③相矛盾,却暗示了一个更高层次的哲学概念。这个部分是又一段言辞($\lambda \acute{o} \gamma o \varsigma$)(48),形式上是一段延伸的"故意透露"(praeteritio)。

这部分的要旨是,贤明君主——其他人的统治者——本身就接受了宙斯的更高权威。狄翁是不是在警告图拉真,尽管皇帝超越于

---

① 小普林尼的作品中有类似的强调,参《图拉真颂》28.6, 43.3, 45.6, 62.9, 85.7,以及 Durry,《小普林尼:〈图拉真颂〉》,前揭,页23;Kennedy,《罗马世界中的劝说技艺》,前揭,页544。

② 参《图拉真颂》33.1–4;弗隆托,《书信集》,Haines 洛布本第2册页216,或参 van den Hout 辑本,页199以下;Syme,《塔西佗》,前揭,页41;Garzetti,《从提比略到安东尼》,前揭,页313。

③ 犬儒主义神学充满了争议(例如参 Kindstrand,《波律斯特涅斯的比翁》,前揭,页224–240)。

人类法律之上,①可他并不拥有无限的权力？但狄翁再次恭维图拉真并攻击多米提安,似乎不支持这种解读,尤其是他现在的恭维还变得格外明确。

图拉真的个人品质为他手下的将军、治安官和总督提供了道德模式,因此,如果他们反对自己,那么图拉真会为自己辩护,会谴责甚至罢免他们,用更好的人替代他们(44节)。同样的原则也适用于君主。依赖宙斯并相应地进行统治的君主将拥有大福和幸福的结局(45节),他们与不尊重宙斯的君主不同,当代、后世以及那些忍受和法厄同(Phaethon)一样命运的人都认识到了后者的邪恶(46节以下)。

大篇幅引用荷马阐述的这个观点后,狄翁说到,尽管他本人很乐意详细描述一下关于宙斯和宇宙的言辞,可是时间不允许,恐怕只有等到其他场合。因此他接下来反而提出了神话($\mu\tilde{v}\vartheta o\varsigma$)(49节)。

他巧妙地先讲述图拉真和总督、将军的关系,呈现真实的罗马世界,然后似乎在抽象概括"君主"和宙斯之间的关系,再诉诸希腊神话及荷马诗歌的崇高魅力,紧接着短暂地重提哲学言辞($\lambda\acute{o}\gamma o\varsigma$),承诺将来必有的更深的哲学之乐,最后迅速把主题转向神话。

内中的意涵显而易见:如果图拉真承认并服从更高的神的权威,那么,他将享受大福和幸福的结局,而不像多米提安终其一生被人痛恨,到如今还被人痛恨和嘲弄。多米提安狂妄自大,试图像法厄同一样表现得像一个神,却被杀了。正如图拉真可以罢免不能

---

① 这是关于王政的帝王作品中的一个普通主题：例如参 Wirszubski,《作为政治观念的自由:从晚期罗马共和到早期元首制》,前揭,页130–136; Griffin,《塞涅卡:政治中的哲人》,前揭,页148; P. A. Brunt, *JRS* 67(1977),页95–116,尤其是页108以下;小普林尼《图拉真颂》65.1;狄翁,第三篇王政演说,4节以下,10节,88节以下。

履行职责的将军和总督,图拉真本人也可以被罢黜,像法厄同和多米提安一样,得到一个暴死的结局。因此,第44节中显而易见的恭维,其作用在于淡化一个涵义突出而毫不妥协的中心思想。

我们必须再次考虑到,普林尼也提到相同的观点,而且,普林尼在那里某种意义上再一次是在描述图拉真本人。在《图拉真颂》提到的著名的事件中(67.8),图拉真把自己的宝剑递给熟练的卫兵并说道:

> 拿上这把宝剑,如果我统治得当,你可以用它来保护我,如果我统治失误,你可以用它来对付我。①

基于和以前一样的原因,这些事实并不会破坏狄翁的中心思想的严肃性,这种严肃性就隐含在模棱两可的表达中:"两个人做了同样的事,所做的事却并不相同"(Si duo idem faciunt, non est idem)。恺撒露出脖子并大喊自己乐意被刺死是一回事,西塞罗偷偷催促布鲁图斯(Brutus)这样做是另一回事,而布鲁图斯和朋友们做出此举(当恺撒奋力抵抗时)则又有不同。②

另一个与狄翁的类似之处在于,小普林尼反对皇帝是临在之神(praesens deus)的观念(《图拉真颂》2.3,11.3,33.4,49.1,52.2-3),而多米提安曾声称自己就是临在之神(斯塔提乌斯,《片页集》[*Silvae*]4.3.128-129;Silius Italicus,3.625以下;苏埃托尼乌斯《多米提安》13.2;狄翁演说辞45.1等)。上一段中的考虑在这件事上仍然适用,值得注意的是,在这个领域,小普林尼似乎比狄翁更含糊其

---

① 狄翁·卡西乌斯《罗马史》卷68,16.1;维克多(Victor)的《论罗马诸帝王》(*De Caesaribus*)。

② 普鲁塔克,《恺撒传》60.6;西塞罗,《布鲁图斯》331;J. P. V. D. Balsdon,《历史》(*Historia*),7(1958),页91,以及 A. E. Douglas,《西塞罗:布鲁图斯》,Oxford 1966,页233。

辞、更尴尬——毫无疑问,这反映出图拉真对自己的神圣地位也是含糊其辞。①

到目前为止,演说由一系列的"言辞"构成,渐渐变得严肃而崇高,最后把一个警告——即如果图拉真滥用自己的崇高地位,就有惩罚等待着他——与阐述罗马皇帝在秩序井然之宇宙中的地位结合起来。

仿效柏拉图式的写作风格,演说以神话结尾。从一个层面上看上,神话紧跟着42–48节中明确而崇高的哲学思考,再次证明了演说由犬儒主义转向更加崇高的哲学领域的总体进程。从另一个层面上看,神话似乎标志着一种转向。然而,从某种程度上讲,后一种印象只是幻觉,因为这则神话概括并扩展了42–48节中的许多材料及前面的内容。

神话作为图拉真有可能喜欢聆听的东西被引入(49节),这是一个充满"娱乐性"的故事:"你想听一则故事吗?"——就如人们或许会这么对孩子说一样(参开头的 χρεία[写法])。② 假想出一个神话及其听者——戏谑的、纵容的、几乎有点屈尊俯就式的——是一种常见的哲学姿态:经过严谨的哲学阐述后,哲人试图用不那么费劲的精神食粮引起学生的兴趣。但这样的姿态往往带有加倍的讽刺意味,因为神话本身可能深刻而严肃。

狄翁本人立即对[神话中]隐含的严肃性发表了评论:(49节)"如果你想听一听神话……或更想听听用神话伪装起来的神圣而有教化意义的寓言"(μῦθον... μᾶλλον δὲ ἱερὸν καὶ ὑγιῆ λόγον σχήματι μύθου

---

① 例如参《图拉真颂》1.3–5,52.2–4,80.3。
② 例如参柏拉图《普罗塔戈拉》320c,《治邦者》268e,《王制》2.376d,377a;《斐德若》276e;狄翁演说辞4.74,5.24,55.11,72.13; Max., Tyr. 4.3c; Ael., Arist. 36.96K。

λεγόμενον)。这段描述自相矛盾,因为神话(μῦϑος)和言辞(λόγος)一般会被区分开来,其效果就是强迫听者或读者探索神话的真正涵义(因此狄翁料想图拉真后来会去探索神话的真正涵义)。这个效果在柏拉图那里也存在对应的例子。①

作为有教化意义的(ὑγιής,健康的)言辞,神话/言辞(μῦϑος/λόγος)[译按:又有英译作"寓言"]反映了明智和智慧之人的言辞(λόγος)(8节以下),它将带给人彻底的拯救和治疗,然而其全部涵义只能逐步得到揭示,而且之后还需要人们去思考。

至于"神圣的"(ἱερός),以及"神话/言辞"(μῦϑος/λόγος),则让人想起和宗教仪式相关的神圣言辞(ἱερός λόγος):② 图拉真似乎正处于被传授奥秘的位置上,这些奥秘通向拥有真正王权的神圣地位。

狄翁声称,厄利斯或阿卡狄亚的一个妇人告诉了他一段神话/言辞(μῦϑος/λόγος):

> 厄利斯或阿卡狄亚的一位老妇人向我讲述的那个关于赫拉克勒斯的故事。

狄翁本人的证词形式上保证了神话的真实性。妇人的身份背景不太确定似乎是一个不错的(伪)现实主义笔触,不过这或许是仿效了《高尔吉亚》493a,柏拉图在谈及挑水人(Watercarriers)神话的作者时也使用了这种含糊其辞的表达:"有个西西里或意大

---

① 例如《高尔吉亚》523a,《法义》865d,927a,872d;还可参狄翁演说辞5.3; W. Burkert,《希腊神话及仪典中的结构与历史》(Structure and History in Greek Mythology and Ritual), Berkeley, 1979, 页3, 页145 注释14; R. L. Hunter,《〈达夫尼与克露娥〉研究》(A Study of Daphnis and Chloe), Oxford, 1983, 页47, 页114 注释99。

② 例如希罗多德,《原史》卷2, 81.2;柏拉图,《书简七》335a; Vernant(n. 69) 186-187;还可以参 Aristides 的"神圣的言辞"(Ιεροὶ Λόγοι)。

利人。"①

狄翁的用词让人想起在柏拉图的《会饮》中,苏格拉底曾介绍了第俄提玛关于爱的一番论述:

> 从前,我听过一位曼提尼亚女人第俄提玛的一篇关于爱若斯的讲辞。

在含糊的自我介绍和第9节中隐含地把自己与苏格拉底比拟之后,狄翁开始提升自己的哲学资历证明(philosophical credentials)。实际上,《会饮》为这段神话提供了完整的框架,引用特拉普(Trapp)的话:

> 女祭司本人——这位占卜者(mantis)对其传达消息的人,此时正在向眼前的听众传达这个消息——是曼提尼亚的女人第俄提玛的孙女,苏格拉底曾在《会饮》中转述了她的教导。②

狄翁对自身流亡生活的方方面面的描述(50节以下),进一步让人觉得,他就是现实生活中杰出的苏格拉底式或犬儒派式的哲学人物——狄翁是"流浪者",是"研究"形形色色人类的"观察者",也是(《奥德赛》17.222的引言暗示了)当代的奥德修斯(奥德修斯本人就是犬儒主义的伟大典范)。③第9节中模棱两可的内容进一步得

---

① Donald Russell教授的译文与此同。

② Trapp(对于这个预先的引证,我要感谢他),《公元2世纪希腊文学中的柏拉图〈斐德若〉》("Platos *Phaedrus* in Second-Century Greek Literature"),载于D. A. Russell编,*Antonine Literature*,Oxford,1990,页143。

③ 犬儒主义侦查员/观察者:拙作,《"更诚实还是更有抱负"?——探究犬儒派对其同胞邦民道德腐化的态度》,前揭,页112和注释112。关于狄翁采用奥德修斯这个角色,参拙作,《金嘴狄翁的事业与其转向》,前揭,页97; C. P. Jones,《金嘴狄翁的罗马世界》,前揭,页46-50;Desideri,《金嘴狄翁:一位罗马

到了澄清。

如果说,狄翁在此处的立场似乎是希罗多德式的(奥德修斯就是二人的共同要素:希罗多德《原史》卷1,5.3;《奥德赛》1.3),那么这种色彩将有助于让我们进一步意识到狄翁在道德上的奥德赛之旅,也相信这个叙事的真实性。考虑到那些哲学暗示,演说首先强调狄翁流浪徘徊(50节)之时"机运"扮演的角色,似乎有些欺骗的意味。狄翁"尽自己可能游览了很多地方",这再次强调一个人尽了最大的努力(参10、13节)。

另外,"乞丐的装束"和"神话的伪装"在言语上形成类比,这也暗示狄翁欺骗性的外表(贫穷的犬儒派外表掩盖了其内在的君王相)与欺骗性的神话(只是一个"故事",这个故事实际上就是"近乎完美的言辞")形成了类比。

旅行至伯罗奔半岛时,狄翁避开了城市(51节)。只有在乡间才能发现真正的智慧,只有在卑微之人身上才能发现真正的高贵,朴素、王者特质(26节)以及狄翁本人与图拉真交谈时表现出来的特征(36节)就是最重要的德性。

叙事似乎阐释了33节的重点,针对城市生活的否定也更加直截了当,在这方面,狄翁的叙事方式与《奥德赛》1.3和希罗多德《原史》卷一5.3形成鲜明对比。卑微之人由牧人(是贤明君主的模范,参17、19节)和猎人(是贤明君主[19节]和犬儒学派的坚韧模范)组成。①

帝国中的希腊智识人》,前揭,页174以下注释2。关于犬儒学派的奥德修斯,参Hoistad,《犬儒英雄与犬儒君王》,前揭,页94–102,页196以下;拙著,《贺拉斯〈书信集〉中的犬儒主义》,前揭,页34–37;Cairns,《维吉尔的奥古斯都史诗》(*Virgil's Augustan Epic*), Cambridge,1989,页35以下。

① 拉尔修,《名哲言行录》6.31;Hoistad,《犬儒英雄与犬儒君王》,前揭,页78、175;Cairns,《维吉尔的奥古斯都史诗》,前揭,页36。

(猎人图拉真①也许会把狄翁对猎户的赞美当作一种恭维,不过这完全是偶然事件。)我们现在来到了犬儒学派的原始世界中。②

狄翁从赫里亚出发,沿着艾尔菲斯河前往比萨。精确的地理描述让我们产生了美好的错觉,以为故事是真实的。故事发生的场景设置在赫拉克勒斯和赫耳墨斯的乡村,我们在这里首次听见了柏拉图的《斐德若》的回响,以后还有数次这样的回响。如果说搭建神话的框架是受了《会饮》的启发,那么就如特拉普所论,③ "占卜者和狄翁的偶遇就是模仿了《斐德若》中苏格拉底偶遇斐德若"。其中一些一般因素就是例子——小河、供奉了祭品的神圣树林、午时偶遇、主要发言人的神圣启示、关于启示的讨论及其成果的卓越价值。

这些呼应之处的主要作用就在于进一步巩固了狄翁的苏格拉底式的资历。狄翁与其模仿对象之间的显著差异,则更加突出了狄翁独特的哲学药方的粗犷之处。一般而言,狄翁的故事符合标准的模式:孤独的游人在路上偶遇了一位神或是神的代言人,神或是神的代言人承诺自己在必要的时候会帮他度过危机。④

---

① 《图拉真颂》81.1–3;狄奥·卡西乌斯,《罗马史》卷68,7.3;狄翁,王政演说3.34以下(拙作,《金嘴狄翁第四篇王政演说的写作日期与意图》,前揭,页272),第二篇王政演说,第1节以下,第三篇王政演说,135–138节。

② M.-O. Goulet-Caze,《犬儒的苦行》(*L'Ascese Cynique*), Paris, 1986,页57–66; John Moles,《"更诚实还是更有抱负"?——探究犬儒派对其同胞邦民道德腐化的态度》,前揭,页116以下和注释103、105;《贺拉斯〈书信集〉中的犬儒主义》,前揭,页40和注释40;在狄翁作品中,参见例如演说辞7.65以下,7.81以下。

③ Trapp,《公元2世纪希腊文学中的柏拉图〈斐德若〉篇》,前揭,页143以下。

④ "显著差异": Trapp,《公元2世纪希腊文学中的柏拉图〈斐德若〉》,前揭,页144的解读有点过于"学究"("一个有趣的转换…利用阿提卡和伊奥尼亚式的高雅与多利安的粗陋气质形成的对比");关于"一般的模式": F. Williams,《贤哲、牧羊女与恺撒》("The Sage, the Shepherdess and Caesar"),就职演说, Belfast, 1987。

狄翁"在某个时候偶然发现了一条路,无意中走进一片崎岖的山区"并"迷失"了方向,他"开始四处徘徊"。在此处想不感受到讽喻都难了:表示正面意义(在追寻智慧的道路上漫游徘徊)或负面意义(比喻道德上的无知)的"正确道路"和"徘徊",还有"崎岖的山村"(真正的智慧在乡间,然而在寻找它的过程中,人们很容易迷路)。

狄翁接着走向山上的橡树林。对树林的详细描述增加了故事的现实感,突出了此地的神圣之处以及此地与预言之神宙斯的联系,而且通过祭品预示了之后会引入赫拉克勒斯。粗糙简朴的圣所和祭品,与宏伟壮丽的国家祭礼形成了鲜明的对比。在稍远一点的地方,狄翁遇见一个妇人,她高大、苍老、纯朴,留着一头长发,说一口多利安语。

从各方面看,这个妇人都适合当那种铭刻于明智而智慧之人的言辞之中的"古老智慧"的代言人(第8节),尤其因为,希腊那个地区的居民实际上并不说多利安语,多利安民族的气质符合犬儒主义思想的粗犷色彩。与在别处一样,狄翁在此处创造虚构的场景来阐释知识时,展示出让人钦佩的高超技艺。

"年老"常常是智慧的保证,而我们应该记得在事业这个阶段狄翁的外貌①(图拉真的统治倡导回归至"古代的价值观",②这对狄

---

① 关于"年老"和"可靠的见证",参狄翁演说辞11.37,以及D. Fehling,《希罗多德与他的"文献来源"》(*Herodotus and his 'sources'*), J. G. Howie译, Livepool, 1989,页167以下。关于"纯朴的智慧",参贺拉斯,《讽喻诗》2.2 (Ofellus),狄翁演说辞30.5。关于妇人用多利安语进行的谈话,参Williams的作品,前揭;Trapp,《公元2世纪希腊文学中的柏拉图〈斐德若〉》,前揭,页144和注释3(那里就多利安口音的 σεμνότης 引用了Hermogenes, 491 SP.);也可以参犬儒学派对斯巴达简朴生活的钦佩之情(例如拉尔修,《名哲言行录》6.27)。关于"长发",参拙作,《金嘴狄翁的事业与其转向》,前揭,页95和注释139。

② 例如参小普林尼,《图拉真颂》11.4, 12.1, 13.4以下, 18.1, 61.1, 76.1。

翁来说只是一个额外收获,并不能解释狄翁在这里的重点)。妇人温和友善地与狄翁交谈,她告诉狄翁,这个地方是专门供奉赫拉克勒斯的,她有个儿子是牧羊人,自己常常帮儿子放牧羊群,另外,众神之母让她拥有预言的天赋,附近的牧人和农夫常常向她咨询如何饲养和储藏(拯救)谷物和牛群。

其中几个事项的重要性显而易见,例如对赫拉克勒斯的介绍、妇人的预言能力、妇人的权威以及通过预言把人类和最伟大之神联系起来的等级次序,而别的事项的重要性在后面也将变得明确。随后,女预言家把自己的神力指向狄翁(55节)。她讲话时表现出的自控和节制进一步确保她值得信任。

狄翁言语之间轻蔑地摒弃预言家的老一套(56节),似乎反映出犬儒学派拒绝神谕。① [老妇人说,]狄翁来到这个地方是出于神的旨意,不只是巧遇(56—50节)。狄翁的流浪和苦难与人类的流浪和苦难之间的联系,总体上让流浪之举的寓意和在精神上的重要性变得显而易见:② 狄翁的流亡、流浪和苦难直接由多米提安的僭政造

---

① 参Kindstrand,《波律斯特涅斯的比翁》,前揭,页237以下;H. W. Attridg 在 *ANRW* II.16.1(1978)发表的论文,页56—60;J. Hammerstaedt,《犬儒俄诺马奥斯的神谕批判》(*Die Orakelkritik des Kynikers Oenomaos*),Frankfurt,1988。

② 关于这个解读可参Desideri,《金嘴狄翁:一位罗马帝国中的希腊智识人》,前揭,页355注释60;拙著,《金嘴狄翁第四篇王政演说的写作日期与意图》,前揭,页260和注释40;Donald Russell教授疑惑 τοῖς ἄλλοις ἀνθρώποις[对其他人]可能不是指"全体人类"(Desideri;John Moles;Cohoon,《金嘴狄翁》洛布版卷1,页29),而是指"其他人"(多米提安统治之下的其他流亡者,他们忍受了实实在在的流浪[ἄλη])。不过,(a)狄翁的流浪(ἄλη)和前面的第52节联系在一起,这强化了它的寓意;(b)"人类"的涵义(与神或"真正的人类"相反)似乎很重要,参第55节,"属神的机运",第56节,"属人的勇敢坚忍",第57节,"属人的言辞……由神传达,来自神的气息的言辞";(c)第55节,"对其他人来说"(τοῖς ἄλλοις ἀνθρώποις),第56节,"富有土地和人民的领袖"(πλείσης ἄρχοντι χώρας καὶ ἀνθρώπων)。

成(在围绕着神话[50节]展开的叙事里提到过),这样的僭政也是全人类的流浪和苦难的罪魁。当狄翁"某天遇到一个统治了无数土地和民族的强大人物"时——根据上下文此人一定是图拉真——流浪和苦难就会结束。

这样一来,依其陈述,在多米提安统治的黑暗日子里,流亡中的狄翁从可靠来源领受了自己将与图拉真相遇的预言,① 这次相遇标志着狄翁所有的苦难,实际上还有狄翁道德上的错误即将结束(不需要强调预言不具有历史真实性)。与狄翁早期流浪之时的诸多偶遇相反,这次相遇真的意义重大(第9节)。

狄翁道德上的错误指什么?此处,狄翁当然是在指一个关于自己的(所谓的)哲学对话的故事,该故事乃狄翁自创。② 看起来故事似乎也在向图拉真表达极大的恭维。图拉真似乎不仅拥有充满德性的天性,还拥有贤明君主的一些特质。在流亡叙述中,图拉真似乎差不多成为狄翁个人还有全人类的救星,他不只在即将终结狄翁的苦难的意义上是狄翁的救星。那些苦难包含了道德上乃至身体上的"流浪",因此图拉真看起来也是狄翁道德或精神上的救星。

这个观念如何与之前关于图拉真的描绘——即图拉真是一个好人,而且,在狄翁指导下他可学的有很多——协调起来?这个观

---

① 对图拉真的统治的预言:例如狄翁演说辞45.4;塔西佗,《阿古里可拉传》44.5;小普林尼5.2–9;《书信集》10.1,10.102;狄奥·卡西乌斯,《罗马史》卷67,12.1.

② Synesius,《狄翁》36a–38b;拙文,《金嘴狄翁的事业与其转向》中的分析(参《金嘴狄翁第四篇王政演说的写作日期与意图》,前揭,页259以下和注释39、42),既得到了一些人的接纳(例如B. M. Levick *CR* 30 [1980]: 193; E. Berry *G&R* 30[1983]: 80,注释2; E. L. BOWIE, *The Cambridge History of Classical Literature* I, P. E. Easterling、B. M. W. Knox 编, Oxford, 1985, 页669),也遭到了另一些人的拒绝(例如D'Esperey, *ANRW* II.32.5 [1986], 页3061)。我支持这个分析。

念如何与获得狄翁赞同的限制性条件协调起来？这个观念如何与直截了当的警示——即如果图拉真像多米提安一样，那么他将受到同样的惩罚——协调起来？这个观念又如何与狄翁的身份——身为伟大的犬儒派和苏格拉底式哲人——协调起来？

此处存在一个重大的解读方面的问题，但此刻只需指出一点就够了：狄翁并没有直接恭维图拉真。狄翁并没有说"图拉真将终结你的全部苦难"，而是说"你受苦的日子不会太久了，某一天你将遇到一个强大的人"，听者必须为这两个陈述补充隐含的逻辑关系。这就造成了一个模棱两可的结果，狄翁既恭维了图拉真又没有恭维图拉真，图拉真既是救星又不是救星。

女预言家（56节）嘱咐狄翁把她讲述的神话说给图拉真听，即便有人把狄翁当作"一个瞎扯的流浪汉"，鄙视他（那就是，在第9节关于狄翁这位流浪者的两个可能的解读中选择了负面的那个），他也要讲。狄翁应当毫不犹豫地这么做，因为人类的言辞和人类所有的机巧诡计都毫无价值，人类关于神和宇宙的明智而真实的言辞，已经由神圣的意志以及最早的预言家和侍奉神明者撒播在人类的心灵中。相反，那些没有受到神性启示就把言辞当作真实去传播的人，才是背离正道，才是不道德的。

神话属于正确的范畴，对神话神圣来源的强调，既与狄翁之前坚称神圣者对世俗君主拥有更高的治权相符（37–47节），也符合狄翁最初在第8节以下对明智和智慧之人的言辞的描述。同样，第58节中那个受到缪斯启发的人，也让我们想起狄翁在第10节向缪斯的祈祷。[1] 作为偏离正道的人，那些堕落的教师与狄翁形成鲜明对

---

[1] 58节引用的不是利努斯（Linus）（Cohoon译，《金嘴狄翁》，洛布版卷一，页31注释2；Kindstrand, *Homer in der Zweiten Sophistik*, Uppsala, 1973, 页117），而是赫西俄德（Desideri,《金嘴狄翁：一位罗马帝国中的希腊智识人》，前揭，页

比,狄翁开始进入这种先知角色于他到达这个地方之时(55节)。

此外,当暗示图拉真可能会反思这个神话时,狄翁是认为"(这个神话)将不会对你显得不适宜"(49节)。狄翁领受和传达信息都在恰当的时间和恰当的地点:神圣的天意让狄翁和图拉真相见。

现在看来,在图拉真面前,狄翁的角色表现在三个方面:不屈不挠的犬儒主义–苏格拉底式哲人和图拉真的老师;悲惨的流浪汉——救星图拉真上台后,他的苦难和错误才告结束;神圣的信使。最后一个角色让狄翁有资格"找到"并向图拉真转述和概括古代神圣智慧的神话/言辞(8节以下)。

狄翁的角色得到了神的认可,短语"并非没有神的意愿和属神的机运"(真正言辞的神圣起源)强化了这点,这个短语采用了女预言家在第55节中的话语,"你来到这里……并非没有属神的机运",和狄翁在第50节中具有欺骗性的措辞"当我碰巧"。

这些形象,犬儒主义哲人、悲惨的流浪汉和属神的人,虽不会互不相容,可也存在一个困难,即狄翁悲惨的流浪生活并不意味着他在哲学上不屈不挠,而是意味着他在道德上有错误,而且,关于图拉真的两种设想也存在尖锐的矛盾。不过至少可以明确一点,即多米提安将被图拉真取代的预言本身就包含两个方面——既是一种恭维,也是传达来自神的真正知识的一个基本环节。这两个方面正符合关于图拉真的两种设想。

这则神话涉及宙斯之子和伟大的君主赫拉克勒斯。从两个方面看,赫拉克勒斯象征着真正的贤明君主,在之前的讲辞中,狄翁对此就有所描述。还有一点也具有重要的意义,即在图拉真心目中,

---

508 注释41也如此),在第二篇王政演说中赫西俄德十分重要(有意引用容易的典故)。

赫拉克勒斯和亚历山大都是很特别的英雄。① 然而,这种关系的作用是双向的,因为赫拉克勒斯也很快被赋予了图拉真的特征:第60节的描述必定在暗示,图拉真不仅是赫拉克勒斯的仰慕者——赫拉克勒斯在图拉真故乡的盖得兹(Gades)拥有一座非常著名的神庙——他本人就是一个有着明显的赫氏(Heraclean)特征的世界统治者。

第59节对神话做了彻底的改动,为此不想感受到其中的隐含意义都难,该隐含意义就是:图拉真一直是"真正的君主",甚至在多米提安(欧律斯透斯)的统治时期也如此。这里面还可能在暗示图拉真镇压撒图尼努斯(Saturninus)叛乱时扮演的角色(参《图拉真颂》14.5)。② 因此,狄翁一方面是要向图拉真讲述关于赫拉克勒斯的神话,从另一层面看,他也是要讲述一个关于图拉真本人的神话。

接下来,演说辞描述了赫拉克勒斯所受的教育(61节),鉴于图拉真受过的有限教育,此描述某种层面上可以视为对图拉真的恭维。然而,描述再现了犬儒主义式的赫拉克勒斯,攻击诡辩术教育及其承办人,从这一层面上看,此处必定也指向身为犬儒主义哲人以及身为智术师的鞭子的狄翁。③

---

① 参 Durry,《小普林尼:〈图拉真颂〉》,前揭,页108(讨论了《图拉真颂》14.5);C. P. Jones,《金嘴狄翁的罗马世界》,前揭,页117以下和页193的注释;Desideri,《金嘴狄翁:一位罗马帝国中的希腊智识人》,前揭,页356注释61;M. Jaczynowska, ANRW II.17. 2(1981),页636以下;拙著,《金嘴狄翁第四篇王政演说的写作日期与意图》,前揭,页270和注释71。

② 此处的文本不全,不过意义明确(Cohoon,《金嘴狄翁卷一》[洛布版,1932]页32以下对问题做了概述);同样的想法在狄翁演说辞8.29和爱比克泰德《论说集》卷3,26.31以下以哲学形式出现。

③ 犬儒主义的赫拉克勒斯:Hoistad,《犬儒英雄与犬儒君王》,前揭,页33-63;Goulet-Caze,前揭,页208-210;狄翁和智术师:拙文,《金嘴狄翁的事业

正如在56节及第三篇和第四篇演说辞(3.12–25,4.27–39)中一样,在此处,我们也强烈意识到,狄翁只是诸多竞相吸引新皇帝注意的人中的一个。"质朴"既然是狄翁和赫拉克勒斯以及贤明君主的共同之处,引申开来,也就是和图拉真的共同之处。

接下来的描述(61–63节)把犬儒主义式的赫拉克勒斯的方方面面(除了一张狮子皮和一根棍子外,几乎一丝不挂,自力更生,极度习惯于经受辛劳),与一个更加世俗化的统治者结合起来,这个统治者需要军队帮助自己掠夺城市、推翻僭主并为每个地方的人确立秩序。

这个令人难解的结合反映了狄翁恭维图拉真具有多重目的(不像多米提安,图拉真蔑视自己周围那些全副武装的卫兵):① 试图让犬儒主义的赫拉克勒斯相应于皇帝的现实(皇帝需要用军队对付诸如德凯巴鲁斯[Decebalus]之类的"僭主",因此狄翁否定完全自由、自给自足、"孤独之人"这样极端的犬儒主义观念);以及把犬儒主义价值观应用到个人道德中(这与帝王的角色相悖)。

在63节还有其他有趣的细节。赫拉克勒斯是一个自力更生的人和旅行者/流浪汉——就像狄翁本人一样(9、50节):② 两人之间有

与其转向》,前揭,页88以下; Desideri,《金嘴狄翁:一位罗马帝国中的希腊智识人》,前揭,页152注释25,页242以下注释65a,页356注释67。

① 例如,参《图拉真颂》49.2以下;狄奥·卡西乌斯,《罗马史》,卷68,15.4–6,68.7.3;狄翁,王政演说8.8和拙著,《金嘴狄翁第四篇王政演说的写作日期与意图》,前揭,页267。

② 作为流浪汉的赫拉克勒斯:柏拉图,《苏格拉底的申辩》22a,欧里庇得斯,《疯狂的赫拉克勒斯》1197,《贺拉斯:颂歌》3.3.9,《爱比克泰德论说集》3.24.13,狄翁演说辞8.29, Cairns,《维吉尔的奥古斯都史诗》,前揭,页35以下。也可以参佛提乌斯(Photius),《书藏》(*Bibl. Cod.*)209中关于狄翁屡次披着狮子皮出现在公共场合那个奇怪的简介。不管如何解读(参拙文,《金嘴狄翁的事业

一些相似之处,这再次带上几分深长的意味:对图拉真来说,狄翁就是一个合适的典范。赫拉克勒斯"愿意"并致力于经受"辛劳",就如狄翁、贤明的君主和图拉真本人一样。

第64节详细描述了赫拉克勒斯的父亲宙斯对儿子的关心照顾,宙斯通过预兆与赫拉克勒斯交流。这种关系象征了贤明君主与宙斯的关系,也映射了预言家与她儿子的关系。女预言家常常帮儿子照看牲畜,附近的牧人和农夫也向她咨询如何培育和储藏谷物和牛群,女预言家是贤明君主与贤明君主之哲学顾问之关系的范例。她温和慈祥地与狄翁交谈,优秀之人对平庸之人的态度就是如此,贤明君主也应该如此。

这里面还有另一层涵义:就赫拉克勒斯象征着图拉真而言,宙斯则让人想起涅尔瓦,涅尔瓦在第二篇演说辞中作为图拉真细心的父亲凸显出来(对涅尔瓦的神化促成了这种对等关系)。因此,神话也反映了涅尔瓦收养图拉真的事。①

在两次演说中,狄翁都致力于强调涅尔瓦和图拉真之间的联

与其转向》,前揭,页88注释75;Desideri,《金嘴狄翁:一位罗马帝国中的希腊智识人》,前揭,页246注释18),此事都强化了犬儒主义的赫拉克勒斯与犬儒主义的狄翁之间的相似之处。

① 参Desideri,《金嘴狄翁:一位罗马帝国中的希腊智识人》,前揭,页312以下和357以下的注释71。Desideri进一步得出的猜测是否正确呢?(1)关于"收养"曾存在一个符合逻辑的理论,而且有些人很重视这个理论,以及(2)狄翁作品中的典故也有将来意义(对于图拉真选立继承人而言),这两个问题很重要,在此处,第二个问题更直接相关。至于(1),我认为至少存在一种理论:参Sherwin-White(1996),页241和Desideri英勇的自卫(《金嘴狄翁:一位罗马帝国中的希腊智识人》,前揭,页357注释71);至于(2),我没有看见有什么将来意义(和小普林尼的《图拉真颂》94.5形成对比);就对图拉真的关注和对将来的忽视而言,王政演说辞实际上比《图拉真颂》更"实用"。

系,这远远超过了小普林尼或是图拉真的皇家宣传。① 关于赫拉克勒斯的描述意味极其深长。赫拉克勒斯"渴望"统治,其动机像图拉真一样值得称道。像图拉真一样,赫拉克勒斯天性高尚,而高尚就是反对财富和物质上的日益扩张,流亡之时的狄翁生活于其间的卑微之人就是如此。宙斯十分忧虑,他不希望坏榜样把赫拉克勒斯引入歧途,而希望赫拉克勒斯与充满德性的人为伍(64节)并从中受益。这再次反映了(参33、56、61节)狄翁的忧虑,狄翁希望,当人们竞相影响新皇帝时,无用之人的劝告不会大行其道,图拉真的优秀天性不会受到破坏。

这里强调了赫拉克勒斯的凡人属性引起的危险,赫拉克勒斯的双重本质是他成为所有罗马皇帝之典范的一个原因:这些罗马皇帝在血统上是凡人,然而皇帝崇拜和死后的神化和英雄化② 又使得他们成为神圣。狄翁在此处使用这个典范是出于谨慎的目的,而不是为了歌功颂德。

赫拉克勒斯年轻、易受影响且正处于君王之道的学徒期,此时,赫耳墨斯作为宙斯的信使出现在故事中(65节以下)。实际上,赫耳墨斯带来的消息与赫拉克勒斯的选择有关。赫耳墨斯说了自己是谁以及谁派他来,同样,狄翁也是图拉真当政之时女预言家——因而也是众神——派到图拉真那儿的信使(58节),带来了关于那个选择的神圣神话,至于这个神话的意义,图拉真将作深入的思考。狄

---

① 小普林尼也强调了这两者之间的联系(他怎么可能不这样做呢?),不过和狄翁不一样,小普林尼没有掩饰而是直接强调涅尔瓦的危险处境(《图拉真颂》6.1-7.3,8.4-6,10.1等);图拉真对涅尔瓦绝妙的纪念方式: Syme,《塔西佗》,前揭,页12; K. H. Waters,《图拉真之治》,前揭,页387、395; Fears,《由神选择的元首:作为一种罗马政治概念的"神选皇权"》,前揭,页227。

② 参狄翁,王政演说3.54。

翁也说了自己是谁(第9节)以及谁派他来(56、58节)。

某种程度上,赫耳墨斯象征着狄翁(在《亚历山大演说辞》45.2中,狄翁把自己比作宙斯的信使赫耳墨斯)。狄翁向图拉真描述赫耳墨斯(狄翁)和赫拉克勒斯(图拉真)承担的角色(而且狄翁是涅尔瓦/宙斯的朋友,45.2),现实和神话,过去、现在和未来相互交织在一起。

在围绕神话展开的叙述、神话本身以及整个演说里,赫耳墨斯起到了统一细节的作用。赫耳墨斯是阿卡狄亚的神,阿卡狄亚就是狄翁和女预言家相遇的地方,是牧人之神,是53节描绘过的那一堆"石头"所敬奉的神,是边界和穿越边界之神以及青春之神,所有这些都是赫拉克勒斯(图拉真)开始自己统治时的相关要素。赫耳墨斯还是预言之神,是"找到/发现"之神(参第4、9、10节),引导之神(49节,"神性的言辞"),是言辞本身之神(参8–9、49节)。[①] 这些方面比赫耳墨斯在皇帝崇拜上扮演的角色[②]重要得多(尤其是因为赫耳墨斯象征的不是皇帝,而是皇帝的哲学顾问)。

赫耳墨斯带领赫拉克勒斯离开大路,来到一个偏僻的所在,那儿有引人注目的巍峨高山(66节),这就如狄翁流浪之时离开大路来到了一个庄严的地方,并在那儿遇到了女祭司(52–54节)一样。我们再次感受到,狄翁经历过的精神之旅与图拉真有待经历的精神之旅之间,存在一种隐含的类比。赫耳墨斯"引导"赫拉克勒斯(66、69节):赫耳墨斯–言辞的这个举动同时具有字面和隐喻的意义,它反映了神话/言辞本身的角色——"生活的向导",它把具有德性的天性"引向"全面的德性(第8节)。

---

① 总的可以参W. Burkert,《希腊宗教》(*Greek Religion*), Oxford, 1985,页156–159。

② 例如参B. Combet Farnoux *ANRW* II.17.1 (1981),页457–501。

这座高山引人注目,巍峨险峻,充满危险,象征着罗马皇帝的地位。这座山有两座山峰,一座是王政峰,另一座是僭政峰,不过人从底部向上看时,它们似乎就是一座山峰。这一点在68节得到再次强调:狄翁急切地要反对当时一些学者的观点,后者认为一个罗马皇帝是"好"人还是"坏"人并没有什么实际差别。

王政与僭政之间的基本对比,让狄翁的演说辞与《图拉真颂》形成了又一处相似,用特斯格力翁的话说,

> 两种政府体系之间的对比构成了写作《图拉真颂》的主要原因,而在几乎占第一篇王政演说后面一半篇幅的赫拉克勒斯神话中,这种对比也构成了其中最大的部分。①

把王峰(Peak Royalty)描述成"在宙斯王眼中看为圣洁"强化了宙斯与贤明君主之间的类比,并表达了对图拉真的敬意——图拉真在朱庇特保护之下被收养(参《图拉真颂》1.5,5.3-4,8.1)。

那里有两条道路:通向王政之峰的道路宽阔而安全,通向僭政之峰的道路狭窄而危险,走这条路的人多数都摔下去在水里淹死了。与此相反,在色诺芬版本(《回忆苏格拉底》2.1.23,29)的普罗狄科(Prodicus)口中的赫拉克勒斯之选择中,通向德性的道路艰难而漫长,通向罪恶的道路舒适而短暂。② 通过调换两条道路的特征,狄翁再次(参第45-47节)明白无误地提醒了暴君将面临什么样的命运。

接着,赫耳墨斯"展示"了这个地方的本性(69节)。这种哲学

---

① Trisoglio,《小普林尼与金嘴狄翁的政治观念》,前揭,页19以下。
② Trapp,《公元2世纪希腊文学中的柏拉图〈斐德若〉》,前揭,页143和注释2列举了许多关于赫拉克勒斯之选择的希腊文和拉丁文改编本;也可以参Cairns,《维吉尔的奥古斯都史诗》,前揭,页36,页51以下。

"展示"胜过了提谟忒乌斯在亚历山大面前上演的音乐"展示"(第1节)。赫拉克勒斯想要的更多,他想看看"里面的东西",因为他"年轻"、"雄心勃勃"(像图拉真一样)并且"有意愿"(就像图拉真和狄翁)。

赫耳墨斯在赫拉克勒斯面前进行的哲学"展示",与狄翁在"有意愿"的图拉真面前进行的展示,形成了明显的对应。这里强调"里面的东西",强调赫拉克勒斯的"清晰视野"与愚蠢之人的无知以及邪恶之人的短视之间的对立,以及强调王峰的光芒万丈——这些强调都暗示出某种宗教开悟(religious initiation)时所使用的语言(参49节)。赫拉克勒斯可以凝视王政女神(Royalty)光芒万丈的容颜,就如好人可以凝视太阳一样,因为赫拉克勒斯与法厄同不同,他是真正的君主。①

我们还可以想到其他类比。王政女神的容貌给人留下的印象要比女预言家深刻得多,然而不会不叫人想起后者(70、53节)。狄翁的精神追求与赫拉克勒斯(图拉真)的精神追求再次形成类比。

然而,王政女神也拥有图拉真的一些面容特征。王政女神的面容明艳照人,庄严高贵,好人见了不会心生胆怯(71节),同样,小普林尼也赞美了图拉真"华贵的头和高尚的脸庞"(《图拉真颂》4.7),"热情洋溢的脸庞和引人爱慕的神情"(《图拉真颂》55.11)。在王政女神周围,在这个地方,寂静弥漫,喧嚣全无(72节),就如小普林尼的颂扬之辞:

> 所有向你走来、离你而去,尤其是在你周围的一切,都安详

---

① 关于王权的考查,参Fears,《由神选择的元首:作为一种罗马政治概念的"神选皇权"》,前揭,页156和注释42,以及狄翁王政演说4.18;拙著,《金嘴狄翁第四篇王政演说的写作日期与意图》,前揭,页268和注释64。

宁静,如此周遍的寂静,如此高远的崇敬。(《图拉真颂》47.6)

尽管赫拉克勒斯可以直视王政女神光彩照人的容颜,可是他仍觉得羞愧,就像恭顺的儿子看着高贵的母亲一样(73节)。要成为真正的君主就应该认识到,责任比个人伟大,更令人崇敬。儿子-母亲的类比也让人想起女预言家与她儿子的关系(54节),此类比暗示,对于贤明的君主来说,道德品质比血统更重要(赫拉克勒斯"真正"的母亲不是阿尔克墨涅[59节],而是王政女神)。

得知这位令人难忘的女子叫王政女神时,赫拉克勒斯获得了"勇气"(73节)。图拉真也拥有这种品质,面对让人望而生畏的责任,真正的君主不仅需要"羞愧",还要有履行这些责任的"勇气"。和演说的开篇处不一样,此处"勇气"不再只是指军事素质。

赫拉克勒斯看到王政女神后的反应,让人想起人们面对贤明君主时的反应(25节,参71节):他们感觉到的不是惊惶和恐惧,而是勇敢和羞愧。在前面的演说中(25节),贤明君主拥有图拉真的品质,而坏君主则拥有多米提安的品质,一个完全含糊不清的结果再次出现:图拉真应该如赫拉克勒斯那样看待王政女神,可图拉真本人明显就是王政女神的范例,图拉真在自己的臣民之中唤起了赫拉克勒斯对王政女神才有的那种反应。

王政女神有一些随从:三个女神——正义女神、法律女神、和平女神(再次对图拉真的好战发出了含蓄的警告,参第5、27节),最重要的是还有一个男人法律神,他也被称为正确理性之神、出谋划策之人和助手:

> 靠近王政女神、立于权杖旁边的是一个精壮男子,他头发灰白,神情高傲,名曰法律神,不过他也被称为正确理性之神、出谋划策之人或助手,没有他,这些女神皆不能采取或者谋划任何行动。(75节)

强调超验的理性/言辞(λόγος),以及让法律神/正确理性之神等同,这些都是廊下派观点,再次提示了(参42–47节)世上存在高于罗马皇帝的权力,忽视这种权力会让罗马皇帝受到惩罚。从更世俗的角度看,法律神就是僭政女神(Tranny)(她的一个随从就是不法女神[Lawlessness],82节)的对立面,而法律神和正确理性神的等同再次强调,图拉真需要能把自己引向全部德性的理性/言辞(第8节)。

　　尽管对王政女神和其随从的描述形式上是在描述抽象的权力,但还是有一些方面暗示出人间与之相似的东西。王政女神(某种程度上)使人想起图拉真,而僭政女神(某种程度上)则让人想起多米提安。那么,王政女神的随从中那位举足轻重的男子,法律/言辞之神,是谁呢?某种程度上,阿卡狄亚的女预言家强健而头发灰白(53节),似乎就是神圣而超验的理性/言辞的显现。然而,她还不能完全履行这个角色,因为法律神/理性(言辞)神是如此男性化。

　　我们是不是应该认为,图拉真的无上功德让他站在王政女神身旁,而从句"没有他,这些女神不能采取或谋划任何行动",或许暗指皇帝在处理人类事务时拥有无上权力呢?① 图拉真很强健,在女预言家所做的包含了这段神话(μῦθος)的叙述中,图拉真被女预言家描述为一个"强有力的男子"(56节),他头发灰白(《图拉真颂》4.7)。而且,在演说的开头,狄翁描述说,图拉真想成为勇敢而守法的统治者,而狄翁要为图拉真寻求适合其品质的激发勇气和高尚情操的言辞(4节以下)。恢复法治也是图拉真的一项伟大主张(例如参《图拉真颂》36.2,65.1–3,77.3)。

　　赫拉克勒斯也不难在某种程度上象征图拉真;两个人物的这种融合贯穿了整段叙述和神话。而在目前的语境中,王政女神已经

---

① 参Brunt的观点,前揭。

(某种程度上)代表了图拉真,因此,让赫拉克勒斯/图拉真观察由法律神/图拉真陪同的王政女神/图拉真,实际上(从表面上看)极度不合逻辑,但也不是完全不可能。

然而还有另外一种解读方式。我们应当想想狄翁本人。狄翁(大概)头发灰白,作为一名犬儒主义哲人,他承担了"精壮男子"的角色(尽管在生命的这个时期,他身体很虚弱)。[①]

如果能提供激发勇气和高尚情操的言辞,那一定反映了狄翁自身的品性,狄翁好几次暗示自己和图拉真有相似之处。狄翁之前就公开表示自己将成为图拉真的哲学顾问,并向图拉真承诺要提供给他充分完整的言辞。最后,在僭政女神的随从中,相应的关键人物是谄媚之神(Flattery)——堕落的顾问。如果这么解释,狄翁就是在发表一个极其强硬的宣称,不过,这种宣称已经隐含在狄翁所扮演的赫耳墨斯角色之中。

考虑到人物之间的融合(或混淆),我们或许不必非要在以上两种解释之中选出一种,不管怎样,图拉真可能会在关于法律神的描述中看到自己。然而第二种解读方式更可取:在其语境中,强调皇帝(甚至是贤明的皇帝)不受限制的权力是不合适的,而强调法律神这个人物也是出谋划策之人、助手和正确理性之神,则暗示出狄翁就是超验言辞的代表——这种超越言辞是皇权最后的外部阻力。

"这些见闻让赫拉克勒斯兴奋不已,他十分专注,决心永远不忘记这一幕"(76节):再一次(参33节),统治者的必备条件不仅要"善始",而且要持续到最后。赫拉克勒斯的举止也暗示,图拉真应当以怎样的精神来接受狄翁的警告。这里再次与狄翁本人形成对应:他得到了女预言家的教导(58节),

---

[①] 拙文,《金嘴狄翁的事业与其转向》,前揭,页95和注释141的参文献。

请听下面这个故事,你要警醒、留神地听,直到……可以把这个故事讲给……听。

狄翁成功地完成了哲人/神圣信使的角色,把神话带给了图拉真,现在,用同样的精神(参第2节以下及第8–10节)回应这个神话就是图拉真的责任了。

赫耳墨斯让赫拉克勒斯看"另一位女子"僭政女神。僭政女神的品行及外貌的几个方面让人想起了图拉真。强调为僭政而展开的家庭争斗和杀戮,让人想起关于弗拉维亚(Flavian)房屋的类似谣传。① 僭政峰让人想起塔西佗和尤文纳尔(Juvenal)描述的多米提安的阿尔巴城堡(Albana arx)(《阿古里可拉传》45.1,尤文纳尔,《讽吟诗集》4.145),让人产生关于暴君的典型联想。②

赫耳墨斯并没有带领赫拉克勒斯走那条布满鲜血和尸体的隐秘通道,而是一路沿着"外面一条更加纯净的道路前行,因为我想,赫拉克勒斯只是一名观察者"(77节)。这些哲学理念——"观察者"、赫拉克勒斯和"纯净"的联系——是廊下派的理念,③ 而且此处还有一个现实的含义,即尽管在多米提安僭政时期图拉真比较活跃,但是他并没有被僭政玷污。在这些方面,图拉真和狄翁有些类似,不过二人还是有一些区别。狄翁并没有直接"观察"多米提安的僭政(50节),图拉真对僭政的罪恶内幕了解更多,因此狄翁认为

---

① 多米提安:例如参 C. P. Jones,《金嘴狄翁的罗马世界》,前揭,页95和注释41。

② 参 E. Courtney,《尤文纳尔讽喻诗评注》(*A Commentary on the Satires of Juvenal*), London, 1980,页227。

③ 作为"净化者"的犬儒主义的赫拉克勒斯:参狄翁演说辞5.21,5.23,8.35;爱比克泰德,《论说集》2.16.44, 3.24.13, 3.26.32; Carins,《维吉尔的奥古斯都史诗》,前揭,页35,页101以下(这个观念在犬儒主义语境之外也很平常)。

（又是有所限定的"我认为",参第5节),图拉真在统治中能更好地避免这些罪恶。

当赫耳墨斯要赫拉克勒斯在这两位女子中作出选择时(83节),赫拉克勒斯选择了王政女神并坚称她"配得赐福"。如果图拉真是一位贤明的君主,那么王政女神就是图拉真的写照(36节)。至于僭政女神,赫拉克勒斯很乐意把她撑下台,毁灭她。

赫耳墨斯把赫拉克勒斯的选择告诉宙斯,宙斯就把人类的王权统治委托与赫拉克勒斯。赫耳墨斯(狄翁)再次成了赫拉克勒斯(图拉真)和宙斯(涅尔瓦)之间的直接联系人。环形结构因此把神话结合在了一起:节83–59以下、83–11以下(宙斯只把君王的权杖授予贤明的君主),把这篇演说辞的阐述部分全部结合在了一起,神话也与直接的阐述融为一体(这再次表明49节的转换只是迷惑性的)。

不管在哪里看到希腊人和蛮夷的僭政和僭主,赫拉克勒斯都会加以惩罚,将其推翻;不管王国和君主在哪里,赫拉克勒斯都会尊敬之、保护之。赫拉克勒斯被尊称为"人类的救星",这不是因为赫拉克勒斯守护人类,使其免受野兽的攻击,而是因为赫拉克勒斯惩罚野蛮而卑鄙的人,摧毁傲慢的僭主的权力。

狄翁对女预言家的神话/言辞的转述就到此为止。最后,狄翁直截了当地对图拉真说:

> 时至今日,赫拉克勒斯仍继续着这项工作,而且,只要你有幸在施行王政,他就会为你的统治担当助手和护卫者。(84节)

演说看似简单的结尾表达了相互矛盾的信息。就如在之前的神话中一样,僭政女神一定程度上象征着多米提安,而赫拉克勒斯相应地象征着图拉真。赫拉克勒斯的救星身份进一步支持了这种类比,救星之称源于赫拉克勒斯毁灭僭主,就像在多米提安的僭政统治之后,图拉真似乎是狄翁和全人类的救星一样(55节以下)。

神话最后强有力地以图拉真本人结束,这段结语明显具有恭维语气。通过否定犬儒主义或神话式的赫拉克勒斯——野兽的毁灭者,并偏好赫拉克勒斯作为僭主的政治毁灭者的形象,赫拉克勒斯-图拉真的类比再次变得清晰明了。

赫拉克勒斯的正确选择,反映也恭维了图拉真喜好王政胜过僭政的明显偏好。赫拉克勒斯不仅毁灭希腊人中的僭主,还毁灭蛮夷中乃至全人类的僭主,强调这个事实,就把赫拉克勒斯毁灭僭主的行为延伸到了罗马帝国之外,因此,演说辞可以再次(参63节)提到比如德凯巴鲁斯这样的国外僭主。

把赫拉克勒斯刻画成图拉真"帮手"的做法,可以通过又一个更大的环形结构追溯到最初的那个说法,即把明智而智慧之人的言辞描述成图拉真"易于劝说和充满德性之本性"的"帮手"。这暗示了一个更深层次的寓言——关于赫拉克勒斯和"言辞"本身的寓言(我们回想起,神话中的另外两个人物——赫耳墨斯和狄翁——也已经与"言辞"联系在一起:56、58、75节)。

从哲学层面上讲,演说从犬儒主义发展到廊下主义,[①]即从简单过渡到复杂。这种发展似乎暗示了犬儒主义伦理观的局限性。

这一切似乎只是在恭维图拉真。不过最后一句话挑战了这一说法。整篇演说以及此处特殊语境所强调的重点,以及王政和僭政之间的明显区别,让"施行君王统治"具有了别样的微妙含义,即"成为一个真正的君主";"恰好"不仅可以表示"碰巧是",而且可以表示"命中目标"。让后一个意涵得到保证的是,神话中强调了赫拉克勒斯(图拉真)在王政和僭政、正确道路和错误道路之间面临的道德抉择。

---

① 关于赫拉克勒斯的廊下派寓言,例如参《古代斯多亚文献辑佚》(*Stoicorum Veterum Fragmenta*[SVF]),卷II,319.31以下,卷I,115.16以下。

第52节中具有象征意义的说法——狄翁的流浪和迷失方向(其中用了这样的词:"我走错了方向"[διαμαρτάνω],"我迷失了方向"[ἐπλανώμην]和"我成功找到"[ἐπετύγχανον]),也保证了后一种意涵。因此,整句话既意味着"只要你是君主(即和你的生命一样长久),赫拉克勒斯就是你的保护者",也意指"只要你是贤明的君主,赫拉克勒斯就是你的保护者"(如果你不是贤明君主,那么他也就不会是保护者)。①

因此,狄翁对图拉真最后的赞许是有条件的,那就是,图拉真应继续努力成为贤明的君主。这和《图拉真颂》无疑形成了平行对照(例如67.5,68.1)。不过仍得说,关于这点,小普林尼十分严肃,而正如在第42至47节中一样,狄翁狡黠的隐晦之语则让他的陈述更有力量。

还有,"时至今日,赫拉克勒斯仍继续着这项工作"的陈述似乎有些含糊,然而"这"明确是指赫拉克勒斯不断推翻僭主。因此,如果图拉真无法成为一位贤明的君主,那么,他不仅得不到狄翁的赞许,还会失去王位和生命。

故而,神话的说法重申了第45至47节中的告诫。赫拉克勒斯不仅象征着图拉真,还象征着图拉真之外的东西,即一种崇高的力量,其持续的善意将有赖于图拉真能继续做一位贤明的君主。赫拉克勒斯的这一面相在狄翁和图拉真之间造就了一个深层次的对照或类比:正如救星图拉真在第56节中就像狄翁的救星一样,在此处,赫拉克勒斯似乎就是图拉真本人的救星。

以上关于狄翁第一篇演说辞的分析可得出哪些结论? 首先是

---

① 双重意义:Wirszubski,《作为政治观念的自由:从晚期罗马共和到早期元首制》,前揭,页145注释5;Desideri,《金嘴狄翁:一位罗马帝国中的希腊智识人》,前揭,页316。

美学方面。狄翁的散文风格在古代备受青睐。米南德在称赞简朴风格带来的愉悦感时(390.2−4),把狄翁列于最好的典型之内。某种程度上,这篇演说辞,尤其是神话和围绕神话展开的叙事,似乎完美阐释了这种风格。

相应地,讲辞结构看上去牢固而简单,由一系列重要性逐渐增强的言辞构成,这种重要性的增强过程在那段神话/言辞中到达了顶点,而这段神话/言辞则证明狄翁的声称是正当的——狄翁宣称,自己不仅提供也最好地代表了古代明智而智慧之人的言辞。

实际上,演说辞的外表会误导人。虽然有些时候表达丰富,内容却极其紧凑,每一件事总是和另一件事联系在一起。结构安排暗示出狄翁、图拉真、女预言家和赫拉克勒斯之间一系列相互勾连且富有挑战性的类比。

第二是观念方面。作为向图拉真发表的首次演说,演说在几个方面构思得十分巧妙,包括:对提谟忒乌斯-亚历山大类比的娴熟利用,有趣的自我塑造,围绕发展着的哲学内容展开的犬儒主义框架,相对不那么严格地使用文学典故,赞美和劝告的合理融合,以及演说的最后一部分——演说从直接陈述转入使用显然更有趣且"事先精心安排的"风格来铺陈叙事和神话。

第三是狄翁的目的。狄翁的一个目的是让图拉真支持自己,并据此对抗竞争和反对的声音。狄翁的对手是谁?鉴于狄翁对智术师的一般立场,61节中的"诡计"似乎在一定程度上可作字面理解。"智术师"也可能涵盖所有其他哲人,狄翁或许感受到他们是自己的职业对手。如果说这些"智术师"还包括普洛蒂娜给予了同情的伊壁鸠鲁派,那么,狄翁就是哲学光谱中的另一端。

狄翁的对手是否囊括了更广的范围,还取决于更加一般的考虑。狄翁的声明建基于他的身份,即狄翁是伟大的犬儒主义兼苏格拉底式哲人,是劳苦(其中一些拜图拉真所赐)的受害者,是古代神圣智慧派给图拉真的信使(这三种角色相互联系),还是涅尔瓦的知己密友(就如宙斯的信使赫耳墨斯)。

狄翁想从图拉真的支持中得到什么呢?总体而言,就是成为图拉真的知己密友之一(参33、64节),这个狄翁成功做到了(演说辞45.3,47.2),克鲁克(Crook)、米勒(Millar)等现代史学家承认这点。[①] 还有一个自然而然的假设是,狄翁也想为普鲁萨谋取福利。第二篇演说辞的结尾和狄翁在演说辞45篇2节以下的言辞支持这个假设。在这一点上,狄翁也取得了成功。

在第一篇王政演说辞中,狄翁力求获得图拉真哲学顾问的职位,就如狄翁本人在别处声称的,相对于图拉真扮演阿伽门农或阿基琉斯的角色,狄翁本人则扮演了涅斯托尔的角色(演说辞57.1-12,也可以参演说辞56.8-16和演说辞49.4)。

把这一声明视为狄翁的自命不凡打发了之的学者,比如琼斯,[②] 没有看到这个声明是多么充分和完备:狄翁不仅是伟大的犬儒主义兼苏格拉底式的哲人,还是图拉真的模范。他可以和图拉真进行深层次的探讨,而且当狄翁指导图拉真时,他的行动就是他所有行动的顶峰,是言辞和行动的融合,也是哲学教师的角色和学生角色的融合。狄翁的精神之旅与图拉真必须踏上的旅程形成了类比。狄翁本人就拥有赫拉克勒斯(此人既是图拉真又超越于图拉真)的一些品质。他也是赫耳墨斯,是涅尔瓦和养子图拉真以及宙斯之间的纽带,是最让人敬畏的神圣智慧的代表和不完美的凡人图拉真的代表。他力图成为王权背后的哲人,成为超验言辞(75节)的化身。

狄翁努力扮演哲学顾问的角色,这本身就是这篇演说辞的涵义

[①] J. Crook,《元首的咨议》,前揭,页162;Millar,《罗马世界的皇帝》,前揭,页114。

[②] C. P. Jones,《金嘴狄翁的罗马世界》,前揭,页122。

的一个重要方面。在狄翁的设想中,扮演这个角色就意味着要同时参与到公开的演说和私人的劝诫中去(6–7节,75节)。

这一意图具有多少现实性呢? 流亡让狄翁一度无法在政治上影响罗马和普鲁萨。狄翁的外祖父曾是一位罗马皇帝(也许是克劳狄[Claudius])的知己密友;在青年时代,狄翁就已是儒福斯(Musonius Rufus)的学生,后者坚定倡导让哲学参与政治,公元71年狄翁曾支持维斯帕先驱逐哲人;他还和弗拉维(Flavians)家族尤其是提图斯(Titus)以及弗拉维乌斯·萨比努斯(Flavius Sabinus)有密切联系;[①] 狄翁的第18篇演说辞为某位杰出的政治家(也许是个希腊人)提供了一份书单。[②]

狄翁成了涅尔瓦的朋友,涅尔瓦上台后就把流亡中的狄翁召回;涅尔瓦逝世前,狄翁因病不能见他最后一面。[③] 狄翁在多米提安统治时期被流放的事很明显为他赢得了声誉(19.1),多米提安被刺杀后,狄翁应该还平息了一次叛乱(斐洛斯特拉图斯,《智术师列传》[Vitae Sophistarum],488)。

接着,狄翁又不失时机地(当身体康复后)投身于普鲁萨的政治,并在罗马做普鲁萨利益的全权代表。这一切让狄翁企图成为图拉真的哲学顾问显得一点儿也不荒谬,尽管希腊文献中向来比罗马文献中更多强调这类关系——这个事实雄辩地说明了两个民族赋

---

① 拙文,《金嘴狄翁的事业与其转向》,前揭,页82–88。

② von Arnim,《金嘴狄翁的生平与著作》,前揭,页139以下,接下来是拙文,《金嘴狄翁的事业与其转向》,前揭,页93和注释122(我仍然认为正确);其他可能的收信人:Cohoon,《金嘴狄翁(卷二)》,洛布版,页209–211;Desideri,《金嘴狄翁:一位罗马帝国中的希腊智识人》,前揭,页137–142,页185注释14。

③ 拙文,《金嘴狄翁的事业与其转向》,前揭,页86;狄翁演说辞45.2,及笔者发表于 Prometheus 10(1984)的文章《金嘴狄翁第三篇王政演说的听众》("The Addressee of the Third Kingship Oration of Dio Chrysostom"),页67以下。

予这类关系的重要性相对而言有所不同。如果真要实现企图,那么狄翁最好在新皇帝尚具有可塑性的时候趁早行动。

确切而言是什么时候呢? 一般认为是在公元100年。① 确定这个日期的依据,在于这篇演说辞与小普林尼的《图拉真颂》的类似,也在于对狄翁这个时期事业上的重构,其中包括狄翁带领普鲁萨使团觐见新皇帝的事。同时依据的还有图拉真的动向:图拉真大约在99年10月抵达罗马并于101年3月25至26日离开。② 狄翁在67节描述了通往王峰的道路——

> 通往王峰的道路安全而宽阔,如果最伟大的神允许的话,一个人独自驾着马车就可以安全到达,不用冒险,也不会发生什么意外。

在这段描述中,狄翁无疑暗喻了一位皇帝在至高之神朱庇特的保护下胜利进入罗马的事,这也许暗示演说发表于更早的日期。③ 狄翁会不会是在图拉真第一次徒步进入罗马并备受称道后发表了这篇演说辞? 从小普林尼的言语来看(《图拉真颂》22.1以下),图拉真乘坐战车进入罗马似乎理论上有其可能性。或许还与之相关的是,图拉真和涅尔瓦共享了日耳曼尼库斯(Germanicus)的头衔,而狄翁本人较早前在多瑙河边界。

---

① 迄今为止,唯一持有异议的是Desideri,《金嘴狄翁:一位罗马帝国中的希腊智识人》,前揭,页350注释1,他支持99年年底——不过他对狄翁这个时期的政治生涯的重构在细节上不准确:参Sheppard,《金嘴狄翁:在比提尼亚的岁月》("Dio Chrysostom: the Bithynian Years"),载AC 53(1984),页157–173。

② 图拉真的动向:H. Halfmann,《元首之路》(Itinera principum),Stuttgart,1986,页184。

③ 这段文字也与王政演说1.46(法厄同)及1.71(真正的君主可以经得住太阳的光芒)有联系。

另一方面,多米提安被刺身亡之后,狄翁返回普鲁萨,因病耽误了时间,而在第45篇演说辞2节以下,狄翁关于自己和涅尔瓦、图拉真之间的关系的描述,似乎表明狄翁带领使团赴罗马之前不可能和图拉真有任何接触。总体而言,第一篇演说辞不会发表于公元100年之前很早的时期,但很可能发表于图拉真进入罗马之前。要不然,第一篇演说辞67节就是图拉真将战胜德凯巴鲁斯的预言,或者是后来插入的(《图拉真颂》17.1–4),可这两种可能性似乎都不大。

图拉真本人至少表现出他接受了狄翁所建议的这种关系。尽管图拉真之前明显未曾见过狄翁,[①]他却听了狄翁的演说和后面的三次王政演说,接受了狄翁的哲学指导,让狄翁担任普鲁萨代表(45.2–3)。而且有一次,在达契亚战争(斐洛斯特拉图斯,《智术师列传》,488)得胜归朝后,图拉真还让狄翁登上自己的战车,为狄翁带来荣耀。

因此,狄翁可以声称(尽管在宫廷和希腊世界并非没有反动之声)自己是图拉真的"友人"(45.3,47.22),图拉真就是狄翁使之顺从、服膺自己的劝诫的人们中的一个(57.10)。狄翁扮演了涅斯托尔的角色,更加"了解富人的家庭和餐桌——其中不只包括个人,还有总督和君主"(7.66)。

这种关系对图拉真有什么好处呢?可以猜测有如下几个好处。毋庸置疑,图拉真很乐意与杰出的人才讨论自己的君主角色,可能也因为如此,我们才可以了解他对两位前任的看法。[②] 礼待一位哲人兼知识分子不失为一个好策略,此人是多米提安的牺牲品、涅尔

[①]　这是第一篇王政演说和演说辞45.2以下的明确意涵。

[②]　关于尼禄,参维克多(Sextus Aurelius Victor),《罗马诸帝王传》(*Lib. De Caes.*),5.2–4;《罗马诸帝王传略》(*Epitome de Caesaribus*),5.2–5;关于多米提安,参皇史六家,《塞维鲁传》65.5;也可以参小普林尼《书信集》中的言辞。

瓦的朋友,还与罗马的统治阶层有一些联系。

狄翁可以为皇家担任普鲁萨和其他东部希腊城市的非官方代理人(他也的确成了这一代理人),还可以担任图拉真皇家项目的希腊宣传员(狄翁也如此做了,他在希腊世界发表了被他比作公共祈祷或诅咒的王政演说[57.12];与《图拉真颂》的类似之处也很大提高了图拉真曾直接授意于他的可能性);狄翁近期在达契亚的旅行应该也对图拉真有利。

关于狄翁担任皇家代理人,除了一些比较明显的领域外,还可参Crosby译,《金嘴狄翁》,卷四(洛布版,1946),页279注释1,其中被忽略的提法吸引了我:告诉狄翁"改变城邦"($διάλλαξον\ τὴν\ πόλιν$)的"某个人"($τις$)乃是图拉真;关于在达契亚的狄翁:参狄翁演说辞36.1(C. P. Jones,《金嘴狄翁的罗马世界》,前揭,页51,Sheppard,《金嘴狄翁:在比提尼亚的岁月》,前揭,页158);狄翁演说辞12.16–21;奥林匹亚运动会的时间可以追溯到公元105年(von Arnim,《金嘴狄翁的生平与著作》,前揭,页4、5、7,紧接着是Desideri,《金嘴狄翁:一位罗马帝国中的希腊智识人》,前揭,页267),101年(C. P. Jones,《金嘴狄翁的罗马世界》,前揭,页53、138,页176注释70–74),还有97年(Desideri,《金嘴狄翁:一位罗马帝国中的希腊智识人》,前揭,页279注释49;Cohoon译《金嘴狄翁》卷一[洛布版,1939],页1;Sheppard,《金嘴狄翁:在比提尼亚的岁月》,前揭,页159)。在我看来,关于97年的论据有决定性意义。

狄翁及狄翁的哲学是否真的打动了图拉真,这是一个重要却没有答案的问题,但图拉真当然没有铭记第四篇演说辞的告诫。①

还有什么?在以上的分析中,第一篇王政演说辞不仅复杂,意图也让人迷惑不解。演说暗示了狄翁、图拉真、女预言家和赫拉克勒斯之间的各种类比,可是没有讲清其意涵。演说没有澄清这个神话中的神话与言辞的确切关系,这解释了为什么后来图拉真会思考

---

① 参拙著,《金嘴狄翁第四篇王政演说的写作日期与意图》,前揭,页277以下。

这个问题(49节)。

演说的整个安排充满了如此多模棱两可和含糊不清的东西,以至于图拉真必须不断问自己问题,其中最大的一个问题就是:身为罗马皇帝意味着什么？演说本身就是一次道德检验,不过颇具悖论色彩的是,一件事实恰恰证明演说获得了成功:几乎所有的现代学者都无法正确解读它——这恰恰标志着现代学者不可挽回的道德堕落。①

狄翁要谋求哲学顾问的职位,并提供一次道德检验——除此之外,这篇演说还透露了其他什么信息呢？根据一些现代史学家的观点,这篇演说明显缺乏具体的政事指令(与塞涅卡的《论宽仁》、普鲁塔克的《治邦衡准》[*Politica Praecepta*]甚至《图拉真颂》相反),证明了它几乎没什么实践内容。②

然而,狄翁之前从未与图拉真谋面,尚需证明自己的资历,假如他此时就在公开演说中努力给出明确建议,比如"精简帝国的官僚机构","把莱茵河的两个军团调往多瑙河"以及"不要信任卡皮托(Titinius Capito)",那就未免太奇怪了。因此他没有这样做,而是接受了图拉真的主张,要么赋予这些主张不同的重点和价值,要么加以改造,要么偶尔否定之,以便提出一系列尽管笼统却有真正的实用意义的谏议。

这篇演说的中心就是神话/言辞之谜。这个神话成为一种"言辞"的一个意义在于,神话包含着关于过去的言辞(第8节),然而神话/言辞的搭配,赋予了这个术语"事实为真的叙述"的涵义,赫拉

---

① 任何没有看到神话和第8节以下内容之间的关系的学者,都没能通过这次道德检验。

② Lepper的著作《图拉真的帕提亚战争》中有一个比较极端(且完全站不住脚)的简单论述:"我发现狄翁的'演说'几乎完全没有提到当时的政治状况。"

克勒斯之选择的神话中包含的"事实真理"(factual truth),就是图拉真严肃对待此神话的原因之一。

然而,这个故事也是一个寓言,其内容指向涅尔瓦收养图拉真,图拉真拒绝多米提安的僭政,以及图拉真把狄翁接受为神圣智慧的哲学解读人。在这则寓言中,有些成分事实上是真实的:涅尔瓦确实收养了图拉真,(到目前为止)图拉真否定了多米提安的僭政,在某种意义上图拉真就"是"赫拉克勒斯。但其他成分就不真实了,赫拉克勒斯在另一层意义上不同于图拉真,图拉真也仍未接受狄翁是自己的哲学顾问。

进一步来说,神话的一贯关注点,正如总体上的言辞的持续关注点一样,在于表象与现实、潜在与实在,以及过去、现在与将来的关系。因此神话/言辞搭配的意涵也发生了逆转:如果图拉真让自己成为狄翁哲学指导下的贤明君主,从而把这神话/言辞变成事实真理,那么,神话指的就是把图拉真引入全面德性的言辞(如此,言辞和行动将得到调和)。潜在的救世主图拉真就将成为真正的救世主。

狄翁描述理想君主时以图拉真自己的帝国宣传为依据(把图拉真呈现为诸神的代理人和新赫拉克勒斯),就此而言,狄翁的要点不是仅仅赞美图拉真,而是以某种特别的方式赞美图拉真,以便把图拉真的宣传或宣传中得到狄翁认可的部分转变成现实。

塞涅卡在《论宽仁》的开头就展示了相似的方法(第1节):尼禄陛下,我着手写作关于宽仁的主题,目的是让它作为某种镜鉴,从而让你显现给自己,因为你注定将会获得最大的快乐。现在悄悄地走向未来,如果尼禄能按照塞涅卡的对策行事,镜子就会反映现在的情况和未来可能出现的情况。[①]

[①] 参 T. Adam,《元首的宽仁》(*Clementia Principis*), Stuttgart, 1970, 页 18 以下; Desideri,《金嘴狄翁:一位罗马帝国中的希腊智识人》,前揭,页 333 注释 4。

不过,狄翁的技巧比塞涅卡复杂得多,也更发人深省。因此,尽管狄翁的素材和小普林尼的素材的确存在许多类似之处,尽管有时候为了鼓励对方,狄翁也用图拉真似乎已是贤明君主的口吻说话,尽管小普林尼也会奏出一些谨慎的调子,但狄翁总的立场仍然和小普林尼有根本不同,小普林尼总体来说很喜欢图拉真本来的样子。

几个因素证实了狄翁恳求图拉真提升自我时的认真态度:狄翁明确地(尽管有些老练)暗示,尤其是在开头明确地暗示图拉真仍没有实现理想;狄翁承认,该理想也许有些不切实际,可还是必须去追寻;图拉真要获得狄翁的认可是有条件的;狄翁强调最开始作出正确的道德选择以及直到最后还要坚持此选择的必要性;狄翁坚持认为存在一个比哲学或神性的言辞更高的权威;狄翁强调人们需要挚友和劝导之人(尤其是狄翁本人),因为在坏人环绕中皇帝容易走向堕落。

还有,狄翁明白无误地提醒图拉真,他如果像多米提安一样不断变坏,也会被杀。狄翁经历过的道德、精神之旅,与图拉真已开始而尚未结束的道德、精神之旅(84节"[只要]你碰巧",至52节"我成功找到")之间的含蓄类比,在此处有重大意义:如果狄翁在遇到女预言家和图拉真之前曾在道德上"迷失",那么理论上,图拉真本人也可能在某种意义上仍处于道德"迷失"的状态,不管刚开始图拉真的旅程多么充满希望。

图拉真充满希望的开始与狄翁在流亡故事开头的状态相对应(50节以下);尽管狄翁那时可能已成为伟大的犬儒主义哲人,他仍有可能在"崎岖的山间"迷路。

狄翁从几个方面修改了图拉真的帝国宣传。图拉真–赫拉克勒斯的联系不仅传达了敬意和鼓励,还传达了警示(84节),就如它传达了皇帝是神的代理人的观念一样。哲学学说,不管是廊下派学说(42节及以下)还是犬儒-廊下派学说(58节及以下),都赋予这个观念合理性,从而强化了一个独立而更高的权威的意识。

狄翁也近乎反对把亚历山大当作图拉真的模范(第1-7节),反对图拉真统治初期的军事精神,即使他勉强承认了图拉真对德凯巴鲁的特别行动亦有可取之处。

当然,更受青睐的模范——以狄翁本人、女预言家和赫拉克勒斯为代表的长于经受辛劳的犬儒主义典范——总体来说与图拉真的思想意识及帝国观念还是有些关联,这体现在图拉真对赫拉克勒斯的仿效,体现在狄翁、女预言家和图拉真之间的含蓄类比,也体现在已经牢固确立的王政由自愿的奴隶制和辛劳构成这一观念,①此外,还体现在赫拉克勒斯乃是贤明君主尤其是罗马皇帝的范型,等等。

这些概念始于哲学中的王政理论,到了帝国时代它们已然融入不那么哲学化的语境中。但狄翁更注重哲学层面,其结果就是暗示了君主的理想与一般罗马皇帝尤其是图拉真提出的理想不同。亚历山大迷人的征服计划和军衔平民主义计划(33节)被取代,而取代它们的就是犬儒主义所倡导的坚持不懈的个人道德努力的准则,以及廊下派关于皇帝在宇宙中所处位置的观念——皇帝当然有特权,不过肯定仍要听从终极的言辞/理性。

其他三篇演说的相对或绝对的年月秩序还不确定。我将推迟讨论这个问题,并按第2篇、第4篇、第3篇的顺序来讨论这三篇演说。

---

① 关于浩如烟海的素材有价值的总结,可以参Cairns,《维吉尔的奥古斯都史诗》,前揭,页10-38。

第二篇王政演说

随意的对话式文体、明显隐晦的方法以及"写法"的使用,让第二篇演说辞的开头十分类似于第一篇演说辞的开头。这个"传说"讲的是年轻的亚历山大与父亲腓力关于荷马和(实际上是)王政的一场对话。

亚历山大很有男子气概、庄严崇高地论述了这些话题(第1节),这个描述似乎让人想起了第一篇王政演说(第4节),而且它似乎还暗示了,与第一篇演说辞相反,这篇演说辞关注的重点是军事问题以及如何顺利地展示这些问题。

对话暗示,亚历山大有些早熟("年轻的小伙子","有男子气")。鉴于图拉真模仿了亚历山大,鉴于在第一篇演说辞中亚历山大某种程度上象征着图拉真的事实,以及鉴于此处强调的父子关系与第一篇演说辞中强调的赫拉克勒斯和宙斯的父子关系相对应,人们怀疑亚历山大象征着图拉真,而腓力则象征着涅尔瓦。图拉真与涅尔瓦的关系是这篇演说辞的主要关注点之一。

对亚历山大的描述(第1节以下)为解读整篇演说辞确立了框架。尽管父亲试图阻止亚历山大,亚历山大还是和父亲一起踏上征战旅程:亚历山大缺乏自制,过于早熟,热衷于战争。而这怎么反映了拥有三个角色——涅尔瓦之子、亚历山大的仿效者和好战的皇帝——的图拉真呢?

接下来的比喻把亚历山大比作品种优良的幼犬,这个比喻本身和柏拉图《王制》375a很相似,在那里,品种优良的幼犬就是潜在的好城邦卫士的典型。然而在这个比喻中,小狗"有时会扰乱狩猎活动……因为年轻、热情,它们会乱叫,过早冲向猎物",这似乎证实了叙述中带有消极意涵(也可以参《王制》539b,在那里,好争辩爱议论的年轻人被比作小狗)。① 不过,反过来说,"有时,它们倒也会因为跳跃前进而自己捕到猎物",亚历山大在凯隆尼亚战役中的表现就是如此,而他的父亲却在危险面前退缩不前。

狄翁赋予他们的荣誉也模棱两可:亚历山大的青春活力和腓力的谨慎都既可能是正面的,也可能是负面的。这点也隐约适合品质上形成鲜明对比的图拉真和涅尔瓦。

对话发生的场合被描述为一次"谈话"(第3节)。② 首先,腓力向亚历山大提出了一系列关于荷马及其他诗人的问题,接着讨论慢慢展开。这篇演说以哲学对话的形式,围绕着文学与道德的关系问题展开。腓力问亚历山大为何唯独醉心于荷马,亚历山大如此作答(第3节):

> 父亲,在我看来,就像衣服一样,并不是所有的诗歌都适合于一位君王。③

随后的争论涉及仅就君王而言诗歌的用处,而"用处"将由"相配"来定义(比较第一篇王政演说,第9节)。

依据诗歌的用途列举了主要的诗歌种类后,亚历山大断言,只

---

① 关于狄翁比喻与柏拉图的这些类似之处,Donald Russell 教授给了我启发。

② 或许其中还有哲学意涵:参狄翁演说辞4.3和拙著,《金嘴狄翁第四篇王政演说的写作日期与意图》,前揭,页269和注释66。

③ 这篇演说娴熟地使用了"思想悬念"(suspension of thought),参《古典史书写作中的修辞术》(A. J. Woodman, *Rhetoric in Classical Historiography*),London,1988,页122,页147注释13;或"写上标记"(putting down a marker)的技巧,参拙著,《贺拉斯〈书信集〉中的犬儒主义》,前揭,页37以下,页56注释29。在此处,"就像并非所有衣服都适合一样"(ὥσπερ οὐδὲ στολή)预示了王政演说2.49节以下;也可以参第二篇王政演说第9、14、15节。

有荷马的诗歌才算得上"高尚、伟大且充满王者之气",因此荷马诗歌适合即将成为宇宙统治者且只有闲暇阅读最佳作品的宇宙统治者。实际上,亚历山大无法忍受听到除荷马之外的任何诗人的作品(第4—7节)。腓力十分欣赏亚历山大的高尚情操(参第1节),因为亚历山大没有什么卑鄙、低劣的目的,他只把自己和英雄及半神对比,或力求赶上他们,然而腓力还是进一步问亚历山大问题以激励他(第8节)。

图拉真也拥有高尚的情操,极力仿效亚历山大,就如亚历山大极力效仿荷马式英雄一样,而且图拉真也像亚历山大一样受益于外在激励。这一思想与第一篇演说辞中的观点相似,在第一篇演说辞中,图拉真拥有不错而颇能取信于人的天性,只是还需要进一步的哲学指导。

狄翁表面上看来朴实无华的叙述提出了重大的解读问题。在这些事上,亚历山大,而不是腓力,在多大程度上阐述了正确的观点?亚历山大几乎一直侃侃而谈,他的回答越来越冗长,演说的后半部分实际上就是亚历山大持续不断的阐述。腓力则(表面看来是)扮演了苏格拉底的角色,修改了亚历山大的某些观点。亚历山大认为荷马在诗人中占据绝对领先地位,不过,这在多大程度上反映了荷马爱好者图拉真的观点呢?当然在很大程度上反映了图拉真的观点,因为历史上的亚历山大对荷马的那种热爱并非独一无二。

然而,某种张力(已隐藏于亚历山大对其他种类诗歌的有序列举中)却因一个事实产生了,这个事实就是,尽管亚历山大认为荷马的重要性独一无二,可是被他正式"否定"的其他诗人实际上却得到大篇幅的引用。仿佛狄翁虽然集中关注王政方面最优秀的诗人以及图拉真最喜欢的诗人荷马,但是不管怎样,他还是希望开拓皇帝的文学视野,就如在第36篇演说辞中,狄翁努力向波律斯特涅斯人展示福基尼德在某些方面要优于荷马一样(演说辞36.10以下)。

无论如何，图拉真的阅读问题是这篇演说辞关注的中心，这吸引我们把它与第18篇演说辞加以对比，在后一篇演说辞中，狄翁为一位不知名的政治家列了一份书单。

在下一个问题中(第8节)，腓力提出了赫西俄德具有竞争力的优点。亚历山大承认赫西俄德对牧羊人和木匠有用，但又认为赫西俄德对君主、对腓力、对自己都无用，"对当今的马其顿人也没用，尽管赫西俄德对过去的马其顿人有用"——一个似乎很突出的描述，隐约预示了当代的优越性(第9节)。

亚历山大声称，甚至在描述农事方面，荷马也要优于赫西俄德。亚历山引用了荷马的一个比喻，在这个比喻中，作战双方的士兵被比作两列相向割麦子的农民。腓力反驳说，荷马曾在欧波亚岛(Euboean)被赫西俄德打败，亚历山大答道：荷马被打败合情合理，因为荷马本不应该在农夫和平民面前演说，更不应该在"重享乐之人和柔弱之人"面前演说(在此处，荷马本人违反了"适宜"的原则)。亚历山大有趣地宣称，荷马通过把埃维亚岛人称作"长发人"而对之实施报复，还据此宣判埃维亚岛人很柔弱。腓力大笑着警告亚历山大，不要冒犯诗人或"那些精明厉害的作家，因为他们有能力随便按自己的想法谈论我们"。对此亚历山大答道：斯忒西科若斯的命运表明，作家并不是全能的。

在这段对话中，狄翁被放在哪里？狄翁就是写亚历山大(图拉真)的一位"聪明的作家"。作家是和诗人形成对比的"散文家"(也可以参25节)，而王政演说辞就是关于图拉真的散文作品，不过可能也有人怀疑狄翁是否已经撰写了或者那时正在撰写历史著作《格蒂卡》(Getica)，这部作品似乎提到了图拉真。

无论如何，狄翁似乎在暗示，在记述皇帝、担当聪明的作家角色上，狄翁拥有某种独立性或权威，对此图拉真必须给予尊重，同时也在暗示图拉真的权力会限制它——狄翁不能直截了当地批评图拉真。因此，解读这篇文章时不可过度解读，狄翁本人指出（17节）了这个部分既认真又戏谑的特征。

亚历山大主张，赫西俄德创作《烈女传》(Catalogue of Women)，就等于承认自己逊于荷马，荷马只书写英雄（13节以下）。这个主张提出了男女的差别以及亚历山大本人作为男子汉的观点，而图拉真也是男子汉。

对于腓力的下一个问题，即亚历山大是愿意成为荷马笔下的英雄还是成为荷马（14节），亚历山大答道，他想远远超过阿基琉斯和其他人，是 ὑπερβάλλειν[超过]，而不是 παραβάλλειν[相互较量]。腓力起初就曾如此解读亚历山大的意图（第7节）。亚历山大是不是过于雄心勃勃了？

无论如何，在这里他不是这样的，因为亚历山大立即（15节）详细阐述了第9节中隐含的主题：亚历山大不相信腓力逊于阿基琉斯之父佩琉斯，不相信奥林匹斯山逊于皮立翁山，也不相信亚里士多德的教导不如菲利克斯的教导。如果说亚历山大暗指图拉真而腓力暗指涅尔瓦，那么亚里士多德一定暗指狄翁，第13节就暗示了狄翁在演说中的在场。

然而，狄翁现在是以哲人的身份而不是以精明厉害的作家的身份出现，而且狄翁的及时出现似乎决定性地支持了亚历山大的观点——即坚持现在［之于古代］的优越性。具有讽刺意味的是，亚历山大一方面推崇荷马和荷马式的过去，另一方面又显得理所当然地拥护当代的优越性，第一篇王政演说辞对过去的拥护加强了这种讽刺意味。虽然狄翁看起来很大程度上默许了图拉真对亚历山大的模仿（亚历山大之于图拉真是遥远的过去，就如阿基琉斯之于亚历山大亦是遥远的过去），可是某种程度上，狄翁还是想引导图拉真远离模仿亚历山大。

亚历山大的下一个论点（15节）是，阿基琉斯（亚历山大模仿得最多的荷马英雄)不得不听从别人的命令,他并非有权力者。"权威"的问题在第13节用在谈诗人和散文家,现在转而用在谈政治家和军事人。实际上,亚历山大本人拒绝接受任何人的统治,甚至包括腓力(这让后者有些恼怒):亚历山大接受腓力的权威不是因为腓力是君主,而是因为他是自己的父亲(16节)(在语境中,"听"也意味着还未到"听从"的程度)。

接下来是关于亚历山大的母亲奥林匹亚丝诙谐而尖锐的戏谑。腓力悲伤地承认,她不只是更勇敢(即比涅瑞伊得斯[Nereids]更勇敢),还更好战,至少,"她从未停止与我作战"。这之后,狄翁评论道:"说着这些,他们在严肃的谈话中也伴随着玩笑"。(17节以下)

另一段有挑战性的文字:亚历山大声明自己忠诚于腓力的条件,这清楚地反映了图拉真的官方方针——给予涅尔瓦有限的尊重。就此而言,狄翁从第一篇演说辞的神话中"涅尔瓦"所讲的关系折了回来。这里含蓄地提到腓力家庭内部的严重争执,远远超出了图拉真的官方方针,因为这些争执暗示了涅尔瓦与图拉真之间严重的政治分歧:① 在既认真又戏谑($\sigma\pi o \upsilon \delta \alpha \iota o \gamma \acute{\epsilon} \lambda o \iota o \nu$)的文风的保护下,狄翁此处暗示了图拉真彻底违反宪法的行为,狄翁如履薄冰。这样的亚历山大(图拉真)当然需要一些外在的约束力(这种约束力应该比对亚历山大的约束强得多,因为当初那些束缚未能牵制亚历山大这只幼犬[第1节])。②

---

① 涅尔瓦收养图拉真的情形有些含糊不清;关于恶意的解读方式(此处得到了狄翁的支持)可以参维克多,《罗马诸帝王传略》13.6;Syme,《塔西佗》,前揭,页35以下。

② 请留意把菲利克斯描述成"一个流亡且被父亲疏远的人"(15节)后所产生的错综复杂的后果,这个描述(1)通过对比确立了亚里士多德(狄翁)相对于菲利克斯的优越之处;(2)但有助于暗示狄翁是流亡者;(3)引入了父子纷争的主题。

腓力回归到亚历山大钦佩荷马的话题上(17节第3行)，他问亚历山大，既然亚历山大如此钦佩荷马，他为什么还要轻视荷马的技艺(因为亚历山大没有亲自写过诗歌；第14节提及荷马时就预示了这个问题)。亚历山大答道，自己尽管喜欢听其他人的德性在奥林匹亚得到宣告，却不愿意去宣告别人的德性，而是更愿意听别人宣告自己的德性。

对于这种情感，狄翁解释说，这意味着在德性的比赛中(18节)，亚历山大把荷马式英雄当作自己的竞争者。不过亚历山大多少又改了口，并说，如果自己要成为一个诗人，而且天性允许的话，那也没什么不合适，因为君主可能需要修辞技巧。毋庸置疑，狄翁高明地暗示了图拉真在诗歌方面作出的努力。

接下来就是关于修辞学于君主有用的讨论(18–24节)。腓力开玩笑说自己非常乐意用安菲波利斯交换德摩斯梯尼，并让亚历山大谈谈他如何解读荷马的修辞学观点。菲利克斯说自己是佩琉斯派来教导阿基琉斯的，要使阿基琉斯成为雄辩家和实干家(19节)，这首先就证明了荷马赞赏修辞学。

考虑到之前菲利克斯和亚里士多德(15节)以及亚里士多德和狄翁形成的类比，狄翁似乎正在教导或正在努力教导图拉真修辞学(取这个词的某一层意义；可以再次参第18篇演说辞)。在各种各样的公共场合，例如回复使团时，皇帝都需要拥有演说技巧。[1]

进一步来说，那些最具王者之气的荷马英雄几乎都是热情的演说家，尤其是涅斯托尔，以至于阿伽门农祈祷自己能拥有十位这样的长者，而不是拥有埃阿斯和阿基琉斯那样的年轻人(20节以下)。就如在第56和第57篇演说辞(演说辞56.8–16，演说辞57.1–12)中

---

[1] 总体可以参Millar，《罗马世界中的皇帝》，前解，Oxford，1977，页203–206及页233以下，页277、342、570。

一样，在此处，狄翁明白无误地把自己宣传成当前的涅斯托尔——既是策士又是演说家。

荷马相信雄辩术的重要性，这一点的最终体现就是奥德修斯在涅斯托尔支持下成功劝阻了希腊军队逃跑，彼时长期持续的战争、瘟疫、君主之间的分歧以及煽动家的骚乱活动，让希腊军队士气低落（21–23节）。考虑到涅斯托尔在之前阐述中的身份，这里似乎再次暗指狄翁本人，尤其是这段插曲——以君主之间的争吵和兵变为标志——无疑反映了狄翁事业生涯中一件相当有分量的（众所周知的）事件，即多米提安被刺杀后，狄翁通过奥德修斯式的调停方法平息了一场兵变（斐洛斯特拉图斯，《智术师列传》488）。①

他们的结论是，荷马和赫西俄德都拥有可以让君主受益的"真正"的修辞术（24节）。亚历山大向赫西俄德求助，究竟是暗示亚历山大在腓力的激发下观点发生了演变，还是暗示狄翁让亚历山大依自己的个性说了一番话，以便来强调某个观点，我们不得而知。但无论如何，这都再次说明，狄翁明显渴望图拉真不要自拘于荷马的框架内。

随后亚历山大陈述说，君主不是完全有必要创作像腓力的著名信件一样的史诗或散文篇章，除非君主像在底比斯的腓力一样年轻、有闲暇（25节）。这里有几点值得注意。把对史诗的排斥安排在第17

---

① 这个故事的真实性颇具争议，例如 C. P. Jones，《金嘴狄翁的罗马世界》，前揭，页51以下，不过真实性也可以由时间顺序方面的轻微调整（例如Sheppard，《金嘴狄翁：在比提尼亚的岁月》，前揭，页158）而得到辩护。不管真实与否，这个故事看起来是狄翁式的（参John Moles，《金嘴狄翁的事业与其转向》，前揭，页97；Desideri，《金嘴狄翁：一位罗马帝国中的希腊智识人》，前揭，页261以下），正如现在这段文字所证实的（很难不去比较穆索尼乌斯的行为［塔西佗的《历史》卷3，81］，在这种情况下，狄翁的故事要么是一对类似之物中的一个，要么就是学生模仿穆索尼乌斯的产物）。

节之后似乎显得有些拖沓,不过,让它紧跟赫西俄德引文中提到的卡利俄珀之后,却又显得干净利落,而且与排斥散文形成了平衡。

这里把散文篇章排斥在外,意味着第18—24节中的"修辞术"必定带有"实际的说服力"的含义,当然,它还暗示图拉真不会撰写自己的(正式的)演说稿。① 这里提到信件,不是为了暗示图拉真完全或大部分时间亲自撰写或口述自己的官方信件,而是暗示有人替图拉真写这些信件。② 提到腓力年轻时代的文学学习经历,必定是为了暗指涅尔瓦。③

亚历山大接下来描述了贤明君主的哲学态度(26节)。拒绝精致而强调纯然德性的生活,以及强调在适当的时候倾听适合个人品质的哲学专题演说,表明此处开出的处方与第一篇演说辞十分接近。这篇演说也恭维了图拉真,既恭维图拉真乐于倾听狄翁的哲学演说(参王政演说3.2,4.5),又恭维他对狄翁表现出的慷慨大度。

但有两点十分引人注目。首先,与第一篇王政演说第10及37—48节相比,狄翁似乎下调了哲学(作为和一般的伦理学相对而言的哲学)本来的要求,在此刻,图拉真也许已经足够满足这些要求了。其次,主题从"勇敢和高尚"的品质转向"充满人性、温和而正直"的品质,这呼应了第一篇王政演说第4节在主题上的延伸,同时也暗示了一条相似的信息,即亚历山大尚武的德性需要用更具王者气的德性加以补充,只是这个想法直到最后才得以完全展开。

亚历山大重复了最初的对策,即真正的君主不应该关注所有

---

① 尤利安,《论罗马诸帝王》327b,参皇史六家,《皇帝哈德里安传》3.11。

② Sherwin-White,《小普林尼书信集》,Oxford,1966,页536—546中的讨论;Millar,《罗马世界中的皇帝》,前揭,页219—228。Sherwin-White的结论和狄翁的结论更接近。

③ 马提雅尔,《碑铭体诗集》8.70.7,9.26.9以下。

的诗歌,而只需关注荷马的作品(27节第6、第3行),尽管他对这个说法又作了限定——可以允许"赫西俄德诗歌中类似于荷马的部分",以及"其他诗人所说的有益的东西"。

关于音乐所开的处方同样是极简派风格(28–31节):君主不应该学习所有音乐(与多米提安和尼禄相反,参王政演说1.8),而只要会唱赞美神和颂扬好人的歌曲便足矣;君主也可以吟唱抒情诗歌,不过不是吟唱萨福(Sappho)或阿纳克里翁(Anacreon)的情爱诗歌,而是吟唱斯忒西科若斯或品达的抒情诗歌。

在这个领域,也许荷马一人就足矣(最后这一点与柏拉图开出的一般处方发生了分歧)。荷马具有男子气概的诗歌不应当与齐特拉琴以及七弦竖琴相和,而应与小号相和,它们应该用来激励人们战斗(它们在这方面远胜于提尔泰奥斯的诗),而不应当用来宣告撤退。阿基琉斯在《伊利亚特》卷9中的歌唱,表明高尚而具有王者气的人绝不会忘记英勇或光荣的行为,他们总是在表现出这些行为或是歌颂它们。因此,这个部分以极其英勇而尚武的调子结束。

到这里,狄翁概括了前文的要点(32节以下)。狄翁描述亚历山大对待阿基琉斯的态度时,语气中不无讽刺,而且狄翁的描述与这个部分结尾处的评论连接起来。这让人想起第13节中关于诗人和作家的评论,从而也再次隐晦地暗示了狄翁在自己和图拉真的关系中所扮演的角色的一个方面。另外,过度热爱荣誉,必定增加了亚历山大(而且暗示了图拉真)极其渴望拥有歌功颂德式的纪念的可能性。

这里还有两个值得注意的要点:一是对亚历山大的亲希腊精神的强调(33节),二是提及亚历山大保留了品达的房屋。前者旨在预防人们反对多米提安时出现否定希腊文化(在《图拉真颂》中暗示了这种否定)的危险,后者则为重建斯塔吉拉(Stagira)即普鲁萨(79节)树立了范例。

对话继续进行,思考分析了君主的宫殿和庙宇(34–43节)。阐述变得越来越随意,越来越滔滔不绝,与第一篇和第四篇演说辞的总体进程相似。亚历山大变成了狄翁的代言人,从第49节到结尾处,对话形式也被放弃了。建筑物不应该用财宝而应该用得自敌人的战利品来装饰,荷马作品中对宫殿浓墨重彩的描述旨在说明其主人在道德上存在缺陷,性格阴柔、女性化而缺乏男子气概。这些看起来无伤大雅的内容实际上是语带双关。

狄翁批评的是,与刚健好战的图拉真相反,多米提安(萨达那帕勒斯)兴建了奢华的建筑物,① 但在军事上却非常无能(35节)。不过,狄翁在批评时也必须非常谨慎,因为图拉真也是个同样铺张浪费的建设者(比较小普林尼在图拉真的建设活动这一话题上的窘迫,会十分有趣:《图拉真颂》50.4,51.1–3)。② 狄翁由此努力引导图拉真远离外在的虚饰,转向内在的德性。

紧接着就是荷马关于生活和饮食的一般方式的建议(44–48节)。强调刚毅勇敢旨在恭维图拉真,赞同吃肉而不吃鱼则暗示了图拉真是个一心一意的肉食者。关于服饰(49–51节)的建议批评了多米提安的无度放纵,③ 同时称赞了图拉真的好习惯。对一个指挥官的外表的描述自然地导向军事纪律的话题(52–54节),而此话题再次把谴责多米提安和恭维图拉真结合起来。结论是,最具有王者气的两种德性就是勇敢和正义。这再次强调,相对于亚历山大最初的思想,关于王政需要有一个更广义的概念。

---

① 总体可参苏埃托尼乌斯,《多米提安传》5,12.1;Garzetti,《从提比略到安东尼》,前揭,页282–283。

② 参Syme,《塔西佗》,前揭,页41、26;Garzetti,《从提比略到安东尼》,前揭,页313以下,页330–334。

③ 例如参苏埃托尼乌斯,《多米提安传》4.4。

到目前为止，焦点在于君主本身，君主有责任提升别人（55-64节），这不仅包括君主个人要拒绝粗俗下流的音乐、语言和舞蹈，还包括把这些东西逐出自己的帝国。狄翁称赞图拉真驱逐了滑稽剧，毋庸置疑这是一种恭维（正如在《图拉真颂》46.2-4中一样），不过这同时也较好地反映了狄翁本人的道德态度（例如参《欧波亚演说》）。

谈话中亚历山大只允许歌唱战斗歌曲，不管是胜利的歌曲还是战前训话，足见第二篇演说辞必定发表于图拉真的一次军事行动之前。尚武的乐调多少因为未删节的引文得到缓和，这些引文就是君主必须拒绝的诗歌类型的例子，引自阿那克里翁的一首快乐的诗歌和一首阿提卡民谣。考虑到图拉真对男孩子感兴趣，①阿那克里翁的诗歌和同性性爱相关就一点也不意外了。狄翁此处的态度似乎带着玩笑似的轻蔑，而并非真的吹毛求疵。

亚历山大说（65节），时间不允许自己进一步阐述荷马作品中其他许多关于男子气概和王者之气的经验教训，这语气听起来非常像狄翁，他可能有些焦虑，因为不好占用皇帝有限的闲暇时光。

阿伽门农被比作畜群中的公牛（65-77节），荷马王政学说的精髓在此得到总结，这个比喻的意涵得到了详细的探究，探究的过程巧妙而幽默。就如第一篇和第四篇演说辞一样，这篇演说辞以一个精心安排的固定套路结尾。

许多素材似乎无伤大雅或者只是在恭维图拉真：君主就像公牛一样，他在力量和体形上远远超过其他人，也远比其他人温和以及关注臣民；公牛不会滥用自己的力量，吃草就可以活而无须掠夺；公牛保护自己的畜群免遭野兽攻击，还会打败敌对畜群的公牛（明显

---

① 狄奥·卡西乌斯，《罗马史》卷68，7.4，10.2；尤利安皇帝，《论罗马诸帝王》333b；皇史六家，《皇帝哈德里安传》2.7，4.5。

在影射德凯巴鲁斯,参71节)。好公牛(某种程度上明显指图拉真)和坏公牛相反,坏公牛野蛮,会破坏大自然的规则,还轻视和伤害自己的畜群;面对外敌它退缩,而一旦威胁解除它就开始自我吹嘘;它刺伤弱者,不让自己的畜群平静地吃草,理所当然会被牧人宰杀。这些是对多米提安的完美描述。这里的两极对照呼应了第一篇演说辞结尾处王政与僭政的对比。

但事情并不完全如表面那样。首先,着重点从公牛的力量转向公牛的平静安宁,因为向外部敌人发动战争的必要性明确得到了承认,这种转向的意图就更加明显。它与之前阐述中君主角色得到扩展类似。

其次,甚至连好公牛也"缺乏理性",尽管在动物之中公牛至高无上,它仍要服从"推理"和"明智"。君主同样要服从更高的权威——神(72节),诸神是公牛的主人和牧人,正如公牛是畜群的主人和牧人一样。神杀死坏公牛,然而在神的祝福下,好公牛可以一直做到期满,甚至当它们到了耄耋之年也如此;僭主和真正的君主同样如此。即便真正的君主任期未满就过世,至少他会流芳百世,人们会称他是英雄,把他奉若神明,就如对待赫拉克勒斯一样。

毋庸置疑,诸神赞成刺杀多米提安,不过他们并没有亲自执行此事。因此,此处传达的信息与第一篇演说辞43–47节及84节一样。狄翁狡黠地重申了图拉真获得王职的条件:如果图拉真继续当一只好公牛,那么他将履行自己在自然秩序中的角色,让神和人类持续支持自己,而且在身后让畜群称自己为英雄,把自己奉若神明;如果他最终是一只坏公牛,那么他的牧人——那些拥有优秀的推理和明智的人——将杀死他,正如他们对待多米提安一样。

在演说的末尾(79节),亚历山大的阐述赢得了腓力的赞许,腓力赞许他思考"亚里士多德"的教导时具有真正的哲学性。15节提到过亚里士多德,狄翁只是假借其名而已,狄翁受益于涅尔瓦和图拉真的慷慨大方，特别是在重建普鲁萨方面(参演说辞40.5，40.15，45.3，47.13)(历史上的亚里士多德大概也向历史上的亚历山大发表了一篇《论王政》[Περὶ Βασιλεία]：残篇646以下，Rose辑本)。就如在第一篇演说辞中一样，这次也是狄翁让涅尔瓦和图拉真之间建立了真正的联系，也是狄翁(和过去一样)把前者手中的火炬递给了后者。

在图拉真的为王之路上，腓力(涅尔瓦)显示出来的影响力要小于亚里士多德(狄翁)。第15节中那个模糊的人影回到了舞台的中心。腓力的苏格拉底式角色有几分像是错觉，狄翁才是众神优秀的推理和明智的代表，对此图拉真必须服从。尽管君主和哲人之间表面上的相互热情恭维缓和了这个观点，但并没有掩盖其锋芒。这个解读在第49篇演说辞4–6节得到了证实，在那里，尽管腓力自身拥有伟大的教育，他还是把教育亚历山大的重任交给了亚里士多德。

有一些结论性的评论。首先是演说日期。演说的尚武语调使冯·阿尔尼姆把演说日期定于公元104年第二次达契亚战争的前夜。① 冯·阿尔尼姆把演说日期定于一场战争的前夕是正确的(参57–59节)，然而把日子定得那么晚却是错的。如下事实暗示，演说日期就是图拉真当政初期和第一次达契亚战争前：狄翁要影响图拉真这一诉求在一定程度上是基于自己和涅尔瓦的关系；涅尔瓦收养图拉真之事似乎仍存在争议；皇帝对普鲁萨的恩泽似乎也刚刚得到承认。另外，此演说和《图拉真颂》存在相似之处，关于图拉真的主题与关于多米提安的主题表面上也形成了鲜明的对比。

其次是解读方式。这篇演说辞的一个关注点就是图拉真的阅读问题，狄翁似乎正竭力影响图拉真的文学选择和文学解读方式。狄翁看起来似乎已经把希望寄托在一个阅读计划上(也许是第18

---

① von Arnim，《金嘴狄翁的生平与著作》，前揭，页407。

篇演说辞的缩小版)。第三篇王政演说第3节证明,图拉真很大程度上是征得狄翁的同意后才阅读了有启发意义的古代文学作品。第二篇演说辞或许也说明,在狄翁的启发和指导下,图拉真已经取得了进步。

这篇演说辞的另外一个关注点就是涅尔瓦与图拉真的关系。狄翁认可了图拉真为这层关系制定的一些方针,另一方面,和图拉真本人相比,狄翁更强调这一关系对于图拉真作为皇帝的正统地位的重要性。

还有一个关注点,就是在和皇帝的关系中狄翁自身的角色。狄翁的角色某种程度上是"精明厉害的作家",其写作对象是图拉真,这个角色包含一些自由,但也缺乏一些自由。在另一种程度上,狄翁也扮演着外在哲人的角色,代表了优于图拉真之世俗权力的神圣哲学智慧。

又有一个关注点是图拉真对亚历山大的效仿。在刻画亚历山大方面,这篇演说辞对亚历山大并非没有批评。狄翁努力强调亚历山大在道德上仍须改进,还努力暗示,图拉真模仿亚历山大时需要掌握尺度。然而,亚历山大的肖像总体而言是可称赞的,这在一定程度上和第一篇演说辞中对亚历山大的刻画形成了对照,但在很大程度上和第四篇演说辞中的刻画形成了对照。为什么?

某种程度上,答案就是亚历山大被合法地用于一个不同的用途——充当了拥有君主身份的荷马诠释者,而他也十分合适这个角色。但是,这里的亚历山大肖像与其他演说中他的形象形成对照,十分引人注目,这就引出了演说的另一个关注点:战争。尽管演说明确暗示亚历山大极其好战,尽管演说明显从战争的话题转入强调国内事务,可是,战争赫然出现,并且似乎或多或少会被当作一件好事。这再次在不同程度上与第一篇和第四篇演说辞形成了对比。

某种程度上,狄翁一定是根据当下的现实调整了对策,即承认第一次达契亚战争无可回避甚至是可取的,并允许图拉真比自己理想中的他更加沉溺于战争野心并效仿亚历山大。而另一方面,狄翁也正竭力把图拉真的精力引向更有价值和更持久的目标。第一次演说后,狄翁让图拉真摆脱亚历山大(他是图拉真绝不会抛弃的模范,根据某种观点,这也让他走向灾难)的尝试必定遭到了图拉真的拒绝,狄翁不得不考虑图拉真的固执。

这篇演说辞形式上是腓力和亚历山大就荷马和王政展开的一次对话,这种形式为探究各个关注点提供了完美的工具。整篇对话结构巧妙,内容丰富,用可察觉的轻微笔触写成,所传达的信息远不止是对图拉真的恭维。

第四篇王政演说

所有王政演说中这篇引起的争议最多。我将概述一下我在1983年讨论过的解读,①把它与此文详述的关于第一篇和第二篇演说辞的解读联系起来。

这篇演说辞分为三个部分:引言(1–15节)、对话(16–74节)和连续的阐述(75–139节),结构和第二篇演说辞相似。对话在亚历山大王与犬儒主义哲人第欧根尼之间展开。第欧根尼攻击亚历山大的疯狂野心,尤其是亚历山大征服波斯人的野心。亚历山大与普鲁塔克《论亚历山大的机运》(*De Alexandri fortuna*)中的理想人物完全相反,那个理想人物反映了欧奈西克瑞塔斯(Onesicritus)删改

---

① 即拙文,《金嘴狄翁第四篇王政演说的写作日期与意图》——一篇我现在要改写的东西,不过我相信其中的观点大体上正确。

后的犬儒主义论述,[1] 假如狄翁意在恭维图拉真,那他明显会采用这种论述。连续的阐述由第欧根尼的一个冗长、套路固定的描述构成,此描述讲的是主宰大多数人类的三种灵——贪婪、享乐和充满野心的灵,最后紧接着这个描述的(139节)是一个简短而意外的关于"好而明智的灵"的讨论。

就如在关于第欧根尼的评论中一样(第6、8、9、10节),在这篇演说辞中,第欧根尼象征着狄翁。相比于第一篇演说辞中的假设,这个关于犬儒主义哲人之角色的假设更加大胆、更加富有挑战性。就如在第一篇和第二篇演说辞中一样,亚历山大应该象征着图拉真,通过历史对照让君主和哲人分别象征图拉真和狄翁,这在三篇演说中都十分相似。

引言部分的一则文学回忆支持这个解读。狄翁的言辞,"看到明智受到至上权力的青睐,世人无一例外会感到高兴"(第2节),呼应了托名柏拉图的作品《书简二》310e5以下的言辞:"依据自然,睿智和强权要结合为一……人们乐于谈论它们。"柏拉图与小狄俄尼索斯(Dionysius the Younger)、狄翁与图拉真之间的关系,模式相同。

我们可以在关于亚历山大与图拉真的关系的惯常观点上——即图拉真模仿亚历山大且在军事上充满野心——再附加一个事实,那就是,图拉真想打败当代那些与波斯人相当的民族(图拉真本人在帕提亚战争中强调过的一个对照)。

第欧根尼对亚历山大错误的王政观念、荒谬的野心和疯狂的东征计划进行了严肃的谴责。第一篇和第二篇演说辞中的批评在此篇演说中得到了发展,口气变得更强硬。狄翁强调说,亚历山大的天性是好的(就像第一篇演说辞中图拉真的天性一样),而且第欧根

---

[1] 拙文,《"更诚实还是更有抱负"?——探究犬儒派对其同胞邦民道德腐化的态度》,前揭,页115和注释97以下。

尼正着手给亚历山大上教育速成课(15、31、38节)。这篇演说辞不是单纯为了攻击亚历山大(图拉真),而是设法向他指出其道路的错误之处,把他引向正途(两条道路的象征,在第一篇演说辞中是通往王政峰和僭政峰的道路,在这里[33—37节]是无知和知识)。这堂教育速成课的内容和第一篇演说辞中的一样:在第欧根尼(狄翁)的指引下过简朴的生活,全面否定诡辩式教学之虚假的复杂性,以及把犬儒主义理想中的道德王政(moral kingship)融入平常世界的政治王政(political kingship)中。

　　这篇演说辞明显指向图拉真,演说在图拉真面前发表,严厉批评图拉真,并试图用真正的哲学价值教育他。然而,狄翁还是通过各种方式抚慰了图拉真的自尊。除了强调亚历山大拥有好的"天性"外,亚历山大还很不相称地被赋予了图拉真本人所具备的(众所公认的)德性,例如喜欢坦率,这点在第15节得到了不相称的强调。

　　就如在第一篇和第二篇演说辞中一样,赞美的一个主要作用是缓和批评。亚历山大也被赋予了一些和多米提安相似的恶习,例如热爱荣誉和头衔以及依赖卫士维护自己的人身安全(第5、8、25节)。就如在第一篇演说辞中一样,亚历山大身上好的方面看起来像图拉真,而坏的方面看起来就像多米提安。

　　更微妙的地方是,在演说核心部分引入蕴含着对亚历山大(图拉真)最尖锐的批评的犬儒主义观点时,狄翁某种程度上使用了讽刺,因为狄翁在引言中(第2节)承认,当人们叙述伟大君主和伟大哲人的会面时,他们"不仅叙述事实……还会加以润色"。

　　尖锐的批评夹在有点讽刺意味的引言和一个温和的柏拉图式结尾中间,并由此变柔和了。结尾则包含了对三种灵的精心描写,为了安抚亚历山大,第欧根尼在这点上明确改变了自己的风格(79节),转向诡辩修辞术。这段描写在很大程度上受柏拉图的《王制》

影响,在演说的末尾,描述以意外介绍第四种灵结束(139节):

> 让我们获得一种纯粹的和谐状态吧,这种和谐比我们以往享受过的更美好,让我们赞美好而明智的守护灵或守护神吧——当我们接受了良好的教育并拥有理性时,仁慈的命运女神就会命令我们接受他。

这里的哲学观念可以视为柏拉图式的("和谐""教育""理性")或廊下派的("内在精灵"或"神"),但在另一个层面上,图拉真也可以看到向自己表达恭维的暗示,即他是那个把狄翁及整个世界从多米提安僭政下的苦难和罪恶中拯救出来的神。在这一点上,以及在图拉真如今的样子(在演说的主体部分)与其理想中的样子(在结尾处)的模糊不清上,第四篇演说辞和第一篇演说辞再次十分接近。

第四篇演说辞不如第一篇演说辞强劲有力,但与第一篇一样拥有英雄气概,不如第二篇演说辞狡黠,却与第二篇一样周密。虽然方式不同,但这三篇演说辞都很出众。无论用什么标准,第一篇和第四篇都是重要的演说,第二篇演说尽管单薄些,仍然非常成功。

第三篇王政演说

相比之下,这篇演说辞在几个方面存在疑问。演说辞存在许多文本上的难题和布局方面的问题(学者已经觉得有必要变换各个部分的位置,他们假设字句被排重了,或者假设有个古代编者介入其中,并采用了不完整的稿件)。①

---

① Desideri,《金嘴狄翁:一位罗马帝国中的希腊智识人》,前揭,页344注释3a总结了主要的问题和解决方法。

此外，甚至狄翁的欣赏者也发现，演说对皇帝极尽恭维之能事。① 德斯得里（Desideri）尽管为狄翁"卑劣的阿谀"开脱，可他还是认为，"和解的姿态和总体的屈迎"乃至狄翁本人都"明显不体面"。② 接下来的分析试图展示，这篇演说辞在技巧、内容或品质上与其他三篇演说辞并没有多大不同。

演说辞开始的方式巧妙而复杂。类比的技巧有了全新的转折：这次用来比拟狄翁和图拉真之关系的是苏格拉底而不是波斯王（表面上看似乎是波斯王）。狄翁为自己的资格证明提供了最终极的支持：狄翁既不是广义上的犬儒主义哲人，不是第一篇演说辞中还没成熟的苏格拉底，也不是第二篇演说辞中谨慎的亚里士多德，他甚至不是第四篇演说辞中傲慢的第欧根尼，在此处，狄翁完全披上了伟大的苏格拉底的斗篷。

苏格拉底像狄翁一样，是一位贫穷的老年人，是一切真正的道德哲学和关于政体和王政教导的源泉（42节）。和其他演说辞相比，自卫和自我辩护在这篇演说辞中更为重要。苏格拉底模式有深层次的意涵，它表明演说重点会更多地放在道德激励而不是批评上（尽管苏格拉底保持了一些温和的第欧根尼式或者说犬儒主义的特征，比如贫穷和普遍的反偶像崇拜的态度）。

演说辞中有一些苏格拉底式的辩证法，风格也是苏格拉底式的——演说辞大量使用了技艺类比和日常生活中的例证（甚至在第42节丢开了苏格拉底的模式后，这种风格仍然保持下来）。

---

① 当然指图拉真皇帝。Desideri认为是涅尔瓦，不过对这个观点笔者已予以驳斥，参拙文，《金嘴狄翁第三篇王政演说的听众》（"The Addressee of the Third Kingship Oration of Dio Chrysostom"），载于 Prometheus 10（1984），页65—69。

② Desideri，《金嘴狄翁：一位罗马帝国中的希腊智识人》，前揭，页303、297、299。

图拉真的角色相应得到了提升：他不是第一篇演说辞中的那个新君主，不是第二篇演说中聪颖而不完美的亚历山大，也不是第四篇演说辞中有诸多缺点的亚历山大，而是波斯君主的对手。后者是有缺陷的君主类型，而图拉真表面上则象征着理想的君主。

向苏格拉底提出的问题，即苏格拉底是否认为波斯君主是幸福的（参《高尔吉亚》470e），引入了演说的基本主题：君主的内在品质和外在所有物——例如财富、皇家财产和其他人——之间的关系（第1节）。苏格拉底——图拉真通过传闻"知道"他生活在很久以前——答道，波斯王或许是幸福的，然而自己并不"知道"这个，因为自己从未与波斯王"谋面"，并不"知道"波斯王的想法。尽管苏格拉底"恰好""不熟悉"波斯王的灵魂，因此也不知他是否幸福，但是狄翁已和图拉真"相处"，"恰好"和其他人一样"熟悉"图拉真的本性，知道图拉真"恰好"以真理和坦率为乐，而不是以阿谀奉承和欺瞒为乐（第2节）。

图拉真的品质与波斯王或坏君主的典型姿态形成了鲜明对比，这个重点为全面检验第12至25节中的真相和谄媚作好了准备。狄翁一定也在暗示图拉真显然很愉快地聆听了狄翁之前的王政演说，因为这些王政演说表达了一些坦率的批评或警示。或许有人期望这个强调之处会为这篇演说辞中坦率的批评作好准备，并会缓和这些坦率的批评——正如在第四篇演说辞中对亚历山大（图拉真）的批评所做的一样（第四篇王政演说辞，15节）——然而这个期望似乎很快就落空了。

正如图拉真怀疑阿谀奉承的人一样，图拉真也怀疑非理性的快乐，他忍受辛苦的劳作，把它们当作"检验"德性的手段。快乐和辛劳形成的对比将是另外一个重要的主题。实际上，当看到图拉真阅读古人的作品，努力理解其中的明智和精微的理性时，狄翁宣称图拉真明显是有福之人，因为图拉真拥有除众神之外最强大的力量，而且非常高尚地使用了那个力量(第3节)。也就是说,图拉真既拥有波斯王的世俗权力,又拥有让他成为真正有福之人(即幸福的人,参第5节至结尾)的道德卓越。从第一篇演说辞(36节)中有条件的幸福到此处的发展很明显。

这种道德上的卓越有两个源头:首先是图拉真自身的天性($φύσις$,第2节),其次就是图拉真"阅读古人的作品,并理解其中的明智和精微的理性"(第3节)。通过阅读,图拉真可以与古人亲密结交,并获得古人的知识,这知识可以向他传递德性。狄翁重申了其他几篇演说辞的几个主要重点:图拉真天性的优秀之处,和现代聪明形成对比的古代智慧,还有结交优秀的道德导师和典范的必要性。这些道德导师和典范肯定包括狄翁这位当代的苏格拉底。

无论在文学上还是在精神上,狄翁都是古代人,而狄翁现在很显然又是图拉真形影不离的伙伴。哲学"继承"的意义通过以如下语词为基础的复杂文字设计得到了强化——"我知道/知晓","交谈/伴随","我碰巧/恰好/阅读","无经验的/老练的"。同样,"谨慎而精确的言语"不仅是古时诸如苏格拉底之类的哲人的言语,也是狄翁本人的言语。在第一篇王政演说辞中,狄翁已经努力为图拉真提供"明智而智慧的言辞",敦促图拉真思考神话的涵义,然后又为图拉真设计了一个阅读计划。

倘若图拉真现在就是,或者几乎就是理想中的君主("取得成功",狄翁在第一篇演说辞末尾期待图拉真能如此),那么主要的原因就是,图拉真已经接受了狄翁的哲学计划。尽管狄翁对图拉真表现出极度的恭维,可这种恭维仍是有附带条件的。

第4节以下详细谈论了图拉真的道德品质。尽管图拉真可以享受一切快乐而避开一切苦难,过十分安逸的生活,也可以随自己所愿的而行,不受任何人的阻碍,事实上还得到每个人的赞美——尽管图拉真拥有世俗意义上的最高权力,但是他在各种角色中都表现杰出,以至于任何人都不得不承认,图拉真的幸运对图拉真本人和其他人来说都是好事。

在此处,"内在-外在"的对比发生了转向:尽管君主的幸福取决于其内在的道德品质,但是它必然影响臣民的幸福,就一位罗马皇帝而言,这意味着影响全人类的幸福。狄翁冷静地观察到,尽管皇帝举止不端,他还是会受到大家的赞美,这个观察让狄翁致力于维护两个主张,即图拉真表现绝佳,而且完全值得狄翁赞美。

大多数人,不管是个人还是卑劣的统治者,其好运都无足轻重,只会影响其拥有者,但世界的统治者则必然是所有人的救主和保护者——如果他是这种人的话(第6节)。就如在第一篇和第四篇演说辞中一样,在此处,狄翁几乎要称赞图拉真是人类的救主和保护者了,狄翁随后对理想的世界统治者的描述强化了这个暗示——他描写的理想统治者具有图拉真的某些典型特征(例如看重辛劳)。但另一方面,"如果"引出的分句则从形式上避免了完全的认同,在第9节,这种有所保留的口气再次出现("这种人")。然而,无可否认,这种口气在此篇演说辞中不如在其他三篇演说辞中那么重。

理想的统治者会把自己的德性灌输给臣民,"这样的君主认为,德性对别人来说是一种好的财富,但对自己来说却是必需品"(第9节)。"内在-外在"的对比再次发生转向(这个措辞呼应了第5节直至结尾,并与之形成对比):君主让其他人变得像自己。但是对君主来说,德性是绝对必需品——狄翁清楚道出了第4节提到的事实所具有的意涵,这个事实就是,对罗马皇帝来说,所有事情都可以做($πάντα$ $ἔξεστι$)。绝对权力强加了自己的道德规则,拥有无限权力的统治者必须做出有德性的行为。太阳的形象阐释了理想的统治者与其臣民之间、统治者内在的道德品质与臣民的福祉之间纠缠不清的关系,也阐释了统治者绝对要有充满德性的行为(11节),太阳"在照亮其他东西时,首先就要展露自己"。这个不断出现的形象是另外一个自成一体的主题。

然后,狄翁提供了一个冗长的自我辩护(12-28节),从12节开始:

> 说起这些问题,我并非无知,所以,我要用更长篇幅来讲述。而且,不必担心我会显得在说奉承话,因为我的真诚绝不缺乏充足和长久的证据。如果,在过去的岁月,当恐惧让人们必须说谎时,我尚能独自冒着生命危险,大胆说出真相,那么今天,当所有人说出真相都不必冒险时,我却要说谎,我可就真的不知道何时该坦率、何时该说恭维话了。

初步的问题是:第一行中的 ὅτι- 分句①的意涵是什么?狄翁是不是指其他篇幅更长、狄翁将来必须向不同的观众发表的演说,以此允许人们更加持久地检验他自身的动机?可是,虽然狄翁也确实在其他观众面前发表了几篇王政演说,且仿佛在法庭上一样遭到了批评(在第57篇演说辞中比比皆是,尤见于57.11),但为什么这些演说就一定要更长呢?例如,狄翁是不是本不该说"重新说"(πάλιν λέγεσθαι)?有许多证据支持厄斯纳(Usener)的观点,他认为这里应是"受到诘问"(ἐλέγχεσθαι),② 这就与"试金石"(βάσανον)所传达的"检验"的观念联系起来,并暗示了由王政演说引起的热烈争论。

然而,这里的重点清晰明了。就如在第一篇演说辞中一样,在这里狄翁也必须面对谄媚的指控,甚至狄翁本人也承认之前的许多素材极度恭维图拉真。狄翁提到他反多米提安的英雄姿态来为自己辩护。狄翁的处境和理想统治者(图拉真)的处境存在有趣的相似之处。两者的行动都容易招致公众审查("展示⋯证明/展现自

---

① [译按]ὅτι的作用是宾语从句的引导词,引出间接引语。

② 这一观点也被 Desideri,《金嘴狄翁:一位罗马帝国中的希腊智识人》,前揭,页346注释8接受。

己"),可以说,两者"正在受审"("试金石","受诘问",比较第11节"旁观者和证人…没有什么可以隐瞒的")。还有一个对比。对图拉真来说一切都可以做(第10节),这让图拉真更有必要以至高德性行事。但对其他所有人包括狄翁来说,他们则能够说出关于图拉真有德性或缺乏德性的真相,这意味着狄翁没有任何理由谄媚,而并非意味着狄翁甚至在僭主多米提安面前也会谄媚。

图拉真的道德状况和行为,图拉真的哲学顾问狄翁的道德状况,以及狄翁关于图拉真的演说的道德状况,这三者相互依存。第三篇演说辞的一个重要成分就是为狄翁和图拉真的关系辩护,不过,辩护的形式是具有攻击性的自陈,而且辩护涉及图拉真的道德状况正如涉及狄翁的一样多(这一点狄翁在第25节作过详细说明,也许能很好地堵住批评家之口)。

狄翁从行动的角度分析了阿谀(14节以下),并详细描述行动者(οἱ πράττοντες)的各种不同动机,从而进一步忽略了行动(统治者采取的行动)和言语(说话者比如他本人关于统治者的言语)之间的区别。分析以更深层次的自我辩护开始(论据有力,可是未必有说服力),但最后拓展成了一篇关于阿谀奉承的冗长讨论,以至于狄翁似乎不仅为自己辩驳,还反败为胜,攻击了他人。

到目前为止,狄翁依据两点为自己辩护:对言语进行检验将表明狄翁没有阿谀奉承,而且狄翁缺乏进行阿谀奉承的一般动机。现在(25节),狄翁表面上改变了行动方针,开始使用类似于第一篇王政演说第15节的系统性阐述:

> 为了让我不受到他人的诽谤,指控我是谄媚之人,也不要让您受到想让别人赞美的指责,我将谈谈理想的君主应该是什么样子,谈谈理想的君主和那些自称君主却远远算不上君主和君王的人有什么不同。

实际上，接下来的描述并不纯粹是抽象的，因为，就如在本篇演说的开头和其他王政演说中一样，好的君主会再次拥有一些可识别的图拉真式的特征，这还是含蓄地向图拉真表达了敬意。不过，这个过程仍然是有保留的：它重新引出一个问题，即图拉真完全是"这种君主"（第6节）吗？

接下来，狄翁进一步解决了针对自己的两项相互联系的指控（26—28节）：内容不断重复（苏格拉底也不断重复，而且真理不会改变），主题始终如一（关于王政技艺一类的演说是适合君主倾听的主题）。① 四篇演说辞中大量重复的素材很显然为批评者们提供了更多的弹药。接着，狄翁回到苏格拉底和质询之人关于波斯王的对话（29节）——针对一切可能的攻击捍卫了自己的立场后，狄翁再次确立了自己的苏格拉底角色。

在对话中，向苏格拉底质询的人重申了波斯王的权力（此进展乃狄翁自创）。对话者的评论和苏格拉底回应时的各种细节可疑地赋予了波斯王一些多米提安的特质，和往常一样，这反而恭维了图拉真。② 另一个说话人把重点放在波斯王巨大的帝国财富上，而苏格拉底驳斥了把这当作权力（δύναμις）标准的做法，这又暗示，狄翁意在批评图拉真的帝国野心。演说辞的这个部分读起来酷似第四篇演说辞的温和版本，而波斯王替代了亚历山大以及苏格拉底替代了第欧根尼这个因素，则更证实了这种解读（尤其是，倘若第四篇演说辞发表的时间更早的话）。图拉真和波斯王之间的对立（第1节以下）最终证明并不那么绝对。

然后，狄翁总结了演说中的苏格拉底部分：

---

① 关于这个想法，可以参狄翁王政演说1.9以下及2.3。
② 例如：权力高于自然（31节）；恐惧（34节）；普遍拥护其为王（37节以下）；皇冠和权杖。

> 当这位圣贤不断导人走向德性,竭力让统治者和平民变得更好时,他惯常的训示就是如此。(42节)

苏格拉底(狄翁)仍从规劝的层面施加影响,老师和学生需要一直保持哲学上的努力,图拉真尚不是理想的君主。

紧接着(42-49节),狄翁沿着亚里士多德和珀律比俄斯的进路,从理论上简短探究了各种宪制及其对立的堕落类型。虽然这部分与苏格拉底部分巧妙地联系在一起,且是狄翁对各种类型加以"区分"(43节"区别",25节"区分",参第一篇王政演说,15节)的总体计划之中的一部分,但这个部分在细节上很成问题,而且并不重要,狄翁本人在这段话结尾处也承认了这一点(49节)。①

不过,这部分有几个作用。第一,这部分给人们造成了一个印象,即统治和王政主题(42节)——包括除了王政之外的其他类型的统治——在这里得到了全面的理论论述。第二,这部分使狄翁得以向图拉真含糊地表达恭维,与往常一样,这些恭维让含蓄的批评变得悦耳动听:

> 其中一个政体最早形成也最切实可行,它是目前演说的主题:在这种政体里,我们拥有一座城、诸多民众,或是整个世界,其中,一位有谋略有德性的好人把它们管理得很好。(45节)

狄翁还说,"但是,我应当更加仔细、深入地讨论目前正在实施的那个幸福、神赐的政体"(50节)。那么,这两段描述所提到的政体究竟是什么?"在这种政体里,我们拥有一座城、诸多民众,或

---

① 这暗中破坏了 Desideri(《金嘴狄翁:一位罗马帝国中的希腊智识人》,前揭,页300)在这个部分发现"第三种王权中的政治信息"的企图。(我省略了与此相关的各种文本难题的讨论。)

是整个世界,其中,一位有谋略有德性的好人把它们管理得很好",这种说法是不是把统治世界的理想形式等同于图拉真对世界的统治?"目前正在实施的那个幸福、神赐的政体"总体上是罗马的帝国制度吗?它是解决共和国晚期动荡(49节)的神圣方法吗,还是说,它是与多米提安统治形成对比的、带给人幸福的图拉真的统治?无论属于哪种情况,上述说法在形式上所指的无疑都是一般类型,不过,也很难掩盖它们是在恭维图拉真的具体政体。

第三,这部分在修辞上为论述最佳政体形式的问题创设了有效的铺垫——最佳政体就是所谓的"神圣王政",这个论题构成了本篇演说的其余部分(50–138节)。

理想君主的位置与"原初的、最优秀的神"的位置类似(50节),而且他本身"热爱神"("热爱神",而不是"为神所爱")。对图拉真遵从宗教的描写(51–54节)大体上与图拉真政权的意识形态相容,不过有些强调之处值得注意。宗教礼仪不只是行动和声明的问题,而是信仰的问题。这是"内在–外在"之对比的又一个方面,狄翁似乎再次采取了与精致的现代学术截然相反的立场。[1] 理想的君主信奉诸神,因为君主必须确保自己受可敬的统治者统治,正如君主本人可敬地统治着自己的臣民。[2] 狄翁再次充分证明,存

---

[1] 例如S. Price,《仪典与权力:小亚细亚的罗马皇帝崇拜》(*Rituals and Power: the Roman imperial cult in Aisa Minor*, Cambridge, 1984)页9–11中的简洁陈述("'信仰'作为一个宗教术语在意涵上具有深刻的基督教特点……关于希腊人的'真正的信仰'的问题再次隐秘地基督化了"等等)就无法应对这段话(或希腊文学中无数其他文段;一个明显的例子是,苏格拉底和控告者就不会认为宗教信仰的问题不是问题。)

[2] Cohoon(洛布译本,卷一,页129)翻译为"为的是在自己治下也可以有众多称职的官吏"是错误的;也可以参Desideri,《金嘴狄翁:一位罗马帝国中的希腊智识人》,前揭,页300。

在着独立于且高于罗马皇帝的力量。

最后,就如第一篇演说辞第65节一样,君主作为有死之人的本质得到了强调,不过,好处也延伸到死后,这样的君主死后会转入更高的状态——就像在第二篇演说辞第78节,以及更广泛地说在第一篇演说辞的末尾所说的那样。然而,这种更高状态明显还不是完全的神化。尽管54节最后一句话明显是在暗指罗马的皇帝崇拜,但是,狄翁把这种崇拜比作"英雄化"或"鬼神学",似乎是在有意简化。① 第51至54节中表达的情感不是一个谄媚逢迎者该拥有的情感,也不属于这样一个人——对他来说,可以投机取巧地改造宇宙中合乎秩序的等级与罗马皇帝在这种等级中的位置。

接下来的话题是君主对臣民的照料(55–57节):这是神向君主指派的职分,君主愿意为其他人承担辛劳,他的工作没有尽头,他的模范就是太阳。他看到,"(太阳)也不会苦恼,因为,为了保护人们、保卫生命,太阳必须永远不停地完成所有那些工作"(关于其中强调的重点,请参第一篇王政演说,33、45、76、84节;第二篇王政演说,77节以下)。

直到这个节点为止,纵使有文本上的问题,演说辞还是极佳地组合在一起,不过编排顺序方面的问题变得尖锐了。我接受伊姆帕里斯(Emperius)对此后文本位置的重置(也被德斯得里沿袭),他以如下方式重新排列演说辞的文本:1–57、62–85、58–61、86–111、128–132、112–127和133–138节。尽管限于篇幅难以充分讨论,可是经过分析就会证明这些重置很合逻辑。在直接语境中,这些重置意味着,太阳为了人类而进行的活动表明了一个普遍的神圣原

---

① Desideri,《金嘴狄翁:一位罗马帝国中的希腊智识人》,前揭,页301似乎也暗示了这点。狄翁的立场再次挑战了现代史学家关于皇帝崇拜的争论(例如Price,页33注149:"为了支持诸神体系,英雄体系的分类在君王崇拜中被规避了。")。

则,即更优秀者应该统治较差、较弱者,并对之加以照料(62节)。

由于这些重置,第57节中第三人称的"他看见"("他"指贤明君主)转变至62节中第二人称的"你看见",也被赋予了那种令人愉快且特有的含混性:狄翁现在是已经把图拉真视作贤明的君主了呢,还是在借助图拉真本人很容易看到的例证来指导图拉真,向他展示他在宇宙中应当居于的位置?

前述普遍原则在不同的领域得到说明,并且占用了较长的篇幅,人们很难不产生一个印象,即狄翁正在这一带"沿海航行"。阐述再次以太阳结束(73–57节),太阳的活动既阐释了出于人类利益而承受的神圣辛劳($πόνοι$),也阐释了关于宇宙和谐的廊下派观点(就如在第一篇演说辞中,狄翁看起来致力于为皇帝在宇宙中的位置提供充分的哲学支持)。

太阳是君主们的共同范例,75节中引太阳繁重的苦役为证,让两者的相似之处格外引人注目。太阳的活动不只是简单地阐释了这些也适用于君主的普遍原则,还以寓言的方式诠释了罗马皇帝的正确行为。狄翁进一步发展了色诺芬《回忆苏格拉底》4.3.8关于太阳角色的说法——太阳在特定时节带来适度的热量,从而暗示了一个尖锐的实践问题,这个问题击败了诸多皇帝:如何在过度参与公共事务和参与不足之间保持平衡。

这样的象征和暗示,以及事实上通篇对太阳的强调,确凿无疑反映了图拉真统治下的太阳崇拜。[1] 但是,和往常一样,这方面的内

---

[1] 例如 Fr. Cumont *REA* 42(1940),页408–411;J. Beaujeu,《帝国鼎盛时期的罗马宗教》(*La religion romaine a l'apogee de l'empire*),卷一,Paris 1955,页99–103;Fears,《由神选择的元首:作为一种罗马政治概念的"神选皇权"》,前揭,索引和页240–242、250中关于图拉真的内容;Desideri,《金嘴狄翁:一位罗马帝国中的希腊智识人》,前揭,页349注释25;R. Lane Fox,《异教徒与基督徒》

容不只是在恭维,而且是在为哲学阐述提供一个由以出发的起点。

作为爱神之人的贤明君主看到,作为最杰出和最引人注目的神,太阳并未忽略对众人的持续关照,这位君主因而努力模仿太阳(82节)。就如在第一篇演说辞中一样,尽管皇帝是神圣等级中的一个关键因素,是神在尘世的代理人,并且死后配得进入更高级的领域(如果他的德行足以当之的话),但是,在此时此地,皇帝明显仍然还是人(参狄翁演说辞53.11:"好的君王应当看着[宙斯]的样子引导其王权,尽人之所能地照着神来塑造自己的样子。")。贤明的君主不停地辛苦劳作,而且(就通常的哲学决疑法来看),他过得比贪爱奢靡之人更加快乐(82–85节)。

这个对比引出了贤明君主和僭主之间的对比,还引出了如下惊人的想法(58–60节):贤明的君主意识到,僭主若要活下去,更需要诸如勇敢、自制、明智的品质,并容忍辛劳;因而德性肯定是有益的:贤明的君主受到人类和众神的赞美与爱戴,僭主却受到人类和神的辱骂与憎恨。

人类的当下短暂而难以预料(狄翁几乎拥有了梭伦式的庄严格调),人类一生中的大部分时间充满了对过去的回忆和对将来的憧憬,回忆给贤明的君主带来快乐,给僭主带来悲痛,憧憬给贤明的君主带来信心,给僭主带来恐惧。毫无疑问,多米提安是位僭主,而图拉真也许是贤明的君主。然而,就如在第一篇和第二篇演说辞中一样,狄翁全神贯注的问题仍然是图拉真最终会变得怎样,他急切地向图拉真提醒僭主的命运。最后再次得出结论:贤明的君主拥有更

(*Pagans and Christians*), London, 1986, 页593;狄翁的第三篇王政演说本身增强了图拉真统治时期存在太阳崇拜的证据,而且在其统治初期也存在这种崇拜;《图拉真颂》对此的缄默大概反映了文化差异;也可以参注释98中关于太阳和真正的王政的内容。

快乐的生活(61节)。

狄翁从君主的内在品质(58-60节)转向其外在的财富,其中最好、最神圣的是友谊和朋友(86节),这个话题几乎占据了演说余下的篇幅(86-111节;128-132节;112-122节)。与财政收入、军队或君主其余的权力相比,可信赖的朋友是君主的幸福更可靠的保证(86节第1行)。

对任何人来说,彻底的自给自足都不太可能("内在-外在"的对比再次得到修改),拥有众多不同责任的君主尤其如此(87节)。除了臻于完美的个人内在道德品质外,绝对的幸福还需要朋友。有一个点,超过了这个点以后,犬儒式的自给自足开始显得不足——这种犬儒式的自给自足在第四篇演说辞的主体部分得到了详细说明,并在第一篇演说辞中受到推崇(尽管也有一些限定条件)。接下来是君主超越法律这一事实的另一个方面(87节第10行):君主不仅必须自律,而且除了朋友——尤其是那些站在君主身边,与他一同治理国家的人们(89节)——的忠诚外,他们没有真正的保护。

就如在第一篇演说辞中一样,某种程度上,关于友谊的长篇讨论是在恭维图拉真,而且,当前语境中可能暗中存在如下对比:一方面是图拉真的表现,另一方面则是多米提安最终与亲密"友人"极其不幸的疏离。狄翁后来(116节)对比了贤明君主和僭主在朋友问题上的状态,在那里,狄翁显而易见地提到了多米提安。

然而,恭维并不是86至89节的唯一作用。首先,友谊的话题并不是无端插入的,而是分析内在、外在之关系的必要元素。第二,就如已经强调过的,图拉真的择友问题很重要,在这篇演说辞中,这个话题和之前有关谄媚的讨论联系起来了。狄翁再次让图拉真深刻认识到正确择友的重要性,同时还捍卫了自己作为皇帝"密友"的立场(这个正受到攻击)——实际上,89节的措辞让人想起第一篇讲辞75节中的措辞。

接着,狄翁从"愉悦还是实用"这个问题的角度探究友谊的话题:只有友谊可以把极度的实用性和愉悦结合起来(94节)。狄翁由此以自己的方式把赞美图拉真与正面的道德训诫结合在一起。103节描述了一个人凭借无数朋友以及朋友的认可成了至福之人,此描述呼应了之前第4和第7节对幸福的描述,这些描述至少有些与图拉真有关。要成为"至福之人",图拉真就必须接受狄翁关于友谊的建议。

一个相似的例子是109节关于荣誉的观察。这似乎是向图拉真热爱荣誉作出了让步,然而它把荣誉重新定义为朋友的赞美,而且只有此人值得赞美时才能进行赞美(18、110节)。

在128至132节中得到详细说明的关于友谊的"课程"看起来十分严肃:择友时应当精挑细选,不要只局限于皇室这个狭窄的圈子,而应当扩展到整个世界,这与狄翁的其他作品所表现出来的宽广胸怀相似。① 这个部分的视野和着重点都不仅仅是在恭维图拉真提拔东方元老的举动。②

再一次,狄翁把友谊提升到亲属之爱以上(113节),这对极具家族观念的图拉真来说十分尖锐(再次参维斯帕先早期关于友谊和亲情相互矛盾的声明)。③狄翁随后实际上作出了让步,承认亲属之爱是一种很大的善(119节),不过这个让步显得有些别扭,因为即使在那时,亲情还是被归在更大的善即友谊的范围内。

---

① 参拙著,《金嘴狄翁:流放,塔尔苏斯,尼禄与多米提安》("Dio Chrysostom: exile, Tarsus, Nero and Domitian"),载于 *LCM* 第8期(1983),页132和注释12。

② 参 M. Hammond *JRS* 47(1957)页77中得到普遍认可的人物;K. Hopkins,《死亡与更新》(*Death and Renewal*),Cambridge,1983,页200。

③ 塔西佗《历史》;苏埃托尼乌斯,《韦斯帕先传》25;狄奥·卡西乌斯,《罗马史》,卷65,12.1;也可以参(重点稍有不同)Desideri,《金嘴狄翁:一位罗马帝国中的希腊智识人》,前揭,页303。

狄翁对友谊进行了长篇讨论之后,紧接着联系本篇演说中的主要道德标准,总结性地描述了贤明君主(123–127节):奢侈、德性、忍耐、安全、有用与快乐(二者在此联结了起来),以及辛苦劳作。描述以对比明智的普通人的活动与统治者更有目的性的活动结束(提及普通人的体力活动预示了演说的最后一个部分)。

到目前为止,演说论述了"工作"中的君主,结尾部分(133–138节)则涉及君主——"本质上是人"——需要用什么消遣来慰藉自己的一切活动(133节)。许多君主的消遣方式损害了他们的心灵,摧毁了王政的尊严,尼禄和托勒密·奥列特斯(Ptolemy Auletes)的消遣就是证明(演说并没有指名道姓,不过显然指他俩)。贤明的君主绝不会聆听那样的东西,他们认为狩猎才是最好的消遣。真正的狩猎能提供有价值的军事训练,能统一坚忍和快乐(即它是所有消遣中最大可能接近"劳作"的),① 然而波斯式的狩猎仅仅相当于一个字谜游戏,没有辛劳和危险,它与那些声称自己是战士却只会在国内判囚犯死刑的人的行为相当。

演说清楚无误地暗示了图拉真这位真正的猎人,以及多米提安这位回避艰苦狩猎活动的猎人,② 多米提安自称为战士,却监禁、屠杀民众。就如在第一篇、第二篇和第四篇演说辞中一样,此演说以高度恭维图拉真结束,但没有其他几篇结尾处的含糊不清。

详细的分析表明,第三篇演说辞远远好过其外在的名声。此演说辞不只是恭维,还包含某种严肃的道德内容。然而,在此演说中,恭维所占的比例在所有演说中最大,为什么?第三篇演说辞是否如《图拉真颂》一样,是在"官方场合"发表的一次演说?然而很难看

---

① 一个传统的观点:参 M. Dickie, *PLLS* 5(1985),页 188–202。
② 参《图拉真颂》81.1–3 中一个相似的类比;也可以参苏埃托尼乌斯,《多米提安传》19。

出其他三次演说的场合何以就应有大的不同。此演说是不是一次早期的努力,那时狄翁尚未掌握向罗马皇帝发表演说的技巧?①

只有当演说对象并非图拉真而是涅尔瓦时,这个假设才能成立,可是图拉真就是演说的对象。而且根据任何可行的年代表,第三篇演说辞都晚于取得了极大成功的第一篇演说辞。是不是狄翁在一篇先前的演说(或许是第四篇演说辞)中以批评冒犯了图拉真,现在试图以过度的恭维来讨好图拉真呢?但图拉真声称能够接受别人的批评,而且在那种情况下又怎会有人控诉狄翁阿谀奉迎呢?正确的解释已经在文本中得到了暗示。狄翁对图拉真不断增加的赞美,就是对后者明确接受他的哲学计划的奖赏。

* * *

最后两个话题。首先,绝对和相对的年代表。唯一真正确定的要点就是,第一篇演说辞在先,其日期是公元99/100年。唯就第四篇演说辞而言,才有一些关于更晚写作日期的严肃的论据,而最后表明这些论据都站不住脚。② 四篇演说辞拥有相似的专注点,并且似乎都发表于同一时期,即图拉真统治初期。

演说辞49.4以下(时间为公元103年)③ 甚至似乎为第二篇演说辞提供了时限的前端(terminus ante):狄翁在那儿把阿伽门农和涅斯托尔以及腓力、亚历山大和亚里士多德当作君主–哲人关系的例子。

---

① Desideri,《金嘴狄翁:一位罗马帝国中的希腊智识人》,前揭,页297、303暗示了这两种解释。

② 拙著,《金嘴狄翁第四篇王政演说的写作日期与意图》,前揭,页277以下。

③ von Arnim,《金嘴狄翁的生平与著作》,前揭,页385;Sheppard,《金嘴狄翁:在比提尼亚的岁月》,前揭,页167。

因此,若能重建四篇王政演说的相关年代表,将阐明狄翁和新皇帝关系的进展情况,以及狄翁尝试哲学计划而非政治发展的进展情况。

洋溢着热情和自信的第四篇演说辞时间上紧跟第二篇演说辞,在第二篇演说辞中,狄翁和图拉真开始建立关系,不过狄翁并没有过多地强调这种关系。第二篇演说辞也明显早于第三篇演说辞。那么第三篇和第四篇哪个更早呢?抄件的秩序几乎没什么重要性,第四篇演说有可能因为与"第欧根尼"演说的相似之处(第6、8、9、10节)而被"吸引到了"演说集的目前位置。

第三篇演说中恭维所占的篇幅相对更高,这为第三篇演说是最后一篇演说辞提供了证据。同样能说明问题的还有如下事实:第三篇演说对第四篇演说辞的素材进行了明显的改写(例如第三篇王政演说,32–41节,第四篇王政演说,17、46、49–51节),此外,4.17和3.2也形成了具体的平行关系——第欧根尼不了解亚历山大的心思,但是狄翁完全了解图拉真的心思。很难想象狄翁撰写完第三篇演说之后,才写了第四篇演说。

演说发表的时间顺序是1、2、4、3,其中的逻辑显而易见。第一篇演说警示图拉真不要过于模仿亚历山大,结合了道德训诫和警示,狄翁竭力以此成为图拉真的哲学顾问。第二篇演说表明,狄翁的这一角色刚刚被接受,他继续进行道德训诫,把注意力集中到图拉真的阅读问题上,还在图拉真模仿亚历山大和即将来临的达契亚战争问题上作出了一些让步。第四篇演说更深入地回到图拉真模仿亚历山大的问题以及图拉真膨胀的军事野心的问题上来,这份野心显然是受到了第一次达契亚战争的前景或现实的过度刺激。第三篇演说大度地承认,图拉真显然已全心全意地接受了狄翁的哲学计划,但仍继续在哲学方面努力着。

第二个话题:其他与狄翁和图拉真的关系相关的作品。

狄翁第62篇演说辞(《论王政和僭政》)是向一位皇帝发表的

演说,这个皇帝显然就是图拉真(第1、3节)。这篇演说与王政演说之间存在明显的类比,尤其是与第三篇演说辞。开头和结尾突兀简洁,表明这篇演说不太完整。人们看待它有各种不同的方式,或者认为它是王政惯用话题的指南,或者认为它是一篇遗失的王政演说的开头,或者认为它是某一篇王政演说中某一部分的另一个版本。① 在我看来,此演说像是王政演说的首次尝试,狄翁也许从未完成它:与保存下来的其他演说相比,此演说技巧生硬,是尝试性的(例如第3节,"至于好的领袖——就像您一样")。

第57篇演说辞(《涅斯托尔》)为涅斯托尔辩护,说涅斯托尔在《伊利亚特》卷1中的自夸是为了确保阿伽门农和阿基琉斯顺从自己,此演说显然是向希腊观众发表的某篇王政演说(大概是第二篇)的前言。② 它为狄翁本人希望看到的解读提供了值得注意的证据:王政演说"有用且有益"(11节);狄翁与图拉真的关系类似于涅斯托尔与阿伽门农和阿基琉斯的关系;像他们一样,图拉真需要道德矫正。

第56篇演说辞(《阿伽门农》)是一篇对话,狄翁在一个不知名的学生面前辩论说,真正的君主不会不听劝谏,他们会接受建议,就如阿伽门农会接受涅斯托尔的建议一样。狄翁显然在暗指自己与图拉真的关系,③ 这个部分强调君主有必要拥有那样的顾问。不知名的对话人也许原本就是图拉真,此演说和第53、54、55篇演说象

---

① von Arnim,《金嘴狄翁的生平与著作》,前揭,页416; Desideri,《金嘴狄翁:一位罗马帝国中的希腊智识人》,前揭,页344注释1; Crosby译,《金嘴狄翁》卷五,(洛布版,1951),页23。

② von Arnim,《金嘴狄翁的生平与著作》,前揭,页410; Crosby译,《金嘴狄翁》卷四,洛布版,1946,页417。

③ C. P. Jones,《金嘴狄翁的罗马世界》,前揭,页122。

征着狄翁对图拉真的"幕后"教导。

第53篇演说(《论荷马》)总结了不同哲人对荷马的解读,把文学批评和道德阐释结合起来。

尤其是在关于荷马的王政观念上,演说对荷马的生活和狄翁本人的生活进行了类比(第9节),并把荷马比作神的预言者(第10节)。

第54篇演说攻击智术师,赞美苏格拉底,对比了智术师作品的失败之处和苏格拉底的言辞的持久力量。

第55篇演说辞(《论荷马和苏格拉底》)论述到,苏格拉底可以视为荷马的一个学生,因为他们在品质和节制上很相似,都是道德家,都蔑视财富,都是比喻和对比的大师,且通过各种技巧阐述道德。演说中关于荷马的一般做法的长篇讨论采用了涅斯托尔和奥德修斯为例——涅斯托尔努力教导阿伽门农和阿基琉斯,而当希腊人逃向船队时,奥德修斯进行了干预(参2.22–23)。关于苏格拉底的简短论述则赞扬苏格拉底会根据听者的兴趣改编自己的素材。这一切与王政演说辞或许都具有意义重大的联系。

第49篇演说辞发表于公元103年,讨论的是,除非缺乏能力,否则哲人就有责任参与政治。此演说辞似乎暗示了(通过阿伽门农和涅斯托尔以及腓力、亚历山大和亚里士多德的例子,演说辞49.4以下)狄翁作为图拉真的哲学顾问的角色。

其他可能相关的作品有针对柏拉图的《赫拉克勒斯颂》(*Encomium of Heracles*)① 和《论亚历山大和格蒂卡的德性》(*On the Virtues of Alexander and Getica*),但都遗失了。第一个作品可能与图拉真模仿赫拉克勒斯有关,不过即使如此,用琼斯的话说,狄翁也不必通过撰写此作品来讨图拉真的"欢心"。② 第二个作品是与关于亚

---

① 关于这个标题参 C. Callavotti, *RFIC* 59(1931),页504–508。
② C. P. Jones,《金嘴狄翁的罗马世界》,前揭,页122。

历山大的一般性哲学、文学争论有关呢,还是与图拉真模仿亚历山大有关?我们无从了解创作的时间或场合,不过它与图拉真有关联则可以讲得通。标题暗示这个论述持肯定态度,作品大概模仿了欧奈西克瑞塔斯(比较八卷本的版式和尤利安第七篇讲辞212c的着重点,"而第欧根尼……则命令……亚历山大走到自己面前——如果狄翁的说法可信的话")。这些都不能保证以下结论的正确,即作品纯粹是为了向图拉真表达敬意。狄翁也可能在欧奈西克瑞塔斯关于亚历山大–哲人的论说的基础上加以展开和扩充(再次参尤利安)。

我们可以很自然地假设,作品的日期晚于王政演说,狄翁撰写它是因为图拉真拒绝放弃模仿亚历山大,而狄翁仍再次试图把这种模仿转移到更加哲学的路线上来。

也许,当流亡中的狄翁游历到达契亚时,他就已经开始为《格蒂卡》做研究了。如果——看起来很有可能——作品是暗指多米提安的军事失败,那么它大概是在图拉真时期发表的。① 该作品是否涵盖了图拉真时代的战役则不能确定:演说辞12.16–20并不能证明在达契亚狄翁是图拉真的伴星,因为第12篇演说辞发表的日期是97年,② 但斐洛斯特拉图斯的《智术师列传》488("狄翁在图拉真的战车里")则有可能证明上述观点。另一方面,赞美图拉真不可能是《格蒂卡》的主要动机,因为在图拉真当政之前狄翁就对达契亚产生了兴趣。

最后,把《欧波亚演说》和图拉真"返回土地"的计划③联系起

---

① C. P. Jones,《金嘴狄翁的罗马世界》,前揭,页123。

② 恕我不敢苟同C. P. Jones的观点,参氏著《金嘴狄翁的罗马世界》,前揭,页53。

③ 参P. Mazon发表于 *Lettres d'Humanite* 2(1943)的文章,页47–80; Desideri,《金嘴狄翁:一位罗马帝国中的希腊智识人》,前揭,页257注释28。

来的尝试似乎是一种推测,尽管它不会有损狄翁的声誉。

我要用赛姆(Syme)对图拉真极佳的性格描述来总结全文:①

> 公众和官方形象展示出某种更为高贵的、战士般的皇帝,他坚定、公正而谦逊。而在这一形象背后则是一些难以捉摸、也许不太和谐且难以用言语来评价的东西。自律和节制掩盖了让青年图拉真渴望军事事业的毁灭性野心,野心因挫折而磨得更尖利,后来在征服战争中剧烈而骄傲地爆发。所有野心最终都可以转化成愤怒、狂妄和顽固。(对图拉真来说,)效忠罗马所意味的东西不及他对战争的热爱和对名声的追求。

图拉真的确就是如此,狄翁看见了这点,或者有人告诉了狄翁,他便试着就此作一些努力。在公开的王政演说和私下的讲授中,狄翁诚心诚意地努力教导图拉真真正的哲学,想由此让图拉真成为更好的皇帝。狄翁失败了,不过失败的不是他,而是图拉真。归根结底,图拉真的天性中($\varphi\acute{\upsilon}\sigma\iota\varsigma$)存在无法根治的问题。

---

① Syme,《塔西佗》,前揭,页41。

狄翁、希腊和罗马

莫勒斯

罗素（Donald Russell）的狄翁评注，不但向我们呈现出古代那位最优秀的希腊演说家，也向我们展现出当代最伟大的希腊散文鉴赏家的风采。没有哪个学者能比他更有力地论证《欧波亚演说》、《奥林匹亚演说辞》（*Olympicus*）和《波律斯特涅斯，或在故国的演说》在文学、哲学和道德上的卓越。① 在这里，我要大致描述一下狄翁这些演说辞中关于罗马的态度。② 我的解读与罗素不同，但仍然极大受惠于罗素的学术成就。

一

现存的《欧波亚演说》即第七篇演说辞是不同版本的大杂烩，其中一个版本似乎发表于罗马③（狄翁流亡结束后曾到访罗马，欧波亚历险就发生在这一背景下）。演说中提到的沟渠（106节）、庭园、

---

① Donald Russell，《金嘴狄翁：演说辞7、12及36》（*Dio Chrysostom: Orations VII, XII, XXXVI*），Cambridge，1992；John Moles（1993）。

② 感谢Malcolm Schofield、Simon Swain、Tony Woodman及编辑们提供了十分有价值的评论。

③ Donald Russell，《金嘴狄翁：演说辞7、12及36》，前揭，页1、13、156，参页139–140、146。

乡间别墅和树林都表明,所指的是一个大城市。"我们所批评之事在希腊人中十分重要"(122节)的说法所传达的情感,以及对罗马式偏见的某些明显无害的妥协,都暗示了听众是罗马人。①

一个强有力的反面因素也暗示了这点:演说末尾用大段篇幅攻击了性剥削和卖淫,这番攻击把战争俘获、字面意义所指的奴役、通过提供堕落的性服务导致的奴役、对人精神的奴役,以及在社会最高阶层中发生的堕落(133-134节)都含蓄地联系在一起。② 因此,此演说不仅对(希腊的)大城市具有普遍的意义,也特别地影射了罗马。③

狄翁的寓意简单朴实。欧波亚的乡间猎户表明穷人可以过着恬淡自然、自给自足和充满德性的生活(81、103节),而城市生活却潜藏着堕落,城里人常常在行着堕落之事(24-28节)。不过,即使是城市中的贫民,也可以找到符合德性的职业(104-152节)。

---

① Brunt,《金嘴狄翁与廊下派的社会思想面相》("Aspects of the Social Thought of Dio Chrysostom and of the Stoics"),载于 *PCPS* 19(1973),页17。至于"我们",请参演说辞79.4-5。一个版本是在罗马发表的,这并不排除——实际上还必然意味着——也有在其他地方发表的版本(一些篇章暗示了普鲁萨视角,例如83-90节中,奥德修斯返家途中不断遭遇的苦难与狄翁在普鲁萨忍受的一切十分相近[关于狄翁/奥德修斯,参见179])。

② 请留意C. P. Jones,《金嘴狄翁的罗马世界》,前揭,页129中关于这段文字含糊而具有防御性的讨论。文中提到"那些以前根本不是奴隶的野蛮人和希腊人,如今却处于十足的奴役状态",把这些性奴当作了道德和政治奴役制度下尤为堕落的例子。在狄翁看来,在帝国的统治下,所有不是罗马人的居民都屈服于这些道德和政治奴役(参演说辞31.125;演说辞34、39、51;演说辞12.85)。当然,攻击罗马的性堕落行为同时也是在攻击一切个人的性堕落行为。

③ 恕我不敢苟同Swain的观点,见他的《金嘴狄翁与路吉阿诺斯》("Dio and Lucian"),载于J. R. Morgan与R. Stoneman编,*The Greek Novel in Context*,London,1994,页166-180。

不过,有几个领域需要更加清晰明确的界定:(1)叙事时在理想化和现实主义之间、在虚构和事实之间保持的平衡;(2)狄翁本人的角色;(3)和帝国政策的关系;(4)狄翁对罗马社会习俗的态度。

(1)一方面,叙事田园般地设置在"实际上的希腊中部"(第1节),这种叙述采用了田园式话题,具有小说特点的、新谐剧式的以及《奥德赛》式的情节结构。① 关于牧场的描写(14–15节)回响着黄金时代和安乐之所(locus amoenus)的音调。剧场的辩论(24–63节)让人想起著名的文学辩论。② 猎户的好客让人想起柏拉图的《王制》(65节)。猎户的纯真无邪给人们带来了欢乐(猎户自己也意识到了这点,参21–22、24–25、43–44、47–48、59、62节)。

另一方面,狄翁的目击证词和个人经历(第1节),以及猎户款待索塔德斯(Sotades,55–58节)和狄翁(2–10、64–80节)时形成的对照,则让叙事显得"真实可靠"。主人被罗马皇帝杀害后,猎户经受了诸多艰辛(12节),文中以现实主义的笔法,暗中提到或影射了季节性的迁移放牧(13节)、"交换经济"(69节)、欧波亚城市经济的腐败(34、38–39节),以及涅尔瓦及图拉真统治下盛行的永佃权(emphyteusis)(37节)。③ 荣誉敕令的条款(60–61节)得到了正式认可。④ 猎户几次都得以笑到最后(47–48、50、59、63–64节),他的天真无邪反射出一种更高的真理。

对猎户理想生活的展示带有一种心照不宣的讽刺和虚构,然而另一方面,这种理想生活以严肃的方式提出,并且锚定于现

---

① Donald Russell,《金嘴狄翁:演说辞7、12及36》,前揭,页8–9。
② Donald Russell,《金嘴狄翁:演说辞7、12及36》,前揭,页9。
③ Donald Russell,《金嘴狄翁:演说辞7、12及36》,前揭,页120–121。
④ Donald Russell,《金嘴狄翁:演说辞7、12及36》,前揭,页126。

实。因此,狄翁能够合理地建议把自给自足的原则引入城市生活(103节)。

在演说辞的后半部分,虽然狄翁向城市贫民提出的建议足够实际,但是,这些建议与柏拉图式方案的类似及未受承认的类似(107、110、113、118-122、125、130节),再次在理想和现实之间创造出了一种颇为相似的平衡。

因此,在整篇演说辞中,理想和现实之间的平衡、严肃和娱乐之间的平衡、道德绝对主义和对听众偏见的妥协之间的平衡,都得到精细的处理,以阐明一个既普遍又具体的信息。

(2)狄翁的哲学形象是犬儒学派(1、9、66、75、103节)、苏格拉底派(81、100)和柏拉图学派(1、102-103、124-126节)的混合,[①]其中相应地还掺杂了个人道德哲学朝着柏拉图式社会政治哲学前进的过程。作为犬儒学派或奥德修斯式的人物形象(1、3节),[②]狄翁本人就是流浪、受苦和贫穷的例证。

狄翁还暗示,自己"流浪的"生活和"流浪的"(哲学)演说(1、127节)之间形成了类比,狄翁的个人自传和演说辞交织在一起。演说还含蓄对比了狄翁自身的生活与猎户的生活和经历(4、9-10、32节)。因此,狄翁在81节的评论具有双重涵义:

> 我的整个叙述并非漫无目的,也不像有些人可能把我看成的那样,以为我只是想随意谈谈,相反,我要为自己一开始就过的生活[③]及穷人的生活方式树起一个榜样,一个我自己

[①] 基本上不是廊下派,尽管曾提到了克勒昂忒斯(102节)并受到廊下派的一般影响,参Brunt,《金嘴狄翁与廊下派的社会思想面相》,前揭。

[②] Donald Russell,《金嘴狄翁:演说辞7、12及36》,前揭,页8。

[③] ὑπεθέμην等同于:(1)"所提议的"(propounded);(2)"所从事的"(undertook)(参安多基德斯[Andoc.]6.19)。

已了解的榜样……①

这种榜样就在狄翁和猎户的生活之中。

另外,第81节也呼应了第1节的说法:

> 现在,我要详细叙述一些事,这些事都是我亲身经历的,并非道听途说。喋喋不休、不愿放弃自己想到的任何话题,这些特点不仅属于老人,很可能也是流浪者的特点。这大概是因为两者都拥有回忆时让人充满快乐的丰富经历。因此,我将描绘我在希腊腹地遇到的一些人,描绘他们的性格特征和**生活方式**。

这些呼应之处暗示作品开篇不仅没有迷失方向,② 还把第1至81节统一成一篇围绕狄翁的角色展开的有力的道德陈述,狄翁的角色既是观察者,也是贫穷的倡导者。

(3)日期、地点、对图拉真农业政策的反映,以及狄翁和图拉真之间的友情,似乎让《欧波亚演说》成为图拉真"回归土地"政策的一篇宣言。③ 不过这种解读并不符合狄翁对罗马堕落状况的猛烈攻击,不符合狄翁直率而愤世嫉俗的风格,也不符合与猎户的贫穷作比较时狄翁对帝国财富表现出的漠视(66节):

> 然而我了解富人、总督、君主及私人的家和餐桌,那时我觉

---

① 有双重的涵义,"知道"(know of)和"通过经历而了解"(know through experience),参65–66节。

② Donald Russell,《金嘴狄翁:演说辞7、12及36》,前揭,页109、132中讨论过。我想,欧里庇得斯的引言在第82节只是脱漏了,就如索福克勒斯的引言在102节中也脱漏了一样。

③ Desideri,《金嘴狄翁:一位罗马帝国中的希腊智识人》(*Dione di Prusa: un intellettuale Greco nell' impero romano*),Messina–Firenze,1978,页257注释28,及参考文献。

得他们是世上最可怜的人,即使他们以前就是如此。可如今,我的这种感觉更加强烈了,因为我目睹了卑微村民的贫穷和自由精神,①目睹了卑微的村民也不乏吃喝的乐趣,甚至可以说,在这些方面,他们拥有更多的乐趣。

演说的罗马背景,以及狄翁过去和现在与罗马皇帝的亲密关系,赋予这种情感以巨大的力量。狄翁可以满有权威地宣告贫穷和富裕的相对价值,宣告理想的乡村生活应当如何,宣告希腊当代乡村和城市的衰弱,以及宣告罗马城市生活的腐朽堕落,因为这些不同的情形狄翁都亲身经历过。

(4)诚然,对城市堕落的攻击有两个焦点(一般意义上的堕落和罗马的堕落),可狄翁尤其毫不妥协地谴责了罗马的奢靡之风。贫穷纯然好过富裕,性剥削令人作呕,文章没有赞美罗马这个城市的宏伟庄严,也没有承认罗马和平的好处(注意他很随意的用词"眼下一片和平"[49节])。而且,欧波亚糟糕的经济状况某种程度上也与罗马的无序隐秘联系起来(12节)。

在这篇保存状况差强人意而构思却十分精妙的演说中,狄翁让自己看上去像一个道德权威,他攻击当代城市的衰败和堕落,尤其是罗马的堕落,并提供了一些切实可行的解决方法。这篇演说辞与狄翁在第13篇演说辞中的声明保持了连贯性。后者发表于雅典,在演说中,狄翁告诉罗马人,真正的快乐来自践行德性,而不是来自从全世界搜刮奢华之物,罗马人越贫穷、越自给自足,他们和他们的属民就会越幸福(31–37节)。我们同样可以料想得到,猛烈攻击城市奢靡之风的第79篇演说辞似乎设想的就是罗马,并应发表于罗

---

① 希腊人和罗马人都害怕财富带来的腐蚀性影响。他们相信,贫穷,毋宁说简陋的环境,与自由的精神同行。

马,这篇演说辞还提到了"我们在罗马"。①

二

在《奥林匹亚演说辞》的长篇序言中(1—16节),智术师们就像那只美丽、自负而缺乏头脑的孔雀,而狄翁则像那只猫头鹰。那猫头鹰表面上并不比别人高明,可人群却簇拥着它。它没有辩才,只是个抱怨者,它因为邋遢而受人讥笑,同时却又受到钦佩。它是神的使者和智慧的传播者,是直到为时已晚时还不断向人们提出警告的警示者,是哲学和古代智慧的化身。多重反讽显而易见,刚刚结束流亡生涯的狄翁,在希腊的文化宗教中心发表了这次成功的复出演说,②狄翁在其中于道德和哲学方面提出的主张宏伟得无以复加。

对照自己的"流浪"生活和"流浪"演说时(16节),狄翁介绍自己最近参观了准备与达契亚人(Dacian)开战的罗马军队的情景(16—20节)。在此处,狄翁是否"流浪"到主题之外了呢?

提及达契亚人古时和现代的名字(16节),是为了暗示达契亚人历史悠久,与罗马人形成含蓄的对比。狄翁本人也披着犬儒主义的外衣——"流浪者","孑然一身","手无寸铁"而温顺地混迹于全副武装的人间,面对身体攻击"不畏惧",还能"安然无恙",并且他是军事"奇观"的"目击者"(16—20节,参演说辞6.60—62)。

狄翁渴望"看见男人为帝国和权力而奋斗,其他人则为自由和祖国而奋斗"(20节)。从犬儒主义的角度看,"帝国和权力"是错误

---

① 拙文,《金嘴狄翁:流放,塔尔苏斯,尼禄与多米提安》("Dio Chrysostom: Exile, Tarsus, Nero and Domitian"),载于 LCM 8(1983)。

② 我相信演说年代应是公元97年——恕我无法苟同Donald Russell,《金嘴狄翁:演说辞7、12及36》,前揭,页16、17的观点,不过在此处不便展开讨论。

的价值观,"自由"才是正确的价值观。其他细节强化了这一理解:演说影射了"只用舌头加入祈祷队伍"的庆贺大使,还有狄翁非同寻常的情感——对皇帝的亲密感(17节);罗马军队没有闲暇(19节)来听演说(诚然,"闲暇"在道德上模棱两可,但狄翁现在的听众的确有闲暇听演说,这也理所应当,穆索尼乌斯的学生甚至要求军队必须腾出闲暇)。① 还有以下陈述:奥林匹亚和宙斯的"历史"是神圣之物,它们比达契亚战争和达契亚的历史更优秀、更有益、更悠久和更伟大,不管后者在人类的平原上有多么伟大(20—21节)。

最后我们想起,在伊索寓言中,古代猫头鹰的智慧由一些警示构成,这些警示关乎诱捕和杀死飞鸟的方法(7—8节)——如果希腊人是飞鸟,那么罗马人是什么呢?

在狄翁关于天意安排之宇宙这一宏大主题的引言中(23—24节),这些思想被保留下来:和平诗人赫西俄德优于战争诗人荷马,在第16—20节之后,听众或许可以在赫西俄德对万能宙斯的颂歌中(《劳作与时日》行5—7:"宙斯轻而易举就让人变强大,又轻而易举就让强大的人变消沉"等等)听到罗马降卑的可能性(参演说辞13.34:"罗马的伟大之处并非牢不可破")。

狄翁构建了不同等级的"奇观"。摒弃了罗马军队的"奇观"后,狄翁开始通过对比菲迪亚斯(Phidias)伟大的雕塑"奇观",来贬损比赛中的"奇观"(25节)。宙斯是宇宙乃至整个人类——包括希腊人和蛮夷(27节)——的统治者,这一观念绝非要为罗马世界帝国② 提供一个属天的范例,而是要唤起一种更高的真实(higher

---

① 参塔西佗《历史》3.81;拙文,《金嘴狄翁的王政演说》,载 *PLLS* 6(1990),页373注释130。[译按]此文中译亦收录于本书,参见前文。

② Desideri,《金嘴狄翁:一位罗马帝国中的希腊智识人》,前揭,页331;Donald Russell,《金嘴狄翁:演说辞7、12及36》,前揭,页14。

reality),这个更高的真实在等级上远高于罗马帝国。

狄翁确定,真正的智慧存在于古人之中,存在于与神最亲近且能很快响应天上"奇观"的初民之中(27–28节)。目前他们在尘世的代表就是狄翁这位"古时"的哲人,而不是军人。① 此外,狄翁将神被伊壁鸠鲁派逐出世界比作不幸之人被放逐到荒岛(37节),这个比喻让人回想起罗马皇帝残酷无情的权力,而引入菲迪亚斯的"比赛"或试炼(49–50节),则强调了罗马和达契亚之间的"比赛"无关紧要。菲迪亚斯极力证明,那是有史以来最伟大的"比赛",因为这场比赛并非关乎帝国或军事资源,而是关乎宙斯对整个宇宙的统治以及菲迪亚斯本人是否酷似宙斯(53节)。菲迪亚斯坚称,与荷马的神不一样,自己的神是和平之神(73节)。因此,达契亚插曲并没有"游离"真正的演说之外,而是树立了一面镜子,镜子本身及演说余下部分折射出罗马的尚武精神。

就如《欧波亚演说》和《波律斯特涅斯,或在故国的演说》一样,《奥林匹亚演说辞》包含一些孤立来看似乎在恭维罗马的成分。因此,也如在《欧波亚演说》中一样,演说暗示到希腊的和平状态(处于休战期的公元5世纪的希腊形式上涵盖了这些比赛):

> 我们的神爱好和平,总的来说温和仁慈,正适合管理没有党派纷争且一片和谐的希腊。(74节)②

然而,达契亚这面"镜子"阻止了当代对具有攻击性的帝国主义力量的恭维。就如在结尾处一样,在此处,是希腊人而非罗马人

---

① Donald Russell,《金嘴狄翁:演说辞7、12及36》,前揭,页18和194正确地强调指出,"哲人"是作为神的第四个且最伟大的解读者,突然且不成熟地介入进来(47–48节):我相信,重点是他正在做演说。

② Donald Russell,《金嘴狄翁:演说辞7、12及36》,前揭,页206。

行得正坐得直。类似地,列举和解释宙斯的头衔(74-77节)可能被用来强化宙斯和皇帝之间的联系,就如狄翁在图拉真面前所做的一样(第一篇王政演说,37-41节),但是在这里,达契亚部分中的"镜子"以及直接语境——在这里,菲迪亚斯再次摒弃了宙斯好战的一面(78-79节)——都排除了如此对照的可能性。

演说以戏剧性的一幕结束(85节),它见证了雕塑家菲迪亚斯、演说家狄翁以及哲学和宗教解经家身上同样展示出来的模仿的力量:宙斯的雕像似乎充满善意和关心地看着爱利亚人(Eleans)和整个希腊,向他们说话。希腊本身成了演说最后的"奇观"。宙斯祝贺希腊人想尽一切办法供奉了宏大的祭品,祝贺希腊人从一开始就支持奥林匹克运动会,祝贺希腊人保留了古传的节日和神话,之后引用奥德修斯对父亲拉埃尔特斯(Laertes)说的一番话(《奥德赛》24.249-250),表达了自己对希腊的忧虑。奥德修斯在祝贺拉厄耳忒斯精心照料了自己的果园之后,说道:

> 您自己没有得到很好的照顾,您要忍受悲惨的暮年,您邋里邋遢的,衣着也很不合体。

这个突兀而悲观的结论暗示了什么?显而易见,拉厄耳忒斯象征着古老的希腊,而上面的结尾作为对如今希腊悲惨境遇的哀悼,应验了狄翁对猫头鹰之歌的描述,他说那歌是"哀恸的"(第1节)。毋庸置疑,演说也在暗指狄翁本人,① 狄翁已值暮年,就像拉厄耳忒斯及希腊一样,邋里邋遢,而且是希腊哲学和宗教价值观的化身。

---

① Reiske,《金嘴狄翁演说辞》(Leipzig,1784),卷一,页418注释34;Geel,《奥林匹亚演说辞》,Leiden,1840,页122-123。让 Δia [神]说话的正是 $\Delta i\omega\nu$ [狄翁];关于名字的重要联想可以参王政演说4.27;如此之类的角色混淆不会造成什么问题;拙著,《金嘴狄翁的王政演说》,前揭,页328。

狄翁评论菲迪亚斯隐秘地描绘自己以及伯里克勒斯谈论雅典之盾时,已经预示了这样的讽喻方式(第6节)。

不过,还存在另一个讽刺性的点。① 奥德修斯接着说,不是因为拉厄忒斯懒惰才使主人不照顾他,而是因为他是个奴隶(24.257)。因此,希腊并非因为自己的错误而受苦,而是因为她的主人罗马把她当作奴隶。达契亚部分的整体性再次表现出来:在罗马的统治下,希腊没有自由。提及狄翁本人时也传达出对罗马的批判,狄翁流亡(参37节)就是无情的多米提安所赐。

把《奥林匹亚演说辞》描述成抨击罗马帝国主义的篇章,将会削弱这篇内容丰富、意义深远的演说,尽管如此,我们仍然必须把批判罗马融入整体解读之中。狄翁是在告诉希腊人,希腊的文化和宗教比罗马帝国更重要,神对宇宙的永恒治理比起那个短暂的帝国乃是更大的现实。另外,希腊的衰落在很大程度上是罗马的错。

狄翁还提出,神的治理才是全人类,包括希腊人和蛮夷(逻辑上还应包括罗马人)内心深处的精神安慰和快乐的源泉。希腊诗人、艺术家和哲人(在这种情况下自然是狄翁本人)曾是十分完美的神性代表,而罗马的暴政正在让当代希腊受苦,这是不争的事实。

三

罗素和斯科菲尔德(Malcolm Schofield)的精彩解读② 展示了《波律斯特涅斯演说》的复杂和精妙之处,明确了理解上的困难,并

---

① Simon Swain 即将付梓的著作《从普鲁塔克到斐洛斯特拉图斯》(*From Plutarch to Philostratus*)单独讨论过这个观点。

② Malcolm Schofield,《廊下派的城邦观》(*The Stoic Idea of the City*),Cambridge,1991,页57–92。

提出了让人信服的解决方案。不过,要说的还有很多。

正如在《奥林匹亚演说辞》中一样,这篇演说关注的焦点之一还是希腊性(Greekness),但城市贫瘠、危险而衰败的状态让关注显得特别有一种犀利之感。正如在《欧波亚演说》和《奥林匹亚演说辞》中一样,演说者的叙述为听众提供了一面镜子,此处的听众是普鲁萨人。也正如《欧波亚演说》一样,此演说辞是现实性和文学性、严肃和幽默的混合体。从历史角度看,狄翁提到的许多地貌特征似乎很准确,但他的描述还是受到了文学叙述的影响,尤其是受到了希罗多德的影响。① 而且,尽管关于狄翁在波律斯特涅斯所作所为的信息似乎很详实,可是,故事和地貌特征的一些细节却让人不禁想起了柏拉图的《斐德若》。②

另外,狄翁极大地夸大了波律斯特涅斯人可怜的希腊语、他们对希腊文化和哲学的忽略,以及他们与罗马人的接触之少。③ 这种夸大的效果之一必定是,世故的普鲁萨人会被逗乐(参《欧波亚演说》)。

初步描述了这个地方之后,我们了解到,蛮夷、波律斯特涅斯人和斯基泰人会到同一个矿井买盐(第3节)。尽管波律斯特涅斯人曾频繁受到蛮夷的攻击(这里没有罗马式的和平),④ 且十分不幸地被占领,可是此后,波律斯特涅斯还是在斯基泰人的帮助下得到重建,以便维持希腊人和蛮夷之间的贸易往来。

波律斯特涅斯与黑海地区的大多数城镇形成了对照,这些城

---

① Donald Russell,《金嘴狄翁:演说辞7、12及36》,前揭,页22、212。
② Trapp,《公元2世纪希腊文学中的柏拉图〈斐德若〉》,前揭。
③ C. P. Jones,《金嘴狄翁的罗马世界》,前揭,页63。
④ 我们不清楚在狄翁的时代,奥勒比亚(Olbia)是否被占领(Donald Russell,《金嘴狄翁:演说辞7、12及36》,前揭,页220)。如果是,狄翁的沉默不提就很意味深长。

镇的命运是"希腊世界散布在许多地方"(第5节)这一说法的例证。老城已经被肢解,"因此,你猜不出,这些保存下来的塔楼曾经属于同一个城市",在这些神圣的地方,没有一座雕塑免于遭到破坏(第6节)。

故事中提到两个波律斯特涅斯人,首先出场的那个彬彬有礼,但他和普通的波律斯特涅斯人一样,穿着蛮夷的服饰。他的名字卡里斯特拉图斯(Callistratus)暗示了他是个优秀的战士。他对雄辩术和哲学都很感兴趣,想当狄翁的学生,和狄翁一起扬帆远航。卡里斯特拉图斯卓越的军事才能和风度翩翩的"伊奥尼亚"外貌为他引来了许多爱人。波律斯特涅斯人至少在同性恋方面保留了祖先的传统,他们很可能吸引蛮夷中一些人归附他们,致使这种习俗沾染了蛮夷的低贱(第7-8节)。

尽管一贯对同性恋充满敌意,可是在此处,狄翁显然没有敌意(否则,这一习俗就无所谓被贬低),相反,他还强化了对话的柏拉图特征。卡里斯特拉图斯是荷马爱好者,[①]波律斯特涅斯人通常都是如此,他们尚武,热爱阿基琉斯。尽管波律斯特涅斯人因被蛮夷围绕而不再能清楚地讲希腊语,可是他们几乎都会背诵《伊利亚特》(第9节)。

这些细节把战争、同性恋、热爱荷马和阿基琉斯联系在一起,创造了一个具有希腊性的形象,在很大程度上类似于亚历山大倡导的形象,同时也暗示出这种形象与热爱智慧之间有一种紧张。[②]

[①] 想必也是"爱腿者":关于诸如此类的戏剧参塔提乌斯的阿基里斯(Achilles Tatius)《留基伯与克立托丰行迹》8.9.3;《希腊文选》(Anthology Palatine)卷11,218(Crates辑本)。

[②] 第二篇王政演说提供了有趣的对比:拙文,《金嘴狄翁的王政演说》,前揭,页339。

狄翁试图让卡里斯特拉图斯对格言诗人福基尼德感兴趣,而不是对荷马感兴趣(第10节)。这个工作极具挑战性,也有几层意涵:狄翁本人将扮演具有煽动性的苏格拉底角色;作为柏拉图式的被爱欲者(ἐρωμένος)和狄翁未来的学生,卡里斯特拉图斯拥有优秀的哲学潜质;像阿基琉斯一样,荷马是一个好战的典范(导致了哲学上的"盲目");在培养公民德性方面,福基尼德更在行;狄翁最后开始讨论一种哲学风格,这种哲学风格类似于福基尼德严肃的诗歌风格(也就是廊下派风格)。

对希腊偶像荷马的相对贬低说明,在狄翁———一位希腊文化的监护人——看来,为了特殊的道德和实践需求,希腊教化中的要素可以通过某种方式加以调和。①

狄翁把抽样检查福基尼德的诗歌与抽样检查商人的器皿加以类比(11节),暗示不一定只有希腊人才拥有德性(狄翁本人曾计划去走访盖塔人,第1节)。福基尼德的诗歌表明,一个地理位置凶险的小城(例如波律斯特涅斯),甚至比一个接受荒唐而无法无天的统治的大城邦更像一个真正的城邦(13节,参《欧波亚演说》和第13篇演说辞)。狄翁又在荷马问题上安抚了卡里斯特拉图斯,接着,他们与一大群波律斯特涅斯人来到城内,这与前一天出逃的斯基泰人相反(很显然,他们不是真正的"城里"人[14-16节])。

波律斯特涅斯人的希腊风尚,以及他们倾听狄翁时的热情,更加突出了他们的哲学潜质,即便他们仍然全副武装。集会地点也象征性地在安排在宙斯神庙。座位安排反映出波律斯特涅斯人尊敬长者,看到如此多古风的长发美髯希腊人(狄翁戏谑地暗示自己并非如此),哲人必定十分高兴。希腊性和哲学紧密地联系在一

---

① 类似出现在第二篇王政演说(参拙文,《金嘴狄翁的王政演说》,前揭,页339)和第18篇演说辞(为一个不知名希腊政治家列的阅读书目)。

起。人群中只有一人的胡子刮得很干净,他想以此讨好罗马人,宣告自己和罗马人关系友好,他理所当然地受到了众人的嘲笑与憎恶(17节)。

自命不凡的普鲁萨听众们先入为主的偏见此刻受到了挑战。因为普鲁萨与罗马的关系要比波律斯特涅斯与罗马的关系亲近得多,狄翁本人也常常提及自己和罗马人的友谊,其中包括皇帝(例如演说辞40.5,40.13–15,43.11,44.6,44.12,45.2)。

这里的要旨必定是,尽管与罗马人处好关系或许是必要的,但至关重要的是不可在自身文化的希腊性上让步——很显然,狄翁本人就没有这么做;也不可折了气节,狄翁声称自己就不曾那么做。就如那段达契亚插曲和《波律斯特涅斯,或在故国的演说》结尾一样,这段文字表明,狄翁在有些场合直接流露出对罗马帝国主义和罗马文化入侵的敌视。这段文字也揭示出,狄翁夸大波律斯特涅斯人的朴实和文化上的贫乏,有另一个目的:定义希腊性的精髓。尽管波律斯特涅斯人有缺点,可此处他们在道德上优于普鲁萨人。

强调了这个城市的古风和希腊特色后,狄翁开始转入苏格拉底式风格,他坚持认为正确的定义很重要。缺乏这个能力的人无异于蛮夷(18–19节),真正的希腊性包含了哲学才能。廊下派把城市定义为,一群人居住在同一个地方,受法律统治(在那里,"人"等于"具有理性的凡人"),根据这个定义,尘世以前没有、将来也不可能有一个城市:只有神的共同体才配得上这个名。然而,狄翁认为,还是值得区分一下好例子(由好人统治)和完全堕落的例子(20–21节)。从中解读出对罗马帝国、对涅尔瓦或图拉真统治的恭维之词的解读者,并不需要因这个部分不安。[①] 虽然狄翁不可能

---

① Desideri,《金嘴狄翁:一位罗马帝国中的希腊知识人》,前揭,页318、321–322; Donald Russell,《金嘴狄翁:演说辞7、12及36》,前揭,页23。

全心全意地赞美帝国,但他仍然可能有所保留地给它以赞美。然而,提到那个无人理睬、刮了胡子的波律斯特涅斯人,则否定了这种解读。

狄翁渴望讨论优秀的共同体(23-24节),那就是说,用柏拉图《王制》中的传统进行哲学探讨,然而,这种渴望因为黑诺森(Hieroson)的介入而转向了阐述神的城邦和政体。这段阐述位于演说最后,占了很长篇幅。

黑诺森是不是放弃了强硬的政治思想,而转向了态度暧昧的抽象?[1] 恰恰相反——黑诺森年老德馨,谦逊有礼,为人坦率,他意识到希腊性(和狄翁一样,在一定程度上他用道德术语定义它)的问题,意识到狄翁的神圣角色,他喜欢柏拉图(比广泛意义上喜欢荷马又进了一步),他的渴望就好像眼睛几乎失明的人却还想抬头看看太阳一样,他的名字("神圣之物的保护人")、他和伙伴们即将聆听神性政体时的激动心情(24-26节),以及以上所有因素,都使得黑诺森的插入合情合理。我们已经从"好战士"卡里斯特拉图斯转向"神圣之物的保护人"黑诺森,从战争转向和平,从关心城邦转向关心保护最近被忽略的神圣之物(第6节)。《奥林匹亚演说辞》也呈现了相同的进程及基本的关注点。黑诺森要求狄翁讨论神的城邦,而不是讨论凡间的城邦(27节),重申二者之别似乎排除了任何影射罗马的嫌疑。

狄翁的阐述将混合廊下派思想(狄翁自己的信条,不过对听众而言很难理解)和柏拉图主义(更适合波律斯特涅斯人,因为有少数人读过柏拉图的作品,而且柏拉图和荷马有一些相似之处),而且狄翁的阐述具有柏拉图式的庄严(28-29节)。虽说学说和风格的混合反映了狄翁和内部听众各自的品味,但这种混合必定也会吸引狄

---

[1] Malcolm Schofield,《廊下派的城邦观念》,前揭,页63。

翁的普鲁萨听众或其他听众。廊下派式的阐述只能说服那些本身就是廊下派或容易被廊下派影响的人,然而,廊下派立场和柏拉图立场的和谐统一,不管多么勉强,①却必然会吸引更大范围的听众,尤其是考虑到柏拉图式的阐述具有极大的吸引力。

狄翁起初宣称,廊下派并没有从字面上把宇宙定义成一个城邦,而只是把宇宙如今的布局比作一个城邦,而且,廊下派学说的目标是让人类和神实现和谐统一(29-31节)。这个宣称似乎再次表明了罗马帝国和宇宙融为一体的可能性,尤其是狄翁声明,"城邦"这一术语只适用于一个真正意义上的王国——它由宙斯的王政示范出来。②讨论了诗人可以提供与宗教思想相关的部分深刻见解后,狄翁重申了"哲人的解说",按照这一解说,神和人之间存在友情,这种友情为那些拥有理性的人也分配公民身份(32-38节)。

接下来,狄翁开始讨论"波斯祭司在神秘仪式上哼唱的让人惊异的神话"(39节),波斯祭司是从琐罗亚斯德那儿学到了这个神话。这个神话与宇宙的组织形式以及宇宙周期性大火和重生有关。狄翁说(42节),波斯祭司非常固执地声明自己的神话的真实性,而希腊诗人也努力说服自己的听众。在主题展开的一个关键之处,狄翁优雅地向听众致歉:

> 接下来关于马和驾驶马车的内容,我羞于用波斯祭司的陈述方式讲述,因为当波斯祭司呈现画面时,他们并不关心各方面的连贯性。实际上,倘若我要在高雅、充满魅力的希腊叙事诗之后吟诵一首蛮夷的叙事诗(就是"宇宙的城市"部分),那

---

① Malcolm Schofield,《廊下派的城邦观念》,前揭,页88关于31-32节的论述。
② Desideri,《金嘴狄翁:一位罗马帝国中的希腊智识人》,前揭,页322; Donald Russell,《金嘴狄翁:演说辞7、12及36》,前揭,页228。

很可能会使我显得有些荒诞不经(字面意义为"不太得体"),不过我必须斗胆这么做。

狄翁最后对普鲁萨听众说的话,是在为他象征意义上的"飞翔"找借口,这借口就是波律斯特涅斯人坚持要他给他们讲(61节)。

希腊性和蛮夷性(barbarian-ness)的问题再次强行闯入。显而易见,狄翁的目的是让两地的听众来思考。不过狄翁想要达到什么效果呢?

有两个基本的解读原则。(1)这个神话虽然拥有密特拉教(Mithraic)的外表,主旨却是彻彻底底的廊下派思想,其中有些虚构的部分(战车和马)来自柏拉图的《斐德若》,有些来自廊下派背景。① (2)我们会料想狄翁赞成这个主旨。正如狄翁在《波律斯特涅斯,或在故国的演说》中(29节)强调的那样,自己的哲学立场大体属于廊下派,在第40篇演说辞35—41节,狄翁也谈过类似的东西。在此处狄翁论述的长度、力度和辩才,从某种程度上暗示了狄翁的态度差不多是赞同,而且,狄翁最后声称,自己的论述不是一则"神话"而是一段"叙述"(account)(60—61节),这使得第38至39节的区分变得模糊不清。

那么,狄翁为什么要强调神话具有"蛮夷的"和"不得体"的特点,强调波斯祭司在肯定地宣称其神话时如此"固执"——尽管这些神话中明显包含着不准确的想象,尽管这种强调必定需要详加辩护?狄翁是不是在严肃地暗示,真正的希腊"歌曲"不仅富有魅力,而且庄重、理性(43节),据此狄翁还对波律斯特涅斯人非理性的蛮

---

① Donald Russell,《金嘴狄翁:演说辞7、12及36》,前揭,页22。

夷化倾向提出了有益的警示？①

这种解读无法解释，狄翁为何默许了黑诺森了解神的城邦的渴望，无法解释狄翁为何把本质是廊下派或柏拉图式的东西打扮成"密特拉"式的，也无法解释狄翁本人为何会自然地认同诸如此类的东西这一事实。

某种程度上，狄翁强调神话的古怪，反映了狄翁对整个关于"神的城邦"的这段材料的立场，这段材料既反讽地否定也反讽地确证了狄翁有能力攀上柏拉图和荷马的高度（29节）。某种程度上，在"神的城邦"这段材料中，这种强调按照惯例区分了"解说"（38节）的理性主义和"神话"（39节）的晦暗不明。这再次反映了狄翁的双重动机：既求助于廊下派素材，又求助于柏拉图式的素材；"解说"属于廊下派的"更准确的哲学"（26节），"神话"则利用了"柏拉图的自由风格"（27节），细节上必然不如廊下派。求助于波斯祭司的权威也是柏拉图式的行为（《阿尔喀比亚德》122a；《阿基俄库斯》371a）。

然而，这些因素不能完全解释，为什么狄翁把不是密特拉的东西描绘成密特拉式的，事实上那段材料跟第29至38节那段风格截然不同的"解说"一样，完全是廊下派式的。这些因素也不能解释，为什么狄翁要如此着重强调神话的古怪之处。

其中一个因素与波律斯特涅斯人的状况有关，波律斯特涅斯人是被蛮夷包围的准希腊人。波律斯特涅斯人听到了一个关于神的城邦的廊下派式的解说，又听到了基本属于廊下派式的神话，不过这个神话据称是"密特拉"式的、蛮夷的和"不得体"的，与希腊传统相悖（40–42、48–49节）。这个神话的关切再严肃不过了——它关切宇宙的构造以及宇宙的连续毁灭和重生。它的适用性也已

---

① Donald Russell,《金嘴狄翁：演说辞7、12及36》，前揭，页23。

再普遍不过——这则神话在任何时候都适用于所有人,无论哪个种族。

狄翁似乎要说,德性,以及对众神和宇宙的真正理解,有可能在意想不到的"地方"找到:正如在《奥林匹亚演说辞》中一样,希腊思想受到特别的尊重,但别族的人也可能对理解宇宙的最高真理有贡献——甚至伊朗人也是如此,频繁与波律斯特涅斯人作战的萨尔马提亚人(Sauromatian或Sarmatian)就是他们的代表(第3、8节)。

演说辞中特别指出,狄翁讲述"波斯祭司"神话,是为了回应黑诺森。黑诺森的观察(25节)与狄翁相反,即来波律斯特涅斯的人名义上是希腊人,而实际上比波律斯特涅斯人更近于蛮夷,波律斯特涅斯人与他们交换低劣的货物,刚好呼应了狄翁前面关于货物的比喻(11节,参第5节)。狄翁承认来自各地的货物可能拥有高品质,而黑诺森则认为蛮夷的货物不可能拥有高品质。另外,黑诺森为自己要求狄翁进行柏拉图式的阐述而道歉,因为"一个说蛮夷话的人却喜欢最希腊化的作家,这或许有些'不太得体'"(26节)。①

狄翁为他将要讲一段"不太得体"的波斯祭司式的东西表示歉疚,他的致歉与黑诺森相反方向的偏见相映成趣。作为致歉,它称许黑诺森想听无可挑剔的希腊式东西的请求。但是,狄翁为黑诺森提供了形式上非希腊的东西,但这段非希腊的东西实际上并不是非希腊的。相应地,形式上非希腊式的东西带来的修辞效果也没有被抹杀,而这对波律斯特涅斯人来说尤其如此,他们无法参透哲学的伪装。

对波律斯特涅斯人来说,接受被伊朗敌人的教导包装起来的、关于宇宙的最高真理,这既令人不安,又有教益。或许我们会想起,

---

① 关于这句话请看 Donald Russell,《金嘴狄翁:演说辞7、12及36》,前揭,页224–225。

狄翁计划拜访盖塔人，就如在《奥林匹亚演说辞》中一样，在此处盖塔人并不可鄙，也许他们代表了"异域智慧，"这种智慧或许可以让极尽努力做希腊人的希腊人从中受益。希腊性不只是语言和文化，还包括德性。

其他因素与狄翁的外部听众，或者大众听众有关。就如在《欧波亚演说》和《奥林匹亚演说辞》中一样，这篇演说的效果之一就是支持了狄翁关于自己是位哲人，也是希腊性之化身的声明。不过，有关哲学学说的问题仍然存在。在狄翁的时代，不仅非廊下派，甚至连某些廊下派人士也排斥宇宙循环毁灭和重生的学说，① 因此，阐述这样的素材时，刻意利用反讽与之保持距离似乎是非常合适的修辞策略。

普鲁萨人会如何来理解这段"波斯祭司式"的东西呢？正如狄翁给了波律斯特涅斯人"伊朗"神话，让他们因此受到种族方面的挑战一样，普鲁萨人也会受到种族方面的挑战（尽管有些不同）。普鲁萨人大概希望旅行归来的狄翁能讲些异域故事，结果，狄翁创作得如此灿烂耀眼的异域素材居然是希腊式的。② 效果让人不安，但显然也讨人喜欢。希腊价值似乎得到了认可，然后当狄翁不理会标准的希腊素材而转向东方智慧时，普鲁萨人会感到自己比轻信的波律斯特涅斯人高明。但素材出人意料的表现方式和先前对普鲁萨人自尊造成的猛击，必定动摇了普鲁萨人的自我满足感。即使对普鲁萨人来说，神话的"蛮夷式"表现方式也具有修辞影响。

神话混杂的特征似乎在暗示，共同居于宇宙中的希腊人和蛮夷之间，存在着最终的和谐。在此，波律斯特涅斯人再次为普鲁萨人和其他希腊人提供了一个模棱两可的范例：在某些方面，波律斯

---

① Rist,《廊下派哲学》(*Stoic Philosophy*), Cambridge, 1969, 页175-176、202。

② Donald Russell,《金嘴狄翁：演说辞7、12及36》,前揭,页232。

特涅斯人的蛮夷状态阻碍他们成为真正的希腊人,然而在其他方面,他们的这种蛮夷状态又为希腊人和蛮夷的终极融合勾画出了轮廓——他们共同生活在神这位君王统治下的宇宙城邦。①

罗马人怎么样呢?正如在《奥林匹亚演说辞》中一样,提到罗马人就已把罗马人带入了解读的框架之中。没有任何迹象暗示宇宙城邦为罗马帝国提供了一个范例。虽然把宇宙之王宙斯和皇帝进行类比在理论上总是可行的——我们看到,狄翁向图拉真演说时就使用了这个类比——但在此处,对那唯一剃了胡子的人的尖锐批评,却否定了类比的可能性,它履行了"排斥"功能,类似于《奥林匹亚演说辞》中达契亚部分的功能。

有人试图把宇宙的"新生"比作涅尔瓦和图拉真②统治下获得重生的罗马帝国,这种尝试也因狄翁坚称新生的宇宙比"其现在的样子要光芒万丈得多"(58节)而遭遇失败。毋宁说,宇宙这种周期性的重生是神圣天意的一种基本表现形式。在使宇宙获得重生并扩张之前,"垂直"的天火覆盖了尽可能广阔的"地方"(53节),因此,最终重要的"地方"不是波律斯特涅斯或者普鲁萨,不是希腊世界(第5节)和巴巴里(Barbary)[译注:埃及以西的北非伊斯兰地区],也不是罗马帝国,而是宇宙的"地方"。

狄翁对重生一幕(55—57节)进行了冗长而明显带有性意味的描写,这对整个演说来说必不可少。波律斯特涅尼斯人的同性恋状况,还有他们期待狄翁讲话时的"性兴奋"(26节),代表着他们努力朝向真实而神圣的爱——不管这样的努力还多么不完全。这爱是宇宙的核心(柏拉图的"爱的阶梯"与此也有关联)。

---

① 根据狄翁对廊下派神学的解读,"神"是一个恰如其分的术语:Donald Russell,《金嘴狄翁:演说辞7、12及36》,前揭,页14—15。

② Donald Russell,《金嘴狄翁:演说辞7、12及36》,前揭,页23、233。

正如在《奥林匹亚演说辞》中一样，关于宇宙的诸般运行，狄翁为听众提供了精彩的廊下派式的思考，他的目的不是为了调解听众与罗马帝国的关系，而是为了让听众拥有更高的视野。无论在时间还是在空间上，这样的视野都睥睨、超越了那个帝国，但它却可以为真正的希腊性的体现提供一个背景和标准，因为最接近于理解神性的就是希腊思想家。

希腊性不能排外，因为希腊人可以从蛮夷的智慧中受益，而且我们都是神之子（参《欧波亚演说》，138节）。这种视野既是"理应如此"，也是最终"将会如此"的东西，处理种族身份和种族冲突的正道，就在于效仿宇宙的和谐。态度和行为方面的必要调整会自然根据环境发生变化：被罗马人围困的普鲁萨人必须停止向罗马人谄媚，被蛮夷围困的波律斯特涅斯人也应该保存、深化并以某种方式重新定义自己的希腊性，但同时也应当对蛮夷的宗教思想持更加接纳的态度。

就如在《奥林匹亚演说辞》中一样，狄翁并非纯然"反罗马"，他也不可能如此，因为在宇宙城邦中，罗马人必然是希腊人（及其他任何人）的（潜在）同胞。狄翁鲜明抵制的是罗马帝国的普世化主张，无论罗马帝国自称是宇宙城邦在世间的示例，还是它对希腊式生活方式的侵犯（17节）。狄翁对廊下派的世界大同主义（cosmopolitanism）进行了温和而人道的解读，这种解读表明廊下派关切希腊文化的完整性，开放地对待蛮夷智慧，同时也深刻意识到人与人之间、人类与神明之间深刻的亲缘关系。

这是一篇美好、高贵，同时也极其精妙的演说。罗素是对的，他在《奥林匹亚演说辞》和《波律斯特涅斯，或在故国的演说》中认识到了这种"崇高"。和狄翁生活在同一时代的伟大的朗吉弩斯（Longinus）[1]

---

[1] Donald Russell，《金嘴狄翁：演说辞7、12及36》，前揭，页2-3。

就曾悲叹过,这种"崇高""广阔地处于匮乏之中"。

四

我们一致同意,狄翁常根据听众调整自己的信息。狄翁可以在希腊人面前批判罗马帝国(《奥林匹亚演说辞》和《波律斯特涅斯,或在故国的演说》),而对罗马人(《欧波亚演说》)和图拉真(第1至4篇王政演说)[①]来说,狄翁则是自己人,他给出的忠告和警示都很诚恳。这是一个道德主义的实践问题,不是前后不一。

但我相信,在某些方面,狄翁也是一个可怕的骗子。[②]因此,狄翁把自我投射为道德和哲学之典范是一种双刃剑式的策略,即使反讽和机智常常让这把双刃剑变温和了,他仍然因此常常遭到甚至主动惹来同时代人的抵制。然而,用罗素充满人性的话说,狄翁也是,有时甚至同时是"一个让人信服的、诚挚而充满魅力的道德家"。[③]

这三篇演说辞之所以伟大,就是因为它们结合了以下三个要素:文学上的优秀,道德上的深刻严肃,以及对如何在罗马帝国做希腊人这一问题的深切投入。

---

① 在此处我信任拙文,《金嘴狄翁的王政演说》,前揭。
② 拙文,《金嘴狄翁的事业及其转向》("The Career and Conversion of Dio Chrysostom"),载于 *JHS* 98(1978),页79–100。
③ 参 Donald Russell,《金嘴狄翁:演说辞7、12及36》,前揭,以及 Winterbottom,《老塞涅卡》(*The Elder Seneca*),洛布版两卷本(1972),页504。

图书在版编目（CIP）数据

论王政/(古罗马)金嘴狄翁著；王伊林译；戴晓光校. --北京：华夏出版社，2019.7

（西方传统：经典与解释）

ISBN 978-7-5080-9748-0

Ⅰ.①论… Ⅱ.①金… ②王… ③戴… Ⅲ.①政治制度—文集 Ⅳ.①D034-53

中国版本图书馆CIP数据核字(2019)第075396号

论王政

作　　者	[古罗马]金嘴狄翁
译　　者	王伊林
责任编辑	李安琴
责任印制	刘　洋
出版发行	华夏出版社
经　　销	新华书店
印　　装	北京汇林印务有限公司
版　　次	2019年7月北京第1版
	2019年7月北京第1次印刷
开　　本	880×1230　1/32
印　　张	12
字　　数	244千字
定　　价	88.00元

华夏出版社　地址：北京市东直门外香河园北里4号　邮编：100028
网址：www.hxph.com.cn　电话：(010)64663331(转)
若发现本版图书有印装质量问题，请与我社营销中心联系调换。

西方传统：经典与解释
Classici et Commentarii
HERMES
刘小枫 ○ 主编

古今丛编

克尔凯郭尔　[美]江思图 著
货币哲学　[德]西美尔 著
孟德斯鸠的自由主义哲学　[美]潘戈 著
莫尔及其乌托邦　[德]考茨基 著
试论古今革命　[法]夏多布里昂 著
但丁：皈依的诗学　[美]弗里切罗 著
在西方的目光下　[英]康拉德 著
大学与博雅教育　董成龙 编
探究哲学与信仰　[美]郝岚 著
民主的本性　[法]马南 著
梅尔维尔的政治哲学　李小均 编/译
席勒美学的哲学背景　[美]维塞尔 著
果戈里与鬼　[俄]梅列日科夫斯基 著
自传性反思　[美]沃格林 著
黑格尔与普世秩序　[美]希克斯 等著
新的方式与制度　[美]曼斯菲尔德 著
科耶夫的新拉丁帝国　[法]科耶夫 等著
《利维坦》附录　[英]霍布斯 著
或此或彼（上、下）　[丹麦]基尔克果 著
海德格尔式的现代神学　刘小枫 选编
双重束缚　[法]基拉尔 著
古今之争中的核心问题　[德]迈尔 著
论永恒的智慧　[德]苏索 著
宗教经验种种　[美]詹姆斯 著
尼采反卢梭　[美]凯斯·安塞尔-皮尔逊 著
舍勒思想评述　[美]弗林斯 著
诗与哲学之争　[美]罗森 著
神圣与世俗　[罗]伊利亚德 著
但丁的圣约书　[美]霍金斯 著

古典学丛编

论王政　[古罗马]金嘴狄翁 著
论希罗多德　[古罗马]卢里叶 著
探究希腊人的灵魂　[美]戴维斯 著
尤利安文选　马勇 编/译
论月面　[古罗马]普鲁塔克 著
雅典谐剧与逻各斯　[美]奥里根 著
菜园哲人伊壁鸠鲁　罗晓颖 选编
《劳作与时日》笺释　吴雅凌 撰
希腊古风时期的真理大师　[法]德蒂安 著
古罗马的教育　[英]葛怀恩 著
古典学与现代性　刘小枫 编
表演文化与雅典民主政制
　[英]戈尔德希尔、奥斯本 编
西方古典文献学发凡　刘小枫 编
古典语文学常谈　[德]克拉夫特 著
古希腊文学常谈　[英]多佛 等著
撒路斯特与政治史学　刘小枫 编
希罗多德的王霸之辨　吴小锋 编/译
第二代智术师　[英]安德森 著
英雄诗系笺释　[古希腊]荷马 著
统治的热望　[美]福特 著
论埃及神学与哲学　[古希腊]普鲁塔克 著
凯撒的剑与笔　李世祥 编/译
伊壁鸠鲁主义的政治哲学
　[意]詹姆斯·尼古拉斯 著
修昔底德笔下的人性　[美]欧文 著
修昔底德笔下的演说　[美]斯塔特 著
古希腊政治理论　[美]格雷纳 著
神谱笺释　吴雅凌 撰
赫西俄德：神话之艺
　[法]居代·德·拉孔波 等著
赫拉克勒斯之盾笺释　罗逍然 译笺
《埃涅阿斯纪》章义　王承教 选编
维吉尔的帝国　[美]阿德勒 著
塔西佗的政治史学　曾维术 编

古希腊诗歌丛编
古希腊早期诉歌诗人 [英]鲍勒 著
诗歌与城邦 [美]费拉格、纳吉 主编
阿尔戈英雄纪（上、下）
[古希腊]阿波罗尼俄斯 著
俄耳甫斯教祷歌 吴雅凌 编译
俄耳甫斯教辑语 吴雅凌 编译

古希腊肃剧注疏集
希腊肃剧与政治哲学 [美]阿伦斯多夫 著

古希腊礼法
希腊人的正义观 [英]哈夫洛克 著

廊下派集
廊下派的神和宇宙 [墨]里卡多·萨勒斯 编
廊下派的城邦观 [英]斯科菲尔德 著

希伯莱圣经历代注疏
希腊化世界中的犹太人 [英]威廉逊 著
第一亚当和第二亚当 [德]朋霍费尔 著

新约历代经解
属灵的寓意 [古罗马]俄里根 著

基督教与古典传统
保罗与马克安 [德]文森 著
加尔文与现代政治的基础 [美]汉考克 著
无执之道 [德]文森 著
恐惧与战栗 [丹麦]基尔克果 著
托尔斯泰与陀思妥耶夫斯基
[俄]梅列日科夫斯基 著
论宗教大法官的传说 [俄]罗赞诺夫 著
海德格尔与有限性思想（重订版）
刘小枫 选编
上帝国的信息 [德]拉加茨 著
基督教理论与现代 [德]特洛尔奇 著
亚历山大的克雷芒 [意]塞尔瓦托·利拉 著
中世纪的心灵之旅 [意]圣·波纳文图拉 著

德意志古典传统丛编
彭忒西勒亚 [德]克莱斯特 著
穆佐书简 [奥]里尔克 著

纪念苏格拉底——哈曼文选 刘新利 选编
夜颂中的革命和宗教 [德]诺瓦利斯 著
大革命与诗话小说 [德]诺瓦利斯 著
黑格尔的观念论 [美]皮平 著
浪漫派风格——施勒格尔批评文集 [德]施勒格尔 著

美国宪政与古典传统
美国1787年宪法讲疏 [美]阿纳斯塔普罗 著

世界史与古典传统
西方古代的天下观 刘小枫 编
从普遍历史到历史主义 刘小枫 编

启蒙研究丛编
浪漫的律令 [美]拜泽尔 著
现实与理性 [法]科维纲 著
论古人的智慧 [英]培根 著
托兰德与激进启蒙 刘小枫 编
图书馆里的古今之战 [英]斯威夫特 著

荷马注疏集
不为人知的奥德修斯 [美]诺特维克 著
模仿荷马 [美]丹尼斯·麦克唐纳 著

品达注疏集
幽暗的诱惑 [美]汉密尔顿 著

欧里庇得斯集
自由与僭越 罗峰 编译

阿里斯托芬集
《阿卡奈人》笺释 [古希腊]阿里斯托芬 著

色诺芬注疏集
居鲁士的教育 [古希腊]色诺芬 著
色诺芬的《会饮》 [古希腊]色诺芬 著

柏拉图注疏集
柏拉图的灵魂学 [加]罗宾逊 著
柏拉图书简 彭磊 译注
克力同章句 程志敏 郑兴凤 撰
哲学的奥德赛——《王制》引论 [美]郝兰 著
爱欲与启蒙的迷醉 [美]贝尔格 著
为哲学的写作技艺一辩 [美]伯格 著

柏拉图式的迷宫——《斐多》义疏　[美]伯格 著
哲学如何成为苏格拉底式的　[美]朗佩特 著
苏格拉底与希琵阿斯　王江涛 编译
理想国　[古希腊]柏拉图 著
谁来教育老师　刘小枫 编
立法者的神学　林志猛 编
柏拉图对话中的神　[法]薇依 著
厄庇诺米斯　[古希腊]柏拉图 著
智慧与幸福　程志敏 选编
论柏拉图对话　[德]施莱尔马赫 著
柏拉图《美诺》疏证　[美]克莱因 著
政治哲学的悖论　[美]郝岚 著
神话诗人柏拉图　张文涛 选编
阿尔喀比亚德　[古希腊]柏拉图 著
叙拉古的雅典异乡人　彭磊 选编
阿威罗伊论《王制》　[阿拉伯]阿威罗伊 著
《王制》要义　刘小枫 选编
柏拉图的《会饮》　[古希腊]柏拉图 等著
苏格拉底的申辩（修订版）　[古希腊]柏拉图 著
苏格拉底与政治共同体　[美]尼柯尔斯 著
政制与美德——柏拉图《法义》疏解　[美]潘戈 著
《法义》导读　[法]卡斯代尔·布舒奇 著
论真理的本质　[德]海德格尔 著
哲人的无知　[德]费勃 著
米诺斯　[古希腊]柏拉图 著

亚里士多德注疏集

亚里士多德《政治学》中的教诲　[美]潘戈 著
品格的技艺　[美]加佛 著
亚里士多德哲学的基本概念　[德]海德格尔 著
《政治学》疏证　[意]托马斯·阿奎那 著
尼各马可伦理学义疏　[美]伯格 著
哲学之诗　[美]戴维斯 著
对亚里士多德的现象学解释　[德]海德格尔 著
城邦与自然——亚里士多德与现代性　刘小枫 编
论诗术中篇义疏　[阿拉伯]阿威罗伊 著
哲学的政治　[美]戴维斯 著

普鲁塔克集
　普鲁塔克的《对比列传》　[英]达夫 著
　普鲁塔克的实践伦理学　[比利时]胡芙 著

阿尔法拉比集
　政治制度与政治箴言　阿尔法拉比 著

马基雅维利集
　君主及其战争技艺　娄林 选编

莎士比亚绎读
　莎士比亚的历史剧　[英]蒂利亚德 著
　莎士比亚戏剧与政治哲学　彭磊 选编
　莎士比亚的政治盛典　[美]阿鲁里斯/苏利文 编
　丹麦王子与马基雅维利　罗峰 选编

洛克集
　上帝、洛克与平等　[美]沃尔德伦 著

卢梭集
　论哲学生活的幸福　[德]迈尔 著
　致博蒙书　[法]卢梭 著
　政治制度论　[法]卢梭 著
　哲学的自传　[美]戴维斯 著
　文学与道德杂篇　[法]卢梭 著
　设计论证　[美]吉尔丁 著
　卢梭的自然状态　[美]普拉特纳 等著
　卢梭的榜样人生　[美]凯利 著

莱辛注疏集
　汉堡剧评　[德]莱辛 著
　关于悲剧的通信　[德]莱辛 著
　《智者纳坦》（研究版）　[德]莱辛 等著
　启蒙运动的内在问题　[美]维塞尔 著
　莱辛剧作七种　[德]莱辛 著
　历史与启示——莱辛神学文选　[德]莱辛 著
　论人类的教育　[德]莱辛 著

尼采注疏集
　尼采引论　[德]施特格迈尔 著
　尼采与基督教　刘小枫 编
　尼采眼中的苏格拉底　[美]丹豪瑟 著

尼采的使命　[美]朗佩特 著
尼采与现时代　[美]朗佩特 著
动物与超人之间的绳索　[德]A.彼珀 著

施特劳斯集
论僭政（重订本）　[美]施特劳斯 [法]科耶夫 著
苏格拉底问题与现代性（增订本）
犹太哲人与启蒙（增订本）
霍布斯的宗教批判
斯宾诺莎的宗教批判
门德尔松与莱辛
哲学与律法——论迈蒙尼德及其先驱
迫害与写作艺术
柏拉图式政治哲学研究
论柏拉图的《会饮》
柏拉图《法义》的论辩与情节
什么是政治哲学
古典政治理性主义的重生（重订本）
回归古典政治哲学——施特劳斯通信集
苏格拉底与阿里斯托芬

***

施特劳斯的持久重要性　[美]朗佩特 著
论源初遗忘　[美]维克利 著
政治哲学与启示宗教的挑战　[德]迈尔 著
阅读施特劳斯　[美]斯密什 著
施特劳斯与流亡政治学　[美]谢帕德 著
隐匿的对话　[德]迈尔 著
驯服欲望　[法]科耶夫 等著

施米特集
宪法专政　[美]罗斯托 著
施米特对自由主义的批判　[美]约翰·麦考米克 著

伯纳德特集
古典诗学之路（第二版）　[美]伯格 编
弓与琴（重订本）　[美]伯纳德特 著
神圣的罪业　[美]伯纳德特 著

布鲁姆集
巨人与侏儒（1960-1990）
人应该如何生活——柏拉图《王制》释义
爱的设计——卢梭与浪漫派
爱的戏剧——莎士比亚与自然
爱的阶梯——柏拉图的《会饮》
伊索克拉底的政治哲学

沃格林集
自传体反思录　[美]沃格林 著

大学素质教育读本
古典诗文绎读 西学卷·古代编（上、下）
古典诗文绎读 西学卷·现代编（上、下）

中国传统：经典与解释
Classici et Commentarii
刘小枫　陈少明◎主编

《孔丛子》训读及研究／雷欣翰 撰
论语说义／[清]宋翔凤 撰
周易古经注解考辨／李炳海 著
浮山文集／[明]方以智 著
药地炮庄／[明]方以智 著
药地炮庄笺释·总论篇／[明]方以智 著
青原志略／[明]方以智 编
冬灰录／[明]方以智 著
冬炼二时传旧火／邢益海 编
《毛诗》郑王比义发微／史应勇 著
宋人经筵诗讲义四种／[宋]张纲 等撰
道德真经藏室纂微篇／[宋]陈景元 撰
道德真经四子古道集解／[金]寇才质 撰
皇清经解提要／[清]沈豫 撰
经学通论／[清]皮锡瑞 著
松阳讲义／[清]陆陇其 著
起凤书院答问／[清]姚永朴 撰
周礼疑义辨证／陈衍 撰

《铎书》校注 / 孙尚扬 肖清和 等校注
韩愈志 / 钱基博 著
论语辑释 / 陈大齐 著
《庄子·天下篇》注疏四种 / 张丰乾 编
荀子的辩说 / 陈文洁 著
古学经子 / 王锦民 著
经学以自治 / 刘少虎 著
从公羊学论《春秋》的性质 / 阮芝生 撰

编修［博雅读本］
　凯若斯：古希腊语文读本［全二册］
　古希腊语文学述要
　雅努斯：古典拉丁语文读本
　古典拉丁语文学述要
　危微精一：政治法学原理九讲
　琴瑟友之：钢琴与古典乐色十讲
译著
　普罗塔戈拉（详注本）
　柏拉图四书

刘小枫集

民主与政治德性
昭告幽微
以美为鉴
古典学与古今之争［增订本］
这一代人的怕和爱［第三版］
沉重的肉身［珍藏版］
圣灵降临的叙事［增订本］
罪与欠
儒教与民族国家
拣尽寒枝
施特劳斯的路标
重启古典诗学
设计共和
现代人及其敌人
海德格尔与中国
共和与经纶
现代性与现代中国
现代性社会理论绪论
诗化哲学［重订本］
拯救与逍遥［修订本］
走向十字架上的真
西学断章

经典与解释辑刊

1 柏拉图的哲学戏剧
2 经典与解释的张力
3 康德与启蒙
4 荷尔德林的新神话
5 古典传统与自由教育
6 卢梭的苏格拉底主义
7 赫尔墨斯的计谋
8 苏格拉底问题
9 美德可教吗
10 马基雅维利的喜剧
11 回想托克维尔
12 阅读的德性
13 色诺芬的品味
14 政治哲学中的摩西
15 诗学解诂
16 柏拉图的真伪
17 修昔底德的春秋笔法
18 血气与政治
19 索福克勒斯与雅典启蒙
20 犹太教中的柏拉图门徒
21 莎士比亚笔下的王者
22 政治哲学中的莎士比亚
23 政治生活的限度与满足
24 雅典民主的谐剧
25 维柯与古今之争
26 霍布斯的修辞
27 埃斯库罗斯的神义论
28 施莱尔马赫的柏拉图
29 奥林匹亚的荣耀
30 笛卡尔的精灵
31 柏拉图与天人政治
32 海德格尔的政治时刻
33 荷马笔下的伦理
34 格劳秀斯与国际正义
35 西塞罗的苏格拉底
36 基尔克果的苏格拉底
37 《理想国》的内与外
38 诗艺与政治
39 律法与政治哲学
40 古今之间的但丁
41 拉伯雷与赫尔墨斯秘学
42 柏拉图与古典乐教
43 孟德斯鸠论政制衰败
44 博丹论主权
45 道伯与比较古典学
46 伊索寓言中的伦理
47 斯威夫特与启蒙
48 赫西俄德的世界
49 洛克的自然法辩难
50 斯宾格勒与西方的没落
51 地缘政治学的历史片段
52 施米特论战争与政治
53 普鲁塔克与罗马政治